HISTOIRE

DE

NEAUPHLE-LE-CHATEAU

DU XIᵉ SIÈCLE A NOS JOURS

PAR

Alfred PRUD'HOMME

PARIS

IMPRIMERIE DES ORPHELINS-APPRENTIS

40, RUE LA FONTAINE, 40

—

1902

Tous droits réservés.

À Monsieur
et à Madame Mauger
bien cordial souvenir

14 Janvier 1903

Alice Prud'homme

HISTOIRE

DE

NEAUPHLE-LE-CHATEAU

DU XIᵉ SIÈCLE A NOS JOURS

PAR

Alfred PRUD'HOMME

PARIS

IMPRIMERIE DES ORPHELINS-APPRENTIS

40, RUE LA FONTAINE, 40

1902

Tous droits réservés.

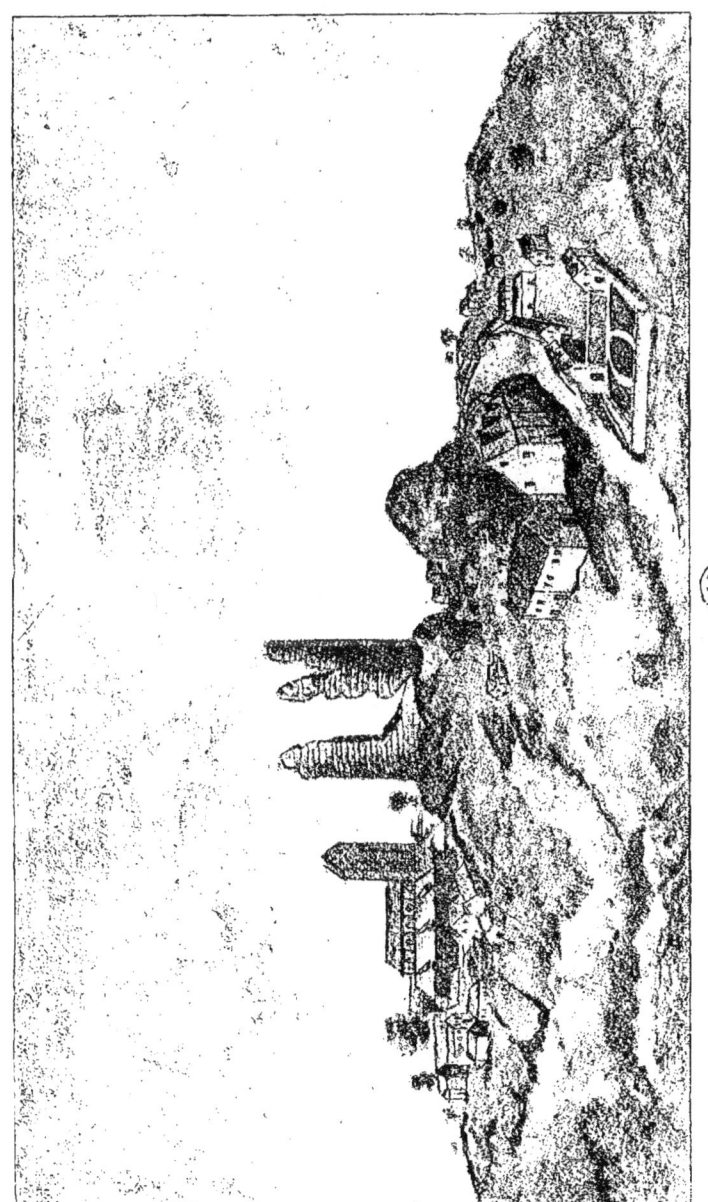

RUINES DE L'ANCIEN CHATEAU DE NEAUPHLE-LE-CHASTEL
(D'après Claude de Chastillon 1620).

AU LECTEUR

C'est pour obéir aux dernières volontés de mon père, que j'ai cherché à mettre en ordre ces notes éparses, fruits de longues et laborieuses recherches, car la mort, hélas ! ne lui a pas laissé le temps de terminer ce travail dont il avait recueilli les éléments au prix de si grandes fatigues.

Que de journées passées aux archives et aux bibliothèques publiques, pour traduire des ouvrages latins, ou déchiffrer ce français barbare, qui ressemble si peu à notre langue moderne !

N'importe, la peine n'était comptée pour rien, il était heureux, n'eût-il trouvé pendant ces longues heures qu'un fait, un nom, une date mémorable !

La maladie seule mettait trève à ce labeur incessant, et dès que la santé paraissait revenir, les études recommençaient sans relâche.

Au mois de mars 1883, se sentant fort affaibli au sortir d'une crise terrible, mon père s'adressant à moi, me dit avec émotion : « C'est à toi que je confie mes notes !... »

Je ne voulus pas avoir l'air de comprendre le sens de

cette recommandation, mais il insista en ajoutant « qu'il se sentait perdu ! »

Ces dernières paroles bouleversèrent ma pauvre mère et lui donnèrent un coup mortel.

Leurs deux vies furent dès lors languissantes ; tous deux n'avaient plus que quelques mois à vivre !

En dépit de ses souffrances, il travaille encore le 19 août, la plus grande partie de la journée. Le mal lui laissait cependant peu de répit ; on peut donc dire, en toute vérité, que le dernier mot tombé de sa plume, fut pour son pays natal !

Le lendemain, mon père prenait le lit pour ne plus le quitter, et s'endormait doucement dans nos bras, le 27 août 1883 !

Quatre mois plus tard, c'est-à-dire le 14 janvier 1884, un nouveau deuil venait s'ajouter au premier !

Quelle que fût mon intention bien arrêtée, d'accéder au plus tôt, au désir exprimé par mon père, il me fut impossible, après de si cruelles émotions, de m'occuper immédiatement de la rédaction de ses notes ; je sentais que reprendre ce travail qu'il avait laissé inachevé, rouvrait en moi une double blessure, non encore cicatrisée.

Enfin, c'est de longs mois après, que je me suis mise à l'œuvre.

Par bonheur, ce qui concerne Neauphle, c'est-à-dire, la partie la plus importante de l'ouvrage, était presque mise en ordre, par mon père lui-même.

Mais que de notes éparses jetées çà et là sur du papier, tracées au crayon, notes glanées au hasard dans les vastes champs que lui offraient les bibliothèques et les archives, et qui n'étaient pas encore classées !

Pour moi surtout, si peu initiée à ces recherches historiques, la tâche était rude. J'ai fait tous mes efforts pour m'en acquitter le mieux possible, y trouvant rattaché un souvenir filial, mais, reconnaissant malgré tout, l'imperfection de mon travail, je réclame l'indulgence de ceux qui liront ces lignes.

M. le docteur Fernand Durville, qui a réuni d'une façon si artistique, en un très curieux album, les principales vues de Neauphle et de ses environs, a gracieusement mis tous ses clichés à ma disposition, en m'autorisant à les faire reproduire, pour illustrer l'« Histoire de Neauphle ».

A. P.

AVANT-PROPOS

« J'ai toujours eu le plus grand désir de connaître l'origine et l'histoire de Neauphle-le-Château, qui m'est cher à tant de titres, et a pour moi d'ineffaçables souvenirs de famille, c'est le pays de mon père, de mon frère, de mes sœurs, et le mien !

« Ma mère, arrivée à Neauphle, en 1793, à l'âge de cinq ans, avec sa mère et ses deux sœurs, à la suite des désastres de la Révolution des nègres de Saint-Domingue, y a reçu, jusqu'au 21 septembre 1821, jour de son décès, les témoignages du plus vif intérêt de la part de toute la population.

« J'avais onze ans, quand j'eus le malheur de perdre ma bonne mère ; je n'ai jamais oublié les regrets et les larmes bien sincères, qui furent donnés à sa mémoire, lors de ses obsèques, et j'en ai été profondément reconnaissant.

« Mes ancêtres paternels ont été connus à Neauphle, de temps immémorial, dans le commerce et l'agriculture, et la plupart de mes ancêtres maternels, dans la magistrature et l'administration du pays.

« Par suite de toutes ces considérations, j'ai fait les plus grands sacrifices pour conserver la maison acquise le 7 mars 1749, par François Prud'homme, mon bisaïeul ; maison que je possède depuis 1840, comme quatrième propriétaire du nom.

« J'ai cherché toute ma vie, comme je le disais plus haut, à connaître l'origine et l'histoire de ce pays.

« Pour parvenir au but que je me proposais, j'ai compulsé tous les papiers de ma famille dont je suis dépositaire ; j'ai recueilli tout ce qui m'a été relaté par mes parents et ce que j'ai vu depuis mon enfance ; je me suis aidé de quelques notes laissées par M. Desrosiers, mon beau-frère ; enfin, j'ai fait des recherches aux archives de Seine-et-Oise, aux archives nationales de France, et dans ce trésor littéraire et scientifique, la Bibliothèque nationale de la rue de Richelieu à Paris.

« J'y ai pris des notes historiques sur le pays que j'ai toujours aimé, qui a été ma première et sera ma dernière demeure, car je désire y être inhumé, près de mes chers parents, et de ceux qui ont été leurs amis et les miens.

« J'avais, tout d'abord, l'intention de laisser le résultat de mes recherches, à mes enfants seulement. Mais à la fin de mon existence, qui ne peut être longue maintenant, à raison de mon âge et de la maladie dont je suis atteint, maladie qui m'a déjà plusieurs fois averti, qu'il me faudrait bientôt songer à quitter ce monde, j'ai pensé, dis-je, que ceux de mes compatriotes, qui sont animés comme moi, de l'amour du pays natal, seraient certainement heureux d'avoir quelques notions sur son origine et son histoire.

« Malgré son imperfection et son peu de mérite, je me décide donc à publier ce petit travail, sous ce titre : « Histoire de Neauphle-le-Château. »

« Ce livre sera précédé du dessin des ruines de l'ancien château fort fait au XVIIᵉ siècle par Claude de Chastillon, et dont l'original est à la Bibliothèque Nationale. »

Alfred Prud'homme.

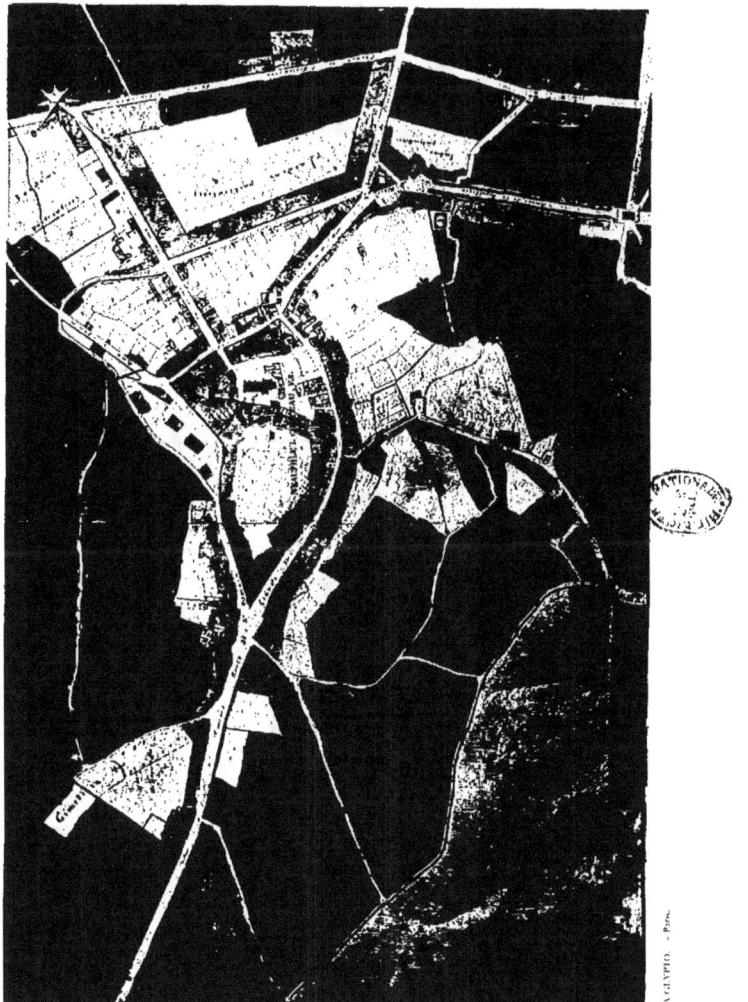

NEAUPHLE-LE-CHATEAU

Neauphle-le-Château, bourg de 1283 habitants, sur la ligne du chemin de fer de Paris à Granville, est une commune du département de Seine-et-Oise, arrondissement de Rambouillet, canton de Montfort-l'Amaury, située à 40 kilomètres de Paris.

Neauphle-le-Chastel, en 1478, était Baronnie et Bailliage de l'Ile-de-France.

Plus tard, mais avant 1789, Neaufle dans le Mantois, était du Parlement, Intendance, Prévôté et Vicomté de Paris, de la direction et de l'élection de Montfort-l'Amaury, et du diocèse de Chartres.

Cette paroisse, dit la géographie des Gaules, sur la route de Paris à Houdan, sur les confins de la Beauce, à une lieue et demie de Montfort et trois de Versailles, avait, en 1768, deux cent trente-six feux.

Le tableau de la population, de 1851, donne à Neauphle-le-Château et hameaux, 301 maisons, 407 ménages, 1264 habitants.

Neauphle, situé sur une éminence s'enfonçant dans les bois, a des escarpements au Sud-Ouest et à l'Ouest qui le rendaient inabordable ; on y jouit d'une vue magnifique et on y respire un air très salubre, on trouve des promenades charmantes et variées dans ses environs, notamment les Bois de Sainte-Appoline, des Cent Arpents et de Villiers.

Le Bois de Villiers était autrefois très fréquenté les dimanches et jours fériés de la belle saison.

De 1817 à 1820, on dînait alors à 4 heures et vers 5 h. 1/2 ou 6 heures on se rendait au Bois ; on y trouvait le Jeu de Paume et quelquefois le jeu cruel de décapitation d'une malheureuse oie vivante, suspendue à une potence. Il est vrai que la loi Grammont sur les mauvais traitements infligés aux animaux n'existait pas encore à cette époque.

Il y avait aussi à l'endroit nommé Les Friches, au pied d'un vieux châtaignier, un banc gazonné entourant un tertre et sur lequel prenait place un orchestre rustique composé d'un ou deux joueurs de violon, d'un tambourin et quelquefois d'un flageolet ; on dansait au son de cette musique champêtre.

Lorsqu'arrivait la nuit, on suspendait au châtaignier séculaire, un éclairage assez primitif, consistant en verres remplis d'huile et attachés autour d'un cerceau.

Nous avons vu plusieurs fois notre bonne et digne mère prendre part au quadrille d'ouverture de ce bal en plein air.

Neauphle a, chaque semaine, un marché très important en céréales, veaux, porcs, volailles, fromages, fruits et légumes, parmi lesquels on cite les asperges et les pommes de terre comme y ayant une certaine réputation.

Puis, deux foires, les 2 et 30 novembre, et enfin deux fêtes foraines, le premier dimanche de mai, et le dimanche et le lundi après l'Assomption.

Les communications y sont très faciles : Bureau de Poste et de Télégraphe, arrêt de tous les trains du chemin de fer de Paris à Granville, services d'omnibus aux gares de Villiers-Neauphle et Plaisir-Grignon.

Neauphle-le-Château, nommé ainsi à cause de son château fort, est un pays très ancien dont l'origine se perd dans la nuit des temps ; il était appelé autrefois, ainsi que le constatent d'anciens titres et parchemins : Neauffle, Nealfe, Neaffle, Neafle-le-Chastel ou le Châtel, Nealphe, Naufle, Neaulphe, Nioffre, Nialfe, et dans les anciens actes, papiers, parchemins, chartes et livres latins : Nelfa, Nielfa, Neaufla Castro, Nealflia, Neaufla, Neelfa, Neelpha, Nealfa, Nialpha et Nealpha Castrum ou Nelfa Castellum, Nealpha Castro ou Castello.

Chastelain l'appelle Nidelfa Petrosa, Neauphle Pierreux, par opposition à Neauphle-le-Vieux ou l'Aivieux, que Chastelain nomme Nidelfa Aquosa, Neauphle Humide.

En 1118, il s'appelait Nielfa-Castrum, Nialphe en 1192.

En mars 1260, Neaffle-le-Chastel.

En 1385, Neaphle-le-Chastel avait le titre de ville ; ainsi que le constatent les anciens titres et ordonnances royales, les décrets et ordonnances des Evêques.

Le sceau en cire de sa Châtellenie représentait un lion et un aigle symboles de la force et de la puissance.

Le 1er juillet 1655, il est parlé du Notaire royal en la Ville et Chastelnie de Neauphle-le-Chastel.

Le 3 septembre 1662, il est question du Tabellion (notaire) de la Ville et Chastellenie de Neaufle-le-Chastel.

Le 27 juillet 1665, de la Ville et Chastelnie de Neaufle-le-Chastel.

Le 23 décembre 1668, de la Ville et Chastellenie de Neauphle-le-Chastel.

Le 31 mai 1678, de la Ville et Chastellenie de Neaufle-le-Chastel.

Aux mois de mai et de décembre 1683, les Notaires mettaient encore en tête de leurs actes la formule suivante : Par devant...... notaire royal de la Ville et Chastellenie de Neaufle-le-Chastel.

Le 26 octobre 1691 et le 11 janvier 1697, il est fait mention de Neauphle-le-Chastel.

Le 18 novembre 1714, de Neaufle-Château.

Le 13 avril 1722, de Neaufle-le-Château.

Le 31 mars 1728, de Neauphle-Chastel.

Le 6 décembre 1730 et le 8 mars 1739, de Neauphle-Chasteau.

En 1741, de Neauphle-Pontchartrain.

Le 1er novembre 1746, de Neauphle-Chasteau.

Le 12 décembre 1749 de Neaulphe-Château.

En 1771, de Neaufle ; car, dit Trévoux dans son dictionnaire, il y a deux Neaufle dans le pays Chartrain ; l'un appelé Nealfa Major, Grand Neaufle, Nefla Castellum, Neaufle-le-Château pour le distinguer du petit Neaufle, Nealfa Minor, Neaufle-la-Ville, Nefla Villa ou Neaufle-le-Vieux, corruption de Neauphle l'Aivieux, c'est-à-dire l'aqueux, Nealfa aquosa d'un vieux mot Français Aive, qui voulait dire eau, nom donné à cause de sa proximité de la petite rivière, la Mauldre et plus tard de Aivieux on a fait Nealfa Vetus.

On est étonné au premier abord de ces changements de noms, mais la surprise cesse quand on réfléchit que la langue latine était la langue vulgaire sous la première race des rois de France. Vint ensuite la langue Romane, qui est la décomposition du latin par les idiômes, langue rustique, mélange de Franc, de Celtique, de Tudesque et de mauvais latin qui est devenue la langue Française, dès la conquête romaine, mais surtout du Xe au XIIIe siècle dans le midi de la France.

Ce ne fut qu'au mois d'août 1536, par son ordonnance de

Villers-Cotterets, pour l'abréviation et la réformation des procès et actes publics, que François Ier ordonna qu'ils fussent écrits en Français.

Il est probable qu'il a dû se produire une véritable cacophonie pendant le travail de transformation qui s'est opéré progressivement pour arriver à la pureté de la langue que nous parlons aujourd'hui.

Pendant une partie de la première Révolution, c'est-à-dire vers 1793, Neauphle-le-Château a été nommé Neauphle-la-Montagne. Voici une notice datant de cette époque.

HISTORIQUE

« Neauphle-la-Montagne, cy-devant Neauphle-le-Château paraît être une commune fort ancienne. Il dépendait du domaine de la Couronne. Il fut détaché du Comité de Montfort et Réuny à Pont-Chartrain.

« Très anciennement Neauphe avoit un château, sy l'on en croit La tradition, son emplacement était prôche l'Église précisément sur une Elévation qui n'En est Eloigné que d'une centaine de toises *(sic)*. Cependant il n'en reste aucun vestige en L'année 1789.

« La Situation Topographique de Neauphle Le rendait Jadis une place forte, La nature Semble L'avoir rendû inaccessible de trois côtés aprendre depuis la porte St-Jean en tournant par L'ouest Jusqua la Goutierre. Ces trois côtés sont le fond des Granges, Les Sablons et la Goutière le quatrième Côté étoit aussi fortifié par l'art et défendû par de larges et profonds fossez *(sic)* Dont il reste encore aujourd'hui des traces et Derrière et parallellement *(sic)* au Marché aux cheveaux ou ruë Dorbec.

« Il nexistait pas dans les premiers siècles de lieux dans ces contrées qui eût une certaine population ou il ny eût un château, un fort ou tour pour se garantir des normands Lors de leurs incursions en france, D'ailleurs le site de Neauphe Etoit très favorable pour se préserver de toutes Surprises *(sic)* de la part de ces insulaires, Neauphe placé à l'Extrémité d'une Eminence Enfoncé dans les bois ses Escarpements le rendoient inabordables, mais aussy, sous un autre rapport non moins important Sa proximité de paris, Sa grande route, son marché ses plaines fécondes ses bois agréables sa belle et charmante vüe L'air pur et sain que l'on y respire, tout en un môt en a fait de tout tems un Séjour délicieux aussy

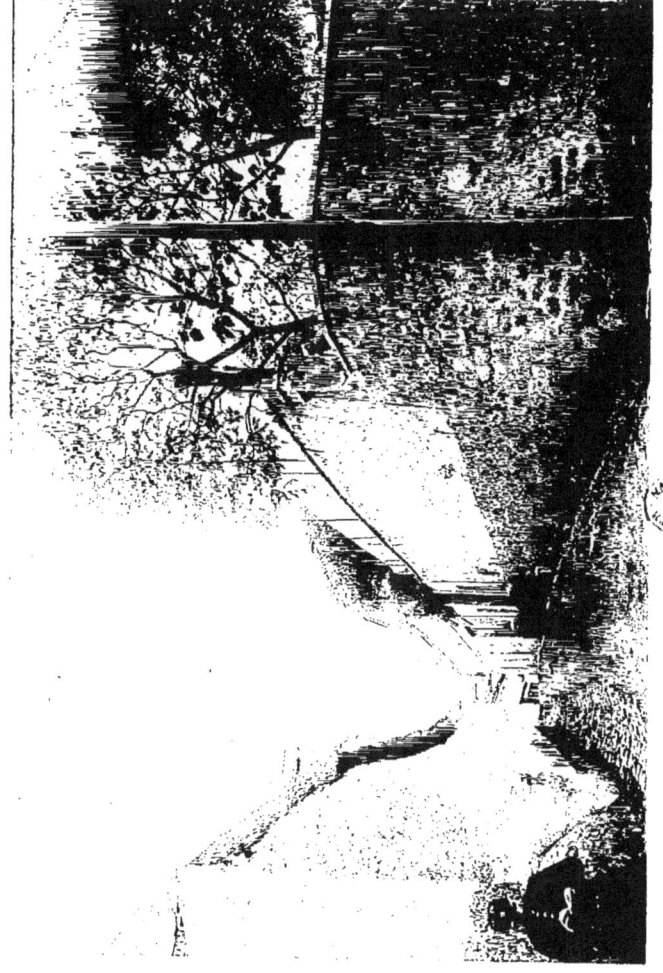

NAUPHLE-LE-CHATEAU. PORTE SAINT-JEAN

voyons-nous que la reine Blanche, surnommée *La belle Sagesse*, femme de philippe six roy de france y à *(sic)* fait une résidence continuelle pendant 48 ans depuis 1350 jusqu'à son décès arrivé en Lannée 1398 Son corps fut porté à St-Denis. Elle faisait son *délice* dans cette demeure L'on ne peut indiquer dans quel temps le château de Neauphe fut détruit il paraît assez probable qu'il le fût pendant les guerres anglaises sous le règne de Charles sept. »

L'orthographe ancienne a été respectée ainsi que l'abondance des Majuscules mises à tort et à travers, sans tenir compte de la ponctuation.

Cette notice laisserait croire *à tort*, que la Reine Blanche a habité Neauphle, tandis que le contraire a été prouvé ; il ne faut donc pas confondre Neauphle-le-Château avec Neaufle ou Neaufe S.-Martin, Nefla, Nidulfa, Neaffle, Nealpha qui est dans le Vexin et le diocèse de Rouen entre Gisors et Dangut sur l'Epte, et qui fut compris dans le Domaine de la Reine Blanche, veuve de Philippe VI de Valois.

Nous avons à l'appui de cette assertion le témoignage indiscutable d'Irminon, célèbre abbé de Saint-Germain des Prés, au temps de Charles Martel. Ce très docte personnage, au IXº siècle, a fait un *polyptique*, sorte de terrier, contenant l'énoncé de tout ce que possédait l'Abbaye à cette époque.

Nous lisons dans la notice des Gaules (1675) la note latine suivante :

Nelfa, vulgo Neaufe vel Neaufle in Veliocassibus, seu in parochia rotomagensi Gisortium et Dangutorum sita ad Eptam flumen a Fridovardo in libro III historiæ Remensis capite XVI memoratur, villa, inquit, rotomagensis episcopis, quæ Nelfa dicitur.

Irmino abbas, Pratensis monasterii sancto Germano, principatu Caroli Magni, villas ad cœnobium suum pertinentes et censum annuum quem pendere debebant litteris mandavit in eo libello vocatur villa Nidalfa et sancto Germano ad luminaria basilicæ data esse dicitur. Sunt et duæ in Carnotibus Nelfæ, altera alteri proximæ, non longe a castro Monteforti Amalarici. Major Nelfa Castellum (Neaufle-le-Chasteau), minor Nelfa Villa (Neaufle aut Neofle-la-Ville) cognominatæ. Nelfam-Villam, quidam Nelfam...

« Nelfa dont le nom vulgaire est Neauf ou Neaufle, chez les
« Véliocasses, située dans la paroisse rouennaise de Gisors et
« de *Dangut*, sur le ruisseau de l'*Epte*, est citée par Fridovar
« dans le livre III de l'histoire de Reims, chapitre XVI.

« Irminon, abbé du Monastère de Saint-Germain-des-
« Prés sous le règne de Charlemagne, fit un écrit concernant
« les fermes appartenant à son monastère et la rente an-
« nuelle qu'elles devaient à titre de fiefs. Dans cet opuscule,
« une ferme s'appelle Nidalfa, et on dit qu'elle fut donnée à
« Saint-Germain pour le luminaire de la basilique.

« Il existe aussi chez les Carnutes (pays de Chartres) deux
« Nelfa proches l'une de l'autre et peu éloignées du château
« de Montfort l'Amauri. La plus grande se nomme Nauphle-le-
« château, la plus petite Neaufle ou Neofle-la-Ville ; certains
« donnent simplement le nom de Neaufle, à Neaufle-la-Ville. »

DÉCOUVERTES ARCHÉOLOGIQUES

On a recueilli dans les environs de Neauphle-le-Château des vestiges des époques Celtiques et Gallo-Romaines qui prouvent que cette contrée a été habitée de temps immémorial.

Au commencement du siècle, on a découvert, à Saint-Léger en Iveline, une certaine quantité de médailles et de pièces de monnaies d'or et d'argent, de divers modules, des familles consulaires romaines et des douze premiers empereurs.

En 1864, près la tour de Maurepas, un tiers de sol d'or du monétaire Vitalis, frappé à Paris.

En 1866 à Chennevières, enfoui peu profondément, un petit vase de terre noire à base étroite et panse bosselée, de fabrique Gallo-Romaine, accompagné d'un couteau de fer à pointe aiguë, tranchant d'un seul côté, avec une scie rivée à son extrémité et encore munie d'une virole cylindrique qui servait à la fixer et à la consolider à un manche de bois dont il ne restait plus d'autre trace. Cette lame dont la longueur totale était de 0 m. 138 y compris la scie de 0 m. 112 avait été fortement pliée à un angle d'environ 60 degrés pour la rendre impropre à tout service, ce qui a fait supposer qu'elle devait être dans une sépulture.

Près de Jouars et de la ferme d'Ithe, des substructions considérables avec des tuiles courbes ou à rebords, des fragments de poteries très variées, des briques qui sont incontestablement de l'époque Gallo-Romaine.

Des haches en silex et des médailles Romaines de tous métaux et de tous modules, ont été recueillies dans les localités environnantes.

En mai 1872, un nommé Giroux a découvert dans le bois de Villiers à 0 m. 50 de profondeur, cinq haches de bronze de 0 m. 16 de longueur.

A différentes dates, on a également trouvé près de Montfort, Beynes, Auteuil, Méré, Thiverval, Jouars et Ergal, des haches de pierre polie et non polie.

Enfin à la butte des Gargans, près Houdan, un riche ossuaire.

VOIES ROMAINES

Il n'est pas douteux d'après les études remarquables de MM. de Boisvillette et de Dion que les environs de Neauphle-le-Château n'aient été sillonnés par des voies Romaines.

Toutes les fois que l'on voudra écrire sur la viabilité Romaine ou sur celle du moyen âge entre la Seine et la Loire on devra prendre pour point de départ, cette belle étude de M. de Boisvillette, publiée dans la statistique archéologique d'Eure-et-Loir.

Parmi ces voies romaines, nous citerons d'abord la voie n° 111 de Rouen à Paris, par Pont-de-l'Arche, Evreux, Dreux et Jouars.

Cette voie qui manque dans la carte de Peutinyer est décrite de la manière suivante dans l'itinéraire d'Antonin III : Voie conduisant de Rouen à Paris, 76 milles.

Voici la traduction des noms latins des différentes villes dont nous aurons à parler dans cet opuscule.

Oggade (Caudebec-les-Elbeuf) XI.
Mediolanum aulercorum (Evreux XIV).
Durocasses (Dreux XVII).
Diodurum (Jouars XXII).
Lutetiam XVI (Paris).

Prenant cette voie en sens inverse, nous fixons, avec MM. Adolphe Berty et Moutier, son embranchement sur la voie d'Orléans à l'école des Mines, dans la rue d'Enfer, elle suit la petite rue de Chevreuse, puis la voie de Vanves et confondue avec elle, traverse à la sortie des fortifications le chemin de fer de l'Ouest sous un angle très aigu.

A Clamart se détache l'ancien chemin de Chevreuse par Châteaufort et la voie continue probablement par Meudon, autrefois Magedon, Viroflay, Versailles, Saint-Cyr.

A ce point, nous trouvons une double direction par Bois-d'Arcy ou par Elancourt, ce qui peut faire hésiter, car la voie se montre à la porte de Puits-à-Loup, et est incertaine un peu avant Jouars au passage de la petite vallée de Pontchartrain (Pons Carnotensis en 1157) nom qui retient la désignation d'un ouvrage dépendant d'une route de la cité des Carnutes d'un pont voisin de ses limites et soumis vraisemblablement à un droit de péage.

Nous retrouverons dans la suite et sur une plus grande échelle, cette dénomination caractéristique qui apporte un complément de preuve itinéraire.

M. de Boisvillette préfère la voie par Bois-d'Arcy, mais tandis que son texte lui fait suivre une courbe fort sinueuse par Jouars, le Tremblay, Grosrouvre et Richebourg, la carte qui est jointe conduit au même point par une ligne droite plus naturelle et qui de Saint-Aubin à Behout suit le fond de la vallée parallèlement au chemin de grande communication numéro 42.

Avant de descendre dans la vallée et de franchir la Mauldre, au Pontel sous Neauphle, cette voie dirigeait un embranchement au sud-ouest, ou plus probablement croisait un chemin venant de Poissy dans cette direction.

Cet embranchement descendait non à Jouars, mais à Ithe, après avoir franchi le Pont-Chartrain, ce nom et cette direction indiquent clairement que cette ligne que nous étudierons bientôt, tendait à Chartres, non à Dreux.

Mais il existe une seconde ligne partant de Saint-Cyr, traversant Trappes et descendant à Élancourt où elle croise la route de Poissy à Orléans (par le Péray, Ablis et Allains).

D'Élancourt, elle continue en ligne droite par Ergal, sur le clocher de Jouars, où, après avoir tourné le cimetière, elle descend à la ferme d'Ithe (Aythe ou Ayte, au moyen âge) et reprend sa direction première pendant 10 kilomètres; ce ne serait qu'une direction probable de la voie que nous cherchons, si la partie entre Jouars et Ithe, abandonnée à la circulation, n'était restée sous l'herbe qui la couvre.

Elle suit, pendant un kilomètre, la pente du terrain élevé de 2 pieds au-dessus du sol et conservant une largeur de 5 à 6 mètres; cet exhaussement, la rectitude du tracé faisant partie d'une ligne droite de 16 kilomètres et la profondeur du stratumen inférieur, ne permettent pas d'y méconnaître une voie Romaine.

Jouars est isolé au sommet d'un mamelon à pentes douces, au centre d'une large vallée, la vallée de la Mauldre.

Tout porte à croire que c'est la station de l'antique Diodurum, dont le nom Jouars peut dériver, comme jour vient de Diurnus, bien que d'après l'itinéraire d'Antonin, la distance de XXII lieues Gauloises de Dreux et XV de Paris, réponde mieux aux environs de Trappes.

Mais rien n'autorise à transporter cette station, comme le fait la carte de M. de Boisvillette, à Saint-Aubin, 4 kilomètres plus à l'ouest, juste à mi-chemin de Dreux à Paris.

Le souvenir de Diodurum est maintenant effacé, ainsi

d'ailleurs que celui de l'Oppidum, ville forte ou chef-lieu du Pagus-Madrisensi (pays de la Mauldre) qui ne devait pas en être éloigné.

A Ithe, la voie que nous suivons est traversée sous un angle de 45° par la route mentionnée plus haut, dont le point de départ était probablement Poissy, et qui, franchissant la petite rivière de Mauldre au Pont-Chartrain, se dirigeait par Saint-Léger en Iveline sur la capitale des Carnutes.

Laissons de côté pour un moment cette bifurcation, et suivons la voie qui se dirige en plein ouest ; là, entre deux rangées d'arbres, on peut facilement en reconnaître un tronçon dans un chemin défoncé qui portait, en 1507, le nom de chemin Druois ou Druost, lors du démembrement de la Baronnie de Chevreuse, fourni à l'Evêque de Paris par Antoine de Canteleu, et faisait la délimitation entre la Châtellenie de Maurepas et celle de Neauphle.

Elle franchit le ruisseau des Menuls au moulin de l'Etrée, dont le nom est un jalon, pour regagner, un kilomètre plus loin, la grande route actuelle de Bretagne qu'elle suit jusqu'à Laqueue.

Là, sa direction échappe, après une ligne droite de 16 kilomètres dont la prolongation arriverait à Richebourg, où on rencontrerait une voie fort bien déterminée par M. de Boisvillette, à partir de Dreux jusqu'au moulin de Membré sur la Vesgre.

Cette voie, après avoir touché près Houdan au grand cimetière ancien, dit butte des Cercueils ou des Gargans, bien connu dans l'histoire de l'époque Mérovingienne par de belles découvertes, avait point de passage à Richebourg ; cette partie est désignée sous le nom, de voie de Dreux à Mantes Durocasses XI, remontait trop au nord vers la gauche, et assez loin de la route actuelle pour avoir Paris pour but, elle se continuait très directement par Tacoignières, Flexanville et Toiry sur les Alluets et Poissy.

Deux embranchements s'en séparaient au nord, l'un à Bu-la-Vieille-Ville se dirigeait sur Mantes, l'autre à partir du passage de la Vesgre, à Membré, par Gressey, Prunay-le-Temple, Elleville, atteignait Epône, puis le pont sur la Seine, en aval de Meulan.

M. de Boisvillette indique un autre embranchement au sud, qui, sous le nom de Grand Chemin de Normandie, se rendait de Richebourg aux Quatre Piliers, coupait la route actuelle et se prolongeait par le village de la Troche, Grosrouvres près Montfort, Bazoches, le Tremblay et Jouars ; il en fait la voie de l'itinéraire de Dreux à Paris.

Mais nous avons déjà vu que dans la carte jointe à son travail, il abandonne cette opinion pour placer cette voie, non plus au sud, mais assez loin, au nord, de la grande route de Bretagne, au milieu de la vallée de Saint-Aubin à Behout, et suivant une direction qui aboutit à Ivry.

Il nous sera donc permis de nous en tenir au tracé intermédiaire que nous avons décrit, et qui est plus droit et plus direct ; il n'est pas tout à fait impossible qu'il s'arrêtât aux Quatre Piliers pour emprunter, jusqu'à Richebourg, le Grand Chemin de Normandie, ou de Paris à Evreux qui marchait N. O. par Gressey, Boissets, la Haute-Borne, le Chemin Creux, les Gâtines-Rouges, et enfilait la Chaussée d'Ivry (Calciata Ebriaci) Calceia Ybrensis, retient le souvenir de la chaussée ancienne, qui se montre d'ailleurs partout sous forme de blocage mélangé souvent à fleur de sol, large de 5 mètres, épais de 0 m. 40 et là, traversant l'Eure, se portait sur Evreux par la plaine de Saint-André.

Enfin de Richebourg, la voie en question aurait pu prendre la ligne de Dreux à Poissy ; cependant sa direction générale rend plus probable qu'elle continuait directement sur Houdan en suivant la grande route actuelle, à moins que s'inclinant plus au sud, elle ne passât par Gambais, Champagne et Broué, pour aboutir au pont de Chérizy.

Mais soit que la voie de Paris passât par Richebourg, par Houdan ou par Gambais, le parcours est à peu près le même et Jouars se trouve par elle à 40 kilomètres de Dreux et 34 kilomètres de Paris.

Nous avons donc pour cette seconde partie 2270 mètres, pour chacune des 15 lieues indiquées, ce qui répond assez bien aux autres distances de l'itinéraire, mais pour la première de Dreux à Jouars, nous n'obtenons que des lieues de 1800 mètres, et pour l'ensemble, des lieues de 2000 mètres.

Ces deux dernières mesures sont trop courtes, la lieue employée étant de 2220 mètres, et il faut ou allonger la route ou diminuer le nombre des lieues.

En supposant une erreur dans l'itinéraire d'Antonin, un X au lieu d'un V, nous aurions entre Jouars et Dreux, XVII lieues de 2350 mètres, qui sont un peu trop longues, et de plus, il faudrait changer le chiffre total du parcours de Rouen à Paris et remplacer LXXVI par LXXII ; si l'on ne veut pas modifier le nombre des lieues, il faut allonger le chemin, et supposer que la route étant interrompue, par la ruine du pont de Chérizy, par exemple, on devait à l'époque où l'itinéraire fut rédigé, aller chercher plus haut un pont sur l'Eure, soit à Charpont, nommé Sautéripons, dans le Polyptique d'Irminon, soit à Nogent, et, de là, gagner St-Léger en Iveline, puis, eu suivant la route venant de Chartres, Ithe, où l'on reprenait la route directe pour arriver à Jouars.

Ce tracé donnerait vingt-deux lieues d'une longueur suffisante, et présente, sur plusieurs points de son parcours, des traces évidentes d'une chaussée romaine.

Cette chaussée, quel que fût son point d'origine, vers le nord, en descendant le plateau de Neauphle, traversait le ruisseau du Pont-Chartrain et arrivait à Ithe, où elle est couverte par le chemin n° 23 jusqu'à Bazoches.

Très reconnaissable au passage du ruisseau des Mesnuls, sur une partie qui ne sert plus aux voitures, elle disparaît au delà, mais pour reparaître en chaussée, sur plus d'un kilomètre, dans la plaine entre Montfort et les Mesnuls.

Le fait qu'elle laisse Montfort très à droite, est une preuve certaine qu'elle est antérieure à l'époque féodale ; sa largeur et sa composition paraissent semblables à celle de la portion entre Jouars et Ithe.

A environ 7 kilomètres de Ithe, et à l'entrée de la forêt, se trouve le hameau de la Millière, dont le nom fait penser à une borne millière.

Dans la forêt, la voie se dirige toujours en ligne droite sur le poteau de *Hollande* et, de là, descend à Saint-Léger.

Un acte de 1250, la mentionne ainsi comme limite entre les Châtellenies de Montfort et de Saint-Léger.

Saint-Léger, chef-lieu de l'Iveline sous les premiers Capétiens, paraît (d'après sa position sur une voie romaine et les découvertes d'antiquités énumérées par M. Moutier) avoir été habité dès cette époque.

On peut regarder cette localité comme le nœud de toutes les anciennes routes de ce district, parmi lesquelles trois pourraient être la continuation de la voie d'Ithe et auraient besoin d'être étudiées sur le terrain ; ce sont les anciennes grandes routes de Nogent, de Maintenon et d'Épernon.

La route de Nogent traversait le Passoir et Senantes ; un embranchement s'en détachait à la Boissière, gagnant par Faverolles, Croisilles et Ouerre, l'Eure à Charpont, où se trouvait certainement un ancien pont ; il est mentionné, en ces termes, dans une note de 1225, pour le Prieuré de Maintenon : voie de Croisilles, conduisant en traversant Ouerre jusqu'à Charpont. *Via de Crosilles quæ ducit per medium Oirre usque ad Charpons.*

En résumé :

1° La voie romaine de Paris à Dreux, devait suivre la ligne de Trappes à Laqueue, en passant par Jouars qui est Diodurum ; de Laqueue à Dreux, la route reste à déterminer.

2° Une autre ligne se dirigeait de Poissy au Sud-Ouest, passant par Pontchartrain, Ithe, la Millière, Saint-Léger et probablement Chartres.

3° Un embranchement de cette ligne gagnait Dreux par Nogent ou par Charpont ; c'est en suivant ce détour, qu'on peut trouver les vingt-deux lieues que l'itinéraire d'Antonin met entre Durocasses, et Diodurum.

Voie n° XX, de Dreux à Corbeil.

Voie n° XXV, d'Orléans à Poissy. Cette voie est bien caractérisée et son tracé bien déterminé dans Eure-et-Loir ; elle se dirige droit au nord par Allains, Ablis et Rambouillet où M. de Boisvillette l'abandonne, il serait possible de la suivre jusqu'à Poissy, en laissant Rambouillet un peu à gauche, passant par la Garenne, Grenouvilliers, au-dessous de l'étang du Moulinet, à la Boissière du Perray, où sont des substructions romaines.

Puis au Perray, dont le territoire composait, en 1250, le terroir du Chemin Perré et qui portait alors le nom de la Villeneuve du Perré, *villa nova de Perreis,* en suivant la grande route de Chartres jusqu'à la station de la Verrière, et de là se dirigeait sur Elancourt et Chavenay.

Nous avons vu que la route étudiée par M. de Boisvillette, de Dreux à Richebourg, tendait directement à Poissy ; celles de Nogent, de Maintenon et d'Epernon à Saint-Léger et à Ithe, avaient aussi pour but Poissy et non Paris ; à plus forte raison, celle d'Allains se dirigeait vers la même ville, qui était probablement la troisième ville des Carnutes, après Chartres et Orléans.

Cette voie qui allait de la Seine à la Loire en traversant le pays Carnute dans toute sa longueur, a dû avoir à une certaine époque, une grande importance commerciale.

Il existe un chemin commençant vers Saint-Cloud qui traverse la forêt de Marly, autrefois la forêt de Craye, passe près des Alluets et se dirige sur Mantes.

Un autre qui commence à Palaiseau, traverse Châteaufort, Trappes, Neauphle-le-Château, Toiry, Septeuil, et se dirige vers Pacy-sur-Eure ou peut-être vers Louviers, en suivant la ligne de partage de la Seine et de l'Eure.

Un troisième, parallèle aux deux autres, qui vient de Limours, peut-être de Longjumeau, passe à Cernay-la-Ville prend le nom de route des Cinq-Cents Arpents, puis de route Goron, traverse le parc d'En-Haut et se dirige sur Ivry par les quatre Piliers et Richebourg.

PREMIERS HABITANTS DE LA GAULE

Qu'il nous soit permis de faire ici une digression qui au premier abord peut paraître superflue, mais qui donnera un curieux aperçu des premiers habitants de la région dont nous parlons.

A l'époque de l'indépendance gauloise, les deux rives de la Seine étaient habitées par deux peuples différents de mœurs, de coutumes et de langage : les Celtes et les Belges.

Les Celtes étaient plus blonds que les Belges, leur langage moins rude, moins guttural, avait plus d'affinité avec le Grec et le Sanscrit, tandis que la langue Belge se rapprochait du Teutonique, dit Strabon.

Le langage des Highlanders et des Irlandais est encore un dialecte purement Celtique, mais l'ancienne langue Belge est aujourd'hui à peu près perdue. On en retrouve des fragments dans les trois idiomes Gaëlo-Kimriques, de la Basse Bretagne, qui eux-mêmes cèdent à peu près maintenant, la place au Français.

Les Celtes, connus primitivement sous le nom de Gaëls (émigrants), furent les premiers venus dans cette partie de l'Europe, 1700 ans environ avant l'ère chrétienne. Soit qu'ils eussent trouvé le pays désert, soit qu'ils s'en fussent assimilé les rares habitants, les Gaëls, sortis de l'Extrême-Orient, à une époque fort reculée, s'étaient établis en Gaule, en Angleterre et en Irlande.

Ils régnaient depuis longtemps dans ces contrées en paisibles souverains, lorsque, poussés par un semblable sentiment d'émigration, arrivèrent d'autres peuples désignés sous le nom de Kymris, onze siècles plus tard.

Ceux-ci, partis des bords de la Mer Noire, traversèrent l'Europe d'Orient en Occident, en suivant la vallée du Danube, et pénétrèrent chez les Gaëls qu'ils refoulèrent en Angleterre vers le Nord, en Gaule au midi de la Seine.

Les Belges étaient les anciens descendants des Kymris réunis en Confédérations ; Belge, vient du mot rude et sauvage Fir-Bolges qui, conservé dans la tradition bretonne, signifie guerrier, homme féroce.

En Gaëlique, Belvo, Intrépides et Gwys hommes.

Le mot Celte, vient du Gaëlique Koitte forêt, du nom de la contrée fort boisée que ces tribus Gauloises habitaient entre la Seine et la Garonne.

Or, en parcourant la rive droite de la Seine depuis Lutèce jusqu'à la mer, on rencontrait les Parisii, les Bellovaces, les Veliocasses et les Caleti.

Sur la rive gauche, se trouvaient les Carnutes, les Eburovices et les Sexovii.

L'Oise séparait les Parisiens et les Bellovakes.

L'Epte divisait les Bellovakes et les Veliocasses.

L'Andelle séparait les Véliocasses des Caletes.

Le territoire des Eburovices correspondait à celui des Véliocasses sur l'autre rive.

Le pays des Carnutes à celui des Bellovakes.

D'après l'étymologie de leur nom, les Bellovakes ou Bellocasses, qui habitaient la rive droite de la Seine, entre l'Oise et l'Epte, devaient être considérés comme des intrus par les Carnutes, possesseurs de la rive opposée du fleuve, car le mot Bellocasses viendrait du mot Belvo qui indique l'origine de Belgium, et de Cass qui signifie, en Celtique, voiturer, transporter, ce qui voudrait dire que les Bellocasses, originaires du Belgium, auraient été transportés dans ce canton ou plutôt ne s'y seraient établis qu'après en avoir dépossédé les premiers habitants.

L'antagonisme résultant de cette situation, entre les Carnutes et les Bellocasses, suffirait seul à expliquer le choix fait par ceux-ci, de l'emplacement de Meulan, pour le transformer en un poste fortifié, si l'appellation même conservée par cette ville, n'était parfaitement conforme à la chronique de saint Nicaise.

Quelques années après la conquête des Gaules, vers l'an de Rome, 697, les Belges, impatients du joug de l'étranger, tentèrent de reconquérir leur liberté. Une vaste conspiration s'ourdit, et dans le contingent que devaient fournir les peuples coalisés, les Véliocasses, c'est-à-dire les anciens Vélocasses et les Bellovakes, qui ne faisaient plus qu'une peuplade, les Caleti et les Viroman-Mauduens figurent pour chacun 10,000 hommes armés.

La trahison des Rhémois fit échouer cette patriotique entreprise. César vint et pacifia le Nord de la Gaule avec la hache du licteur.

Malgré les troupes Romaines et la cruauté du conquérant, oubliant leurs anciennes dissensions pour ne songer qu'à l'intérêt commun, les Carnutes, les Belges et les Senonenses se révoltèrent encore.

Les Senonenses étaient une peuplade puissante, ayant Sens pour cité principale.

César mort, ces peuples remuant sans cesse, Auguste, son fils adoptif, les divisa pour les affaiblir.

GÉOGRAPHIE

C'est sous son règne qu'on appela Lyonnaise, Lugdunensis, la division qui coupait la Gaule par le centre, dans la division du S.-O. au N.-O.

Cette première comprenait à peu près le Lyonnais, la Bourgogne, le Nivernais, l'Ile-de-France, l'Orléanais, la Normandie, la Bretagne.

Les Calètes, les Vellocasses et les Bellovakes furent détachés de la Belgique, et passèrent dans la province, sous la Métropole de Lyon. Rouen et Lillebonne qui n'étaient pas connues auparavant se formèrent en cités et devinrent capitales, celle-ci du pays de Caux, celle-là du Vexin. *Veliocassi, quorum civitas Rotomagus. Velcassi — Pagus Velcassinus*. Les Veliocanes, dont la cité est Rouen. Les Volcassins, pays Volcassin. Les Vellocasses, dont la capitale est Rouen. Le nom de Vellocasses latinisé et corrompu, devint Velcassini, les Veuxinois pagus Velcassinus, le Vouxin, le Vesquecin, le Vexin.

Le Vexin fit partie du domaine de la Couronne, jusqu'au moment où Dagobert le donna à l'abbaye de Saint-Denis ; il reçut le titre de Comté, vers 750.

Au traité de Saint-Clair-sur-Epte, en 912, une partie du Comté passa aux ducs de Normandie, comme nous l'avons dit plus haut, le reste fut réuni à la Couronne en 1082, il fut donné en apanage par Louis VI le Gros à Guillaume Cliton, fils de Robert III, duc de Normandie en 1126, et fit retour au domaine, après la mort de ce prince en 1128.

Un siècle plus tard, la Lyonnaise fut partagée en deux provinces, l'une conserva Lyon, l'autre prit Sens pour Métropole.

Depuis, chacune de ces mêmes Lyonnaises fut de nouveau subdivisée en deux cités distinctes, Lyon et Tours, Sens et Rouen, et ces quatre Lyonnaises en dix-sept provinces.

Il deviendrait difficile de suivre les changements qu'éprouvèrent ces provinces dans les divers partages qu'en firent les

Empereurs Romains pour la commodité des assises tenues par leurs Gouverneurs.

Plusieurs cantons se formèrent qui n'étaient pas jusque alors distingués des peuples dont ils faisaient originairement partie.

C'est ainsi que vers le milieu du IIIe siècle, le Roumois, Pagu Romensis, se détache du pays de Caux et du Vexin.

Le Vexin alors fit partie du département du Préfet de Paris.

Et du vaste pays Carnute, sortirent le Pincerais et le Madrie, *Pagus Pisciacensis et Pagus Madriacus*.

Le pays Chartrain Français dépendait du gouvernement de l'Ile-de-France et avait pour villes principales, Nantes, Dreux, Houdan, Dourdan, Montfort l'Amaury.

Ainsi constitué, le Vexin était limité de trois côtés, par des bornes naturelles, à l'orient, par l'Oise, au midi par la Seine, à l'ouest, par la rivière d'Andelle; et vers le nord, par la rivière de Chamblis, le Beauvoisis, la Picardie et la petite rivière de Mauceron qui se jette dans l'Oise au-dessous de l'Ile-Adam.

L'Epte qui coule parallèlement du Nord au Midi, entre l'Oise et l'Andelle, partageait le Vexin en deux parties presque égales; celle de droite prit plus tard, c'est-à-dire au Xe siècle, sous le règne de Louis IV d'Outremer, le nom de Vexin Normand; et celle de gauche celui de Vexin Français; de là cet adage, pour montrer que l'Epte formait la limite des deux territoires. *(Epta licet parva Francorum dividit arva.)* Ils conservèrent ces dénominations jusqu'en 1789.

Le Pincerais et le Madrie faisaient face au Vexin Français; le premier partait de l'embouchure de la Mauldre et remontait sur les bords de la Seine jusqu'auprès du village de Meudon qui formait la limite du Parisis Meudon.

Meudon, autrefois Meliosedum, Magedon in Pinclacensis *Pago villæ quæ vocatur Magedon*, dit encore le Polyptique d'Irminon, qui formait la limite du Parisis, sur la rive gauche de la Seine.

A l'Est et au Midi, il était borné par le Parisis, le Hurepoix, le Pays Chartrain et le Perche, à l'Ouest par la Mauldre. Tout le pays compris entre cette rivière, l'Eure et l'Iton en revenant par Anet vers Métainville, et les Vaux-de-Cernay, formait le pays du Madrie.

Le Pincerais dépendait, pour le spirituel, de l'Evêché de Chartres; il reçut d'autres limites vers la fin du IXe siècle et dut céder à l'Evêché de Paris une certaine portion de territoire, mais en même temps il acquit une plus grande importance à l'Ouest, par la réunion du Madrie.

Le Pincerais s'étendit donc sur les bords de la Seine depuis l'extrémité orientale de la plaine d'Achères jusqu'au Port-Villez, en face de l'embouchure de l'Epte.

Depuis cette époque, le nom de Madrie a tellement disparu des Actes et des Monuments historiques, qu'à peine en reste-t-il quelque trace dans les diplômes du moyen âge échappés au ravage des temps.

D'immenses solitudes peuplées d'animaux sauvages couvraient encore le Pincerais et le Madrie, lors de la fusion de ces deux pays. Les forêts des Alluets, de Marly et de Rambouillet, les bois de Meudon, de Trappes et de Saint-Léger, ne sont que des débris de l'antique Forêt d'Iveline ; ils s'étendaient encore, en 870, de Maule à Rueil, ses confins septentrionaux, jusqu'au delà de Dourdan.

Dans le Parisis, l'Etampois, le Pays Chartrain, l'ours, l'auroch, le loup, le sanglier, en disputaient à l'homme la possession.

Tour à tour envahie, pillée, reprise et de nouveau mise au pillage, cette malheureuse contrée n'offrit plus pendant un demi-siècle que le tableau d'une immense ruine ! Mais l'avantage resta aux soldats de Clovis.

A la mort du Fondateur de la Monarchie Française, c'est-à-dire en 511, le Madrie et le Pincerais devinrent la propriété de Clodomir, son fils aîné.

Dans le partage de 567, le Nord de la France fut divisé en Neustrie et en Austrasie. Oster-Rike signifiait royaume de l'Est, Ostrie, en latin Austrasia.

Ni-Oster-Rike veut dire littéralement le royaume qui n'est pas à l'Est, Neustrasia, Neustria, Neustrie.

Le Vexin, le Madrie et le Pincerais, déjà réunis sous le règne de Clotaire Ier, furent compris dans l'Austrasie, qui se trouvait resserrée entre l'Escaut, l'Aisne, la Marne, la Seine et la Mer et reconnaissait Paris pour capitale.

Mais un demi-siècle plus tard, les fils de Brunehaut ayant écrasé les Neustriens, dans les plaines de Sens, se partagèrent leurs dépouilles.

Le Madrie et le Pincerais, avec toute la région entre la Seine et la Loire, furent cédés au royaume Orléanais-Burgondien.

La mort de ses compétiteurs rendit tout-puissant le fils de Frédégonde qui réunit de nouveau le Vexin, le Pincerais et le Madrie.

Charles Martel, duc des Franks, après la victoire de Soissons qui lui livrait la Neustrie tout entière, divisa le royaume en de nouveaux districts ou comtés qu'il distribua aux plus éprouvés de ses Leudes, à charge de service militaire.

Ce partage eut lieu à Kiersi-sur-Oise, pendant l'automne de l'année 725.

Le Vexin, depuis l'Oise jusqu'à l'Andelle, le Pincerais dans ses anciennes limites, et le Madrie depuis l'embouchure de la Mauldre, jusqu'au confluent de l'Eure, passèrent ainsi sous l'administration de Witram, l'un des Antrustions de Charles Martel, et Meulan, situé au centre de ces trois pays, fut choisi comme chef-lieu de ce comté, qui par un usage assez fréquent à cette époque, conserva pendant bien longtemps le nom de son premier titulaire.

In comitatu Witranni in Pinciacensi pago. Dans le comté de Witranne, au pays de Poissy, dit le Polyptique d'Irminion, le célèbre abbé de Saint-Germain des Prés, au temps de Charles Martel.

UNE PAGE D'HISTOIRE

Après la mort de Witram, le comté de Meulan échut à Grippo ou Griphon, fils de Charles Martel.

En 741, Grippo ayant été tué au combat de Saint-Jean de Maurienne, au mois de juillet 753, le comté de Meulan qui ne releva désormais que du souverain, passa aux mains du vieux Romuald, l'un des glorieux survivants de la bataille de Poitiers.

A sa mort, arrivée en 764, Nibelung Ier lui succéda dans la juridiction exercée dans le Madrie, le Pincerais et le Vexin.

Walran, chevalier, s'empara du Vexin. Il épousa Hildegarde, fille d'Arnoul Ier, comte de Flandre, et d'Alice de Vermandois.

Après la mort de Walran Ier, le comté de Meulan ne possédait plus, avec quelque portion de la forêt d'Iveline, qu'une petite partie du Pincerais et du pays de Madrie, limitée par les Seigneuries de Maule et de Montfort l'Amaury que Hugues Capet avait pu recouvrer et dont il gratifia deux de ses Leudes.

Les comtes du Vexin et de Meulan, les seigneurs de Maule et de Montfort, ainsi que Robert, duc de Normandie, se réunirent au roi Henri Ier qui put rentrer dans sa capitale.

En récompense de ses services, le duc de Normandie eut la suzeraineté de tout le Vexin français depuis l'Oise jusqu'à

VUE DE NEAUPHLE

VUE DE NEAUPHLE

l'Epte, « *totius Vulcassinum a fluvio Isaræ usque ad Eptam,* » dit Orderic Vital.

Neauphle, sous la domination Romaine, faisait partie du Pincerais, *Paganus Pinciacensis* ou *Pagus Pinciasensi* (Pays du Pincerais) *de Pinciacum,* nom latin de Poissy, qui était le siège d'un archidiaconé du diocèse de Chartres, et du territoire des anciens peuples Carnutes qui avaient aussi fondé la ville de Chartres, *Carnutum civitas,* l'une des plus anciennes cités des Gaules.

Sous les Empereurs romains, le territoire de Seine-et-Oise fut compris dans la *Lyonnaise,* et lorsque cette province fut subdivisée, il resta dans la *Lyonnaise Première,* d'abord, puis entra dans la *Lyonnaise Quatrième,* formée par Gratien, et qui avait Sens pour métropole. C'est l'empereur Honorius qui établit, entre les années 395 et 423, quatre provinces *Lyonnaises* ayant chacune une métropole ; l'Evêché de Chartres et celui de Paris dépendaient de l'Archevêché de Sens, chef-lieu de la quatrième Lyonnaise ; cela dura ainsi jusqu'au règne de Louis XIII.

Ce monarque obtint du pape Grégoire XV en 1622 : l'érection en Archevêché de l'Evêché de Paris, qui fut détaché de la province de Sens, avec ceux de Chartres, de Meaux et d'Orléans, et ces trois Evêchés firent partie de la nouvelle métropole, le premier Archevêque, François Henry de Gondy, en prit possession en 1623.

L'Evêché de Versailles ne fut créé que par le concordat de 1801, et Neauphle fut alors rattaché à ce diocèse comme tous les pays faisant partie de l'ancien Pincerais ou Poissiais.

GRANDEUR PASSÉE

Neauphle, *baronnie* au moyen âge, était ville forte. Son *enceinte* était formée de murailles fermées par quatre portes avec ponts-levis, dans les parties escarpées et de fossés dans les parties plates ; l'une de ces portes, celle des *Sablons,* était flanquée de deux tourelles dont nous avons vu démolir les ruines dans notre enfance en 1816 ou 1817, afin d'élargir la voie publique devenue insuffisante pour la circulation, l'emploi des voitures se généralisant pour remplacer les transports à dos d'ânes, de mulets et de chevaux.

Une de ces tourelles tenait au grand mur de terrasse de la maison Desrosiers et de la Grande-Rue et non à celui qui fait l'angle de la route de Saint-Germain-en-Laye.

L'autre tourelle tenait à l'un des bâtiments de l'ancienne maison Delamarnière, appartenant aujourd'hui à M. et à Mme Londeau. Le mur de la ville partait de cet endroit, traversait les jardins des maisons situées du même côté de la Grande-Rue et allait joindre la porte de la *Gouttière*, placée dans la *Butte du Tartre* ou du *Tertre*, dont l'un des piliers tenait au mur qui sépare le jardin de Mme Auger, de ma propriété ; il existait encore il y a quelques années, il a été démoli pour l'élargissement du chemin.

Un contrat du 18 janvier 1659, contenant vente par Florence Andry, veuve de Louis Biberon, receveur de la terre et seigneurie de la Grange, à Maître Thomas Plomet, Procureur de la Prévôté de Neauphle-le-Chastel, de la maison appartenant aujourd'hui à M. J. Dupré, constate qu'elle tenait d'un côté aux murs de la Ville, d'un bout à Maître Joachim Andry, bailly de Trappes, d'autres bouts, à Maître Thomas Hanot et à Maître Michel Dupont, représentés par M. Lary et Mme Auger, dont les jardins attenaient aussi aux murs de la ville, il en résulte que ma propriété était *extra muros*.

Du reste, ces maisons n'en faisaient qu'une autrefois, c'était la plus belle habitation de Neauphle ; elle appartenait à M. Barthelon ; elle passa ensuite dans les mains de deux propriétaires qui démolirent les bâtiments pour en vendre les matériaux ; une partie de ces terrains fut achetée par mon père M. Ch. Prud'homme.

Les murs de la ville reprenaient du deuxième pilier de la porte qui, placée de l'autre côté du chemin de la butte du Tartre, tenait au mur de Mme Laurent ils se prolongeaient jusqu'à la *porte de Paris* existant à la jonction de la Grande-Rue et de la rue Saint-Martin ; on voit encore une partie d'un des piliers de cette porte qui tenait à la maison de M. Duhamel et à celle de la famille Hauducœur.

Deux contrats passés devant Me Philippe, notaire à Neauphle-le-Château, le 30 septembre et le 27 décembre 1698, font mention de cette porte. Il y avait à partir de cet endroit de vastes et profonds fossés s'étendant jusqu'à la *porte Saint-Jean* ; il restait encore, en 1789, les traces de ces fossés derrière le *Marché aux Chevaux* ou *rue d'Orbec*.

Il y a peu d'années seulement, que l'un des piliers de la porte Saint-Jean a été démoli par M. Dupont aîné, alors propriétaire d'un jardin dont le mur tenait à ce pilier ; ce jardin appartient aujourd'hui à la famille Lapostolle.

Les murs de la ville repartaient de là, pour aller gagner la *porte des Sablons,* en traversant dans toute sa longueur,

NAUPHLE-LE-CHATEAU. RESTES DES ANCIENNES FORTIFICATIONS.

le bois dépendant de la maison Desrosiers, autrefois le potager de la maison de Mme Dufour. Il est fait mention de cette troisième porte dans le bail à rente de l'ancien cimetière des Sablons fait à M. Déclair, suivant contrat passé devant Me Duchemin, notaire à Neauphle-le-Château, le 18 juillet 1713.

Ils subsistaient encore en 1752, ainsi que le constate un acte passé devant Me Dupont, notaire à Paris, le 8 juillet de ladite année, contenant vente par M. et Mme Dufour, au profit de Mme Elisabeth Philippe Delamarnière, veuve de M. Louis Perrot, leur mère et belle-mère :

1° De la maison dont il s'agit, consistant en un corps de logis, grange, écurie, poulailler, volière, cour, remise, terrasse et jardins contenant ensemble deux arpents et demi, tenant d'un côté, aux murs de la Ville, d'autre, aux sieurs Nayrod et Louis Baril et à la Geôle ; d'un bout, sur la rue ; et d'autre bout à M. Dalinville.

2° D'un petit morceau de terre, derrière les murs de Neauphle et attenant à ceux du jardin de la maison, aboutissant aux fossés de la Ville et au clos de la Cure.

3° D'une langue de terre sablon, en friche contenant trois quartiers, hors la porte de la ville de Neauphle, du côté de Montfort, tout le long du mur de clôture, à prendre du côté d'en-bas de la tourelle qui est attenante à la dite porte, jusqu'à un *morceau* de terre appartenant aux héritiers Alphonse Grignon, d'autre, au Grand Chemin de Paris et aboutissant par bas, à la *porte de la ville* sur le carrefour.

Il résulte donc du contrat du 17 juillet 1752 que l'un des terrains vendus, aboutissait aux fossés de la ville, qui existaient encore à cette époque ; il est probable qu'autrefois, ces fossés s'étendaient de la *porte Saint-Jean* à la *porte des Sablons* et formaient la limite de ces terrains à pente rapide qui étaient incultes et ne servaient qu'à la pâture des *ânes* et des *vaches* du hameau des Sablons ; aussi, dit-on, que les possesseurs de ces animaux éprouvèrent *un grand déplaisir,* lorsqu'ils virent enclore ces terrains, pour les planter en bois.

CHATEAU DE NEAUPHLE

Dans ces temps reculés, le plus petit centre de population possédait un *Château* ou un *fort* appelé *tour,* pour se garantir des Normands, lors de leurs incursions en France.

Neauphle aussi avait son château-fort et sa grosse tour. Situé au milieu de la ville, il occupait le point culminant du pays, appelé « *Butte à Philippe* » à quelques mètres de l'église ; l'entrée principale du château était de ce côté, ainsi que le constate une requête présentée par les Marguilliers de la Fabrique de Saint-Nicolas de Neauphle-le-Château, à M. le Prévôt de ladite ville, le 6 juillet 1675, afin d'être autorisés à réparer les murs du cimetière régnant à cette époque, autour de l'église paroissiale.

L'emplacement du château fait aujourd'hui partie de la maison et du jardin de M. Thénard, les fondations de quelques-unes de ces ruines existent à une grande profondeur dans la propriété de cette famille.

Du reste, ainsi que nous l'avons dit déjà, une partie de ces fondations ont été démolies par l'ancien propriétaire ; il est probable que les dépendances du château s'étendaient tout autour et comprenaient l'emplacement des bâtiments et jardins du Presbytère, de la Mairie, des maisons et jardins de M. le Dr Grellière et de Mme Desrosiers.

Il y a une cinquantaine d'années environ, M. Thénard, en faisant faire des fouilles dans son jardin, pour l'écoulement des eaux, a mis à jour les fondations du château.

Du reste, les pièces d'un procès qui eut lieu entre le sieur Vincent Sanc, fermier des domaines du roi, en la généralité de Paris, et maître Joachim Andry, bailli de Grignon, nous donnent quelques renseignements sur l'emplacement exact de l'ancien château de Neauphle et sur les ruines qui restaient en 1676 et 1678.

Voici l'acte dans son intégralité :

« Sentence du 27 avril 1678, qui déboute le fermier du
« domaine, de sa demande en réunion dudit emplacement et
« enclos, dudit château de Neauphle, et maintient le proprié-
« taire dans sa possession et jouissance suivant son bail à
« cens.

« Entre M. Vincent Sanc, fermier sur domaines du roy, en
« la généralité de Paris, demandeur aux fins de l'exploit du
« 21 novembre 1676, contrôlé à Neauphle, ledit jour, à ce
« que le défendeur ci-après nommé soit condamné à repré-
« senter les titres en vertu desquels il jouit et possède le
« vieux chasteau de Neauphle-le-Chastel et enclos d'iceluy,
« payer les loyers à dire d'experts comme faisant partie du
« domaine dudit Neauphle appartenant au roy et réuny à son
« domaine, que procès-verbal sera faict et dressé de l'estat
« des lieux, ledit défendeur, condamné de les réparer et
« mettre en leur ancien estat, aux despens, dommages et
« intérêts du défendeur, comparant par Me Féburier, son
« procureur d'une part.

EMPLACEMENT DE L'ANCIEN CHATEAU DE NEAUPHLE.

« Et Me Joachim Andry, bailly de Grignon, défendeur et
« incidemment demandeur suivant sur, répondait le 26 jan-
« vier 1677, à ce qu'attendu que ledit Sanc ne peut rien pré-
« tendre au domaine de Neauphle au moyen de ce que l'en-
« gagement d'icelluy subsiste toujours suivant l'arrest du
« Conseil d'Estat du dixième novembre seize cent soixante-
« et-quinze, il soit dit que le dit Andry serait déchargé de la
« dite assignation et le dit Sanc desboutté aux despens, et
« ledit Andry, maintenu de garder de la propriété et jouis-
« sance de laquelle il est de l'héritage qu'il possède qui n'est
« autre chose qu'une place de terre scize près l'églize dudit
« Neauphle contenant un arpent, y compris dans iceluy une
« grosse butte de terre et un reste de méchans murs d'envi-
« ron six toises de ruynes laquelle place de terre estoit
« inutille, en friche de tout temps immémorial et de nulle
« valeur dont il est propriétaire à juste titre, en consé-
« quence du bail à nouveau cens, qui lui a été faict moyen-
« nant une grosse censive envers le roy qu'il a toujours
« payé à la recepte du seigneur engagiste, qu'il y avait lors
« et depuis, le nouveau seigneur engagiste, comme faisant le
« dit héritage, à partir de l'engagement, lequel héritage le
« dit Andry a amélioré et mis en valleur, ainsy que le tout
« est notoire de justifier et justifié par le contract du dit bail
« à nouveau cens, du dix-neuf avril.., et audit comparant
« par Me Jery Desroches, son procureur, d'autre part.

« La chambre du trésor parlement ouy ensemble le procu-
« reur du roy, sans avoir égard à la demande du dit Sanc
« dont il est débouté, a maintenu et gardé le dit Andry
« dans la propriété et jouissance de l'héritage en question,
« pour en jouir conformément au contract de bail à cens qui
« lui en a été faict le 19 avril 1671, despens compensez
« et aussi le présent jugement sur les qualités de Déroches. »

Ainsi enfermé dans son enceinte fortifiée le châtelain de
Neauphle pouvait observer de son donjon, les faits et gestes
de l'ennemi, et se disposer soit à attaquer, soit à se défendre
suivant qu'il le jugeait convenable.

On a prétendu qu'il existait au château des souterrains
permettant aux assiégés de se sauver dans la campagne ou dans
les bois, pour se soustraire aux exigences et aux cruautés
d'un vainqueur impitoyable, mais on n'en a trouvé aucune
trace.

EGLISE DE NEAUPHLE

On suppose que le château a été détruit sous le règne de Charles VII, pendant les guerres d'Angleterre ; les ruines subsistaient encore en 1604, ainsi que le prouve un dessin qu'on voit à la bibliothèque nationale de Paris et qui a été exécuté vers 1620, par Claude de Chastillon et faisait partie de la topographie publiée par Jean Rousseau ; nous avons reproduit cette gravure au commencement de ce travail, elle représentait Nioffre (Neauphle-le-Château) avec son château-fort en ruines, et son église avec clocher et bas-côtés ; les bas-côtés ont été supprimés, paraît-il, après un incendie qui avait consumé une partie de la nef au commencement du XVIIe siècle, vers 1604. Elle fut reconstruite et existe encore aujourd'hui. Quant au clocher, il fut transformé par ordre du gouvernement en un poste de télégraphe à signaux de la ligne de Paris à Brest en 1798.

Par suite de l'invention du télégraphe électrique, le gouvernement abandonna le télégraphe à signaux en 1851, et le clocher fut rendu à la commune de Neauphle, puis le Conseil municipal vota les fonds nécessaires pour sa reconstruction en forme de tour carrée.

Un des conseillers, aussi affable dans l'intimité qu'il avait été brave sur les champs de bataille, M. César Hallé, qui parti de Neauphle simple soldat, y était revenu capitaine de dragons de la garde, après les désastres de l'Empire, demanda l'érection d'une horloge à l'église en promettant de contribuer à la dépense pour une somme de cinq cents francs. Le Conseil accepta cette proposition et orna de deux cadrans la tour carrée du clocher.

L'architecture de l'église actuelle n'offre rien de remarquable, la nef a été voûtée en 1867.

Le chœur et le sanctuaire présentent seuls quelque intérêt sous le rapport archéologique.

Nous ignorons à quelle époque fut construite l'ancienne église qui portait dans les anciens titres, décrets et ordonnances des rois et des évêques, le titre de paroisse ; elle était déjà sous le vocable de saint Nicolas évêque, mort à Myre, en Lycie, en l'an 342 et dont on célèbre la fête le 6 décembre ; ses reliques ont été transférées à Bari, port d'Italie, le 9 mai 1087.

On pense cependant que l'église fut érigée en 1118 par Simon de Neauphle, fondateur des Vaux de Cernay, sous le pontificat de Geffroy de Lèves.

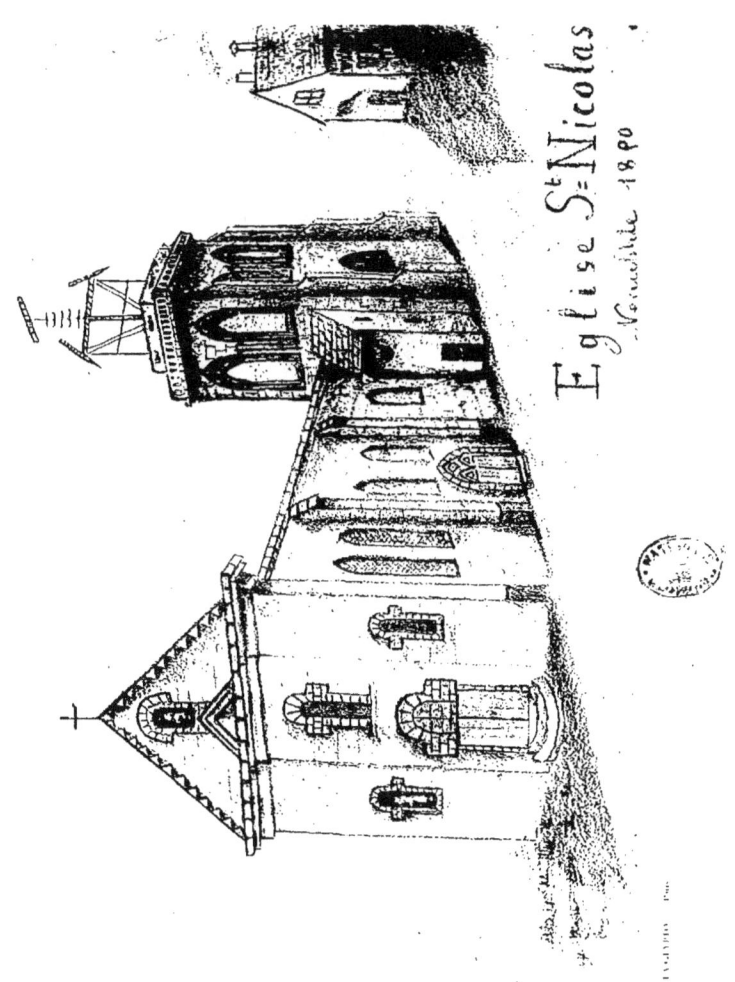

Eglise St=Nicolas
Novembre 1890

CURE ET PRIEURÉ

La cure et le prieuré de Neauphle étaient à la présentation de l'abbé de Bourgueil, au diocèse d'Angers, jusqu'en 1703.

L'église avait un revenu de 350 livres, d'après le Pouillé du diocèse de Chartres en 1738.

CIMETIÈRES

Selon l'usage du temps, il y avait un cimetière de chaque côté ou plutôt autour de l'église ; c'est ce que constate une délibération des Marguilliers, en date du 6 juillet 1675, qui demandaient à M. le Prévost de la ville de Neauphle, l'autorisation de réparer les murs du cimetière situé autour de l'église. Or, comme tous les cimetières placés ainsi étaient cimetières paroissiaux et propriétés des Fabriques, celui de Neauphle était de ce nombre, lorsque parurent les décrets des 2 et 4 novembre 1791. Quoi qu'il en soit, n'ayant pas été vendu en 1793, il fut restitué à la Fabrique par le décret du 7 thermidor au XI (1802), et continua de servir pour les sépultures jusqu'au 7 avril 1828, époque à laquelle il fut supprimé.

La partie occidentale du cimetière, à droite de la grande porte de l'église, avait été désaffectée pendant la Révolution, en 1793, et sur son emplacement, on établit, plus tard, une place publique, dite « Marché à la Fripererie » le reste fut clos par un mur.

La partie orientale située à gauche était également close par un mur qui la séparait de la mare Saint-André dont les exhalaisons nauséabondes et méphitiques pouvaient compromettre l'hygiène publique. Cette mare fut comblée en 1821 et l'emplacement du cimetière et de la mare devinrent « la place du Marché au beurre et au fromage ».

La partie nord-est sert encore d'arrivée au portail de l'église.

Les inhumations furent faites dans ce cimetière jusqu'au 7 avril 1828, ainsi que nous venons de le dire ; la commune acquit à cette époque un terrain de 14 perches 8.100 situé à l'angle de la rue Saint-Nicolas et du chemin conduisant au bois de Villiers, pour le transformer en champ de repos ; mais on fut bientôt obligé de l'abandonner, à cause de l'imperméabilité du sol.

Ce cimetière fut supprimé et vendu le 11 janvier 1839.

La commune avait acheté en 1837, un autre terrain de 75 perches à M. Jean-Charles Prud'homme, propriétaire aux Bordes, situé aux Sablons, à l'angle de la route départementale du Pontel à Saint-Germain-en-Laye, et du chemin de Villiers.

La bénédiction eut lieu le 1er juillet 1838 par M. l'abbé Pétigny, vicaire de Notre-Dame de Versailles et aumônier des prisons de la ville, assisté de M. l'abbé Angot, curé de Neauphle.

Les inhumations y furent faites à partir du 1er juillet 1838. Celui-ci remplit toutes les conditions désirables, sous le rapport de l'hygiène, et on est heureux en visitant cet asile du repos, de constater combien on pratique ici le culte des morts, combien chaque famille tient à honorer et à perpétuer la mémoire des parents qui lui ont été chers.

Les exhumations dans le cimetière entourant l'église furent faites en 1839 par les soins et aux frais de M. l'abbé Angot, alors curé de la paroisse, et les restes mortels déposés sous une pierre scellée dans le mur et dont l'inscription gravée marque la date de cette translation.

Un service solennel fut célébré, à cette occasion, dans l'église, le lendemain de l'Ascension de cette même année 1839, et cet ancien cimetière resté intact jusqu'à cette époque, disparut alors complètement et fut transformé en place publique servant au marché. Cependant, les parties situées à droite et à gauche du chœur et du sanctuaire, se trouvant contiguës à des maisons particulières, ne furent point livrées au public, elles forment environ une superficie de 300 mètres.

La partie nord-est fut close en 1842, par un mur construit aux frais de la Fabrique, qui consacra une partie de ce terrain pour y faire bâtir un petit magasin de pompes funèbres.

L'autre partie du terrain, située au sud-ouest, n'était séparée de la rue que par un mur d'appui de 1 mètre 30 de haut. Cette partie servait, comme aujourd'hui, au placier du Marché, pour y déposer ses étaux.

Ce n'est qu'en 1852, que la commune adossa à l'église le magasin de la pompe à incendie, en faisant exhausser le mur et pratiquer une porte donnant sur la rue.

C'est donc, à partir de cette date, que la commune s'empara du terrain d'une manière absolue, et comme si elle en eût été propriétaire.

Elle loua alors pour 20 fr. par an, au placier, la partie sud-ouest et pour 25 fr. la partie nord-est à un boulanger qui en fait un dépôt de bois assez important et contigu au sanctuaire de l'église.

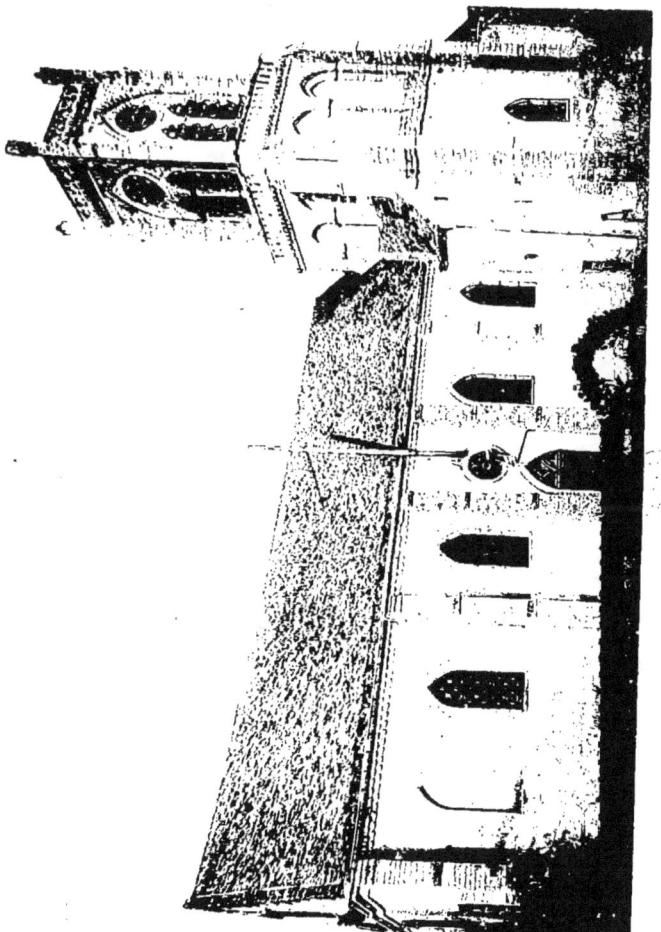

ÉGLISE DE NEAUPHLE-LE-CHATEAU

CHAPELLE NOTRE-DAME DE SAINT-MAUR

Il y avait autrefois un cimetière aux Sablons, contenant 75 perches ; il était situé près de la chapelle Notre-Dame de Saint-Maur et de la porte de la ville, ainsi que le constate le bail à rente fait à M. Jacques Déclair et à Madeleine Piret, sa femme, du terrain de ce cimetière supprimé.

Cette vente fut faite par les marguilliers de la Fabrique de Saint-Nicolas de Neauphle, moyennant 9 livres de rente perpétuelle, suivant contrat passé devant M° Duchemin, notaire à Neauphle-le-Château, le 18 juillet 1713.

Cette rente fut remboursée par le sieur Heurtemotte et autres, entre les mains du Président de ladite Fabrique suivant quittance passée devant M° Mahé-Desrosiers, notaire à Neauphle-le-Château, le 1er décembre 1833.

Cette chapelle sous l'invocation de Notre-Dame de Saint-Maur, était peut-être la même que celle dédiée, dit-on, à Notre-Dame du Sablon ; elle s'élevait près de la porte de Ville, sur un terrain attenant au chemin conduisant à Neauphle-le-Vieux, derrière les maisons, à droite de la route descendant au Pontel.

Nous ignorons pourquoi elle avait été dédiée à saint Maur, disciple et parent de saint Benoît, qui fut appelé en France par l'évêque du Mans pour fonder un monastère. Saint Maur qui avait le don des miracles, mourut en France à l'âge de 72 ans le 15 janvier 583.

Le curé de Chavenay était titulaire de cette chapelle et en recevait les droits et revenus, mais un décret de l'évêque de Chartres du 16 août 1773 ordonna la suppression du titre de cette chapelle et la réunion de tous les droits, fruits et revenus à la cure de Neauphle-le-Château. Ces revenus consistaient notamment dans la jouissance et le produit de 9 arpents de terre à Neauphle-le-Vieux, dépendant de l'abbaye, ainsi concédés par suite d'arrangement entre les abbés de la dite abbaye et les sieurs curés de Chavenay et de Neauphle-le-Château.

Ce décret de l'évêque de Chartres fut confirmé par des lettres patentes de Louis XV que nous donnons ici textuellement.

« Versailles, septembre 1773.

Lettres patentes qui confirment un décret de M. l'évêque de Chartres portant estimation du titre de la chapelle de

Saint Maur des Sablons, et union des biens en dépendant, à la Cure de Neauphle-le-Château

« Louis, à tous présens et à venir, salut :

« Notre Cher et bien aimé le sieur Germain Lainé, « prestre bachelier en théologie, curé de Neauphle-le-Château « nous a fait exposer que par décret du 16 aoust dernier et « après les instructions et autres formalités requises en « matière de suppression de bénéfices, notre amé et féal « conseiller en nos conseils, le Sr évêque de Chartres aurait, « sur la démission faite entre ses mains par le Sr Godet, « curé de Chavenay, de la chapelle Notre-Dame de Saint « Maur des Sablons, dont il était titulaire, éteint et supprimé « à perpétuité le titre de la dite chapelle et l'auroit unie à « perpétuité, ainsi que tous les droits, fruits et revenus en « *dépendans* à la cure du dit lieu de Neauphle-le-Château « pour ne faire à l'avenir qu'un seul et unique bénéfice, « sous la réserve d'une pension annuelle et viagère de « 120 livres, en faveur du dit Sr Godet, exempte de décimes « et de toutes autres charges et encore à la charge par « l'exposant et ses successeurs, curés de Neauphle, d'ac- « quitter tous les ans, le jour de Saint Maur, dans l'Eglise du « dit lieu, la messe de dévotion qu'il était d'usage d'acquitter « dans la dite chapelle, à l'intention des bienfaiteurs et « fondateurs d'icelle, pour laquelle il ne serait payé aucun « honoraire par la Fabrique ; que le dit Sr évêque de Chartres « aurait encore permis par le même décret, la démolition de « la dite chapelle, à condition que les vases sacrés, ornemens, « linge et autres meubles, seraient réunis entre les mains des « Gagers ou Marguilliers de la Fabrique du dit Neauphle, et « appartiendraient à la dite Fabrique, et que les matériaux « qui proviendraient de la démolition seraient appliqués « au besoin du presbytère ou de l'Eglise, mais le décret « ne pouvant avoir son exécution, qu'autant que nous « daignerons l'autoriser, l'Exposant nous a très humblement « fait supplier de lui accorder nos lettres de confirmation, « sur ce nécessaires ; à ces causes, de l'avis de nôtre « conseil qui a vû le décret du 16 aoust dernier, dont « expédition est cy attachée sous le contre scel de notre « chancellerie et de notre grâce spéciale, plaine puissance « et autorité royale, Nous avons loué, approuvé, confirmé « et autorisé par ces présentes, signé de notre main, louons, « approuvons, confirmons, et autorisons, le dit décret, « voulons et nous plait qu'il ait sa plaine et entière exécution « aux charges, clauses et conditions portées pour vû, « toutefois qu'en icelui, il n'y a rien de contraire aux saints

INTÉRIEUR DE L'ÉGLISE DE NEUFCHÂTEL-LE-CHATEAU

« décrets et constitutions canoniques, à nos droits, ni aux
« maximes et règlemens reçus dans notre royaume.

« Si donnons en mandement à nos amés et féaux con-
« seillers, les gens tenant notre cour de Parlement à Paris,
« que ces présentes ils ayent à faire registrer et du contenu
« en icelles, jouir et user ledit Lainé et ses successeurs
« Curés de Neauphle-le-Château pleinement, paisiblement et
« perpétuellement, cesseront et feront cesser tous troubles
« et empêchemens et nonobstant toutes choses à ce contraires,
« car tel est notre plaisir, et afin que ce soit chose ferme
« et stable à toujours nous avons fait mettre notre scel à
« ces dites présentes.

« Donné à Versailles, au mois de Septembre l'an de
« grâce 1773 et de notre règne le 59e. »

La chapelle tombant en ruines fut démolie en 1775, le terrain sur lequel elle était construite contenant environ 13 perches, fut vendu le 13 vendémiaire an IV (8 octobre 1795), conformément à la loi du 28 ventose.

M. Fontaine, huissier à Neauphle, se rendit adjudicataire de ce terrain, ainsi qu'il résulte d'un procès verbal d'adjudication dressé par les administrateurs du département de Seine-et-Oise, moyennant 1750 fr.

CHAPELLE SAINTE-APOLLINE

Une autre chapelle dépendait de la paroisse de Neauphle, située au milieu des bois, à l'endroit nommé la *Table Sainte Apolline* ou Apollonie, elle était sous l'invocation de cette sainte, jeune vierge de la ville d'Alexandrie, dont le martyre eut lieu le 9 février de l'an 252, sous le pape saint Fabian : elle est l'*avocate des douleurs de mâchoires*.

Le curé de Neauphle était titulaire de cette chapelle, et avait droit au revenu qui y était attaché ; il consistait 1º dans la dîme du grand clos de Neauphle-le-Château, formé des terres situées entre le Chemin de la Corderie, le Chemin de Neauphle aux Bordes, et le Chemin de la Gouttière à la Fontaine de Launay, 2º dans une centaine de fagôts que le seigneur accordait tous les douze ans, lors de la coupe du bois dans lequel était située la chapelle.

Le service religieux se composait uniquement d'une messe à célébrer chaque année dans ce sanctuaire, le 9 février, jour de la fête de sainte Apolline.

L'évêque de Chartres ordonna par un décret du 6 avril 1726 :

1º Que la chapelle de sainte Apolline serait démolie, attendu qu'étant isolée au milieu des bois, elle était exposée au pillage et à l'irrévérence des passants, qu'en outre, elle était dépourvue d'ornements.

2º Que la translation du service religieux ainsi que la translation de la figure de sainte Apolline auraient lieu dans une des chapelles de l'église de Neauphle-le-Château.

3º Et que le titre et les revenus de cette chapelle, seraient réunis à la cure de Neauphle, à la charge par le sieur curé de ladite paroisse, d'acquitter et de célébrer le service religieux de cette chapelle, et de faire élever une croix au lieu où cette chapelle était édifiée.

Il se tenait encore, il y a quelques années, à l'endroit du bois nommé, la *Table Sainte Apolline,* une fête champêtre, le lundi de Pâques, il est probable que cette assemblée devait son origine aux pèlerinages qui se rendaient à la chapelle pour implorer sainte Apolline.

PRIEURÉ DE SAINT-ANDRÉ

On voyait aussi à Neauphle un Prieuré (de l'ordre de saint Benoît) sous l'invocation de saint André. « *Sanctus Andreas prioratus de Neaufla Castro Ecclesiæ.*

Nous relevons ce fait : *Mancinius prior de Nealfa Castro procurator, etc.* Mancinius prieur de Neauphle-le-Château, procureur de l'abbaye et du couvent de Bourgueil.

Lors de sa suppression, ce couvent fut réuni à celui des Pères de l'oratoire St-Honoré.

La chapelle était située près de la halle, et existait encore en 1693.

En 1702, le titre de ce prieuré, qui était à la nomination de l'évêque, appartenait à l'abbé Joseph Percheron, sous-diacre de Paris, chanoine de l'église cathédrale de Notre-Dame de Noyon, premier commendataire du prieuré simple de Saint André de Neauphle-le-Château, de l'ordre de Saint Benoît Membré, dépendance de l'abbaye de Bourgueil, diocèse d'Angers, (dudit ordre) ; en sa qualité de Prieur chapelain de la chapelle Saint-Hilaire de Menu, diocèse d'Orléans, annexe du dit Prieuré, il demeurait à Noyon.

Le 14 mars 1703, l'évêque de Chartres ordonna par un décret :

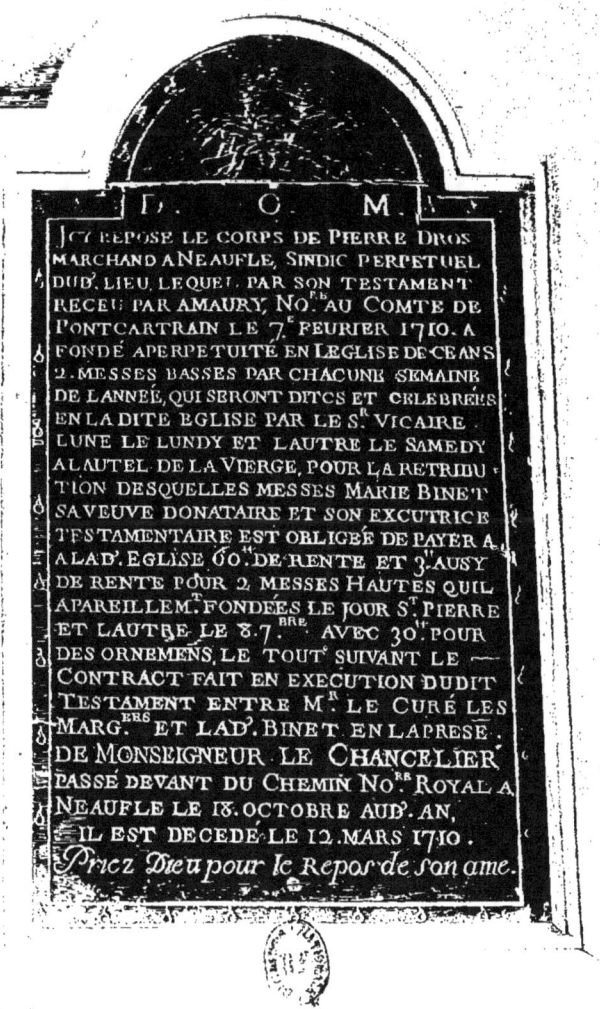

PIERRE TOMBALE. EGLISE DE NEAUPHLE-LE-CHATEAU

1° La suppression du titre de Prieur de Saint André de Neauphle-le-Château et de la chapelle Saint-Hilaire de Menu, diocèse d'Orléans, son annexe.

2° La réunion des fruits et revenus de ces Prieuré et chapelle au profit de la Cure et de la Fabrique de Saint-Nicolas de Neauphle-le-Château, pour leur appartenir, savoir :

A la Fabrique, les fruits et revenus du prieuré et des biens en dépendant.

Et à la Cure, les fruits et revenus des moulins et autres biens situés à Menu, annexe de ce Prieuré.

On ne trouve aucun renseignement sur les biens qui produisaient ces revenus.

Il serait donc impossible d'établir ni leur quotité exacte ni leur évaluation, il n'existe qu'une seule pièce dans les archives de la Fabrique, c'est la grosse d'un bail passé devant Me Dejean, notaire à Neauphle, le 1er décembre 1783, constatant que la dixme due au Prieuré de Saint-André, et à percevoir sur tous les grains provenant des récoltes des terres sises à la Boissière, terroir de Plaisir était affermée par les Marguilliers de la Fabrique moyennant 836 fr. par an.

Lors de cette suppression, le Prieuré fut réuni à celui des Pères de l'Oratoire Saint-Honoré.

VICARIAT

Le décret épiscopal du 14 mars 1703 imposait la charge à la Fabrique de payer annuellement la somme de 200 livres, pour l'entretien d'un vicaire qui serait établi dans la paroisse de Neauphle-le-Château, et obligé de remplir toutes les fonctions de vicaire, d'acquitter le service du Prieuré, de faire le catéchisme tous les dimanches et de tenir l'école pour instruire les enfants, et cela, gratuitement pour les pauvres.

MARCHÉ

Neauphle-le-Château était jadis vignoble, du reste il a toujours été commerçant ; la création de son marché, l'un des plus considérables du département de Seine-et-Oise, remonte à une époque très reculée, qui ne nous est pas connue ; mais ce qu'il y a de certain, c'est qu'il existait en plein moyen âge, ainsi qu'il résulte d'une charte latine datée du mois d'octobre 1244 et scellée par Guy de Neauphle, alors chanoine de

Beauvais, par laquelle il constate que le nommé Guillaume dit Rollon avait donné à perpétuité, aux frères de l'abbaye des Vaux de Cernay, un étal qu'il possédait sur la place du marché de Neauphle où l'on vendait de la viande, à la charge de payer le cens annuel de douze deniers, dû au seigneur de Neauphle-le-Château.

Nous reproduisons ici, cette charte latine, à titre de curieux documents.

De quodam stallo apud Nealpham, quod dedit Dominus Guido de Nealpha, canonicus Belvacensis abbatiæ, oct. 1244.

Omnibus præsentes litteras inspecturis Dominus Guido de Nealpha, canonicus Belvacensis salutem in Domino.

Noverint universi quod Guillelmus dictus Roollon recognovit se dedisse et concessisse fratribus domus Vallium Sarnai in puram et perpetuam eleemosynam per manum portarii ejusdem loci suscipiendum et erogandum quiddam stallum quod habebat in macello fori de Nealpha in censiva domini de Nealpha situm in quo carnes vendi consueverunt cum omnibus juribus et pertinentiis suis, inde suam faciendum penitus voluntatem promittens etc.

Nos autem dictam donationem in perpetuum laudavimus et concessimus valituram, et de dicto stallo portarium dicti monasterii investimus, salvo tamen annuo censu duodecim denariorum Domino de Nealpha persolvendo.

In cujus rei testimonium et munimen, ad petitionem prædicti Guillelmi, præsentes litteras sigilli nostri munimine fecimus roborari.

Actum anno Domini M CC quadragesimo quarto, mense octobri.

D'un certain étal à Neauphle, que donna messire Gui de Neauphle, chanoine de l'abbaye de Beauvais, octobre 1244.

A tous ceux qui verront les présentes Messire Guy de Neauphle, chanoine de Beauvais, salut dans le seigneur.

Que tous sachent que Guillaume dit Roollon a reconnu avoir donné et concédé aux frères de la maison des Vaux de Cernay, en pure et perpétuelle aumône, pour être reçu et fait valoir par main du portier de ce même lieu, un certain étal qu'il avait dans le marché de la place de Neauphle, situé dans le domaine de la rente du seigneur de Neauphle, dans lequel étal on a coutume de vendre la viande; et ce avec tous ses droits et appartenances, promettant que de ce chef sa volonté s'accomplira absolument, etc. Quant à nous, nous avons approuvé ladite donation pour toujours, et nous l'avons concédée comme devant valoir. Et nous investissons dudit étal le por-

PLACE ET ÉGLISE DE NEAUPHLE-LE-CHATEAU

« tier du dit monastère, au nom du monastère lui-même,
« réservant cependant une rente annuelle de douze deniers,
« payable au seigneur de Neauphle.

« En foi et confirmation de quoi, à la demande du susdit
« Guillaume, avons fait confirmer les présentes lettres de
« l'appui de notre sceau.

« Fait l'an du Seigneur 1244, au mois d'octobre.

« Original en parchemin. »

Nous rapportons en outre une ordonnance du roi Charles VI, en date du 19 décembre 1403, portant règlement concernant la vente des bestiaux à pied fourché dans le marché de Paris, et ainsi conçu :

« Ordonnance de Charles VI à Paris, 19 décembre 1403.

« Charles par la grâce de Dieu, Roy de France, à tous ceuls qui ces lettres verront, salut.

« Comme pour obvier à plusieurs fraudes, mauvaistiez et
« déceptions que l'on vouloit commettre au temps passé, et
« que l'on commet encores de jour en jour en préjudice de
« nous et de la chose publique et mesurément du peuple de
« nostre bonne ville de Paris, en fait des denrées et des mar-
« chandises de bestail à pied fourché accoutumées estre
« admenées pour vendre au marché de nostre dicte ville ad
« ce ordonne, nostre Prévost et autres nos Conseillers au
« Chastellet de Paris des pièces eussent et ayent avisé en-
« semble, présens et appelez ad ce le maistre des bouchiers
« de la Grant Boucherie de nostre dicte ville, et plusieurs
« autres bouchiers d'icelle ensemble plusieurs autres mar-
« chans forains fréquentans ledit marchié, que il estoit néces-
« sité pour le bien et utilité de nous de la chose publique de
« sur ce faire aucunes bonnes ordonnances par eulx délibérées
« en la manière qui s'en suit :

« Premièrement, que tout le bestail à pied fourché qui sera
« amené dorénavant à Paris pour vendre, sera mené au mar-
« chié de Paris sans en rien retenir ès estables ne ailleurs et
« ne pourra être vendu ailleurs que au dit marchié sus peine
« d'amende volontaire.

« 2° Nul ne pourra aussi dorénavant aller au devant des
« denrées pour les acheter, depuis qu'elles seront menées à
« venir au marché de Paris et par espécial depuis les lieux
« ci-après déclarés, c'est à savoir depuis Longjumel, Soisy,
« Neauphle, Montmorency et Louvres. »

L'ordonnance en dix articles se termine ainsi :

« En tesmoing de ce, nous avons fait mettre notre scel à
« ces présentes.

« Données à Paris le XIXe jour de décembre, l'an de

« grâce mil quatre cens et trois et de nostre règne le XXIVe,
« ainsy signé en marge par le roy.

« A la relation du conseiller Mercier au dos desquelles
« lettres estoit escript ce qui en suit : Publié en jugement au
« Chastellet de Paris, et au marchié, dit le lieu, la place aux
« Pourceaulx, le mercredi XIXe jour de décembre, l'an mil
« quatre cens et trois.

« Collacion faitte aux lettres originaulx dessus insérées
« par moy Choart. »

Nous pouvons ici faire connaître l'importance du marché de Neauphle à différentes époques.

Ainsi, voyons-nous qu'en 1668, il était loué par Nicolas Plomet, Receveur des domaines du roi, à Archambault Delarue, moyennant 500 livres.

Le péage de Neauphle était loué par André Grandhomme, fermier du domaine de Neauphle, à Claude Cartery, le 1er mars 1678, moyennant 130 livres.

En 1679, 1680, 1681, 1682, moyennant 120 livres.

Et en 1683, 140 livres.

Le poids du Roi était loué aussi par André Grandhomme, à Nicolas Fiquet et sa femme, suivant le bail passé devant Me Andry, notaire à Neauphle le 4 janvier 1679, moyennant 40 livres par an.

La location du poids du Roi et du Languegage des porcs était faite par Jean Pascoin, Sr de la Fresnaye, fermier du domaine, à Nicolas Grignon, moyennant 90 livres et deux *chapons,* suivant bail passé devant Philippes, notaire à Neauphle, le 1er novembre 1686.

Tous ces droits étaient perçus au profit du Seigneur châtelain de Neauphle.

Il y avait encore plusieurs sortes de redevances appelées *Coutumes* : la *Coutume annuelle,* la *petite* et la *grande Coutume,* la *Coutume du blé, des volailles,* la *Coutume du pied,* du *pied rond,* du *pied fourchu,* c'était l'impôt que payait au roi chaque animal qui entrait dans Paris ou qui était vendu au marché.

Le *Cens* était sous l'ancienne monarchie une rente seigneuriale et foncière due pour tout héritage au seigneur du fief dont il dépendait. Il se payait en argent ou en nature. On le distinguait en *Chef-Cens,* impôt de création originelle et en *Sur-Cens* parce qu'il avait été ajouté au premier. Toute espèce de *Cens* était imprescriptible et non rachetable.

HALLE

Au milieu de la place du Marché s'élevait une halle, qui devait remonter à l'époque où les transports ne se faisaient qu'à dos d'âne, de cheval et de mulet ; aussi les abords en étaient-ils devenus inaccessibles pour les voitures chargées. N'étant plus assez vaste pour contenir les grains que l'on apportait de toutes parts, elle ne servait depuis longtemps qu'à abriter les étalages de quelques marchands de rouennerie, de draperie, de bonneterie et de lingerie qui venaient y vendre à tous les marchés et à toutes les foires.

On prit donc le parti de démolir cet édifice de charpente de six travées de longueur, couvert de tuiles, à deux égoûts, formant croupe par les deux bouts ; cette construction était du reste peu gracieuse à l'œil ; puis on nivela la place.

SEIGNEURS ET VASSAUX

Après avoir résumé, dans ces quelques pages, l'historique de Neauphle, nous voulons essayer d'évoquer le souvenir de quelques-uns de ses Seigneurs.

Mais avant de commencer, disons quelques mots, pour la clarté du récit, de la Féodalité, ce régime qui s'établit en France sous les rois de la seconde race et qui consistait en une subordination hiérarchique des personnes et des choses.

Les hommes faibles et pauvres se groupèrent autour des hommes forts et riches pour en obtenir protection, leur promettant à leur tour, fidélité et entière dépendance.

Ceux-ci s'attachèrent à des hommes plus puissants qu'eux, et cette chaîne de protecteurs et de protégés liait la société, depuis le monarque jusqu'au plus humble des serfs.

Les *serfs* n'étaient pas des esclaves, mais ils restaient attachés à des terres qu'ils cultivaient, moyennant une redevance, et passaient avec elles, dans les mains d'un autre Seigneur, quand les terres étaient vendues.

Le *Suzerain* était le Seigneur possédant un fief dont d'autres fiefs relevaient.

Le fief, traduction française du latin *feodum*, était un domaine noble relevant d'un Suzerain.

A partir du ixe siècle, il remplaça, « beneficium, » pour désigner un nouveau genre de propriété introduit dans les Etats de l'Occident par l'invasion barbare du ve siècle.

Le mot feodum vient, à ce qu'il semble, de *fee-od,* propriété, récompense, deux anciens mots tudesques, dont le second a disparu des langues germaniques, mais dont le premier existe encore en Anglais.

Comme bien d'autres institutions du même temps, le fief ne fut que le développement d'une vieille coutume des Germains qui se groupaient autour d'un valeureux chef de bande, se dévouaient à sa personne, et recevaient de lui, après la victoire, des chevaux, des armes, d'abondants festins.

Au lieu de ce butin mobilier, les rois et les principaux

chefs Francs, après l'invasion de la Gaule, donnèrent à leurs fidèles, à leurs guerriers ou Leudes, des portions de l'ancien domaine, que la conquête leur avait livré.

Ceux-ci cédèrent à leur tour, une partie de leurs domaines à des vassaux qui leur jurèrent foi et hommage.

Les grands vassaux ne relevaient que du Roi, tandis que le *seigneur engagiste* jouissait à certaines conditions, d'un domaine royal.

Le *vassal direct* tenait immédiatement son fief du seigneur suzerain et relevait de ce seigneur, à cause du *fief reçu*. L'*arrière-vassal* dépendait d'un seigneur déjà vassal lui-même.

Le *vassal* ne comparaissait devant son Seigneur que sans ceinture, sans éperons, la tête nue. Il prêtait serment, un genou en terre, et les mains jointes tenues dans celles de son seigneur.

L'*Écuyer* ne devait le service que d'un homme. Il n'avait pas de cotte d'armes, ni de casque, mais seulement un écu, une épée et un chapeau de fer.

Les fiefs furent tantôt révocables à volonté, tantôt temporaires, tantôt concédés à vie, tantôt donnés ou retenus héréditairement, mais toujours imposant au bénéficiaire envers le donateur, certaines obligations, dont la fidélité et le service militaire étaient les principales.

Au IXe siècle, en France, l'hérédité, depuis longtemps convoitée par les Seigneurs, devint la condition générale et légale des fiefs : l'aîné succéda de droit à son père, au détriment des cadets, qui n'eurent tout juste que de quoi vivre. Les mâles héritaient au détriment des filles, qui, dans l'origine, ne pouvaient pas même succéder à défaut de mâles ; elles ne l'obtinrent que vers le XIIe siècle.

De plus, toute propriété jusqu'aux *fours banaux* des villes et des campagnes, jusqu'aux *essaims d'abeilles*, jusqu'aux droit de *chasse* et de *pêche*, fut donnée en fief.

La terre principale ou le domaine que se réservait le donateur, s'appelait *fief dominant* à l'égard de la partie démembrée qui relevait de lui.

L'immeuble concédé prenait le nom de *fief servant* : le possesseur du premier était le suzerain de l'autre, nommé son *vassal*, de *Gsell*, compagnon, ou de *Gast*, hôte convive.

La même terre était ordinairement, tout ensemble, *fief dominant* et *fief servant* et le même seigneur, *suzerain* et *vassal* ; le duché de Normandie, par exemple, relevait de la Cour, comme *fief servant* et était *fief dominant*, par rapport au Comté d'Evreux, dont le titulaire était *vassal* du duc et *arrière-vassal* du roi.

On comptait quatre-vingt-huit espèces de fiefs ; voici les plus importants :

L'*arrière-fief*, relevant d'un autre fief qui était lui-même *mouvant* d'un fief supérieur.

Le *fief abonné*, dont les obligations de vassalité avaient été converties en redevances annuelles.

Le *fief ample*, pour lequel on devait donner au suzerain, après la mort du vassal, le cheval et quelques armes de celui-ci, ou une somme de soixante sous.

Le *fief aumône* ou *aumône fieffée*, fief donné à une Eglise, à titre d'aumône pour quelques fondations pieuses.

Le *fief banneret* ou *fief de bannière* obligeant le possesseur de se rendre en armes, au commandement du suzerain, avec sa bannière, et suffisamment accompagné.

Le *fief de chevalier* ou *de haubert*, dont le possesseur devait au suzerain, le service à cheval, avec le haubert, l'écu, l'épée et le heaume.

Le *fief de la chambre* ou *du revenu*.

Le *fief sans terre et sans titre d'office*, consistant seulement en une rente ou pension assignée à charge d'hommage sur la *chambre*, c'est-à-dire sur le *trésor* du roi, ou sur le *fisc* de quelque seigneur.

Le *fief de corps*, dont le seigneur était obligé d'aller lui-même à la guerre et de s'acquitter, *en personne*, des services militaires dûs au suzerain.

Le *fief demi-lige*, pour lequel le vassal promettait fidélité contre tous, à l'exception des supérieurs, tandis que pour le *fief-lige*, il promettait fidélité envers et contre tous.

Le *fief d'écuyer*, qui pouvait être possédé par un simple écuyer, et pour lequel il n'était dû au suzerain que le service d'écuyer.

Le *fief féminin*, qui était accordé à une *femme*, ou bien à la succession duquel les femmes était admises, à défaut de mâles.

Le *fief furcal*, auquel était attaché le droit de haute justice et par conséquent, d'avoir des *fourches patibulaires*.

Le *fief d'honneur* ou *fief libre*, qui ne consistait que dans la mouvance et la foi et hommage, sans aucun profit pécuniaire pour le suzerain.

Le *fief incorporel*, auquel aucun domaine réel n'était attaché et qui ne consistait qu'en *censives*, *rentes* ou *autres droits*.

Le *fief mort*, héritage à *rente sèche* et non à cens ou à rente foncière.

Le *fief ouvert, fief vacant*, dont le nouveau possesseur

n'avait pas encore prêté foi et hommage, ni payé les droits de mutation, et où le suzerain pouvait exercer le droit de *saisie*, impossible quand le fief avait été *couvert*.

Le *fief de retraite*, que le vassal était tenu *de rendre* au seigneur à sa première demande.

Enfin, le *fief simple*, auquel n'était attaché *aucun titre de dignité*.

Le mot *Homme* était autrefois synonyme de *vassal, serf* ou *citoyen libre*, sous le régime féodal et l'ancienne monarchie française, suivant l'épithète qu'on y joignait.

L'homme lige, vassal en foi et honneur, et de plus en juridiction et domaine d'un seigneur, était obligé à *un plus étroit serment de fidélité* que le simple vassal.

L'homme de corps était attaché à la *glèbe* et pouvait être réclamé partout où il s'enfuyait. Il y avait aussi des *femmes de corps*.

L'homme couchant et *levant*, c'est-à-dire demeurant sur un domaine, à peu près comme l'homme de corps.

L'homme d'état était *libre* ; on l'appelait ainsi, parce qu'il jouissait de son *état*.

L'homme de foi, vassal d'un seigneur, lui devait *foi et hommage*.

L'homme de froment était un *vassal* soumis à une redevance annuelle de froment.

L'homme libre ou *guerrier* était encore appelé *Ahriman* parce que, lors du partage des terres entre les conquérants, il avait obtenu par la voie du sort, des *alleux* ou terres franches de toute redevance.

L'homme de main-morte ou *main-mortable* désignait, dans l'ancienne France, une espèce de servitude. Après la mort du chef de famille, le seigneur avait le droit de prendre le meilleur meuble du défunt, le meilleur *catel*, selon l'expression du temps. S'il ne trouvait rien, on lui offrait la *main droite coupée du mort*, pour marquer qu'il ne *servait plus*. Certains jurisconsultes prétendent que le nom de *main-morte* serait venu de ce que les biens qui étaient frappés étaient morts pour le tenancier et appartenaient de droit au seigneur. Ce qu'un *main-mortable* acquérait ne lui appartenait pas, et ne pouvait être transmis à ses enfants. Le mariage d'un *main-mortable* avec une *femme libre* entraînait celle-ci dans la même condition et l'homme *libre* qui épousait une *main-mortable* le devenait aussi, lui et sa postérité. Le titre de propriété du *main-mortable*, se réduisait à une espèce de bail perpétuel, sous la condition de ne pouvoir ni hypothéquer ni aliéner, et à charge de retour au seigneur, en cas de mort ou de passage du possesseur à la liberté.

L'*héritage de main-morte* se perdait par l'absence, le possesseur était obligé de l'habiter.

Ce n'est qu'en 1779 que Louis XVI abolit la *main-morte* en ses domaines.

On distinguait encore l'*homme motier* ou peut-être, *moutier*, vassal, obligé d'aller *moudre son grain* au moulin du seigneur.

L'*homme de pléjure,* vassal qui devait se porter *plège,* c'est-à-dire, *caution,* pour son seigneur. L'obligation allait jusqu'à se donner en *otage*.

L'*homme de pote* ou *poeste*, demi-serf, des biens et de la vie duquel, le seigneur ne pouvait disposer, mais qui devait payer au dit seigneur, *certains droits,* lui faire *certaines corvées.*

Il était au *pouvoir,* et non dans la *servitude* de son suzerain.

Le nom de *pote* vient du latin *potestas,* pouvoir.

L'*homme d'armes* combattait à cheval et armé de toutes pièces.

Au moyen-âge, il était toujours accompagné de trois *archers,* d'un *coutillier* et d'un *varlet.*

Le *coutillier,* soldat du XVᵉ siècle, ainsi appelé, parce qu'il était armé d'une *coutille,* épée très longue, menue, à trois pans, et tranchante dans toute sa longueur.

Dans les compagnies d'ordonnance de Charles VII, le *coutillier* était un des hommes qui formaient la « lame garnie ».

Le nom de *châtelain* désignait tantôt un petit seigneur, propriétaire d'un château fortifié ou possédant le plus souvent, une châtellenie en fief. Il était rangé dans la hiérarchie nobiliaire, après les *barons*.

Il possédait dans sa châtellenie, c'est-à-dire, l'étendue du territoire sur lequel il pouvait exercer sa juridiction, ses droits féodaux de *basse, moyenne* et *haute justice*.

Pour la *basse justice,* il ne pouvait connaître que des droits dûs au seigneur, jusqu'à *soixante sous Parisis,* et des délits dont l'amende ne dépassait pas *dix sous Parisis.*

La *moyenne justice* était celle qui pouvait connaître toutes les affaires civiles et criminelles, dont la peine n'excédait pas *soixante-quinze sous d'amende*.

La *Haute-Justice* était la juridiction d'un seigneur, dont le juge connaissait de toutes les actions civiles et criminelles, excepté des cas royaux.

CHEVALERIE

Nous ne voulons pas omettre de faire mention de la *Chevalerie*, qui a pris naissance au Moyen-Age. Autrefois, le titre de *chevalier*, du latin *miles*, s'appliquait à tous les vassaux, soit qu'ils fussent *Chevaliers*, ou ne le fussent pas.

Ce ne fut qu'au XIIIe siècle, que ceux d'entre les nobles qui étaient *Chevaliers*, commencèrent à prendre cette qualité (Brussal imprimé en 1750 MDCCL) à la fois, dignité militaire et religieuse, qui fut instituée chez les nations d'origine germanique, surtout en France, pour la défense des veuves, des orphelins et des prêtres, au milieu du despotisme féodal qui subsista du XIe au XVe siècle. Certes, le but était noble.

On y trouve à la fois, des éléments germaniques, arabes et chrétiens.

La plupart des coutumes de la Chevalerie le prouvent : l'*Emprise*, par exemple. Ce mot de la langue du moyen âge tiré de l'Espagnol, *empressa*, signifie *entreprise de guerre, combat, aventure*, à laquelle un chevalier s'engageait par serment. Par suite, il désigna le signe extérieur que le Chevalier portait jusqu'à l'accomplissement de ce vœu.

C'était l'habitude chez les anciens Germains, que le jeune homme admis par les guerriers, prît en général, un anneau de fer à la jambe ou au bras ; ou se couvrît un œil d'un morceau d'étoffe, jusqu'à ce qu'il eut vaincu un nombre déterminé d'ennemis.

Puis, venait *l'admission au rang des guerriers*, la *remise solennelle des armes*, l'*hommage*, le *serment*, les *joutes*.

Beaucoup de maximes chevaleresques sont écrites dans les livres sacrés des Scandinaves.

Enfin, l'Eglise fit de la Chevalerie un moyen d'action sur une société barbare, pour développer les idées morales ; chaque acte de la vie du chevalier fut accompagné de cérémonies où le prêtre paraissait avec tout l'appareil de la Religion.

A l'origine, pour aspirer à cet honneur, il fallait être noble, depuis plusieurs générations, avoir servi depuis l'âge de 7 ans comme *page*, d'abord, comme *damoiseau* ou *damoisel*, c'est-à-dire, petit seigneur, ainsi que l'indique l'étymologie latine *dam, domicillus*. C'était le nom donné au moyen âge aux fils de seigneurs et même de rois, qui n'étaient pas encore en état de porter les armes, et de recevoir l'ordre de chevalier. Le Damoiseau accompagnait le Seigneur et sa *dame*, à la chasse, aux tournois, à la promenade, en voyage, faisait leurs messages, les servait à table, et c'était sous les yeux de son Seigneur, qu'il se formait au maniement des armes et aux vertus chevaleresques.

Puis il entendait le Chapelain lire le soir, ou écoutait raconter par quelque *ménestrel*, les exploits des *Paladins* de Charlemagne ou de la *Table ronde*.

A quatorze ans, mis *hors de page*, il devenait *écuyer* ; il avait alors soin des armes et des chevaux, suivait le Seigneur en voyage ou à la guerre.

A vingt et un ans, il pouvait être armé Chevalier. Après le *bain* symbolique de purification, on le revêtait tour à tour d'une *tunique blanche*, symbole de pureté, d'une *robe rouge*, symbole du sang qu'il était tenu à verser pour la Foi ; puis on lui mettait un *justaucorps noir*, image de la mort qui l'attendait.

Il observait un *jeûne*, se *confessait, communiait*, et passait la *veillée des armes*, c'est-à-dire la nuit en prières, à l'Eglise ou à la Chapelle. Le lendemain, jour de la cérémonie, il entendait une messe du Saint-Esprit et ordinairement un sermon sur les devoirs des Chevaliers.

Le Prêtre bénissait son épée, puis le conduisait au Seigneur qui recevait son serment et le frappait sur l'épaule, du plat de son épée en disant : « Au nom de Dieu, de saint Michel et de saint Georges, je te fais Chevalier. » Il lui donnait ensuite l'*accolade* et lui *ceignait l'épée*.

Alors, les parrains d'armes le couvraient de toutes les pièces de l'*armure* et lui chaussaient les *éperons dorés*.

En général, quelque tournoi terminait la cérémonie.

Tout Chevalier qui manquait à ses obligations était coupable de *félonie ;* on arrachait alors les portes de son château, son *écu* était traîné à la queue d'un cheval, et ses *éperons* brisés. Placé lui-même sur une civière, on lui versait sur la tête, un bassin d'eau, comme pour effacer le caractère sacré que l'Ordre de la Chevalerie lui avait conféré ; on le couvrait d'un drap mortuaire et on récitait sur lui les prières des morts !

La peine de la dégradation dans les siècles où la force faisait loi, ne dut être appliquée qu'aux Chevaliers hors d'état de se défendre.

Le Chevalier avait pour armes défensives, le *haubert* ou cotte de mailles *à manches*, le *casque*, l'*écu*, ou bouclier, les *brassards*, les *cuissards* et les *gantelets*. Pour armes offensives, la *lance*, l'*épée*, la *hache*, la *masse d'armes* et le *poignard*. Il ne combattait qu'à cheval, et avait seul le droit de *ceindre l'épée* ; les autres guerriers la portaient suspendue à un *baudrier*.

On distinguait les *Chevaliers bannerets,* ou *porteurs de bannières.*

Les *Chevaliers de Haubert.*

Les *Bacheliers* ou *Bas-Chevaliers,* qui servaient sous la bannière d'un autre pour apprendre les armes.

La Féodalité était le côté réel de la Société, au Moyen-Age, la Chevalerie en fut le côté poétique et idéal ; si elle ne réforma pas la société, elle eut du moins quelques heureux effets : elle adoucit les mœurs, propagea les idées de droiture et de justice, introduisit ces habitudes de délicatesse, de prévenance et de loyauté, qu'on nomme *courtoisie ;* donna de grands exemples d'héroïsme désintéressé, développa le sentiment de la dignité personnelle, c'est-à-dire, ce point d'honneur, dont l'exagération, il est vrai, devait engendrer le duel ; donna à la femme un ascendant moral qui polit peu à peu la rudesse du guerrier, fit prévaloir l'amour idéal et religieux, sur la passion physique et brutale.

ARMÉE

Sous les Mérovingiens, l'armée n'était formée que de bandes de *Leudes* ou fidèles des rois. Après l'invasion, elle fut composée d'hommes auxquels le souverain avait donné des terres avec bénéfice, sous la condition du service militaire.

Cette institution dura quelques siècles, elle fut confirmée et généralisée par Charlemagne.

L'armée devint plus nombreuse, elle fut très exercée dans de longues campagnes, prit un aspect plus régulier ; mais on la vit insensiblement disparaître peu de temps après la mort de ce prince.

Pour tenir lieu de service militaire, la *Taille* fut l'impôt auquel furent soumis ceux qui n'étaient ni *nobles* ni *ecclésiastiques*.

Il était temporaire à l'origine, levé par le roi et aussi par les seigneurs sur les roturiers et leurs domaines. Ce nom de « *Taille* » vient, selon les uns, de ce que sur une certaine quantité de denrées, on en *coupait* en quelque sorte, une partie pour le seigneur. Selon les autres, de ce qu'on marquait d'une *entaille,* sur deux morceaux de bois s'adaptant l'un à l'autre (et que se partageaient ensuite le *percepteur* et le *débiteur* de l'impôt), ce que ce dernier avait payé à compte de sa dette.

Dès le xie siècle, la Taille s'étendit à d'autres cas qu'à l'exemption du service militaire ; on la leva pour la chevalerie du fils aîné du roi ou du seigneur, à l'occasion du mariage de ses filles, pour payer sa rançon, s'il était prisonnier, et quand il allait en Terre Sainte.

D'accidentel qu'il était, cet impôt devint annuel.

Le roi pouvait modérer les Tailles, dont les seigneurs frappaient leurs sujets, s'il les jugeait excessives, mais pour lever lui-même une Taille sur les terres des seigneurs, il devait *négocier* pour obtenir l'autorisation de chacun d'eux. Quand il y eut des Etats-Généraux, le consentement de cette assemblée le dispensa de cette nécessité, mais les Tailles ainsi consenties ne furent jamais accordées que pour *un an*, et elles cessaient avec le fait qui en avait motivé la *demande* et la *levée*.

La *Taille royale* ne devint *perpétuelle* qu'en 1445, elle s'élevait à 1.800.000 livres.

Louis XI l'augmenta de près de trois millions.

François Ier de plus de neuf. Elle atteignit près de 32 millions sous Henri III.

De Louis XIV à la Révolution elle fut environ de 23 millions.

A l'exemple des rois, les seigneurs rendirent les *Tailles perpétuelles* dans leurs domaines.

Les nobles et les ecclésiastiques ne payaient la *Taille royale* que pour les biens roturiers qu'ils possédaient ou tenaient en *censive ;* la même exception fut attachée à un grand nombre d'offices.

Chaque seigneur se faisait alors une armée de ses vassaux, et jusqu'au XIIe siècle il n'y eut pas d'armée nationale en France, le roi, comme les autres souverains, avait ses hommes d'armes, qu'il ne pouvait retenir plus de *quarante jours* sous les drapeaux.

En cas de grand péril, le roi convoquait le *ban* et l'*arrière-ban*, c'est-à-dire les *vassaux* et les *arrière-vassaux* de la Couronne.

On parla pour la première fois en France, des *arbalétriers* sous Louis le Gros, au XIIe siècle. Vers 1118 *la milice* ou *garde bourgeoise* était obligée d'aller à la guerre au premier ordre du roi. Mais, originairement, elle avait été instituée pour la protection de nuit dans les villes et en cas d'insurrection, pour la défense de la cité.

Elle servait à ses frais et choisissait ses chefs.

Le deuxième concile de Latran interdit l'arbalète « comme une invention trop meurtrière ».

Richard Cœur de Lion et Philippe-Auguste n'en tinrent pas compte ; les arbalétriers rendirent de grands services en 1214, à la bataille de Bouvines.

Ceux de Rouen, de Tournai, de Paris servirent de modèle aux *compagnies* qui se formèrent à Laon, Beauvais, Compiègne, Béthune.

On tenait à honneur d'en faire partie ; Du Guesclin était de celle de Rennes.

Au moment des ravages causés par les Grandes Compagnies, Charles VII se détermina à changer entièrement l'organisation militaire, il créa une *cavalerie royale,* puis par les Ordonnances de 1439 une *infanterie* analogue.

La France eut pour la première fois une *armée permanente* et vraiment *nationale,* n'obéissant qu'au roi et soldée par lui.

Enfin, en 1448, par l'Ordonnance de Montils-les-Tours, il fonda la milice des *Francs-Archers,* exigea qu'il y eût dans chaque paroisse, un archer exempt de Taille, qui s'exerçât tous les *dimanches* à tirer de l'arc. Il devait porter un *casque,* un *justaucorps* en cuir matelassé de laine, une *dague,* une *épée,* un *arc* et une *trousse* pour dix-sept *carrelets* ou *flèches ;* mais ces paysans ne devinrent pas ainsi de bons soldats.

Louis XI commença à joindre à la *cavalerie* formée de gentilshommes, ses vassaux, une *infanterie d'archers et d'arbalétriers,* composée des milices communales, troupes auxiliaires de l'armée, comprenant *l'enrôlement général* de tous les *hommes valides* de 16 à 40 ans, presque exclusivement de la classe du *Tiers-État.*

Les Intendants des provinces en tenaient le *contrôle* et dans les appels, fixaient le nombre des miliciens à fournir par chaque commune.

Les enrôlés *tiraient au sort,* qui devaient partir.

La durée du service fut d'abord de *six années.*

A son départ, chaque soldat recevait de sa commune, trois livres d'argent, des vêtements, du linge ; l'État fournissait le reste de l'équipement.

Ils ne servaient qu'en temps de *guerre* ; à la *paix,* on les *congédiait sans les libérer* et les cadres étaient conservés de manière à pouvoir les faire rentrer promptement en campagne.

Louis XI adjoignit à ses armées des *mercenaires,* tels que les *Brabançons.* C'étaient, dès le xiiie siècle, des aventuriers originaires du Brabant, qui parcouraient la France, tuant, pillant et *vendant leurs services à tous les seigneurs ;* les *Cotereaux,* ainsi nommés à cause de la cotte de mailles qu'ils portaient ou de longs couteaux dont ils se servaient, enfin, les *Routiers.*

Le roi mit inutilement ses archers, qui comptaient 16.000 hommes et formaient *trente-trois compagnies,* divisées en *archers, arbalétriers, piquiers,* sous les ordres de quatre *capitaines-généraux* qui étaient les baillis de Mantes et de Melun, le maréchal de Beaucaire et le seigneur de l'Isle, il ne put s'en servir et les cassa en 1480. Ils étaient munis de *sabres* et d'*armes à feu.*

Certains étaient attachés à diverses juridictions, pour exécuter leurs mandats ; il y avait les *archers du Grand-Prévôt, de l'Hôtel de la Maréchaussée, de la Connétablie,* etc.

Au XIVe et au XVe siècle, on appelait l'armée, *Connétablie,* parce qu'elle était placée sous le commandement des maréchaux et du *Connétable.*

Le Connétable, du latin *Comes stabuli,* comte de l'étable, avait, à l'origine, la surintendance des écuries du Prince, c'était le premier officier militaire de la Cour, il jugeait des délits commis par les soldats, commandait les armées, cavalerie et infanterie, et dirigeait *sans contrôle,* l'administration de la guerre.

Il y avait des *Connétables* en Bourgogne, en Normandie, en Champagne, auprès des hauts-barons. Ils étaient, du reste, à la tête des troupes seigneuriales, longtemps avant que les rois n'eussent érigé en dignité militaire, cette charge d'administration intérieure.

Le plus ancien *Connétable* de France est du XIe siècle.

Comme les autres officiers de la couronne, il souscrivait les chartes et les diplômes royaux.

Avec Mathieu de Montmorency, 1218, cette charge devint la première de toutes.

Le *Connétable* était *inamovible* et avait une juridiction fort étendue, qui subsista même après la suppression de cette charge. Il connaissait des crimes commis par les gens de guerre et des contestations élevées contre eux. On pouvait appeler de ses sentences au Parlement.

Il avait un *Prévôt, quatre lieutenants* et des *archers* qui l'accompagnaient en temps de guerre. Sa justice ordinaire était à la Table de Marbre de la grande salle du Palais de Paris, où il siégeait avec un *lieutenant général,* un *lieutenant particulier* et un *procureur du roi.*

Sa personne était privilégiée, il était *inviolable* pour tout autre que pour le roi ; celui qui l'offensait était puni de crime de *lèse-majesté.*

Dans les villes prises d'assaut, tout lui appartenait, excepté *l'or,* l'*artillerie* et les *prisonniers.*

Il avait le droit de prélever un jour de solde sur toute l'armée, et recevait, en outre, une paie considérable.

Partout où se trouvait le roi, le Connétable se trouvait aussi, défrayé du logement, des vivres, du bois.

Le commandement de l'avant-garde lui appartenait quand le roi était à l'armée.

L'insigne de sa puissance était une *épée à poignée d'or émaillée de fleurs de lis.*

Au sacre du roi, il se tenait à sa droite, cette épée nue à la main.

Raoul de Nesle, Raoul d'Eu, Charles de Laurda, Du Guesclin, Olivier de Clisson, Arthur de Richemont, le comte de Saint-Pol, Charles de Bourbon, Anne de Montmorency, Albert de Luynes, etc., remplirent cette charge tour à tour. Elle fut supprimée en 1627, à la mort du duc de Lesdiguières, le *trente-neuvième titulaire*.

Enfin, en 1805, Napoléon Ier créa *Grand-Connétable,* son frère *Louis*, et *Vice-Connétable,* le *général Berthier*.

Les changements établis au xve siècle dans l'organisation militaire, ne firent pas complètement disparaître les *arbalétriers,* ils firent merveille à Marignan, sous François Ier; d'autres aidèrent Bayard à se défendre contre les Impériaux.

Bientôt même, ils eurent un *grand-maître,* dont le dernier fut Aymar de Prie, mort en 1534.

Les *arbalétriers* de Crépy combattirent vaillamment à Saint-Quentin, avec Coligny ; ceux de Montdidier repoussèrent le grand Condé en 1653.

Les compagnies de Picardie prirent part sous Louis XIV aux sièges de Saint-Omer, d'Arras et de Dunkerque, mais plus tard et jusqu'à la fin du xviiie siècle, les *arbalétriers* ne servirent qu'à tenir le bon ordre dans les villes.

Le roi, en 1668, créa une *milice temporaire* en levant 25,000 hommes pris dans toutes les communes, qui devaient et les armer et les équiper.

Le service fut fixé à deux ans.

D'autres levées furent faites jusqu'à la paix de Ryswich, en 1697.

L'institution permanente de la *milice* date de Louis XV, 1726 ; diverses ordonnances royales en fixèrent l'effectif, suivant les besoins de la guerre ; de 1741 à 1774, il varia de 44,000 à 91,000.

La *milice* fut remplacée au début de la Révolution, par la *garde nationale*.

Les devoirs et les fonctions des différentes catégories *d'archers* furent généralement remplis depuis 1790 par la *gendarmerie* appelée sous l'ancienne monarchie française jusqu'à la révolution, « maréchaussée de France » à cause de la juridiction qu'avaient les maréchaux sur la noblesse, les gens d'armes et tout ce qui tenait à la guerre.

La maréchaussée était un corps de gens à cheval, chargé de veiller à la sécurité publique et placé sous les ordres immédiats des *maréchaux de France*.

HISTOIRE
DES
SEIGNEURS-CHATELAINS DE NEAUPHLE

Vers l'an 1092, vivait un seigneur de Neauphle-le-Chastel, nommé *Simon*, qui, par sa conduite irrégulière, s'était attiré les foudres de Rome et avait été frappé d'excommunication, pour cause d'adultère, ainsi qu'on le voit dans une lettre latine, adressée par Yves, évêque de Chartres, au cardinal Roger, par laquelle il le sollicite de ne pas lever l'anathème, tant que le coupable persistera dans sa faute et ne l'aura pas effacée par la pénitence. Cette lettre, traduite en français, commence par ces mots : « A Roger, cardinal de la « Sainte Eglise Catholique Romaine, etc... »

Anno 1093.
Epistola Ivonis Carnotensis Episcopi ad Rogerium S. Ecclesiæ Romanæ Cardinalem ne Simonem de Nielfa ab anathematis vinculo relaxet, quandiu penitentiæ remedio culpæ maculam non deleverit.

Ivo Dei gratia humilis Carnotensium Episcopus Rogerio sanctæ Romanæ Ecclesiæ Cardinali.

Non deviate a vestigiis Petri, quod Simonem de Nielfa adhuc in adulterio suo perdurantem sub velamine apostolicæ auctoritatis ab anathematis vinculo relaxare disponitis, quantum in vobis et majestatem apostolicam multum minuitis, et famæ vestræ non bene consulitis. Si enim justo anathematis vinculo est ligatus, cum justa vincula non dissolvat nisi vera cordis conversio, eo adhuc permanente in crimine ad persuasionem quamlibet, quid est hoc anathema destruere nisi seipsum prævaricatorem constituere ? Reprehendit eum quod Simonem de Nealpha, a se excommunicatum et adhuc in culpa perseverantem reconciliare moliretur.

Année 1093.
Lettre d'Yves, évêque de Chartres, à Roger, cardinal de la Sainte Eglise Romaine, pour l'engager à ne pas dégager Simon

de Neauphle, du *lien* de l'anathème, tant que celui-ci n'aura pas effacé par le remède de la pénitence, la tache de sa faute.

« Yves, par la grâce de Dieu, humble évêque de Chartres, à
« Roger, cardinal de la Sainte Eglise Romaine. »

« Ne déviez pas des traces de saint Pierre, en vous disposant
« à dégager du *lien* de l'anathème, sous le couvert de l'auto-
« rité apostolique, Simon de Neauphle, qui persiste encore
« dans sa faute, en amoindrissant considérablement, autant qu'il
« est en vous, la majesté apostolique et en prenant mal les inté-
« rêts de votre réputation. En effet, s'il est enchaîné par le
« juste lien de l'anathème, comme un juste lien ne saurait être
« détaché que par une vraie conversion du cœur, que d'autre
« part, il demeure encore dans son crime, malgré tous les
« moyens de persuasion; que fait-on autre chose en annulant
« cet anathème, que de se constituer soi-même prévaricateur?
« Il le reprend de ce qu'il entreprenait de réconcilier Simon de
« Neauphle, excommunié par lui, évêque de Chartres, et
« persévérant encore dans sa faute. »

Saint Yves, courageux défenseur du droit de Dieu, s'était opposé au mariage illégitime du roi Philippe Ier, avec Bertrade; il fut mis en prison, les biens et les terres de son Eglise furent pillés. En dépit de toutes ces injustices, il empêcha les habitants de Chartres de se révolter contre leur souverain, et plus tard, eut une grande part à la réconciliation de Philippe avec l'Eglise.

Simon, en 1098, eut à lutter contre Guillaume le Roux, fils de Guillaume le Conquérant, qui ayant envahi les provinces françaises à la tête d'une puissante armée, assiégea sans résultat Chaumont-en-Vexin, Montfort-l'Amaury, Epernon, Neauphle-le-Château et Maule, et dut se retirer sans avoir pris un seul château.

Le 17 septembre 1118, nous voyons un autre Seigneur de Neauphle, du nom de *Symond,* connétable de France, donner aux moines de Savigny, avec le consentement d'Eve, sa femme, de la dot de laquelle ces biens faisaient partie, de Milon, Geoffroy et Amaury, ses fils, et de Sanceline, sa fille, la terre de Bric-Essart et de l'Essart-Robert, consistant en vignes et terres pour la culture, en prés pour la pâture des bestiaux, et en un bois nommé la Petite-Haie, *Parva haya de Nealpha,* qui fait aujourd'hui partie d'un triage de la forêt de Rambouillet, pour le chauffage et la construction du monastère, avec obligation d'ériger cette abbaye sous l'invocation de Marie, Mère de Dieu, et de saint Jean-Baptiste.

Ce fut Arnaud, moine de Savigny, qui fut chargé par saint Godefroy, de la direction de quelques frères de cette maison,

CERNAY-LA-VILLE

Église abbatiale des Vaux de Cernay.

qu'il établit dans la vallée de Bric-Essart, à lui concédée, par Simon de Neauphle.

Cette abbaye, connue sous le nom des Vaux de Cernay, a eu plusieurs religieux célèbres, dont on a parlé dans l'Histoire de France, notamment à l'occasion des Croisades.

La Charte de fondation de Simon commence ainsi :

Carta Simonis de Nelfa de fundamento de Valle Bric-Essart et de Sarto Roberti, et Carta Simonis de Gometh, 17 Septembris 1118.

† *Simon* † *Milo* † *Gaufridus* † *Eva* † *Amauricus* † *Sanscelina, in Nomine Sanctæ et Individuæ Trinitatis, etc. Concedente uxore sua Eva ad cujus dotale enim pertinebat locus ille, filiisque Symonis, Milone videlicet primogenito, Gaufrido et Amaurico, et Sancelina sorore eorum huic donationi cum multa benevolentia et alacri assensum prebentibus...*

« Charte de Simon de Neaufle, sur la fondation de Val de
« Bric-Essart et d'Essart-Robert, et Charte de Simon de
« Gometh, 17 septembre 1118.

« † Simon † Milon † Geoffroy † Eve † Amauri † Sance-
« line, au Nom de la Sainte et Indivisible Trinité, etc. »

« Avec l'assentiment de son épouse Eve, aux biens dotaux
« de laquelle appartenait en effet, ce lieu, vu également que
« les enfants de Symon, savoir : Milon, l'aîné, Geoffroi et
« Amaury et Sanceline, leur sœur, donnent leur consentement
« à cette donation, avec beaucoup de bienveillance et de
« satisfaction... »

La plus ancienne pièce que nous ayons trouvée est cette Charte, comme le plus ancien sceau est celui que Simon apposait au bas de ses Chartes ; il est en partie brisé, rond, de cire jaune et pendait sur queue de parchemin, laissant voir, sur *un cheval au repos, un cavalier casqué, l'épée haute, et recouvert d'un écu triangulaire,* sur lequel on reconnaît *le lion de Neauphle-le-Château, rampant à dextre.*

Légende très effacée :

..gillum S. x *(gravé)*

En 1123, Simon de Neaufle, Pierre II de Maule, et plusieurs autres seigneurs, tentèrent d'attaquer Gisors, mais leur démonstration resta infructueuse.

Simon vivait encore en 1147 et, sans doute, même en 1150, d'après le P. Anselme.

Il fut enterré, ainsi que Eve sa femme, dans le chœur de l'église de l'abbaye des Vaux-de-Cernay, devant l'autel ; sur la gauche, on lisait cette épitaphe :

« *Hic jacet, bonæ memoriæ dominus Simon de Neaufle-le-*

« *Chastel, Conestabulis Franciæ, et domina Eva, ejus uxor,*
« *qui dederunt ad ædificandum hoc sacrum cœnobium Vallem*
« *nuncupatum, hoc tempore Vallem Essarti et boscum de Haia*
« *Nealfa Essartique Roberti, ut oretur Deus pro anima*
« *eorum et successorum, et celebretur anniversarium quot*
« *annis XX Aprilis.* »

« *Vos omnes qui transitis, dicite pro eorum anima :*
« *Requiescant in pace.* »

« Ci-gît Simon de Neaufle-le-Château, de bonne mémoire,
« Connétable de France, et Eve son épouse, qui donnèrent
« pour bâtir ce saint monastère, le lieu de Val, appelé aujour-
« d'hui, Val-Essart, et le bois de la Haie de Neaufle et Essart-
« Robert, afin que l'on prie Dieu pour leur âme et celle de
« leurs descendants, et que l'on célèbre un anniversaire, le
« vingt avril de chaque année. »

« Vous tous qui passez, priez pour leur âme. »
« Qu'ils reposent en paix. »

Il existe une Charte de Simon Ier, datée de 1163.

« *Simon Nelfensis Castellanus dominus terræ dictæ Ebi-*
« *seors et plurimus alias largitiones confirmat 1163.* »

« Simon, châtelain de Neaufle, confirme la propriété de la
« terre, dite d'Ebisoir et plusieurs autres largesses. »

« Cette Charte confirme les donations faites aux Vaux-de-
« Cernay, de la terre de Plaisir, dite des Ebiseors, du consen-
« tement d'Ansold de Garencières, d'Odin de Plaisir et de son
« frère Hermandrude de Plaisir, également avec le consente-
« ment de Pierre et Odon de Plaisir, ses fils Hildiardus (Hil-
« diard) et Rainaldus (Renould) ses petits-fils, de Hugon de
« Plaisir, Isabelle sa femme, de Guillaume son frère et de
« Simon Furrer et de sa femme. »

« Ces biens faisaient partie de la seigneurie de Neaufle, et
« consistaient dans toutes les terres sises en un seul tenant,
« ferme des Ebiseors contenant environ (*C C^{os} et 30 arpents*)
« 230 arpents de terre contiguë, à une partie du bourg
« du Ruisseau des Petits-Prés au chemin de Grignon, à celui
« de Poissy, et d'autre partie, en largeur, au chemin de
« Saint-Germain-en-Laye et à celui de Paris, avec six arpents
« de pré au lieu dit « les Petits-Prés. » »

« Les témoins de cette Charte étaient :

Nivard, prêtre de Neaufle.	Guillaume de Crécey.
Amaury de Neaufle.	Guillaume, moine.
Geoffroy, Vice-Comes.	Simon de Villepreux.
Pierre, son frère.	Odon, son frère.
Hugon de Aupontel.	Godefroid de Bailly.
Pierre de Chateron.	Pierre des Bordes.
Renoult, dappifer.	Galeran, son fils.
Renard de Crécey (Cressay).	Guinemer de Beyne.

LES VAUX-DE-CERNAY. — RUINES DE L'ANCIENNE ABBAYE

« Fait à son château de Neaufle, avec le consentement
« d'Eve sa femme, et de ses fils Milon et Simon. »
« Original en parchemin, scellé. »

Les auteurs du Cartulaire pensent que cette Charte est fausse, qu'elle a dû être fabriquée au xve siècle, pour les besoins d'un procès. Le sceau qui l'accompagne est le sceau partie, dont se servait en 1206, Simon IV, l'arrière-petit-fils de Simon II, qui est censé donateur de cette Charte ; et la cire, l'empreinte, les lacs, tout prouve l'inexpérience sigillographique du faussaire. D'ailleurs, Simon II dont la femme se nommait Eve, était mort avant 1154.

Il y a quelques années, en faisant des fouilles dans la Chapelle des Vaux-de-Cernay, deux squelettes ont été trouvés couchés l'un à côté de l'autre ; on a présumé qu'ils étaient ceux de Simon de Neaufle et de sa femme. Un scrupule religieux ayant empêché le propriétaire de continuer l'exploration, les ossements ont été immédiatement recouverts.

*Milon I*er, fils aîné de Simon II et d'Eve, devient seigneur châtelain de Neaufle (*Milo, Nedelfensis Dominus*) à la mort de son père ; sa femme se nommait Machanie, *Machania uxor*.

Milon Ier et Amaury sont, on se le rappelle, nommés dans la charte de fondation, octroyée par Simon II, leur père, en 1118.

Il est à remarquer que celui-ci avait donné sa terre de l'Essart-Robert, mais... « *retenta sibi campi parte* »... « il s'é-
« tait réservé une partie des champs. »

Milon Ier donna à son tour, au mois de mai 1152, aux religieux des Vaux-de-Cernay, avec le consentement de ses fils, Simon III et Milon II *Milo predictus Nealphæ*, (Milon de Neauphle précité), de son frère Amaury et d'Adelicie, femme de ce dernier, la portion de l'Essart-Robert qui avait été réservée par leur père, et qui « consistait en montagnes, vallées, plaine et un bois appelé la Grande-Haye de Neauphle ».

Carta de Essarto Roberti et Magna Haya... totam terram de Essarto Roberti, montes, valles, nimis planitiem et Magnam Hayam sicut ab eorum genitore Simone possessa sunt 1152.

« Charte de donation de l'Essart-Robert et de la Grande-
« Haie.
« (Ils donnent) toute la terre de l'Essart-Robert, monts,
« vaux, beaucoup de plaines et la Grande-Haie qui avaient été
« possédés par Simon II leur père. »

Les deux donations de Simon II et de Milon II furent confirmées par deux chartes de Louis le Jeune, des années 1142 et 1154, et la dernière de ces donations fut approuvée comme ayant déjà été faite par Simon II ; quoiqu'elle ne fût pas désignée dans l'acte de fondation ; cette charte commence ainsi :

« Charte du roi Louis, sur le don de Simon de Neauphle, « de la Petite-Haie et plusieurs autres sujets, etc., 1142. »

« Louis VII, roi des Français et des Aquitains, par la grâce « de Dieu, approuve les donations faites par Simon de Nielfe, « aux moines de Savigny, de la terre du Val-de-Cernay, pour « construire une abbaye sous l'invocation... et de la Petite-« Forêt *(Hayam)* et de toute la terre de l'Essart-de-Robert, avec « le consentement d'Ève, sa femme, et de ses fils, Milon, « Geoffroy et Amaury. »

« *Carta Ludovici regis de dona Simonis de Nealphæ et de* « *Parva Haya et de plurimis aliis, etc., 1142.* »

Goslenus (Goslin) évêque de Chartres, approuve les mêmes donations, le 9 mai 1154, ainsi que nous le constatons dans la :

« *Carta Carnotensis Episcopi de Essarta et Magna Haya.*

« Charte de l'évêque de Chartres sur Essart et la Grande-« Haye. »

« En 1156 et 1157, Théobald, évêque de Paris, confirme « aussi les mêmes donations. »

« *Theobaldus Parisiensis episcopus plurima dona mona-* « *chis Vallium Sarnaï collata confirmat.* »

« Théobald, évêque de Paris, confirme plusieurs dons faits « aux moines des Vaux-de-Cernay. »

Milon II de Neauphle avait pour chevaliers, en 1153, Gauthier le Roux de Mareuil et Eudes de Plaisir.

« Milon *(Nedelfensus Dominus)*, Seigneur de Neauphle, « confirme en cette même année, à Davron, un don fait à « l'abbaye de Josaphat, par Hugues de Buc.

« Les témoins sont entre autres : Milon, chapelain de l'évê-« que Goslène, Guillaume de Nogent, sous-diacre, chanoine de « Chartres, Gauthier Leroux de Mareuil et Eudes de Plaisir, « chevalier du dit seigneur de Neauphle. »

« *Milo de Nealpha miles et vester homo nobis apertissime* « *esse hujus terræ narraverit.* »

« Milon de Neauphle, chevalier, aurait déclaré très ouver-« tement, être votre homme pour cette terre. »

Nous voyons reparaître Milon II, dans des chartes aux dates de 1163 et 1166.

Il eut trois fils : Simon III, Milon III et Geoffroy.

Simon III, fils aîné de Milon II, succède à son père, comme seigneur châtelain de Neauphle-le-Château.

Nous trouvons des chartes signées de lui, dès 1154 et 1162, puis en 1163, 1173, 1177, 1180 et même 1218.

En 1166, il succéda à Mathieu de Montmorency, dans la charge de connétable de France.

Sa femme se nommait Fénye.

Simon III de Neauphle, ayant eu une querelle avec Simon de Mal Repast, (Maurepas) les deux seigneurs en vinrent aux mains, et ce combat eut malheureusement pour résultat, la mort de Simon de Mal Repast.

Par suite de cette affaire, Louis VII le Jeune ordonna par un diplôme en date à Paris, de 1176, la convocation d'une réunion en sa présence, des proches parents et amis du défunt, dans laquelle, Simon de Neauphle abandonnerait à l'église de Bazainville, tous les biens qu'il possédait dans cette paroisse, à l'exception des fiefs des chevaliers.

Voici le diplôme latin de Louis VII roi des Français :

« *Ludovicus VII qui testatur et observari jubet composi-*
« *tionem factam in præsentia sua a Simone de Nealfa, cum*
« *amicis et consanguineis Simonis militis de Mal-Repast,*
« *quem Simonem interfeceret, pro cujus anima idem Simon*
« *dimittit ecclæsiæ de Bazenvilla quidquid habebat in potestate*
« *hujus ecclesiæ, exceptis feodis militum. (Actum Parisiis*
« *anno ab Incarn. Domini MCLXXVI.)* »

« Diplôme de Louis VII qui atteste et ordonne d'exécuter
« la composition (amende) faite en sa présence, par Simon de
« Neaufle, avec les amis et les parents de Simon, chevalier de
« Maurepas, qu'il a tué, et pour l'âme duquel, il abandonne à
« l'église de Bazenville, tout ce qu'il possédait dans cette
« paroisse, hormis les fiefs de haubert. (Fait à Paris, l'an de
« l'Incarnation du Seigneur 1176.) »

Une charte de cette même année 1176, de Guillon, archevêque de Soissons et légat du Siège Apostolique, attestait que la réunion convoquée à l'occasion du seigneur de Malrepast, avait eu lieu, que Simon de Neauphle-le-Château avait satisfait aux prescriptions qui lui avaient été imposées, et qu'il s'était démis, en faveur de l'église de Bazainville, de tous les biens qu'il possédait sur cette paroisse, à l'exception des fiefs des Chevaliers, et que les frères de cette église avaient promis de célébrer, chaque jour, une Messe, pour l'âme du défunt.

Carta 1176. « *Guillon... et sedis Apostolicæ legatus testa-*
« *tur compositionem pro occisione Simonis militis de Malre-*
« *pasta Simone de Nealpha milite qui, ut toti generi satisfaceret*
« *dimisit Ecclesiæ de Basenvilla quidquid habet in potestate*
« *hujus Ecclesiæ exceptis feodis militum ; fratres vero hujus*
« *Ecclesiæ missam quotidianam pro anima Simonis interfecti*
« *celebrare promiserunt.* »

« *Actum Parisiis publice, anno, etc.* »

« Guillon... et légat du Siège Apostolique atteste la compo-
« sition faite pour le meurtre de Simon, chevalier de Mau-

« repas, par Simon de Neaufle, chevalier qui, afin de donner
« satisfaction à toute la famille, a abandonné à l'église de
« Bazenville, tout ce qu'il a en cette paroisse, excepté les fiefs
« de haubert ; de leur côté, les frères de cette église ont promis
« de célébrer une Messe quotidienne, pour l'âme de Simon, qui
« a été tué. »

« Fait publiquement, à Paris, l'an, etc. »

Enfin Simon d'Evreux constate par une charte, en date à Paris, de la dite année 1176, que Simon de Neauphle-le-Château a exécuté toutes les conditions qui avaient été ordonnées par le roi.

« *Carta Simonis (d'Évreux.)*
« *Simon testatur et observari vult compositionem factam*
« *in præsentia regis et sua a Simone de Nealfa cum amicis*
« *et consanguineis Simonis de Malrepast, quem Simonem*
« *interficeret et pro cujus anima dimisit ecclesiæ de Bazen-*
« *villa quidquid habebat in potestate hujus ecclesiæ, exceptis*
« *feodis militum.* »

Charte de Simon d'Évreux.

« Simon atteste et veut être exécutée la composition faite,
« en la présence du roi et en la sienne, par Simon de Neaufle
« avec les amis et parents de Simon de Maurepas,
« qu'il avait tué, et pour l'âme duquel, il a abandonné à
« l'église de Bazenville, tout ce qu'il avait en la puissance de
« cette église, excepté les fiefs de haubert. »

En 1202, Simon III de Neauphle-le-Château, accompagna en Palestine, Simon IV, dit le Machabée, Seigneur de Montfort et Comte de Leycester et son frère Guy.

Ils se servirent des vaisseaux des Vénitiens, mais, dit Langlois, *(Histoire des Croisades)* « les Vénitiens, dont la poli-
« tique était si fine, obligèrent les seigneurs Français qui s'em-
« barquaient sur leurs vaisseaux, de servir la République,
« dans le siège de Zara, avant de passer en Palestine, où ils
« prétendaient aller. »

Le Maréchal de Villehardouin ajoute « que la guerre déclarée
« au roi de Hongrie, à qui Zara appartenait, était juste ;
« selon d'autres historiens, c'était une injustice manifeste,
« le Pape Innocent III envoya ordre à l'abbé de Vaucernay,
« d'excommunier et les Vénitiens et les Croisés, s'ils ne
« levaient incessamment le siège.

« L'abbé se disposait à exécuter les ordres du Pape,
« quand les Vénitiens qui avaient tout espéré de la générosité
« des Français, et qui commençaient à tout craindre de l'in-
« délicatesse de leur conscience, en furent tellement indignés,
« que sans avoir égard, ni à l'illustre naissance de l'abbé, ni au

Abbaye des Vaux de Cernay, Détails.

« rang que lui donnait la commission du Pape, voulurent le
« poignarder.

« Simon de Montfort qui était présent, Guy son frère,
« Simon de Neaufle alors Connétable de France, Robert de
« Mauvoisin, Robert de Vaucressant, et quelques amis du
« Comte, firent tête aux Vénitiens, et arrachèrent l'abbé de
« leurs mains, encore en vie ; après quoi, ces intrépides
« défenseurs de l'honneur du Saint-Siège, se rembarquèrent
« sans que les Vénitiens osassent se commettre avec eux. »

Simon III de Neauphle eut trois fils : Simon IV, Galeran et Gervais, ce dernier était clerc-abbé.

« *Carta, 1206, mense julio.*
« *Gervasium de Nealfa, beneficium experitur.* Charte du mois du juillet 1206. »

Gervais de Neauphle est titulaire du bénéfice *(Gallia Christiana)*.

Il n'existe qu'un fragment du sceau de Simon III, il est rond et en cire verte ; on y distingue un écu triangulaire au lion de Neauphle-le-Château.

« *1209, Carta Simonis Castellani Nealfæ de donis Gau-*
« *fridi fratris sui*.

« 1209, Charte de Simon III, châtelain de Neauphle, sur
« les dons de Geoffroy, son frère. »

Le 1er mars 1218, Simon III, châtelain de Neauphle, et Fenye, sa femme, confirment le don fait par Geoffroy, frère de Simon.

C'est la dernière charte que donna Simon.

Devenue veuve, Fenye, châtelaine de Neauphle, fit de nouvelles donations :

« *Fenya Castellana Nealfa super terram apud Ebiseors*
« *quam emimus ab Egidio, burgensi Nelfæ, etc.*, 20 may 1229.

« Fenye, châtelaine de Neauphle, sur la terre d'Ebiscors, que
« nous avons achetée de Gilles, bourgeois de Neauphle, etc.
« J'ai voulu et *consédé*, afin que les moines possèdent cette
« terre libre et franche de toute servitude et exaction. Je ne
« pourrai réclamer au nom de ma dot, ou de toute autre
« manière, à l'Abbaye des Vaux-de-Cernay, les *six setiers*
« d'avoine à prélever sur le cinquième de mes titres et Simon,
« mon fils aîné, a voulu, *consédé* et promis *fide prestita...* »

« *Ego Fenya, domina Nealfæ, notum facio omnibus præ-*
« *sentes litteras inspecturis quod venditionem quam fecerunt*
« *monachis Vallium Sarnai Egidius de Nelfa et Amelina*
« *uxor ejus de terra quam habitant...*

« *Conquista sua prope Granchiam,* etc.

« Moi, Fenye, dame de Neauphle, fais savoir à tous ceux
« qui verront les présentes que (j'approuve) la vente qu'ont

« faite aux moines de Vaux-Cernay, Gilles de Neauphle et
« Ameline, sa femme, de la terre qu'ils habitent, et leur appar-
« tient, près Grandchamp. »

Simon IV, fils aîné de Simon III, lui succède comme châtelain de Neauphle.

Par une charte de 1206, il approuve comme seigneur féodal,
la vente d'une dîme à Thiverval, faite à l'abbaye d'Abbecourt par Hugues et Pierre de Chateron, chevaliers.

Sa femme se nommait Fémie ou Euphémie.

Nous trouvons le nom de Simon IV, dans plusieurs
chartes.

Au mois d'août 1220, du consentement de Fémie, il fait
don à l'abbaye de la Roche, d'une rente annuelle de cinq
sous Parisis, sur les revenus du village de Saint-Remi-
l'Honoré.

Il donne, en juillet 1235 et en février 1237, une charte
revêtue de son sceau, pour confirmer une vente à l'abbaye
de Joyenval (archives de Seine-et-Oise).

On a encore de lui, des chartes de mars et de décembre
1244.

Le sceau de Simon IV est rond ; en cire jaune à *écu partie
au premier, du lion de Neauphle-le-Château, au second, de
deux fasces, orlé de merlettes.*

Légende :

(† Sigillum Simonis de Nealfa

Simon Castellanus de Nealpha (gravé)

Il ne reste à une charte scellée en mai 1249, par Fémie,
qu'un fragment de sceau ogival en cire verte : *une dame
debout, tenant de la main droite, une fleur de lys.*

Légende :

.... Nea.... †

original en parchemin.

Simon V, fils aîné de Simon IV, lui succède.

En 1226, il n'avait pas encore de sceau, et se servait de
celui de Geoffroy, son frère.

Du reste, nous voyons qu'en 1229, il était encore mineur.

Il paraît avoir eu quatre frères : Geoffroy, dont on trouve
le sceau en 1213, sa femme se nommait Ligiardis, « *Ligiardis
uxor de Neaufle, etc., et etiam idem Gaufridus ;* » Guy,
diacre, *diacones ;* au mois d'octobre 1244, chanoine de Beauvais et doyen de l'église Saint-Martin de Tours, en février 1250 ;
Jean, *célarier* (économe) de Saint-Martin de Tours, et dont
nous trouvons le nom en octobre 1244 et en septembre 1255,
10 et 23 juin 1256, mars 1270, février 1314 ; sa femme se
nommait Ascalina : *Ascalina vera uxor dicti Joannis.* Et

ANCIENNE PORTE. RUINES DES VAUX-DE-CERNAY

— 59 —

Buchard de Blarut, chevalier, dont la femme avait nom Margarite, d'après les chartes du mois d'octobre 1244; années 1250 et 1253; septembre 1255 et 1256.

Guy de Neauphle, chanoine de Beauvais, avait un sceau en ogive représentant *l'évêque debout, la mitre en tête, tenant sa crosse de la main gauche, et bénissant de la droite.*

Légende :
† Sigillum Wi......ensis Epi.....

Sur le contre-sceau, rond,
† Ave Maria Gracia plena

Dans le champ, *la Vierge et l'Enfant Jésus, à mi-corps, nimbés.*

Gui de Neauphle, devenu doyen de Saint-Martin de Tours, scella une charte en février 1250.

Son sceau était ogival, en cire verte et représentait *saint Martin donnant la moitié de son manteau à un pauvre;* au-dessus, dans une arcade ogivale, *le doyen de Tours, agenouillé et les mains jointes.*

Légende :
† S. Guidonis De Nealp.. .ecani Beati Martini T..r

c'est-à-dire (sceau de Gui de Neauphle, *ecani* (pour) *decani*, doyen de Saint-Martin de Tours).

Sur le contre-sceau : *le lion de Neauphle-le-Château.*
Légende :
† Secretu Guidonis De Nealpha

Nous le voyons paraître en 1253, 1254, 1255, 1256, 1270 et 1314.

Milon III de Nealpha, chevalier, frère de Simon III, du consentement de sa femme Adelicie, fait quelques donations pieuses, par une charte du mois d'août 1249, portant son sceau.

Il était rond, en cire jaune, sur double queue de parchemin, *avec face triangulaire au lion de Neauphle-le-Château.*

Légende :
† S. D. N. J. Milone De Nealpha Castello *(gravé)*

Milon III donna à l'abbaye, des Vaux-de-Cernay, six setiers d'avoine à prélever sur le cinquième de toute sa terre.

Quoi qu'il en soit, il est certain qu'il n'a jamais été châtelain de Neauphle.

C'est *Guy de Chevreuse,* qui, à cette époque, c'est-à-dire en juin 1249, avait ce titre, du chef de Marie de Neauphle, sa femme.

Son sceau rond offrait *un écu triangulaire à la croix cantonnée de quatre aigles, au vol abaissé.*

Il portait pour légende :
† S. Guidonis De Caprosia D. N. J. Nealphe

En janvier 1260, Marie de Neauphle, devenue veuve, publiait une charte, en prenant la qualité de *châtelaine de Neauphle-le-Château*.

Son sceau était ogival, en cire blanche, sur double queue de parchemin. Il représentait :

Une dame debout, tenant de la main droite un lièvre pris par le faucon, perché sur la main gauche ; à côté d'elle, une tige à trois fleurs, pour figurer la campagne dans laquelle la châtelaine est occupée à chasser.

Légende gravée :

† S. Marie de C........ dame de Neafle

« Guy II de Chevreuse, fils de Guy Ier, avait prêté, à Paris, « serment de fidélité au roi saint Louis, dès le 12 juin 1253, « comme possédant le fief de Neauphle.

« *Guido de Caprosia miles, dominus et Castellanus Neal-* « *phe Castri fecit fidelitatem Parisius de feoda Nelfæ.* »

Sa femme se nommait Jeanne.

Le sceau de Guy était le même que celui de son père ; il n'en différait que par la légende qui est endommagée, ainsi qu'on peut le voir, à la charte de juin 1278.

† G. S. D. U. L. Gui ..ni de ..alpha

Mais il n'est plus pendant à la pièce de 1278 ; il a été retrouvé parmi les sceaux détachés des archives de Seine-et-Oise, tel que nous le voyons.

Il est moins bien conservé à une autre charte du même seigneur.

Nous trouvons, le 18 avril 1313 et en février 1314, la confirmation d'un don fait par « Guy de Chevreuse, déjà nommé, « chevalier seigneur et châtelain de Neauphle-le-Château :

« *Predictus Guido de Caprosia miles dominus et castellanus* « *Nealpha Castri (1314).* »

Guy de Chevreuse, chevalier, 3me du nom, portait encore le titre de Neauphle-le-Château.

Le 1er mai 1320, il amortit ses terres, « pour le repos de l'âme d'Aliénor, sa femme. »

Cet acte fut passé devant Guy II de Chevreuse, son père, et Jeanne, sa mère.

LE CHATELAIN DE NEAUPHLE EST HOMME LIGE

Philippe-Auguste, qui régna de 1180 à 1223, crut devoir se débarrasser de quelques seigneurs qui gênaient la marche de son gouvernement et la défense du pays.

Il décréta « que le Fief du Comté de Meulan et plusieurs « autres, qui faisaient partie de ce Comté, notamment toute « la Châtellenie de Neauphle, seraient désormais sous la main

« du Roi, et il déclara que le Seigneur de Neauphle était
« homme lige, c'est-à-dire, qu'il devait prêter serment de dé-
« fendre son roi, envers et contre tous, et être prêt à partir au
« premier appel qui lui serait fait.
  « Que Villers (probablement Villiers), Tiverval et dépen-
« dances, La Bossère (la Boissière), Plessis (Plaisir), faisaient
« partie de la Châtellenie de Neauphle ainsi que le Fief de
« Tilleul, que Herbert de Longuesse tenait du Seigneur
« Amaury de Neauphle ; celui de Bérouval, tenu aussi par
« Galeran de Fraxines, d'Amaury de Neauphle ; celui de
« Félins (Flins) tenu par le moine Guillaume, celui de Tiéci
« tenu par Roger de Maule, du Seigneur de Maule ; celui
« d'Autoil (Auteuil) tenu par Bouchard de Hanemont, du
« Seigneur de Neauphle ; ceux de Croissy et de Saumarches
« (Saux-Marchais) qui mouvaient de Neauphle, celui
« d'Arnulphe de Arsiz, qu'il tenait lui-même à Cressi
« (Cressay), le fief de Montjoie, et en général, tous les fiefs
« du Seigneur de Neauphle, dans la Beauce. »
  Voici le document :
  « *Feoda comitis Mellenti : — Dominus Nelfæ feodum*
« *ligium ; Simon de Nealfa, feoda sua pro costis Chevriæ.*
  « *Feoda Mellenti : — in manu regis : — Tota Nealfa cum*
« *suis pertinentiis spectat ad feodum Mellenti, ita quod domi-*
« *nus Nelfæ est homo ligius comitis Mellenti Villers et vice*
« *comitatus est de feodo Nealfæ ; Tivervallis cum suis per-*
« *tinentiis, et la Boissière feodum et proprium, et Plessiacum*
« *feodum et proprium, et Villers in Creia, etc. Feodum de*
« *Tilleul quod tenet dominus de Longuesse de domino Amal-*
« *rico de Nealfa, et feodum de Bérouval, quod Galeran de*
« *Fraxinis tenet de prædicto Amalrico de Nealfa, et feodum*
« *de Felino quod Guillelmus monachus tenet, et feodum de*
« *Tieci, quod Roger de Meaule, tenet de domino de Nealfa,*
« *et feodum de Autoil, quod Bouchardus de Hanemont tenet de*
« *domino Nealfa, et feodum de Croissi, et feodum Sau-*
« *marches, quod movet de Nealfa, et feodum Arnulfi de Arsis,*
« *quod ipse tenet apud Cressi, et feodum de Montjoie, et*
« *quotquot feoda dominus Nealfæ in Belsia... »*
  « Fiefs du comté de Mellente. — Le seigneur de Neaufle,
« fief lige ; Simon de Neaufle, ses fiefs, pour les coteaux de
« Chevreuse.
  « Fiefs de Meulan en mains du roi : — Tout Neaufle avec
« ses appartenances tient au fief de Mellente, (Meulan) de
« façon que le seigneur de Neaufle est l'homme lige du comte
« de Mellente-Villers ; et pour le comté, est du fief de Neaufle
« Tiverval avec ses dépendances, et la Boissière fief et bien
« propre, et Plaisir fief et bien propre, et Villiers en (Craie),

« etc. Le fief du Tilleul que le seigneur de Longuesse tient du
« seigneur Amauri de Neaufle, et le fief de Bérouval, que
« Galeran des Frênes tient du susdit Amauri de Neaufle,
« et le fief de Flins que Guillaume le moine tient, et le fief de
« Tieci que Roger de Meaule tient du seigneur de Neaufle,
« et le fief d'Auteuil, que Bouchard de Hanemont tient du
« seigneur de Neaufle, et le fief de Croissi, et le fief de Saulx-
« Marchais, qui est de la mouvance de Neaufle, et le fief
« d'Arnoul d'Arcy, qu'il tient près de Cresset, et le fief de
« Montjoie et tous les fiefs qu'a en Beauce, le seigneur de
« Neaufle. »

D'après une note tirée des registres de Philippe-Auguste sur les Fiefs qui dépendaient du Roi, et des Chevaliers qui devaient être appelés pour l'armée, on trouvait le Châtelain de Neauphle, comme tenant du roi le château de Neauphle, avec toutes ses dépendances, à l'exception de deux Fiefs, dont une partie avait été donnée en location à Simonet de Maruel (Mareil) et à Saint-Germain-sous-Neauphle (Saint-Germain-de-la-Grange) ; il devait être prêt à partir à cheval, pour l'armée, accompagné d'un autre chevalier.

Voici cette note :

« *Scripta de feodis ad regem spectantibus et militibus ad*
« *exercitum vocandis, e Philippi Augusti regestis excerpta.*
« *Castellanus de Neaufle tenet de rege castellaniam Neauflii*
« *cum omnibus pertinentiis, excepto quod Simonetus de*
« *Maruel habet in mercato, et sancto Germano subtus*
« *Neaufle excepto. Et hoc tenet ad duo feoda unde debet exer-*
« *citum et equitatum et alios milites ad suum castrum.* »

« Écrits sur les fiefs appartenant au roi, et sur les hommes
« d'armes qui doivent être levés pour l'armée, extraits des an-
« nales de Philippe-Auguste.

« Le châtelain de Neauphle tient du roi, la châtellenie de
« Neauphle, avec toutes ses appartenances, excepté ce que
« Simonet de Maruel a sur le marché, excepté aussi, Saint-
« Germain-sous-Neauphle.

« Et ceci tient à deux fiefs, d'après quoi il doit, de la troupe
« et de la cavalerie, et d'autres soldats pour son château. »

ENQUÊTE SUR LA VALEUR DES FIEFS

« *Valoris feodum Castellorum Pissiaci facta a Theobalde*
« *Macro et Bernardo de Pissiaco per juramenta militum anti-*
« *quorum proborum hominum. Anno Domini MCCXVII.* »
« Une enquête sur la valeur des Fiefs de la Châtellenie de
« Poissy fut faite en 1217, par Théobald Macre et Bernard de
« Poissy, sous la foi du serment d'anciens Chevaliers. »

Cette enquête portait les fiefs des Chevaliers :
« Robert de Poissy, à MM libratos ;
« Simon de Poissy, à *CCM* id.
« Amaury de Poissy, à *CCC* id.
« Pierre de Chenevières, à *MCCCXX* id.
« Simon de Chenevières, à *CD* id.
« Gascie de la Bretesche, à *CC* id.
« Hugues-sans-Avoir, à *CDXX* id.
« Odon de Tiverval, à *DCXX* id.
« Milon de Nealfe, à *MCCXX* id.
« Geoffroy de Poissy, à *LX* id.
« Eustache de Forquex (Fourqueux), à *CDXX* id.
« Pierre de Crisperies (Crespières), à *DCXX* id.
« Aubericus de Elaencuria (Elancourt), à *LX* id.
« Gaufridus Revel, à *XV* id.
« Roger Rever, à *XV* id.
« Robert de Fraxinis, à *LX* id.
« Gui de Fraxinis, à *CDXX* id.
« Guarinus de Fraxinis, à *XXV* id.
« Geoffroy du Mesnil-Renard, à *CDXX* id.
« Pierre Scancio, à *CDXX* id.
« Galeran de Baveneuriae, à *CDXX* id.
« Robert de Poenci, à *XXX* id.
« Robert Cuisans à *XX* id.
« Nicolas Pica, à *LXX* id.
« Gautier Chotarz, à *DCXX* id.
« Gautier de Ordeis, à *XXX* id. »

D'après une autre note, « les Seigneurs de la Châtellenie de « Poissy, qui tenaient du roi et possédaient soixante livres de « terre, étaient Ansold de Herbertville, Robert de Poissy, le « Châtelain de Neauphle, Simon de Neauphle, Simon de « Poissy ».

« *Domini milites isti sunt de Castellaria Pissiais tenentes* « *de rege et habentes sexaginta libratos terræ : Ansoldus de* « *Herbervile ; Robert de Poissy, Castellanus de Neaufle, Si-* « *mone de Neaufle, Simone de Poissy.* »

Nous voyons par ce qui précède, que « Simon de Chen- « nevières, Pierre de Carrières, Pierre de Chennevières, « Galeran de Beine, Hugues de Poissy, Odon de Thivervalle, « Bahin de Neauphle, Chevel de Triel et Amaury de « Poissy ne tenaient pas du roi, bien qu'ils en possédassent « autant. »

« *Isti sunt ejusdem Castellariæ totidem habentes nec tenent* « *de rege : Simone de Cheneveriis, Petrus de Careris, Petrus* « *de Cheneveriis, Galerandus de Baveneuria, Hugo de Poissy*

« *Odo de Thivervalle, Baherus de Neaffle, Chevel de Triel,*
« *Amaury de Poissy.* »

Mais une enquête faite sous le règne de Saint Louis établit que « la justice de Tiverval appartient au Châtelain de « Neauphle, sauf sur la terre du chapître de Poissy. »

Louis IX avait nommé régents du royaume, Simon de Neauphle et Mathieu de Vendôme, abbé de Saint-Denis.

Philippe III leur donna une nouvelle preuve d'estime en leur envoyant au mois de septembre 1270, des lettres les confirmant dans leurs nobles fonctions.

LARGESSES ROYALES

Nous trouvons dans deux comptes inscrits sur des tablettes de cire et tenus en latin, sous le règne de Philippe III, par Pierre de Condé, les dépenses suivantes, concernant Neauphle :

« *Notæ quæ a mense junio anni 1282 ad mensem novem-*
« *brum anni 1285 certissima de variis Philippi III et*
« *Philippi IV itineribus indicia suppeditant. Hinc præterea*
« *quædam in bello Aragoniæ, præcipue de oppidorum obsi-*
« *dionibus vel obscurius narrata fuerant, vel etiam omissa.*
« *Nam quoque fallit (?) quotidianos quinque ministeriorum*
« *sumptus triennii spatio diligentissime notatos fuisse, ita ut*
« *hujus modi impensa regnante Philippo III probabiliter*
« *æstimare possit. Plura autem nec minoris momenti docu-*
« *menta, præsertim de nuptiis Philippi IV anno 1284 cele-*
« *bratis idem nobis codex suppeditavisset, nisi omnino*
« *periissent eæ tabulæ quæ de donis, itineribus et*
« *eleemosynis conscriptæ fuerant. Ea tamen fragmenta*
« *quæ ceratæ Petri de Condeto tabulæ, rerum ordine*
« *distributæ (præbent ?) cuilibet attendenti his in tabu-*
« *lis quinque ministeriorum, idest scancionariæ, coquinæ, ca-*
« *væ,... sive fructuariæ rationes ordine conscriptas fuisse*
« *(et in fine quædam accurate non nisi inversa pagina legi*
« *possunt) plura huic codici cum Joannis Sarraceni tabulis*
« *convenire manifestum videbitur. — Iis igitur omissis, quæ*
« *consimili argumento jam dicta sunt, satis erit si utilitatem*
« *quæ ex his Petri de Condeto tabulis percipi possit breviter*
« *ostenderimus.*

« *Primo quidem animadvertet eruditus lector plurima ibi*
« *occurrere locorum ac temporum. Ceratæ Petri de Condeto*
« *tabulæ rerum ordine distributæ super sunt studio dignæ,*
« *et ad illustrandas Philippi III annales aptas judicave-*
« *rimus.*

« Notes qui du mois de juin de l'année 1282, au mois de
« novembre de l'année 1285, fournissent des données très

« certaines, sur divers voyages de Philippe III et de Phi-
« lippe IV. En dehors de cela, certains détails sur la guerre
« d'Aragon, principalement, sur les sièges des villes fortes qui
« avaient été, ou racontés sans clarté, ou même complète-
« ment omis. C'est qu'il faut, en effet, que les frais jour-
« naliers des cinq offices, dans un espace de trois ans, aient
« été très soigneusement notés, de façon que l'on puisse se
« faire une idée exacte, des dépenses de ce genre, sous le
« règne de Philippe III. Mais, bien des documents d'une non
« moindre importance, principalement sur les noces de
« Philippe IV, célébrées en 1284, nous eussent été fournis
« par le même manuscrit, si on n'avait pas complètement
« perdu les registres qui avaient été dressés pour les présents,
« les voyages et les aumônes. Cependant, pour quiconque
« examinera les fragments qui restent, des registres cirés de
« Pierre de Condet, disposés par ordre de matières, il paraî-
« tra manifeste, que dans ces registres, ont été consignés ré-
« gulièrement, les comptes des cinq offices, c'est-à-dire, de
« la conserve, de la cuisine, de la cave,... ou de la fruiterie
« (à la fin, il y a des choses qu'on ne peut bien lire, qu'en
« tournant la page), et que, beaucoup de choses de ce ma-
« nuscrit, concordent avec les registres de Jean Sarrazin. —
« Laissant donc de côté, ce qui a déjà été dit sur le même
« sujet, il suffira de montrer brièvement, quelle utilité on
« peut retirer de ces registres de Pierre de Condet. »

« Tout d'abord, le lecteur instruit s'apercevra que beaucoup
« d'indications se présentent pour les localités et pour les
« dates. Les registres cirés de Pierre de Condet, disposés
« par ordre, sont au surplus, dignes d'étude, et nous les
« déclarerons aptes à éclaircir l'histoire de Philippe III..... »

Le 20 décembre 1283, à Blois, à Guilot de Forrère, huit cent vingt livres pour Simon de Neauphle. *Apud Blesium... Guilotus de Forreria... per Simonem de Neaffla.*

Même date et même ville, à Jean Clerc, huit cent vingt livres, pour Simon de Neauphle... *Habuit per Simonem de Nealfa.*

Le 25 décembre, à Orléans, deux cents livres pour Simon de Neaufle... *per Simonem de Nealfâ.*

Le 7 janvier 1284, à Lorris, à maître Robert, pour Michel de Neaufle, cent livres... *Apud Lorriacum habuit magister Robertus... per Michaelem de Neafflâ.*

Même date et même ville, à Jean de Chastellier, pour Michel de Neaufle, trois cents livres.... *Apud Lorriacum habuit Johannes de Chastellier...*

Le 14 janvier, cent livres, pour Michel de Neauphle, à Jean Clerc... *Per Michaelem de Nealfa.*

Per Michaelem de Nealfa summa nobis hic : cinq cent quarante et une livres, huit sous, un denier.

Pour Michel de Neaufle, à nous, la somme ci-contre, cinq cent quarante et une livres, huit sous et un denier.

15 janvier, à Pont-sur-Yonne, à Jean Clerc et à Simon de Neaufle, cent livres pour Michel de Neaufle.

18 janvier, à Moret, à Jean, pour Michel de Neaufle, somme non déterminée... *Apud Moretum... per Michaelem de Nealphâ.*

19 janvier 1284, à lui donné, pour trois soldes, jusqu'au mercredi après la Saint-Vincent, cinq cent trente livres, seize sous, neuf deniers.

Ei pro tribus vadiis usque mercurii post Sanctum-Vincentium. Cinq cent trente libr., 16 sold., neuf den.

21 janvier, à Fontainebleau, cent livres pour Michel de Neaufle... *Apud Fontem Blandi per Michaelem de Nealfa. C. libri.*

26 février, remis à l'abbé de Neaufle-le-Vieux, quarante livres pour aumône de carême... *Abbas Nealfae ad mutuum XL libratos per eleemosinam quadragesimalem.*

Nous avons trouvé un singulier document : d'après deux comptes faits en latin, sur des tablettes cirées par Jean de Saint-Juste, économe de la maison royale. *(E duobus codicibus ceratis Johannis de Sancto-Justo, anno 1301)* contenant les dépenses suivantes et pouvant donner une idée de la valeur de l'argent, il y a cinq ou six siècles.

Appointements des nouveaux Chevaliers.

1241, 24 juin, à Milon de Neaufle, cent sols, pour le voyage et les chevaux des nouveaux Chevaliers.

Vadia novorum militum et equi novorum militum in militia, Milo de Nealfa C. S.

Pour un des chevaux de Simon, le Petit, et pour le palefrenier, quatorze livres de rente annuelle.

Equum de equis Symonis parvi et pro palefredo XIV libratos...

On trouve dans les mêmes comptes, les dépenses suivantes :

A Symon de Neaufle, pour son frère Odin de Neaufle, valet, pour cinquante-cinq jours, jusqu'au voyage, cinquante-neuf sous, sept deniers, de solde, Symon, son frère, les touche sur le bureau.

(Registres cirés des années 1303 et 1304.)

Odinus de Nealfa, valetus pro LV diebus usque ad vadia LIX s. VII d. (Habuit Symon ejus frater, super burellam.) Tabulis annorum MCCCIII et MCCCIV.

17 novembre 1303, Odin de Neaufle, pour cent trois jours, jusqu'à maintenant.

Odinus de Nealfa pro CIII diebus usque hunc.

26 décembre 1303, Odin de Neaufle, pour quarante-quatre jours, jusqu'au voyage.

26 décembre 1303, *Odinus de Nealfa pro XLIV diebus usque ad vadia.*

VISITES ROYALES

Enfin, nous voyons dans ces mêmes registres cirés, que Louis IX s'est rendu à Neauphle-le-Château et à Neauphle-le-Viel, le mercredi 9 mars 1226, mercredi après les Brandons.

Mansiones et itinera, etc.

Ludovici IX apud Nealpham Castrum 9 mars 1226, mercuris post Brandones, et apud Nealpham Veterem, idem.

Mansiones et itinera, etc. Philippi quarti 1294, 20 aprilis, apud Nealpham Castrum, die Martis post Resurrectionem Domini.

Que Philippe IV le Bel a fait le même honneur à Neauphle-le-Château, le 20 avril 1294, mardi après la Résurrection de Notre-Seigneur.

Que Philippe IV et la reine sont venus à Neauphle, le 6 juillet 1301 et y ont séjourné le vendredi 7 et le samedi 8, ainsi que le 2 octobre de la même année.

1301, Philippi IV, 6 die julii apud Nealpham et Regina, veneris 7 julii ibidem et Regina, sabbato 8 julii ibidem et 2 octobris, apud Nealpham et Regina.

Et que Philippe seul est venu au mois d'août 1303 et au mois de juillet 1304 ; à cette dernière date, il y a signé une charte en faveur de Poissy.

1303, Aoust apud Castrum Nelfæ Regi Philippi quarti, etc.

NEAUPHLE PASSE BIENTOT EN D'AUTRES MAINS

Le 10 février 1363, *Jean d'Aigreville* en était seigneur châtelain, et le tuteur des enfants de Mareil lui faisait hommage pour la Bretesche.

Le 5 mars 1376, *Jeanne Boudard* était Dame châtelaine de Neauphle-le-Château, et tutrice de son fils Jean d'Aigreville.

Le tuteur des enfants de Nicolas de Champignoles lui fait hommage, pour la moitié du fief Estendart, à Breteschelle-sur-Plaisir.

Le 23 novembre 1379, Guillaume d'Auneel (Auneau) lui fait hommage pour son manoir de Buc à Grignon.

Le 13 mars 1381, Pierre de Chaillot, écuyer de censive du roi, fait hommage à Jeanne Boudard, pour ses « cens de « Plaisir, ses *boies des Clayes,* etc., le fief qui fut à Messire « Jean du Merlay à cause de sa femme, sœur de Messire « Simon du Mesnil, un fief à Jean du Mesnil, oncle du dit « Simon, etc. »

Guillaume de Bois-Nivard était Châtelain de Neauphle-le-Châtel, le 3 juillet 1383, Jean de Mareil lui paya ce jour, *9 francs d'or,* pour les droits féodaux dus à cause de Launay Rognerin, paroisse de Bazoches.

Trois jours plus tard, *Jeanne Boudard,* Dame de Neauphle, donne la quittance des mêmes droits.

Guillaume de Bois-Nivard reçoit, comme Châtelain de Neauphle, le 16 juillet 1385, hommage de Gilles des Essarts, tuteur des enfants de Nicolas de Champignoles, pour la maison de Bretesche-sur-Plaisir.

En 1396, nous voyons encore Arnaud de Blecquencourt, écuyer, lui faire hommage pour Buc à Grignon, et un fief à Crespières (Arch. de Seine-et-Oise).

Le 5 février 1402, Jean Odde, drapier et bourgeois de Paris, fait hommage à *Catherine d'Aigreville,* Dame de Neauphle-le-Château, veuve de Guillaume de Bois-Nivard, pour un fief à Plaisir.

Le 15 août 1403, Geoffroy de Feuchières, seigneur de la Chaîne, fait hommage à Catherine d'Aigreville, « pour onze « arpents au terroir des Gâtines, dix livres de menus-cens, « vingt arpents de bois, le fief d'Etienne de Damars, bour-« geois de Paris, le fief de Bréchantel à Jean Lévêque de « Houdan, le fief de Guillaume d'Auneel, etc. »

Le 24 juin 1407, Catherine d'Aigreville prend le titre de Dame-Châtelaine de Neauphle.

Le 27 juillet 1413, Nicolas des Prés, conseiller du roi en la Chambre des Comptes, fait hommage à Catherine d'Aigreville, du fief de la Breteschelle, en la paroisse de Plaisir, acheté de Pierre de Champignoles.

Nous trouvons dans un relevé de la Châtellenie de Neauphle du XVe siècle, que le droit à payer, à chaque changement de seigneur, était évalué à 600 livres tournois. La monnaie frappée à Tours valait un quart de moins que la monnaie Parisis : le sou tournois était de 12 deniers, et le sou Parisis de 15.

Au moyen âge, la faculté de battre monnaie, un des droits inhérents à la souveraineté, n'appartenait pas exclusivement aux rois. Les seigneurs souverains de plusieurs provinces, de Bretagne, de Bourgogne, de Guyenne, de Lorraine, etc., des évêques même, et de simples abbés, jouirent longtemps de ce privilège.

C'est à la fin du XIIIe siècle, que le système monétaire de Paris fut uniformément adopté dans toutes les possessions royales du Nord. Louis XI commença de remédier sérieusement à ce manque d'unité, en faisant accepter partout, la monnaie royale.

Mais, c'est depuis Louis XIV qu'elle a un cours exclusif; la monnaie Tournoise fut supprimée en 1667.

CESSION DE LA CHATELLENIE DE NEAUPHLE

Vers 1450, la Baronnie et Châtellenie de Neauphle-le-Château fut cédée, par *Louis XI,* au *duc de Bretagne*.

En cette même année, 1450, Jean de Mareuil fit hommage du fief de Launay-Rognerin au duc de Bretagne, comte de Montfort, à cause de sa Châtellenie de Neauphle-le-Châtel.

« En 1478, le duc de Bretagne expose au roi, comme
« Seigneur de la terre et Baronnie de Neauphle-le-Châtel,
« située auprès de sa terre, Comté et Seigneurie de Montfort,
« qu'il en demande l'union et que la Baronnie et Bailliage
« de Neauphle-le-Châtel, soient distraits et séparés du ressort,
« siège et juridiction de Meulan au Bailliage de Mantes,
« pour ressortir unement au Parlement de Paris. »

Louis XI « accorde l'union demandée pour l'avoir et tenir
« par le duc de Bretagne et ses successeurs, à une seule foi
« et hommage et tous droits, prééminences et franchises appar-
« tenant au dit comté. »

Voici les termes de cette ordonnance que nous publions avec le style et l'orthographe de l'époque :

« Loys, par la grâce de Dieu, roy de France, sçavoir fai-
« sons, à tous présens et advenir. Nous avons receu l'umble
« supplicacion de notre très cher et très amé nepveu et cou-
« sin le duc de Bretaigne, contenant qu'il est Seigneur de la
« terre, seigneurie et baronnie de Neauphle-Chastel, qui est
« située et assise auprès de sa terre, comté et seigneurie de
« Montfort qu'il tient de nous, ressortissant du siège et juri-
« diction de Meulant, au bailliage de Mante, laquelle sei-
« gneurie et baronnie de Neauphle-Chastel, pour l'augmen-
« tation de son dit Comté et Seigneurie de Montfort, qu'il
« tient de nous, il désiroit fort estre unie et jointe avec le
« dit Comté de Montfort, et qu'elle ressortist unement en
« notre cour du Parlement, si nostre plaisir étoit faire la dite
« union, et distraire et séparer icelle Seigneurie de Neaufle-

« Chastel, du ressort, siège et juridiction du dit lieu de Meu-
« lant, et à cette cause, nous a fait supplier et requérir nostre
« Grace, luy estre sur ce impartie.

« Pourquoy nous, ce considéré, inclinans libéralement à la
« supplication et requeste de notre dit neveu et cousin,
« icelle terre, Seigneurie et Baronnie de Neaufle-Chastel,
« avons pour ces causes et autres à ce nous mouvans, unie,
« jointe, annexée et par la teneur de ces présentes, de grâce
« especial, plaine jouissance et autorité royale, unissons,
« joignons et annexons au dit Comté de Montfort, pour
« l'avoir et tenir par notre dit neveu et cousin, ses hoirs,
« successeurs et ayans cause au dit Comté, ensemble et
« avec iceluy Comté, à une seule foy et hommage, et en tous
« droits, ressort, prééminences, libertés et franchises, appar-
« tenans au dit Comté, et, en ce faisant, avons icelle terre,
« Seigneurie et Baronnie de Neaufle-Chastel, désunie, sépa-
« rée et distraite, désunissons, séparons et distrayons par
« ces présentes, des siège, ressort et hommage du dit
« lieu de Meulant, sans ce que d'ores en avant les subjects,
« manans, habitans d'icelle terre, Seigneurie et baronnie de
« Neaufle-Chastel, ressortissent aucunement par appel, ni
« autrement au dit siège de Meulant, mais en nostre dite
« cour de Parlement, comme font et accoutumé de faire ceux
« du dit Comté de Montfort. Si le donnons en mandement,
« par ces mesures présentes à nos amés et féaux conseillers,
« les gens tenans et qui tiendront notre cour de Parlement,
« les gens de nos comptes et trésoriers, au Bailly de Mante,
« et à tous nos autres officiers ou à leurs lieutenans, présens,
« et advenir et à chacun d'eux, si comme à lui appartiendra,
« sauf en autres choses nostre droit et l'autre y en toutes.

« Donné à Arras, au mois d'avril, l'an de grâce
MCDLXXVIII et de notre règne, le dix-septième.

Sic signatum supra plicam,
Ainsi signé sur le pli,
     « Par le Roy,
« Nous, le Pronotaire de Cluny et autres présens.
     « Signé : J. Mesmes. »

Visa, lecta, publicata et registrata Parisiis in parlamento primo die Junii anno MCDLXXXIV.
Vue, lue, publiée, enregistrée au Parlement de Paris, le 1ᵉʳ juin MCDLXXXIV.
     Sic signatum.
     Signé : Chartelier.

Collatio facta est cum originali.
Collationnée avec les originaux.

D'autres lettres de Louis XI, datées d'Arras, le 11 Mai 1478,

portent encore que « la Baronnie de Neauphle-le-Châtel sera
« distraite du ressort de Meulan, pour ressortir unement, au
« Parlement de Paris. »

Mais, Olivier le Daim, dit le Mauvais, étant devenu Comte
de Meulan, empêcha l'envoi de ces lettres au Parlement.

Charles VIII accorda à Tours, le 5 Mars 1483, un relief de
surannation, afin que celles du mois d'Avril 1478 pussent
être exécutées et que Neaufle-le-Chastel fût annexé au Comté
de Montfort, et il en ordonna l'exécution par les lettres suivantes :

« Charles, par la grâce de Dieu, roy de France, à nos
« amez et feaulx conseillers, les gens tenans et qui tiendront
« nostre Parlement, les gens de nos comptes, et trésoriers à
« Paris, salut et délection. Nostre très cher et très aimé cou-
« sin, le duc de Bretagne, Comte de Montfort, nous a fait
« remonstrer, que feu nostre très cher Seigneur et Père,
« (que Dieu absoille !), dès l'an 1478, joignit, unit et annexa
« à la Comté du dit Montfort, la baronnie, terre et sei-
« gneurie de Neaufle-le-Chastel, appartenant à nostre
« dit cousin, et la disjoignit et sépara du siège, ressort et
« hommage de la Comté de Meulant, et sur ce, luy octroya
« ses lectres en forme de Charte et auxquelles ces présentes
« sont attachées, soulz nostre contre-scel, lesquelles lettres
« nostre dit cousin avoit intention de faire entériner, vérifier
« et expédier par vous, et chascun de vous, incontinent
« après l'octroy d'icelles ; mais il ne le peust obstant ce que
« Olivier-le-Mauvais, lors barbier et varlet de chambre de
« nostre dit Seigneur et Père, ayant grand autorité envers
« luy et auquel notre dit Seigneur et Père avait donné la
« Comté de Meulent, l'empescha et tint la main, qu'elles ne
« fussent expédiées ni vérifiées, et par ce, soint demeurées
« les dictes lectres de unyon à expédier et vérifier, et doub-
« te nostre dit cousin, que si à présent, il vous les présentoit
« et requérait la vérification et entérinement, vous faissiez
« difficulté de ce faire, obstant ce qu'elles ne sont de
« nous données et aussi, qu'elles sont surannées, par quoy
« elles pourraient estre à notre dit cousin, illusoires, se nos-
« tre grace ne luy estait sur ce, impartie, umblement requé-
« rant icelle. Pourquoy nous, ces choses considérées, nous
« mandons, commandons et enjoingnons, et à chascun de
« vous, comme il luy appartiendra que vous recevriez nostre
« dit cousin, exposant à vous présenter nos dites lectres de
« unyon cy-attachées, et en requérir l'entérinement, vérifi-
« cation et expédition, à quoy le voulons estre receu, de
« grâce especial, par ces présentes, et procédez au dit enté-
« rinement, vérification et expédition, tout ainsi et par la

« forme et manière que eussiez fait et peu faire au vivant de
« nostre dit feu Seigneur et Père, et comme si elles n'es-
« toient surannées et estoient de nous données, nonobstant
« le trespas de nostre dit Seigneur et Père, et que les dites
« lettres soient surannées et ne soient de nous données, dont
« nous avons, pour les temps dessus dits, relevé et relevons
« nostre dit cousin, de grâce especial, par ces dites présen-
« tes, et quelconques lectres subreptres, impétrées ou à
« ce contraires.

« Donné à Tours, le cinquiesme jour de Mars, l'an de grâce,
« MCDLXXXIII et de nostre règne le premier.

Par le Roy,
Sic signatum,
à la relacion du Conseil,
De Villechartre. »

Et est scriptum, lecta, publicata et registrata Parisiis in Parlamento anno MCDLXXXIII primo die Junii.
Collatio facta est cum originali.

Sic signatum,
Chartelier.

Et afin que personne n'en ignore, le roi envoya de nouvelles lettres en date de Tours, confirmant celles qu'il avait écrites, peu de jours auparavant, concernant le ressort de Neaufle-le-Chastel.

« Distraction de la Baronnie de Neaufle-le-Châtel, du res-
« sort de Meulant, etc.

« Charles VIII à Tours, Mars 1483. »

Lettres concernant le ressort de Neaufle-le-Chastel :

« Charles, par la grâce de Dieu, roy de France, savoir
« faisons à tous, présents et advenir, nous avons receue
« l'umble supplicacion de notre très chier et très aimé cousin
« le duc de Bretagne, comte de Montfort, contenant que
« feu notre très cher Seigneur et Père (que Dieu absoille!),
« joignit et annexa avec la Comté de Montfort, la Baronnie,
« terre et Seigneurie de Neaufle-le-Chastel, appartenant à
« nostre dit cousin, et sur ce, lui octroya des lettres en
« forme de Charte, desquelles l'on dit la teneur estre telle.

« Loys, par la grâce de Dieu, roy de France, savoir fai-
« sons, à tous présents et advenir, nous avons receue l'um-
« ble supplicacion de notre très chier et très amé nepveu
« et cousin, le duc de Bretaigne, contenant qu'il est sei-
« gneur de la terre, seigneurie et baronnie de Neaufle-le-
« Chastel, etc...

« En nous requérant humblement, qu'il nous plaise ratiffier,
« confirmer et avoir agréable ladite union et annexe et le

« contenu, ès-dites lettres, et sur ce, lui impartir nostre
« grâce. Pourquoy nous, ces choses considérées, inclinons
« favorablement à la requestre et supplicacion de nostre dit
« cousin, voulant ladite union avoir lieu et sortir effect les-
« dites lettres de union et annexé cy-dessus transcriptes et
« le contenu en icelles avons louées, gréées, ratiffiées confir-
« mées et approuvées, et par la teneur de ces présentes, de
« notre grâce espéciale, plaine puissance et auctorité *royal*,
« confirmons, louons, approuvons, et avons agréable, et
« voulons que nostre dit cousin joysse selon leur forme et
« teneur.

« Si donnons en mandement par ces dates présentes à nos
« améz et féaulx conseillers, les gens de nostre parlement
« et de nos comptes, trésoriers au Bailly de Mantes et à
« Tours, noz autres justiciers ou à leurs lieuxtenans présens
« et advenir et à chascun d'eux, si comme à lui appartiendra
« que de noz présens, grâce, confirmacion, approbacion et
« de tout le contenu en ces dites présentes, il facent, seuf-
« frent et laissent nostre dit cousin et ses successeurs Comtes
« du dit Montfort, joyr et user plainement et paisiblement,
« sans souffrir aucune chose estre faicte, actemptée ou
« innovée au contraire. Et afin que ce soit chose ferme et
« stable, etc., etc.

« Donné à Tours, au mois de Mars de l'an de grâce, mil-
« quatre-cent-quatre-vingt-trois, et de nostre règne, le pre-
« mier. »

Après la mort d'Olivier-le-Daim, la baronnie de Neauphle-le-Château fut distraite du bailliage de Meulan.

Charles VIII, par lettres données à Tours, le 6 mai 1484, « déclare que Thiverval, Saint-Cyr, Mantes, Trappes, le Val-« de-Gallie (aujourd'hui Versailles), Jouars, Chevreuse, Elan-« court et Launay, le Tremblay, Neauphle-le-Vieux, Saint-« Germain-de-Morainville, Plaisir, les Clayes, Neauphle-le-« Château, etc., sont réunis au comté de Montfort ».

Mais, revenons à la seigneurie de Neauphle. *Jehan, seigneur et comte de Rohan*, était seigneur châtelain de Neauphle-le-Châtel en 1489, ainsi que le constate un acte du 26 septembre de ladite année, qui est encore aux Archives nationales, et prouve que le comte de Rohan rendit foi et hommage au roi Charles VIII pour la dite terre et seigneurie.

En 1492 et 1507, Guillaume de Bergerac fait hommage au *roi*, à cause du comté de Montfort et de la Chastellenie de Neauphle, l'aveu du fief de Launay-Rognerin.

En 1506, Denis Blutte acheta à Mathurin Falaise, le fief de la Planchette, à Méré et à Vicq, appelé aussi le fief Thibaut-de-Neauphle, et dont dépendait le fief Godemaine-sous-

Neauphle-le-Châtel, près du Gué-au-Pont, et le fief du Pontel.

Enfin, en 1532, par édit royal, les ville, domaine et châtellenie de Neauphle-le-Château cessèrent de faire partie du comté de Montfort-l'Amaury et furent réunis à la *Couronne de France*.

Le 25 septembre 1543, Jean du Hamel fait hommage au *roi*, pour un tiers du fief Paumier, relevant de Neauphle-le-Châtel.

COMMUNES

Quelques historiens ont surnommé Louis VI le Père des communes, et c'est à bon droit, car, par l'affranchissement des serfs, il porta le premier coup au système brutal de la Féodalité.

La France du moyen âge appela *communes*, certaines villes qui devaient leur affranchissement à l'insurrection.

En cela, elles se distinguaient des villes principales et des villes privilégiées, franches ou prévôtales, royales ou de bourgeoisie, dont les franchises provenaient, chez les unes, du maintien des institutions romaines ; chez les autres, d'une concession du suzerain, à quelque titre que ce fût.

La liberté des Communes, fruit d'une lutte armée, s'imposa au suzerain, par la force, elle limita, mais sans la rejeter complètement, sa domination.

Les caractères distinctifs des Communes étaient au nombre de trois : 1° l'association jurée dont la *ghilde* germanique était le modèle ; 2° la *rédaction des coutumes,* c'est-à-dire, le code renfermant des lois civiles et pénales qui ont été la véritable source de notre droit privé ; 3° l'attribution de divers droits et privilèges, tels que celui *d'entourer la ville de murailles, de s'armer pour la défendre* — d'élever un *beffroi* au centre de la cité, afin de convoquer les bourgeois, — de se *soustraire à l'impôt* — d'avoir une *juridiction spéciale* — de *battre monnaie,* etc.... Une Commune était une véritable république. Tous ceux qui jouissaient du droit de bourgeoisie, se réunissaient en assemblée générale et nommaient les magistrats.

Nous reviendrons dans les chapitres suivants, sur ces diverses prérogatives.

Le Maire ou Mayeur était assisté d'échevins et d'un corps de notables, qui se réunissaient à l'Hôtel de Ville, pour administrer les affaires d'intérêt communal.

Les bourgeois étaient divisés en corporations d'arts et de métiers.

La partie en France, où le mouvement communal se manifesta avec le plus d'énergie, est le Nord. Le Mans avait donné l'exemple de l'insurrection en 1067, en se révoltant contre Guillaume le Conquérant ; Cambrai se constitua en Commune en 1076. Vinrent ensuite Noyon, Beauvais, Saint-Quentin, Laon, Amiens, Soissons, Rennes, Sens, Vézelay, Crespy, Montdidier, etc.

Tous les successeurs de Louis VI comprirent l'appui que les villes, une fois affranchies, pourraient leur prêter contre les seigneurs ; mais, s'ils ont secondé l'émancipation communale dans les fiefs de leurs puissants vassaux, ils l'ont, il est vrai, quelquefois combattue sur leurs propres domaines.

La révolution communale protégea une partie de la population, contre le despotisme des seigneurs féodaux, mais eut aussi, de graves inconvénients. Trop souvent, l'esprit de liberté dégénéra en licence, et fut, pour les Communes, une cause de faiblesse et de ruine.

Puis, n'ayant aucun lien entre elles, si elles se fussent multipliées, ou simplement maintenues, elles auraient fait de la France, au lieu d'une puissance vitale, une agglomération de petites puissances rivales les unes des autres. L'intérêt de l'ordre social et celui de l'unité française, d'accord avec l'intérêt de la royauté, voulaient qu'après avoir triomphé des Seigneurs, on ne commit pas la faute de laisser subsister les Communes telles qu'elles existaient.

Dès le XIIIe siècle, on vit les rois intervenir dans leur gouvernement : 1° au point de vue judiciaire. Les rois établirent peu à peu des Prévôts, juges en matière criminelle, à côté des Magistrats de la Commune, juges en matière civile ; 2° au point de vue financier, en faisant rendre compte de l'emploi des taxes établies, et en s'attribuant le droit d'en déterminer le chiffre ; 3° au point de vue administratif, en se réservant la nomination d'une partie ou même de la totalité des Magistrats des villes.

Au XVIe siècle, les Communes perdirent à peu près tous leurs privilèges, et en 1789, on n'en trouva plus que de faibles restes, dans quelques localités.

Avant la Révolution, la diversité des coutumes et des privilèges accordés à des époques et sous des conditions très différentes, avait amené une grande variété dans l'organisation et l'administration des Communes. L'Assemblée Constituante mit toutes les municipalités sur la même ligne.

La constitution de l'an III (1795) conserva les Communes

de cinq mille âmes et plus, et réunit les autres dans une administration collective, concentrée au chef-lieu de canton.

La loi du 28 pluviôse an VIII, 18 février 1800, rétablit les municipalités telles qu'en 1789 et telles qu'elles sont aujourd'hui, sauf quelques modifications partielles.

Autrefois, la France était partagée en un grand nombre de divisions administratives, séparées entre elles par des barrières séculaires, obstacles insurmontables contre lesquels, vint trop longtemps se briser, toute tentative d'organisation régulière du territoire ; non seulement, chaque province avait sa législation, son langage et ses coutumes (celles-ci avaient force de loi), mais il existait encore entre les différentes parties de la France, des inégalités révoltantes de droits et de charges, qui devenaient à chaque instant, la cause d'embarras et de difficultés.

Il y avait une juridiction, celle du Grand Conseil, qui devait simplement annuler les jugements rendus en transgression, soit des errements ou des coutumes, soit des prescriptions, des ordonnances, mais dans le chaos de la société féodale, ces limites et cette mesure d'attributions furent incessamment méconnues.

Le Conseil des Parties devint un nouveau degré très surabondant et très abusif de juridiction.

Il fut ramené à sa juridiction première, par l'ordonnance de Louis XIV, de 1667.

Le 22 décembre 1789, des districts furent établis.

La loi du 24 août 1790, organisa les tribunaux de districts ou d'arrondissements ; leurs divisions furent établies par la Constitution de 1791.

Ces tribunaux devaient connaître en premier et dernier ressort ; sauf, dans les affaires mobilières, et d'un revenu de 5o francs pour les actions réelles ou immobilières.

L'appel, d'après la loi de 1790, devait être porté à un tribunal de même degré, c'est-à-dire, d'un tribunal de district à un autre tribunal de district.

En l'an IV, ces districts furent supprimés ; on forma les administrations municipales de cantons. La Constituante créa l'unité de gouvernement et d'administration, base de l'organisation actuelle. Puis il y eut un tribunal de cassation.

Le Consulat répudia l'appel d'un tribunal de district à un autre de même degré et créa vingt-neuf tribunaux d'appel.

COUTUMES

Les *coutumes* étaient des lois non écrites, qu'un usage insensible avait seul autorisées, et dont on ne peut trouver l'origine que dans les révolutions qui agitèrent la France, vers la fin de la race carlovingienne.

Les barbares qui envahirent l'empire romain, étaient régis par des coutumes, qui furent écrites après la conquête.

Les peuples adoptèrent alors certains usages conformes à leurs mœurs et au génie particulier de la province, que chaque seigneur modifia selon ses besoins et son intérêt propre.

Ces usages devinrent, plus tard, le droit civil.

L'ignorance des magistrats et les aliénations partielles, avaient amené la confusion des coutumes, les frais et la longueur de la justice ruinaient le royaume. « *Les gens de loi rongeoient la substance du povre peuple.* »

Le Nord et le Centre suivaient des coutumes nées avec la Féodalité ; chaque ville, chaque province avait les siennes.

Le Midi avait conservé le droit romain modifié.

Les pays de droit coutumier étaient la Flandre, le Hainaut, l'Artois, la Picardie, l'Ile-de-France, le Vermandois, la Champagne, l'Orléanais, le Berry, l'Anjou, le Maine, la Normandie, la Bretagne, le Poitou, la Touraine, l'Angoumois, une partie de la Saintonge et de la Basse-Marche, la Haute-Marche, l'Auvergne, le Nivernais, le Bourbonnais, la Franche-Comté, la Lorraine.

Tout le pays composant l'ancien comté de Meulan obéissait à la coutume de ce nom.

Une grande incertitude régnait souvent sur la *coutume*, on s'en plaignait déjà au XIIIe siècle.

Quand une *Coutume* était contestée, on allait au parloir des Bourgeois, lieu de réunion du Prévôt des marchands et des principaux habitants, pour qu'ils donnassent leur avis. Ou bien, on convoquait devant les juges, des personnes bien *famées* pour attester *la Coutume,* ce qu'on appelait, *enquête par tourbe,* c'est-à-dire par la foule, du latin *turba*.

De là, de grandes difficultés.

Sous Louis IX, Philippe IV, Jean le Bon, il y eut des tentatives de rédaction des Coutumes. En 1453, Charles VII prescrivit cette rédaction, par l'ordonnance de Montils-lez-Tours, et fut commencée sous Charles VII.

La coutume de Ponthieu fut rédigée en 1493. Louis XII ordonna de mettre en écrit, toutes les coutumes du royaume. Celle de Paris fut mise en ordre en 1510 seulement, et réformée plus tard, sous Henri IV, en 1580.

Le premier *coutumier* général de France parut en 1517, au début du règne de François Ier.

En 1789, il fut décrété qu'une loi commune pour toute la France remplacerait les Coutumes, et le droit romain, les usages particuliers des seigneurs ; mais le code Napoléon ne parut qu'en 1804.

CONVOCATION DES TROIS ÉTATS POUR LA RÉDACTION DES COUTUMES

Il se produisit en 1556, un heureux événement pour Neauphle et tout le pays qui nous occupe. Événement qui dut faire sensation à cette époque, ce fut la convocation des trois Etats du Comté de Montfort-l'Amaury, en l'auditoire du dit Montfort, le 13 octobre 1566, faite par Christophe de Thou, président au Parlement de Paris, Barthélemy Faye et Nicolas Viole, conseillers, nommés commissaires, pour la *rédaction des coutumes anciennes* de Montfort, ordonnées par lettres patentes du roi Henri II, en date du 19 août 1556.

C'était une grande amélioration, un acheminement vers l'abolition des abus de la féodalité, une tendance vers l'uniformité de la législation et de la jurisprudence, venant remplacer le bon plaisir.

Le procès-verbal de rédaction des coutumes du comté de Montfort, et mentionné plus loin, nous donne la description bien complète de ce qu'était ce comté au milieu du XVIe siècle.

« *Coutumes* du comté de Montfort-l'Amaury, Gambais, Neauphle-le-Chastel, Saint-Léger en Yveline, enclaves et anciens ressorts d'iceux, rédigées par Christophe de Thou, président, Barthelémy Faye, et Jacques Nicolas Viole, conseillers du roi, en sa cour de parlement à Paris, commissaires par le dit seigneur, à ce *dépendez* et accordées par les gens des Trois Etats des dits lieux, le lundi 12 et mardi 13 d'octobre 1556.

« Ce procès-verbal s'ouvre par des lettres patentes de Henri II, du 19 août 1556, nommant commissaires pour la rédaction des Coutumes de Montfort, Etampes, Mantes, Meulan et quelques autres qui n'avaient pas été revisées : Christophe de Thou, président du parlement, Barthelémy Faye et Gilles Boudin, conseillers. Le 15 septembre, Nicolas Viole fut substitué à ce dernier.

« En vertu de cette délégation, les trois commissaires, par lettres datées d'Etampes, le 22 septembre de la même année, ordonnèrent au Bailli et autres officiers du roi, à Montfort, de faire assembler les trois Ordres du Bailliage. Ceux-ci, le 7 octobre, donnent assignation à comparaître à tous les sujets du Bailliage, le mardi 13ᵉ jour du présent mois d'octobre, à 10 heures du matin, en l'auditoire du dit Bailliage, au dit Montfort, intimation qu'ils y comparaissent ou non, nonobstant l'absence, sera procédé à la dite homologation, ainsi que de raison.

« Au jour dit, Jean de la Place, greffier du Bailliage, après avoir donné lecture des pièces qui précèdent, fit l'appel nominal des personnes convoquées, marquant les comparants en personne ou par procureur, et donnant défaut contre les autres. Plusieurs des comparants firent insérer au procès-verbal diverses réserves et protestations. Enfin, les gens des Trois États, prêtèrent serment « qu'en leurs consciences et loyautés, ils rapporteront les *Coutumes anciennes* qu'ils ont vu garder ès dits comté et Bailliage, afin de les faire rédiger par écrit ; aussi diront en leurs consciences, ce qui est sujet à réformation, pour le regard des coutumes qui semblent être dures ou déraisonnables, pour, par l'avis des Trois États, les abroger du tout, ou bien réformer et modérer pour le bien, profit et utilité du pays.

« Le lendemain 14 octobre, eut lieu la discussion des articles.

« Sur l'article 1 : en succession directe, « *n'est dû que la bouche et les mains* », c'est-à-dire, que l'héritier direct n'a pas à payer de droits de succession pour son fief.

« Le procureur du roi requit, qu'il soit dit, que pour le regard de la châtellenie de Neauphle le Châtel, l'on se règlera suivant la coutume du *Vulquesin-le-François* (le Vexin Français), que la dite châtellenie de Neauphle est une acquisition séparée, qui relevait antérieurement de la châtellenie de Meulan, « *que de toute mort et mutation est dû rachat, ce qui a toujours été observé* ».

« A cette cause, a requis que du dit article soit exceptée la châtellenie de Neauphle le Châtel, Mᵉ Maheas, pour la duchesse de Valentinois, les seigneurs : de Villiers Cul-de-Sac, Jean de Rouville de Palaiseau, Esprit de Harville, pour sa portion de la Bretesche ; Boucher et le seigneur de la Grange, Philippe d'Harville ont soutenu, « *que de père à fils, n'est dû que la bouche et les mains, et ont requis que le dit article demeure sans exception* ».

« MM. Hostellier et Beauvais, pour le seigneur de La Queue, ont dit que ce fief relève de Neauphle-le-Châtel, et en a fait le dit seigneur de La Queue, foi et hommage au Roi, à cause du dit Neauphle ; qu'il a plusieurs Fiefs relevant du Roi, y assis et situés, et qui se gouvernent selon la coutume du Vulquesin-le-François.

« Et a fait pareil réquisitoire, que le Procureur du Roi ;

ouïe l'opinion des Trois Etats, a été ordonné que le dit article demeurera sans exception.

« Dont le Procureur du Roi a protesté *d'Appel*, comme aussi le Procureur de la duchesse d'Estouteville, Comtesse de Montfort.

« Les autres remarques sur divers articles n'ayant qu'un intérêt général, au point de vue du droit, nous donnerons de suite la liste des personnes convoquées, sans distinction de celles qui comparurent en personne, ou par procureur, ou de celles qui firent défaut :

« 1° L'ordre du Clergé, 194.

« 2° L'ordre de la Noblesse, 195.

« 3° L'ordre du Tiers-Etat, 82 ou 84.

« Manants et habitants, 125.

Le Révérendissime cardinal de Lorraine, pour Autheuil, Boissy, Villarceaux et de partie de la seigneurie de Garencières.

Mre Jean Loys, Conservateur des privilèges apostoliques de Sainte-Geneviève-du-Mont de Paris, curé de Neauphle.

Gilbert Filliol, abbé de l'Abbaye de Neauphle-les-Viels.

Les Prieur et Religieux du Couvent du dit lieu.

Abbé de Montebourg, prieur du Prieuré de Montfort et curé de Beine.

Les Religieuses et Abbesse du Couvent de Saint-Corentin.

Mre Charles d'Anyennes, prieur, Commandataire de Bazainville.

Mre Denis de la Porte, prieur de Saint-Jean de Houdant.

Les Religieuses du Prieuré et Couvent de Haute-Bruyère.

Le Prieur curé de Thoiry.

Frère Marceau Gauthier, prêtre, curé d'une des portions de la cure Saint-Pierre de Montfort.

Mre Claude de Baugueuil, curé de l'autre portion, représenté par Mre Nicole Vaucler, vicaire.

Mre Jean de Chomède, curé de Méré.

Mre Geoffroy Barbereau, curé de Bazoches, représenté par Mre Jean Marie, son vicaire.

Mre Charles de Pouy, curé de Maurepas.

Frère Gabriel du Puits Herbault, curé de Saint-Remy l'Honoré.

Mre Jean Toulloux, curé d'Autheuil, représenté par Mre Pierre Villain, vicaire.

Frère Antoche Gilbert, curé de Gambaiseul.

Le Curé des Essarts, représenté par Guillaume Marcille, son vicaire.

Mre Claude Charon, curé de Millemont, représenté par Mre Pierre Chalumeau, son vicaire.

RUINES DE REYNES

Mre Loys Boucher, curé de Galuis.

Mre Claude Phiyectre, curé de Saint-Léger.

Mre Jean Mansel, curé de Marc.

Le Curé de Bazainville, représenté par Mre Raoul Roze, son vicaire.

Le Curé de Houdant, représenté par Messire Michel Rousseaux, son vicaire.

Le Curé de Maulette, représenté par Mre Jean Garnier, vicaire.

Mre Jean Chevillard, prêtre, pour son fief de la cour du Prez et pour sa seigneurie du Caudray-Hellouyn.

Mres Etienne L'Hostellier, Charles Louppereau *es leuz* pour le roi, au dit Montfort.

La duchesse d'Estouteville, comme tutrice de dame Marie sa fille, comtesse usufruitière du dit comté de Montfort.

Le Roi de Navarre à cause de sa baronnie d'Epernon, représenté par Mre Nicole Bobusse, son Bailly.

Etienne Chavanon, son procureur fiscal.

La duchesse de Valentinois, pour sa châtellenie de Beine, seigneuries de Buc et Grignon, Saint-Aubin, Noisy et Bailly.

En ce qui est de l'hommage de la châtellenie de Neauphle, Marc en partie Chesne-Rongneulx et la Malmaison Mormoulin.

En ce qui est de la dite Châtellenie de Neauphle, les fiefs de la Cranne, la cour des Prez et Mairie de Plaisir.

Jean de Rouville, écuyer, seigneur de Villiers-Cul-de-Sacq, représenté par Mre Claude Philippe, son Procureur.

Philippe de Harville, écuyer, gouverneur pour le roi, aux dits Bailliage et Comté de Montfort, seigneur de la Granche du Bois, Saint-Germain et Morainville, Plaisir en partie, la Breteschelle en partie et leurs appartenances et dépendances, et encore comme seigneur des fiefs de l'Orme et de Launay, assis à Cressay, et de Garencières en partie, à cause de Damoiselle Claude de Rouville, sa femme, dame ordinaire de la Reyne, comme dame de la Châtellenie de Septeuille.

Mre Anthoine de Caniou, chevalier, seigneur châtelain d'Orgeruz et seigneur de Tacougnières.

Mre Gaspard de Caniou, son fils aîné.

Mre Christofle de Refuge, chevalier, l'un des cent gentilshommes de la maison du roi, pour les Seigneuries de Mesnuz-Chanterons, Groussay, Bazoches en partie, la ferme des Boys, près Gambais et autres Seigneuries assises au dit Comté.

Roger Fournier, écuyer, à cause de ses seigneuries de

Marc, Petitmont, partie de Mareil-souz-Maulle, Maulle, Jumeauville, Goussainville et Arnouville.

Jacques de Erchefillet, écuyer, seigneur de Verveclas, à cause de ses fiefs assis à Garencières-en-Beaulse, Ablis et autres.

Pierre Bouharvillier, écuyer, à cause de ses Seigneuries de Marc, Petitmont, partie de Mareil-souz-Maulle, Maulle, Jumeauville, Goussainville et Arnouville.

Pierre de Bouharvillier, écuyer, à cause de sa seigneurie des Vaux-Rousseaux à Grosrouvre.

Mre Philippe de Ruellan, comme curateur de Mathurin de Harville, mineur d'*uns* héritier par bénéfice d'inventaire de feu Mre Christophe Harville, en son vivant, abbé de Grandchamp, comme seigneur de Millemont et de la Perrache.

Pierre de Villeneufve et Nicolas du Belloy, écuyers, à cause de leur seigneurie en partie de Flexanville.

Mre Loys du Moulin, pour son fief à Garencières.

Jacques Garnier, pour son fief à Authouillet.

Mre Nicolas Le Bel, receveur du dit Comté, comme seigneur en partie, du fief de la Maison-Rouge, près Méray.

Mre Pierre de la Porte, écuyer, conseiller du dit seigneur, Bailly des dits Bailliage et Comté.

Mre Jacques de Goussainville, lieutenant général, civil et criminel, des dits Comté et Bailliage.

Mre Jean Mahéas, procureur du Roi, en la dite Election.

Toussaints Mancel, écuyer, capitaine des Châtellenies de Montfort et de Saint-Ligier, gentilhomme de la vénerie du Roi, et maître particulier des Eaux et Forêts du dit comté.

Mre Jean Moyey, lieutenant pour le roy, en la dite maîtrise.

Mre Alphonse Frédy, l'aîné, advocat pour le roy, en la dicte maîtrise, et prévôt des maréchaux de France.

Mre Pierre de Bourges, prévost du dict Montfort et de Mérey.

Le dict Mre Nicolas Lebel, receveur du dict comté.

Mre Guillaume Dieudonné, contrôleur du domaine du dict Montfort.

Mre Pierre Lefebvre, procureur du roi en la maîtrise des Eaux et Forêts de Montfort.

Mre Jean de la Place, greffier de la prévôté des bailliages de Montfort et de Saint-Ligier.

Mre Simon Chevalier, greffier de la prévôté de Montfort.

Mre Macé Petitjean, voyer, au dict Montfort.

Nicolas Amaulry, sergent royal, chastellain hérédital, aux bailliage et comté de Montfort.

Mre Pierre Lecomte, lieutenant particulier des dicts comté et bailliage.
Jean Allego,
Claude Frédy,
Nicolas Barbot,
Eustache Luce,
Guillaume Cavet,
Estienne Bajoue, sergents royaux aux dits bailliage et comté.
Raoul Chevalier, sergent.
Pierre Marquet, greffier de la dicte élection de Montfort.
Jean Lepelletier, mesureur pour le roi, aux magasin et grenier à sel de Montfort.
Maurice Foubert, greffier au dict magasin.
Mres Piat Gourselin,
Denis Bercher,
Jean de Pictres,
Jean Giquet,
Jean Suatin, le jeune, advocats à Montfort.
Les dits :
Mres André Audiger, Pierre Guignard, advocats et procureurs aux dits comté et bailliage.

Les dits, procureurs à Montfort :

Mres Jean Guyennet,	François Marin,
Jean Macé,	Lancelot Bazin,
Jean Grouteau,	Nicole Lefebvre,
Michel Térouyer,	Siméon Chevalier,
Jean Bonichon,	Claude Bardet,
Jean Mahéas,	Gilles Fabre,
Jean Huet,	Aoudet Blanchouyn,
Anthoine Beauvois,	André Bertrand,

Denis Colin, bourgeois de Montfort, à cause de sa seigneurie du Bois-l'Epicier.
Les dits :
Mre Jacques de Goussainville, lieutenant général du bailliage.
Et Jean de Pictres, advocat, comme marguilliers et proviseurs de l'Eglise Saint-Pierre de Montfort.
Jean Suatin, bailly de Houdant.
Mre Gilles Dieudonné, prévôt de Houdant.
Mre Barnabé Barrat, lieutenant du bailly de Houdant.
Mre Mathurin Chable, greffier à la prévôté de Houdant.
Mre Jacques Flutault, substitut du procureur du roy à Houdant.

Mre Jacques Caillou, maître et administrateur de l'Hôtel-Dieu de Houdant.

Guillaume Collin, sergent royal, chastellain et hérédital de Saint-Ligier.

Mre Thibault d'Auvergne, prévôt de Saint-Liger-en-Yveline.

Nicolas Baynet, sergent royal, chastellain et hérédital à Mérey.

Mre Robert Le Maire, greffier de la prévôté de Mérey.

Robert Chemier et Gilles Barat, comme marguilliers et proviseurs de l'église de Mérey.

Guillaume Pleyn, prévôt d'Elleville.

Jean Flutault, sergent royal à Elleville.

Mre Nicolas de Brosses, prévôt de Gambais.

Jean Lefèvre, sergent royal, chastellain et hérédital à Gambais.

Les maîtres et administrateurs des Hôtels-Dieu de :

Montfort,	Auneau,
Ablis,	Saint-Arnoult.

Et des maladreries de :

Montfort,	Guillaume L'Hoste,
Ablis,	Noël Eustache,
Bazainville,	Léonard Cotereau de Galuys,
Garencières,	Guillaume Préel,
Houdant,	Jean Cotereau,
Saint-Arnoult,	Marin de Lormet de Bazoches,
Petit-Sainville,	Denis Genisseau,
Saint-Lubin de la Haie,	Jean Pirel de Jouarre,

Le dit Mre Jean Grouteau de Mareil-le-Guyon.

Jean Guerrier, marguiller de l'église de Saint-Aubin.

Le dit Mre Bonichon, de Neauphle-lez-Vielz.

Jean Philippe et Thomas Guérin, comme marguilliers de l'église de Neauphle-le-Chastel.

Le dit Mre Beauvois des Claiz.

Marin Buffet, comme marguillier et proviseur de l'église de Plaisir.

Le dit Mre Siméon Chevalier de Bailly, Giraud du Chesne et Richard Barannois, comme marguilliers et proviseurs d'Autheuil.

Robert Les Portebois et Bernard Les Portebois, comme marguilliers de l'église de Thoiry pour Boissy.

Richard Rémond, comme marguillier-proviseur de l'église de Thoiry.

Anthoine Bouliette et Mathurin Soullot, comme marguilliers et proviseurs de Goupillières.

Robert La Roche et Robert Phélippes, comme marguilliers et proviseurs de l'église de Villiers-le-Mahieu.

Jacques Gaultier, comme marguillier et proviseur de l'église de Flexainville.

Thomas Coureil, comme marguillier des Orgeruz.

Jean Menil et Simon Girard, marguilliers et proviseurs de l'église de Tacoignières.

Claude Gaultier, comme marguillier et proviseur de l'église de Behoust.

Le dit Marin de Garencières, Nicolas Garnier et Jean Boisse, comme marguilliers et proviseurs de l'église de Millemont.

Guillaume Polly, comme marguillier et proviseur de l'église de Grosrouvre et de Bazainville.

Jacques de la Boulle de Marc.

Maistre Claude Phélippes, prévost de Neaufle-le-Chastel.

Jean Phélippes, sergent royal, chastellain et hérédital au dit Neaufle-le-Chastel.

Jean Chuppin, sergent royal au dit Neaufle.

Jean Philippe et Thomas Guérin, marguilliers de l'église.

Maître Charles Porquier, maître et administrateur de l'Hôtel-Dieu de Neaufle, etc.

Aussi sont comparus les manans et habitans des villes et villages des dits bailliage et comté de Montfort, etc. »

DÉMEMBREMENT DE LA CHATELLENIE DE NEAUPHLE

Nous allons voir par les lignes qui suivent, en combien de mains est passée à la fin du XVIᵉ siècle, la Châtellenie de Neauphle, autrefois si florissante.

Nous avons examiné une ancienne déclaration de la consistance de cette Châtellenie ; ce terrier en donnait l'évaluation faite en la Chambre des Comptes de Paris, le 10 février 1559, « *papiers, censives, cuillevetes* . . . . « *dénombrement et déclarations de la dite Châtellenie, qui* « *estimait ses mouvances 300 livres par an.* »

« Suivant contrat passé devant Lenoir et Lusson, notaires
« au Châtelet de Paris, le 5 avril 1581, six commissaires
« nommés pour l'aliénation des terres et seigneuries de l'apa-
« nage du roi Henri III, en conséquence des lettres patentes
« de sa Majesté, du mois de novembre, et de *Jussion*, du
« 21 décembre 1580 vérifiées au Parlement le 26 janvier 1581,
« et des lettres de ratification du 5 mars suivant, enregis-

« trées le 5 avril même année, vendirent et engagèrent, avec
« faculté de rachat perpétuel, à *François de Meuneau,*
« écuyer, seigneur de Villiers-Cul-de-Sac, la terre, seigneurie
« et châtellenie de Neauphle-le-Chastel, moyennant 4.333
« écus 1/3 d'écu soleil, revenant avec les charges qui lui fu-
« rent imposées à 13.002 livres.

« Vente devant Lenoir et Lusson, notaires au Châtelet de
« Paris, le 7 avril 1581, par les seigneurs commissaires à
« ce députés, au profit de *François de Meuneau,* écuyer,
« seigneur de Villiers-Cul-de-Sac, de la terre, seigneurie et
« châtellenie de Neauphle-le-Chastel, ses appartenances et
« dépendances, moyennant 4.333 écus 1/3 d'écu soleil, à
« faculté de rachat perpétuel, en suite duquel sont transcri-
« tes les lettres patentes de Henry IV, du mois de novem-
« bre 1580, registrées au Parlement le XXVIe jour de jan-
« vier 1581.

« Transport et cession faits le 29 septembre 1582, par de-
« vant les notaires, au Châtelet de Paris, par le dit seigneur
« de Villiers, au profit du *seigneur de Bellieuze,* de la terre,
« seigneurie et châtellenie de Neauphle-le-Chastel, moyen-
« nant 223 écus 1/3 payés comptant et 334 écus 10 sols Tour-
« nois de rente annuelle et perpétuelle.

« Suivant contrat passé devant les mêmes notaires le 29 sep-
« tembre 1582, François de Meuneau céda et transporta à
« *Messire de Pomponne de Bellieuze,* chevalier, seigneur de
« Grignon, conseiller du Roi, en ses Conseils d'Etat et privé,
« son droit, sur la dite terre, seigneurie et châtellenie de
« Neauphle-le-Chastel, pour un prix, qui, avec les charges,
« s'élevait à 13.038 livres.

« 30 septembre 1641. Vérification de la finance payée pour
« l'engagement de la terre, seigneurie et châtellenie de Neau-
« phle-le-Chastel, au Bailliage de Montfort, ses appartenances
« et dépendances, faict à maître *Jean Meuneau,* seigneur de
« Villiers-Cul-de-Sac en 1581, lequel, en 1582, a transporté
« son droit à Mre *Pomponne de Bellieuze,* chevalier, seigneur
« de Grignon, conseiller du Roy, en ses conseils d'Etat et
« privé, pour la somme de 13.038 livres, revendue en 1641 à
« Mre *Nicolas de Bellieuze,* conseiller de Sa Majesté en ses
« Conseils et président en sa cour du Parlement, pour la
« somme de 10 livres 9 sols revenant ensemble, en ce com-
« pris, XXX L. 6. sols pour les frais et loyaux coûts, à la
« somme de 55.038 livres, moyennant 4.338 livres revenant
« à 13.002 livres avec la faculté de rachapt perpétuel, frais
« et loyaux coûts, 36 livres à rembourser 13.038 livres. »

La terre, seigneurie et Châtellenie de Neaufle-le-Chastel

fut revendue le 7 octobre 1641 à Mre *Nicolas de Bellieuze,*
« conseiller du Roi en ses Conseils, Président en la cour du
« Parlement, moyennant un prix, qui avec les charges, se
« montait à 55.038 livres.

« Contrat de vente et adjudication du 7 octobre 1641, par
« les commissaires généraux, députés par le Roi, pour la re-
« vente de ses domaines, à messire *Nicolas de Bellieuze,* de
« la dite terre, seigneurie et Châtellenie de Neauphle, moyen-
« nant 42.000 livres, tant en principal, que 2 sols pour livre,
« outre et par dessus celle de 13.038 livres de premier enga-
« gement, sans qu'il puisse être dépossédé à l'avenir, qu'en
« le remboursant en un seul paiement, des dites deux
« sommes. »

« 4 novembre 1641. Enchère à la somme de 12.000 livres
« tant en principal que 2 sols pour livre sur le précédent en-
« gagement, par messire *Jean Charpentier,* procureur au
« Châtelet de Paris, enchère faite au greffe de Montfort. »

Mais un arrêt du Conseil d'Etat, en date du 15 mai 1642,
ayant ordonné que cette terre, seigneurie et Châtellenie fût
revendue, à la charge par l'acquéreur de rembourser, en un
seul paiement, à Mre *de Bellieuze,* la somme totale de 58.574
livres, il fut procédé à une adjudication, le 30 juin 1642, et le
« président de Bellieuze fut déclaré adjudicataire, moyen-
« nant 63.004 livres de la dite terre, seigneurie et Châtellenie
« de Neaufle-le-Chastel, avec droit aux honneurs, autorité,
« privilèges, revenus et émoluments, tels qu'en avaient pu
« jouir les anciens possesseurs, et avec condition, que l'adju-
« dicataire ne pourrait jamais être dépossédé, qu'en lui rem-
« boursant comptant, et en un seul paiement, la dite somme
« de 63.004 livres. »

Du reste voici le document tel que nous l'avons trouvé :
« Arrêt du Conseil d'Etat du 15 mai 1642, qui reçoit l'en-
« chère de 6.000 livres et 2 sols pour livre d'icelle, mise par
« le sieur Bouthillier Rancé, sur la dite Châtellenie, terre et
« seigneurie de Neauphle, et ordonne qu'il sera procédé
« à la revente d'iceux, au plus offrant, par devant les Com-
« missaires généraux du domaine, à la charge de payer et
« rembourser actuellement, et en un seul paiement, par l'ad-
« judicataire, au dit *sieur de Bellieuze engagiste,* la dite
« somme de 13.036 livres d'ancien engagement, et 42.000 li-
« vres de dernière revente, effectivement payée à l'épargne
« et frais et loyaux coûts autre contrat de revente et adjudi-
« cation faite le 2 juin 1642, par les dits Seigneurs Commis-
« saires généraux, au dit *sieur Nicolas de Bellieuze,* de la dite
« terre, seigneurie et Châtellenie de Neauphle, moyennant

« le prix et somme de 6.300 livres, de principal, et 630 livres,
« pour les 2 sols pour livre d'icelle outre celles de 42.000 li-
« vres, 36 livres pour frais et loyaux coûts et 13.038 d'an-
« cien engagement, revenant le tout ensemble à 62.004 livres,
« le dit contrat registré en la Chambre des Comptes de Pa-
« ris, le 17 mai 1668. »

« Enfin suivant contrat passé devant Parqué et Paingot,
« notaires au Châtelet de Paris, le 12 mai 1682, *Pierre de*
« *Bellieuse* vendit moyennant la somme de 61.930 livres à
« messire *André Potier, chevalier, seigneur de Novion,* con-
« seiller au Parlement, sous la faculté de rachat perpétuel,
« suivant l'avis du 5 mars 1581, des *Commissaires* nommés
« par le Roi, les domaines, terre, seigneurie et Châtel-
« lenie de Neauphle-le-Châtel vendus et adjugés par Sa
« Majesté, à feu messire Pomponne de Bellieuze, sous la fa-
« culté de rachapt perpétuel par contrat du 7 octobre 1641.

« Et la dite somme de 61.930 livres a été remboursée par
« le trésor Royal, dont 58.930 livres à messire de Novion
« et 3.000 livres à monsieur de Pontchartrain, auquel messire
« de Novion avait vendu des bois faisant partie de la dite
« seigneurie. »

Voici la déclaration signée de Novion, du 4 mars 1693,
portant qu'il a vendu à Mre de Pontchartrain, par contrat du
25 mai 1691, pour 3.000 livres de bois qui faisaient partie
du domaine de Neauphle :

« Nous, Commissaires généraux sus-dits, en vertu du pou-
« voir à nous donné par Sa Majesté, par l'arrêt du conseil, du
« 21 février dernier, avons liquidé et liquidons le rembour-
« sement des finances payées pour l'engagement des terres,
« seigneurie et Châtellenie de Neauphle-le-Chastel, appar-
« tenant au Président de Novion, à cause de la vente qui lui
« en a été faite, avec la terre et marquisat de Grignon par
« les créanciers du feu *seigneur Pierre de Bellieuze,* par
« contrat du 12 mai 1682 — à la somme de 61.930 livres sur
« laquelle il sera remboursé par le garde du Trésor Royal,
« du fonds qui sera destiné à cet effet, celle de 58.930 li-
« vres, et, au seigneur de Pontchartrain, celle de 3.000
« livres, conformément à la déclaration du dit seigneur
« président de Novion, du 4 du présent mois, à cause de
« la vente faite au dit seigneur de Pontchartrain, par le dit
« sieur président de Novion, de partie des bois du domaine
« de Neauphle, par contrat du 25 mai 1691, qui ont été éva-
« lués par ledit contrat, à la dite somme de 3.000 livres,
« en fournissant les contrats de vente, revente, lettres pa-
« tentes, quittances de finances et autres pièces y men-
« tionnées et quittances suffisantes.

« Fait a Paris, le 7ᵉ jour de mars 1693. »

A cet effet, des experts furent nommés, et nous voyons ci-après le procès-verbal de leur expertise que nous donnons tel qu'il a été rédigé au xvııᵉ siècle.

« Transport des Experts, en la ville de Neauphle-le-Chas-
« tel, le 18 avril 1693, et remis au lendemain 19, pour pro-
« céder à la visite, estimation et évaluation de la Seigneurie
« et Chastellenie du dit Neauphle-le-Chastel, circonstances
« et dépendances :

« 1° Le moulin du Poirier, estimé d'un revenu de 250 livres.

« 2° Une pièce de pré appelé le *Pré Pollet*, garni de sau-
« les et aulnaies, situé près des maisons, des *Bois*, paroisse
« de Plaisir, contenant sept quartiers, estimé d'un revenu
« de . . . . 30 livres.

« 3° Une pièce de bois taillis, appelée la *Vente de Mont-
« fort,* sise au territoire de Villancy, paroisse de Plaisir, con-
« tenant 34 arpents, 46 perches, tenant, d'un côté, au *bois
« de Millemont,* d'autre, à la *Vente du Gros Chêne,* d'un
« bout, aux terres de Villancy, d'autre, au dit *Bois de Mille-
« mond,* estimée d'un revenu de . . . . . . 25 livres, 15 sols, 5 d.

« 4° Une pièce de bois appelée la *Vente du Fourneau,* située
« terroir et paroisse de Plaisir, de 60 arpents, tenant d'un
« côté, à ladite *vente de Montfort,* d'autre, *aux bois des Châ-
« taigniers,* d'un bout, à la *Vente du Gros Chêne,* et d'autres,
« à la *Vente des Châtaigniers,* estimée 233 livres, 6 sols, 25 d.

« 5° Une pièce de bois taillis appelée la *Vente Réunion,* si-
« tuée terroir de Plaisir, contenant 72 arpents 36 perches,
« tenant d'un côté, à la *Vente des Châtaigniers,* d'autre,
« au chemin de Plaisir *aux Grands Bois* d'un bout, au *Pré
« Pollet* et *Champtier Balidor,* d'autre, au chemin de *Sainte-
« Apolline* . . . . 281 livres, 8 sols.

« 6° Une pièce de bois taillis, appelée la *Vente de Haye,*
« et laissé au *Roy,* terroir de Plaisir, contenant 45 arpents,
« 35 perches, tenant d'un côté, au chemin de Plaisir, d'au-
« tre, à la *Vente des Châtaigniers,* d'un bout, à la dite
« *Vente Réunion,* d'autre, aux Ventes des Quarante Ar-
« pents . . . . 136 livres, 3 s. 2 d.

« 7° Une pièce de bois taillis, appelée la *Vente du Gros
« Chêne,* située terroir de Plaisir et Villancy, contenant
« 45 arpents, 17 perches, tenant d'un côté, à la *Vente
« du dit Monfort* de la *Charmerie,* d'un bout, aux champs
« de *Villancis,* d'autre, aux *Trois Vallées* et sur *l'E-
« tang* . . . . 135 livres, 13 s. 2 d.

« 8° Une pièce de bois taillis, appelée la *Vente de la Belle
« Cépée-au-Roy,* située terroir de Plaisir, contenant 51 ar-

« pents 56 perches 2/3, tenant, d'un côté, à la *Vallée Gérimal,*
« d'autre, à la *Vente du Gros Chêne,* d'un bout, au *Clos des*
« *Trembles,* d'autre, aux terres de *Villancis.*68 livres 15 s.6 d.

« 9° Une pièce de bois taillis, appelée la *Vente des Parcs*
« *carrés* au Roy, située terroir de Plaisir, contenant 58 ar-
« pents 19 perches, tenant d'un côté, à la *Vente de la Garon-*
« *nière,* d'autre, aux bois du seigneur de Pontchartrain, d'un
« bout, à la *Vente des Quarante Arpents,* sur terroir de
« *Brimal*................................... 32 livres, 6 s. 6 d.

« 10° Une pièce de bois taillis, appelée la *Vente de Gro-*
« *mière du Roy,* terroir de Plaisir et Paroisse de Neauphle,
« contenant 41 arpents, 43 perches, tenant d'un côté, à la *Vente*
« des *Parcs Carrés,* d'autre, au Chemin de *Villancis* aux
« *Bordes,* d'un bout, au bois de *Millemont,* et aux friches de
« *Villancis,* d'autre bout, vers les bordures, aux vignes
« du *Bois Rémond*.................... 23 livres, 4 s.

« 11° Une pièce de bois taillis, appelée la *Vente du*
« *Bois du Four du Roy,* située au terroir et proche
« Neauphle, contenant 23 arpents 36 perches, tenant d'un
« côté, aux jardins et terres dudit Neauphle, d'autre, aux
« terres de *Boutrou,* d'un bout, au chemin dudit Neauphle,
« et d'autre, aux terres de la *Maladrerie* dudit Neauphle ;
« la pièce, eu égard, à la qualité des bois, qui sont bien
« garnis, et de belle et bonne venue, et à la proximité du
« bourg de Neauphle, lesdits bois ayant neuf bourgeons esti-
« més............................. 934 l. 8 sols 10 d.

« Total des Bois 431 arpents, 88 perches 2/3 d'après le pro-
« cès-verbal de mesurage et bornage fait par Philipes Du-
« four, arpenteur ordinaire de la Maîtrise de Monfort l'A-
« maulry et Antoine Buble, arpenteur royal ordinaire, en la
« Maîtrise de Saint-Germain en l'Haye, les 22, 23, 24, 26 et
« 27 Mai 1687.

« A cette époque, il n'y avait aucun bois de haute fu-
« taie, anciens baliveaux ni modernes, et il est constaté qu'il
« était nécessaire de les regarnir en plusieurs endroits. »

« Après la visite des bois, les experts se sont transportés
« dans le bourg de Neauphle-le-Chastel, dans lequel était la
« halle du dit lieu, consistant en un grand édifice de charpente,
« de six travées de longueur, couvert de tuiles, à deux égouts,
« formant croupe, par les deux bouts, dans le milieu duquel,
« sont deux grands espaces et deux petits à côté, séparés
« par les poteaux qui soutiennent le dit édifice, lesquels
« espaces servent d'étalage aux marchands les jours de Mar-
« ché.

« A côté de la dite halle, derrière la chapelle Saint-André,

« est encore un petit édifice, couvert de tuiles, en appentis,
« appliqué à deux boutiques, dont une dépendant de la halle,
« et l'autre, servant à mettre les équipages des marchands
« qui étalent les jours de marché.

« Les experts se sont ensuite retirés à l'hôtellerie de *l'Écu*
« *de Neauphle*, pour procéder aux calculs, estimations des
« bois et dépendances du domaine de la Châtellenie de Neau-
« phle, auquel lieu ils se sont fait rapporter tous les contrats,
« baux, sous-baux, papiers, cuillevites, censives, procès-
« verbaux d'arpentage et autres titres concernant le dit do-
« maine, tant engagé que non engagé, de la Châtellenie de
« Neauphle-le-Chastel, appartenances et dépendances.

« Les experts, après avoir consulté pour la halle et le
« marché, le droit de mesurage des grains, étalages, place
« de la dite halle et marché, et les deux boutiques dont jouis-
« sait le sieur Foubert, receveur du domaine de Neauphle,
« après s'être informés de divers particuliers, anciens habi-
« tants du bourg de Neauphle, de la valeur des dits droits,
« et avoir examiné quels pourraient être la consistance et
« revenu, et vu aussi le certificat mis entre leurs mains, par le
« nommé Nicolas Plomet, ci-devant receveur des dits do-
« maines, du bail par lui fait, à Archambault de la Rue, passé
« devant Andry, notaire au dit Neauphle, en 1668, pour neuf
« années, moyennant 500 livres par an, ont la dite halle et
« droits de mesurage des grains, étalages, place de la dite
« halle et marché du dit Neauphle, avec les deux petites
« boutiques en dépendant, estimé valeur 500 livres par an
« (droits de halle).

« Le péage de Neauphle, ou les baux sous-seings privés
« faits par André Grandhomme, fermier du dit domaine de
« Neauphle, à défunt Claude Cartery, le 1er mars 1678, 7 fé-
« vrier 1679, 7 mars 1680, 17 février 1681 et 16 mars 1683,
« le 1er, moyennant 130 livres, les 2e, 3e et 4e, moyennant
« 120 livres, et le dernier moyennant 140 livres par an,
« estimation du péage de Neauphle 130 livres.

« Le *poids du Roi* et le *languegage des porcs,* du dit Neau-
« phle, vu les baux.

« 1° Un bail par André Grandhomme, à Nicolas Figuet et
« sa femme, devant le dit Andry, notaire.

« Et enfin, les cens, rentes, redevances en deniers, grains,
« chapons, droits sur les ventes et autres droits seigneuriaux,
« casuels, tant par vente, par échange, qu'autrement, des fiefs
« et *rotures* de la Châtellenie et seigneurie de Neauphle-le-
« Chastel, *bâtardises, deshérences, amendes* et *confiscations,*
« *terres défrichées* et *autres, terres vaines* et *vagues, justice,*

« *casuel* des charges de la dite justice, qui composaient la
« dite Châtellenie de Neauphle-le-Chastel, déduction faite
« des appointements des officiers de cette Châtellenie.

« Toutes ces estimations s'élevèrent comme revenus à la
« somme totale de 2.490 livres, 8 sols, 2 deniers qui, sur
« le pied du denier 20, devait produire 49.808 livres, 3 sols,
« 4 deniers, pour la valeur du fonds des domaines et Châtel-
« lenie de Neauphle-le-Chastel.

« Mais, les experts déclarèrent ensuite, dans leur procès-
« verbal, qu'après avoir considéré les ville, domaine, seigneu-
« rie et châtellenie de Neauphle-le-Chastel, appartenances et
« dépendances, fiefs, arrière-fiefs, censives, justice, haute-
« moyenne et basse, chasse, pêche, droits seigneuriaux et
« féodaux, mouvances de la dite Châtellenie, que le Roi
« devait céder au seigneur de Pontchartrain, la faculté de
« rentrer dans les parties du dit domaine, usurpées ou enga-
« gées, en remboursant la finance, ainsi que le Roi l'aurait
« pu faire, ils estimaient la somme de 2.490 livres, 8 sols,
« 2 deniers, devoir être mise et augmentée sur le pied du
« denier vingt-cinq, ce qui produirait 62.260 livres, 4 sols,
« 2 deniers, pour la valeur du fonds du domaine de la sei-
« gneurie et Châtellenie de Neauphle-le-Chastel et dépen-
« dances.

« *Estimation de Marly* à la somme de 62.300 livres, 13 sols,
« faite les 24 et 25 avril 1693, par les six commissaires de
« Schion, chancelier de Mgr le duc d'Anjou et d'Alençon,
« frère unique du Roy, Dufour, Perrot, Beauchon, de Beau-
« lieu et Regnault.

« Les Commissaires susnommés, après avoir examiné
« les rapports en détail, et reconnu que les terres du dit sei-
« gneur de Pontchartrain, sont à la bienséance de sa Majesté,
« la plus grande partie renfermée dans les parcs de Ver-
« sailles, que le dit Seigneur de Pontchartrain a une partie
« de sa justice et seigneurie de Marly, mêlée dans celle du
« Roy, et que d'ailleurs les héritages et terres appartenant
« au dit seigneur de Pontchartrain, n'ont été estimés qu'au
« denier 15 et 20, que la chastellenie de Neauphle et ses
« dépendances ont été évaluées sur le pied du denier 25,
« *sommes d'avis*, que le Roy doit faire l'échange proposé,
« aux conditions par les dits rapports comme estant *avanta-*
« *geux en toutes manières à sa Majesté.*

« Fait à Paris, le 2ᵉ jour de May 1693.

« Vu par nous, Henri Passart, chevalier, conseiller au
« Conseil Royal ; Michel Lepelletier, chevalier, conseiller
« d'Etat ordinaire, intendant des finances; de Harlay, che-

« valier, conseiller d'Etat et Michel Chomillard, chevalier,
« conseiller d'Etat ordinaire, intendant des commissaires
« députés, par arrêt du Conseil d'Etat du Roi, du 14 avril
« dernier, pour acquérir à titre d'échange, au nom et au profit
« de Sa Majesté, de M. le comte de Pontchartrain, secrétaire
« d'Etat et contrôleur général des finances, le château et
« seigneurie de Marly-le-Bourg et dépendances, les droits
« de moyenne et basse justice, les censives, rentes foncières,
« redevances et autres droits de la dite terre, ensemble les
« terres que le dit seigneur de Pontchartrain, possède dans
« les paroisses de Bailly et Noisy, et qui sont renfermées
« dans le parc de Versailles et données en contre-échange
« au dit *seigneur de Pontchartrain, les ville, domaine et*
« *Châtellenie de Neauphle-le-Chastel,* avec les fiefs, arrière-
« fiefs, censives, droits de justice et toutes les dépendances
« de la dite Châtellenie, les rapports de visite, prisées et esti-
« mation ci-dessus et des autres droits, faits par André Per-
« rault et Claude Andry, experts jurés, par nous nommés
« d'office, par notre ordonnance du 17 avril dernier, par le-
« quel il pensait que les dits experts ont estimé la terre et
« Châtellenie de Neauphle et dépendances, à la somme de
« 62,260 livres, sur le pied de son revenu, au denier 25,
« et celle de Marly-le-Bourg, et les autres terres et héri-
« tages appartenant au dit seigneur de Pontchartrain, à la
« somme de 62,301 livres, 13 sols, sur le pied de leur re-
« venu aux deniers 15 et 20, conformément aux contrats
« d'acquisition et aux baux qui en ont été faits.

« Il se trouvait que l'estimation de la Seigneurie de Marly
« se montait à 41 livres, 8 sols, 10 deniers de plus que celle du
« domaine et Châtellenie de Neauphle-le-Chastel.

« 2 mai 1693.

« Procès-verbal d'estimation des chastellenies de Neauphle-
« le-Chastel et de la seigneurie de Marly-le-Bourg et autres
« biens, par les seigneurs Passart, conseiller au Conseil
« Royal ; Le Pelletier, conseiller d'Etat ordinaire, intendant
« des finances ; du Harlay, conseiller d'Etat et chancelier,
« conseiller d'Etat ordinaire, intendant des finances, commis-
« saire député par sa Majesté. »

Par arrêt du Conseil d'Etat, donné à Versailles le 14e jour
d'Avril 1693, par lequel Sa Majesté étant en son Conseil, a
ordonné et ordonne qu'il serait fait à son proffict, et en son
nom, acquisition, à titres d'échange, du château de Marly-le-
Bourg, avec ses appartenances, circonstances et dépen-
dances, droits de moyenne et basse justice, censives, rentes
foncières, et les honneurs de l'Eglise dans la paroisse de

Marly-le-Châtel, après Sa Majesté, appartenans à Mgr de Pontchartrain, surintendant de ses commandements, contrôleur général de ses finances, ensemble les terres par luy acquises, de Cuittar et Chuppin dans l'étendue des paroisses de Boissy et Noisy, renfermées dans le grand parc de Versailles, pour les dites terres et seigneurie être réunies au domaine de Versailles et Marly et qu'il soit délaissé en contre-échange au dit seigneur de Pontchartrain, les ville, domaine et Chastellenie de Neauphle-le-Chastel, tant engagé que non engagé, appartenances et dépendances, maisons, taillis, fiefs, arrière-fiefs, censives, justices, chasse, pêche, droits seigneuriaux et féodaux, tant en cas de mutation par vente, qu'autrement, suivant la coutume, même en cas d'échange, droits assindants et assistances, avec faculté de rentrer dans les usurpations si anciennes, il y a, tant anciennes que modernes, même dans les parties de la dite Châtellenie, aliénées ci-devant, en remboursant tout par la finance, ainsi que Sa Majesté l'aurait pu faire. »

Louis XIV céda à *Messire Louis Phélypeaux, chevalier, comte de Ponchartrain, la Châtellenie de Neauphle-le-Château,* en échange de la seigneurie de Marly-le-Bourg, appelée, depuis, Marly-le-Roi, et ses dépendances, ainsi que le constate un contrat passé devant Moufle, notaire à Paris, le 20 mai 1693, approuvé et confirmé par une ordonnance du Roi rendue au camp de Geimblours, le 10 juin 1693, registrée en Parlement le 18 du même mois, et en la Chambre des Comptes, le 20 du dit mois de juin.

Jérôme Phélypeaux, secrétaire d'État de la Marine, fils de Louis Phélipeaux, hérita après la mort de son père, du titre de comte de Pontchartrain, *seigneur châtelain de Neauphle.*

La justice y fut rendue par le bailli de Pontchartrain, au nom des seigneurs de ce comté, avec appel au Parlement du Roi.

Jean Frédéric Phélypeaux de Pontchartrain, comte de Maurepas, né le 9 juillet 1701, fut successivement secrétaire d'Etat, ministre de la Maison du Roi, ministre de la Marine et ministre d'Etat et des Commandements de Sa Majesté ; il prêta serment de sa charge, après la démission de son père, le 13 novembre 1715 ; ne pouvant exercer ses fonctions qu'à 25 ans, il eut la dispense le 17 mars 1718. Il devint *seigneur de Neauphle* à la mort de son père.

Enfin, le dernier seigneur du comté de Pontchartrain, *seigneur de Neauphle,* fut, en 1723, le *duc Louis Hercule Timoléon de Cossé Brissac,* pair, grand panetier de France, gouverneur de Paris, colonel des Cent Suisses de la garde du Roi, et commandant en 1791, de la garde constitutionnelle de Louis XVI, qui fut massacré à Versailles, en septembre 1792.

Nous trouvons une quittance du 29 avril 1782, des droits seigneuriaux, donnée par Boussard, pour la comtesse de Brissac, à Jean Madeleine Prud'homme, représentant Marie Catherine Cochin, veuve André Péron.

IMPORTANCE DE LA JURIDICTION DE LA CHATELLENIE DE NEAUPHLE

Nous trouvons dans une pièce, portant la date du 23 décembre 1553, une liste des justices *ressortissant* à cette époque, du bailliage de Neauphle-le-Chastel.

Cette pièce est intitulée :

Extrait des bailliages, prévôtés et autres justices royales et non royales, ressortissant par appel, devant le Bailly de Montfort-l'Amaury, Gambais, Saint-Léger et Neauphle-le-Chastel, ensemble les noms et nombre des paroisses estans en icelles justices, suivant l'extrait qui aurait été envoyé au Roy et à mes seigneurs de son conseil privé.

Au bailliage de Neauphle-le-Chastel, annexé au bailliage de Montfort, il y a la Prévosté royale du dit lieu, en laquelle, il y a quatre paroisses, assavoir : le dit Neauphle, Plaisir, Thivernal et Saint-Germain de Morainville.

Plus y ressortissent par appel, les justices non royales qui en suivent, savoir est :

Premièrement, le bailliage de la Grange du Bois, qui consiste sur partie de six paroisses qui sont : Plaisir, Thivernal, Saint-Germain de Morainville, Neauphle-le-Vielz, Elancourt et Jouarre.

Item, le bailliage de Grignon où il n'y a que partie de la paroisse de Thivernal.

Item, la Mairie de Villiers-Cul-de-Sac, où il n'y a que partie de la paroisse de Neauphle-le-Vielz.

Item, le bailliage de Cernay-la-Ville, qui est sur la paroisse du dit lieu seulement.

Item, la prévosté de Saint-Aubin, sur la paroisse du dit lieu.

L'original du dit extrait est signé :

De la Porte, Audiger, Guignard, qui sont les bailly, advocat et procureur du Roy et à icelui extrait a été collationné par maître Hurault, conseiller du Roy et secrétaire de ses finances le XXIII° jour de décembre 1553, et là, le dit maître Hurault a signé.

Une pièce également authentique qui se trouve aux archives du département de Seine-et-Oise, et porte la date du 12 juin 1637, fait connaître l'importance de cette Châtellenie et donne les noms des fiefs qui en faisaient partie, et des juridictions qui étaient du ressort du Bailliage de Neauphle-le-Château, au commencement du XVIIe siècle ; nous publions textuellement cette liste conservée sur papier :

« *Estat et déclaration de la chastellenie de Neauphle-le-Chastel, tirée de l'estat du comté de Montfort-l'Amaulry.*

Le dit lieu de Neauphle est ancienne baronnie et Chastellenie.

Au dit lieu, il y a un ancien chasteau clos de murailles, fossés et pont-levis, etc...

Les droits féodaux peuvent valoir 400 livres Parisis chascun an, et plus, parce qu'en toute mutation, il y a droit de rachapt, etc...

Les juridictions ressortissantes par appel devant le bailly du dit Neauphle sont :

La Prévôté du dit lieu.
Le voyer du dit lieu.
Le Bailly de la Grange.
Le Bailly de Cernay.
Le Prévost de Saint-Aubin.
La mairie de Villiers-Cul-de-Sac.
Le prévost et garde de la justice de Plaisir.
Le prévôt et garde de la Justice de Noisy et Bailly.
Le bailly de Grignon.

Fiefs tenus en plein fief des Chastel et Baronnie de Neaufle.

1. Le fief et chastel de la Grange-du-Bois qui vaut de revenu, 1,500 livres tournois et plus.
2. Le fief, seigneurie et chastel de Saint-Germain de Morainvilliers.
3. Le fief et chastel de Villiers-Cul-de-Sac, qui vaut, par chascun an, 2,000 livres tournois ou environ.
4. Les fiefs de Bailly et Noisy valent par chascun an, 600 livres et plus.
5. Le fief de Buc, valant 400 livres.
6. Le fief de Grignon.
7. Le fief, seigneurie et chastel de Cernay-la-Ville, qui est assis près de Chevreuse, vaut 400 livres.
8. Le fief de la Bretesche vaut 250 livres.
9. Le fief et chastel de Blaru, assis près Vernon, vaut 500 livres.
10. Le fief du Pied-de-Port, assis sur la ville de Mantes, vaut 40 livres tournois.

11. Le fief de Chennevières vaut 100 livres.
12. Le fief des Avenards, près Cressay, vaut 40 livres.
13. Le fief du Clos.....
14. Le fief de la Marche de Plaisir vaut 300 livres.
15. Le fief du Coudray, appartenant aux Religieuses, prieuré et couvent de Haute-Bruyère, vaut 300 livres.
16. Le fief d'Ite, appartenant aux Religieux, abbé et couvent des Vaux-de-Cernay, vaut 300 livres.
17. Le fief de la Grange vaut 60 livres.
18. Le fief de Tiverval vaut 100 livres.
19. Le fief de Vitry vaut 400 livres tournois.
20. Le fief du Grand-Moulins vaut 400 livres tournois.
21. Le fief de Gautier de Goupilières vaut 400 livres tournois.
22. Le fief des Bordes, près Chevreuse.
23. Le fief de Millemont vaut 300 livres tournois.
24. Le fief de la Dime de..... vaut 60 livres tournois.
25. Le fief de l'Orme-du-Buisson vaut 33 livres tournois.
26. Le fief, terre et seigneurie de Feucheroles, vaut 333 livres tournois.
27. Le fief Sodarus, près Beynes, vaut 20 livres.
28. Le fief de Crespierres vaut 300 livres tournois.
29. Le fief de Bonnelle vaut 500 livres tournois.
30. Le fief de la Maison-Neuve....
31. Le fief de la Court-des-Prés....
32. Le fief du Pont-Chartrain....
33. Le fief de la Cronne.....
34. Le fief de la Boissière.....
35. Le fief qui fut à Jean Advenard.....
36. Le fief du Pontel.....
37. Le fief des Clés.....
38. Le fief Huc-de-Saulx.....
39. Le fief Robert de Roy.....
40. Le fief et seigneurie de Saint-Aubin.....
41. Le fief de l'Ailerie.....
42. Le fief de la Chapelle de Cressay.....
43. Le fief du seigneur Olivier, appartenant au seigneur de Rainville.....
44. Le fief des Brasseries.....
45. Le fief de Beaumais.....
46. Le fief Maître Jehan Leclerc.....
47. Le fief Pierre Hébert.....
48. Le fief Poinctier, appartenant à messire Jehan Leclerc, conseiller.....
49. Le fief maître Martin-Piquart, appartenant à Louis Hullé, écuyer.....

50. Le fief de la Mont-Joie......
51. Le fief du Petit-Breuil.....
52. Le fief Jacques Dailly.....
53. Le fief du prieur de Saint-André-de-Neaufle.....
54. Le fief de l'Hostel-Dieu, du dit Neaufle.....
55. Le fief de la Maladrerie, du dit lieu.....
56. Le fief Louis Paulmier.....
57. Le fief de la Boissière-lez-Neaufle.....
58. Le fief Charteron.....
59. Le fief de Saint-Prins.....
60. Le fief des Bourettes.....
61. Le fief maître Pierre de Saint-Remy.....
62. Le fief Guillot-Lefebvre.....
63. Le fief de la Goutière.....
64. Le fief Gilbert.....
65. Le fief Aunette.....
66. Le fief Martineau, assis à Moutières.....
67. Le fief Corbin.....
68. Le fief Guillaume Crochet.....
69. Le fief des Mares.....
70. Le fief de Vilances.....
71. Le fief de Dampierre.....
72. Le fief de la Celle.....
73. Le fief du But.....

Et plusieurs autres qui ne peuvent se déclarer, sans faire une saisie générale.

Collation faite à l'original en papier, aussitôt rendue, par moi, greffier du bailliage et comté de Montfort-l'Amaury, le 12 juin 1627.

BAJOUE.

Collationné à l'original,

BELLANGER.

Cette liste des fiefs de la châtellenie de Neaufle, dit M. Moutié, rend sensible une des principales difficultés de l'étude que nous poursuivons. Les fiefs prenant souvent le nom de leurs propriétaires successifs, il n'est pas toujours possible de suivre ces changements et de savoir, par exemple, que le fief d'Oudin de Vic en 1345, est le même que celui qui portait le nom de Jean Vergy en 1394, et de Lubin Ragnier, en 1414.

La châtellenie de Neauphle-le-Château, avait une grande importance comme juridiction, mais le pays était restreint, et ne possédait rien en dehors de son enceinte.

MAGISTRATURES

Avant de donner la nomenclature des prévôts, greffiers, procureurs du roi, à la résidence de Neauphle, lieutenants du comté de Pontchartrain, gruyers des eaux et forêts, notaires ou tabellions, disons ce qu'étaient ces magistrats.

Les juridictions s'échelonnaient hiérarchiquement ; au degré inférieur de l'échelle se trouvaient les *prévôts*.

Le défaut de lien social, sous la féodalité, et le système du jugement par les pairs, firent naître cette classe de magistrats, dont le pouvoir et l'importance s'accrurent, surtout, quand disparurent les guerres privées et les duels judiciaires.

Prévôt, du latin, *præpositus*, placé au-dessus, désignait autrefois, divers magistrats : officiers subalternes, qui à l'origine, étaient préposés à une haute surveillance. Ils existaient déjà, du temps de Louis VI, c'est-à-dire, au XIIe siècle, mais ils furent créés d'office, par un édit de Charles VIII du mois de juillet 1493.

Voués aux fonctions de juges, ils connaissaient en première instance, de toutes matières civiles, personnelles, réelles et mixtes, entre roturiers, et de tous les délits, excepté ceux réservés aux baillis et aux sénéchaux.

Ils veillaient au maintien des droits du seigneur, recueillaient ses rentes, rappelaient aux vassaux, leurs obligations.

Le prévôt spécial qui avait la garde des moissons, se nommait *Messier*.

Le prévôt des maréchaux était établi dans toutes les provinces, pour juger les vagabonds.

Le titre de *prévôt* fut quelquefois donné à des doyens de chapitre.

Les *prévôtés*, justices royales subalternes, n'avaient pas partout la même dénomination ; dans certaines provinces, on les appelait *châtellenies*.

Le grand prévôt de la Connétablie jugeait les délits commis par les militaires, et dirigeait, sans contrôle, l'administration de la guerre.

Le Grand Prévôt de France fut institué pour juger les délits commis par ceux qui étaient à la suite de la Cour, en quelque lieu qu'elle se transportât.

En 1572, ce magistrat prit le titre de *Prévôt de l'hôtel du Roi*, c'était le premier dignitaire de la Capitale, le chef de la juridiction du Châtelet ; il était accompagné de douze hoquetons ou archers, revêtus de la traditionnelle casaque brodée.

La Fondation du Grand Châtelet de Paris, en latin, *Castellucium*, attribuée par la tradition, à Jules César ou à Julien, fut, d'abord, la demeure des Comtes, puis des Prévôts de Paris ; ce fut le siège de la justice royale ordinaire, puis une prison célèbre, enfin, le lieu où l'on payait les droits domaniaux, *tributum Cæsaris,* le tribut de César, ainsi que l'indique une plaque commémorative ; il occupait l'emplacement actuel de la Chambre des notaires, aujourd'hui place du Châtelet.

Il ne faut pas le confondre avec le Petit Châtelet, situé sur la rive gauche de la Seine, qui formait, originairement, une des portes de la Capitale ; on y recevait les péages ou droits d'entrée ; il était à la place du Petit Pont, près de la Cathédrale.

Il fut détruit par un débordement du fleuve, en 1296, et reconstruit en 1369.

Le Prévôt des marchands exerçait la première autorité municipale de Paris ; ses fonctions étaient à peu près celles des maires aujourd'hui.

Cette charge a existé de 1190 à 1789.

Neauphle était autrefois le siège d'une Prévôté royale, composée d'un prévôt, d'un procureur du roi, de sergents ou huissiers.

Voici les noms de quelques-uns de ces Prévôts :

1323, Pierre Bégaut, prévôt de Neauphle.

1556, 4 janvier 1563 Claude Phélippes, écuyer, prévost de Neauphle-le-Chastel.

1599, Daniel Phélippes, procureur du Roy à Neauphle-le-Chastel.

30 octobre 1611, Rémond Phélippes, conseiller secrétaire du Roy, de la maison de France et de ses finances, prévôt royal de Neauphle.

Il était encore en charge en 1620.

1622, Daniel Phélippes, prévôt royal.

1622, Jean Champion, procureur en la prévôté royale de Neauphle-le-Chastel.

1622, Gilles Plomet, greffier de la prévôté royale.

1650, Pierre Plomet, procureur de la prévôté royale de Neauphle-le-Château.

1654-1664, Nicolas Plomet, procureur au siège royal de Neauphle-le-Chastel et bailli de Neauphle-le-Vieil.

1659, Thomas Plomet, procureur au siège royal de Neauphle-le-Chastel.

1676, Nicolas-Pierre Saisset, procureur au Parlement.

1677, Philippe Rémond, conseiller secrétaire du roi, de la maison de France et de ses finances, prévost de la ville de Neauphle.

1691, Jean Faubert, seigneur de Préarre, conseiller royal, civil et criminel, commissaire et enquêteur de la Prévosté royale de Neauphle-le-Chastel.

1691, Pierre Phélippes, procureur fiscal au comté de Pontchartrain, demeurant à Neauphle-le-Château.

1701, Messire Nicolas Poussin, avocat et procureur au dit siège de Neauphle.

Jean Hanot, procureur.

A titre de curiosité nous donnons copie d'un acte du Prévôt de Neauphle-le-Château, en date du 16 août 1323, ainsi conçu :

« L'an 1323, le lendemain de la fête de la Notre-Dame de la mi-août, par devant Pierre Bégaut, prévôt de Neaufle-le-Chastel, Pierre Maubert fait une nouvelle donation à l'abbaye des Vaux de Cernay, de tous les biens qu'il lui avait déjà légués par son testament. »

Cet acte porte un sceau en cire brune et un contre-sceau, sur lequel on voit un *lion héraldique*.

Et cet autre acte, 11 juin 1691 :

« Sentence rendue par Jean Faubert, seigneur de Préarre, conseiller du Roy, prévost royal, juge civil et criminel, commissaire examinateur et enquesteur de la Prévosté royale de Neauphle-le-Chastel :

« Pour le Roy, notre sire et messire André Pottier... chevalier, conseiller du roy, en tous ses conseils d'estat..... président à mortier, au Parlement de Paris, marquis de Grignon, seigneur par engagement insufruitier du dit Neauphle, etc. »

Par édit de Louis XV, en date du mois d'avril 1749, les Prévôts furent supprimés dans les pays où existaient des Bailliages et des Sénéchaussées, et les fonctions de tous les officiers de ces juridictions furent réunies à celles des Bailliages, des Sénéchaussées et des Sièges Présidiaux.

Neauphle n'eut donc plus qu'un Bailli, à partir de cette époque.

Au temps du Comté de Pontchartrain, le juge siégeant à Neauphle, fut nommé lieutenant du Comté de Pontchartrain.

Puis les Prévôtés furent remplacées par les Justices de paix ; les fonctions de Juges de paix furent d'abord électives, comme toutes les magistratures créées par la loi de 1790.

Ils devaient être assistés d'*assesseurs* ayant voix délibérative.

Les jugements étaient rendus à la pluralité des voix.

La loi du 29 ventôse, an IX, supprima les assesseurs.

Voici les noms de deux juges de paix que nous avons retrouvés :

Lebel *(Pierre-Yves)*, *décédé juge de paix du canton de Neauphle-la-Montagne, en 1793*.

Lamet *(Joseph-François-Sébastien), juge de paix du canton de Neauphle-le-Château, le 2 Germinal, an V, demeurant aux Bordes, commune de Pontchartrain*.

Le tribunal séant à Neauphle, tenait ses audiences dans une maison située dans la *Grande rue* et qui, depuis, a longtemps servi de Mairie. Cette maison, qui contenait une geôle, a été démolie en 1879 par le docteur Grellière, son propriétaire.

BAILLIAGES ET SÉNÉCHAUSSÉES

Les *Bailliages* et *Sénéchaussées*, quoique différant de noms, donnaient à peu près les mêmes attributions à leurs titulaires.

Les *Baillis*, particulièrement, étaient des officiers chargés de rendre la justice, et ne relevaient que du roi : leurs attributions furent successivement étendues, et leurs fonctions multiples, car ils commandaient les armées, percevaient les impôts, veillaient à tous les détails de l'administration.

M. de Mably définit ainsi, le Bailliage royal : « Pour faciliter les appels des jugements rendus par les juges seigneuriaux, le roi avait établi de grands tribunaux royaux, appelés Bailliages. On assigna aux grands Baillis, des provinces entières, dans lesquelles ils revisaient les jugements des cours seigneuriales, et avaient en même temps, le commandement des milices. Ces grands Baillis établirent bientôt la doctrine des cas royaux, non désignés, dont les juges des seigneurs ne pouvaient connaître, même entre leurs sujets, et dont le jugement appartenait de droit aux Justices royales.

Il y avait les *Baillis royaux* dont les offices étaient *nobles et d'épée*, et les *Baillis seigneuriaux*, dits de « *robe longue* » ou *petits Baillis*.

La première mention des Baillis royaux, se trouve dans le testament de Philippe-Auguste, en 1190.

Ce prince porta un coup mortel à l'autorité judiciaire des seigneurs, en supprimant, en 1191, les Sénéchaux comme officiers de justice. Les justices féodales déclinèrent rapidement.

A cette époque, les Baillis royaux recevaient les appels des Vicomtes et des Prévôts, et leurs jugements étaient revisés par la Cour du roi, qui prit alors le nom de *Parlement*. Ils comparaissaient à leur tour, devant ce même Parlement, pour rendre compte de leur conduite.

Saint Louis institua quatre grands Baillis royaux ; deux pour le Midi, Mâcon et Saint-Pierre-de-Moustier et deux pour le Nord, Saint-Quentin et Sens.

Au xv° siècle, le *Juge* ou *Bailli du seigneur* cessa d'être l'homme de son choix, et dut être *Praticien* ou *Gradué en droit,* recevant l'investiture de sa magistrature subalterne, de la juridiction royale, au Bailliage du ressort. (Ordonnance de 1498.)

Le titre de Bailli a été donné, jusqu'à la Révolution, à des officiers royaux, mais leur autorité avait été diminuée, presque annulée, par l'institution d'un grand nombre de charges nouvelles.

Le Parlement et les Sièges Présidiaux leur avaient enlevé presque tout pouvoir judiciaire ; les gouverneurs de provinces, l'autorité militaire ; les receveurs généraux et les intendants, la perception des impôts.

Neauphle avait un Bailli, juge supérieur, devant lequel on appelait des jugements rendus par les Prévôts.

Voici quelques noms qui nous sont parvenus :

1701, Mre Honoré Thuillier, Greffier au Bailliage de Neauphle.

1704, Charles Nicolas Phélippes de la Marnière, écuyer, l'un des gardes du Corps du roi, lieutenant et procureur du Bailliage et Comté de Pontchartrain, décédé à Neauphle le 18 Avril 1712, à près de 80 ans.

1734-1740, Guillaume Madeleine de la Valette, avocat en la Cour, lieutenant des *Bayis* et Gruerie de Pontchartrain.

1737, Jean Baptiste Barbé, procureur du Bailliage et Comté de Pontchartrain.

Théodore Drinette, procureur.

1738, Morin, greffier du Bailliage de Pontchartrain.

1740, Nicolas Amédée Porcheron, avocat en la Cour, Bailly, juge civil et criminel des Bailliage et Gruerie du Comté de Pontchartrain, pour très haut et très puissant seigneur, Mgr Jérôme Phélypeaux, Comte de Pontchartrain, de Neauphle, de Maurepas, de Pattuau, de Nerviev, baron de Beynes et de Ayte, de Rié, Seigneur de vieux Château Saint Amand, et autres lieux, Commandeur des Ordres du Roy.

1745, Jacques Baptiste Pret, avocat en la Cour, Bailli au Bailliage et Gruerie de Pontchartrain.

1771-1774, Antoine Jean Séguin, avocat en la Cour, Bailli, juge civil, criminel et de police, des Bailliage et Gruerie de Pontchartrain.

GRUERIE

Neauphle avait un gruyer des Eaux et Forêts.

La *Gruerie,* en latin *Gruaria,* était, dans l'ancienne monarchie Française, une juridiction qui connaissait, en première instance, de toutes les contestations au sujet des Eaux et Forêts de son ressort, et des délits qui s'y commettaient.

C'était aussi un droit perçu, soit par le roi, soit par le seigneur du lieu, sur les ventes de bois faites en forêt.

Les officiers qui exerçaient cette juridiction, portaient le nom de *Gruyers*.

On en distinguait de *royaux* et de *seigneuriaux.*

Les premiers furent créés en titre d'office en 1554, et leur office rendu héréditaire en 1583.

Le gruyer, officier des Eaux et Forêts, était obligé de résider dans un lieu fixe, connaissait en première instance, des délits commis dans les forêts et dans les rivières de son département, et jugeait toutes les contestations qui pouvaient survenir relativement au balivage et martelage, vente de bois, recollement etc., et les malversations qui s'y faisaient. Il devait avoir un *marteau particulier,* pour marquer les arbres de *délits* et de *châblis.* Il était obligé de visiter, au moins tous les quinze jours, les Eaux et Forêts de sa Gruerie, et d'avoir un registre signé des Officiers de la Maîtrise particulière à laquelle il ressortissait, pour y transcrire ses visites, et les rapports des sergents à garde, et autres actes de sa charge.

Ces rapports devaient être affirmés devant lui, dans les vingt-quatre heures, sous peine de nullité.

Le gruyer ne jugeait que les délits dont l'amende était fixée, par l'ordonnance, à douze livres et au-dessous.

Dans le cas où le délit entraînait une amende excédant cette somme, l'affaire devait être renvoyée en la Maîtrise du ressort.

Il y avait quatre sortes de Tribunaux établis pour connaître des matières concernant les Eaux et Forêts, c'étaient : les Tables de Marbre ou Grandes Maîtrises ; les Maîtrises Particulières ; les Grueries Royales, et les Grueries Seigneuriales.

Les appels des Grueries Seigneuriales étaient portés directement à la Table de Marbre.

Les appels des Grueries royales relevaient des maîtrises particulières ; et des Maîtrises particulières, on appelait aux Tables de Marbre ou Grandes maîtrises.

Il y avait quarante-cinq Maîtrises particulières et environ trente-six Grueries en France.

La grande maîtrise ou le siège de la Table de marbre était à Paris ; elle était composée d'un grand maître, d'un lieutenant général, d'un lieutenant particulier, de sept conseillers, d'un avocat général et d'un procureur général, deux greffiers, un receveur des amendes, et trois huissiers.

Les Maîtrises particulières étaient composées d'un maître particulier, d'un lieutenant particulier, d'un procureur du roi, d'un garde-marteau. Il y avait en outre, un ou deux greffiers, deux arpenteurs, un receveur et un collecteur des amendes, deux ou trois huissiers et des Gardes.

1599, Nicolas Phélippes était gruier des Eaux et Forêts de Neauphle, bien que demeurant à Villiers.

1622-1640, Michel Phélippes, escuyer et gruyer des Eaux et Forêts de Neauphle-le-Chastel.

NOTAIRES

Dans les premiers temps de la monarchie Française, on donnait le plus souvent le nom de *Notaires*, du latin *notarii*, à des *écrivains* en *notes,* sortes de *sténographes* ; quelquefois à des greffiers et à des secrétaires. Certains d'entre eux, furent appelés *Référendaires,* et plus tard Chanceliers, leur chef avait la garde du sceau du Roi.

On attribue à Louis IX, l'institution des notaires, comme officiers publics. En 1270, il en créa *soixante*, attachés au Châtelet de Paris, et leur conféra le droit de recevoir les actes volontaires, ce qui appartenait précédemment aux juges et à leurs greffiers.

Les Notaires royaux, officiers inférieurs de la Chancellerie, faisaient partie de la maison du Roi sous Philippe le Bel. En 1287, ils n'étaient encore que *treize*.

Sous Philippe le Long, le nombre s'en éleva à *trente*. Ce prince décida que chaque notaire serait forcé de tenir un registre des pièces qu'il expédierait, et d'en envoyer un double au contrôleur de la Chancellerie. On établissait d'après ce registre, le montant des émoluments qui lui étaient dûs.

Les Notaires royaux formèrent un collège exempt de *tailles,* de *redevances personnelles,* de *corvées*.

Ils durent encore à Louis XI, d'être soustraits à la juridiction des cours souveraines.

Charles VIII les déclara *nobles et barons*.

L'un d'entre eux, avait la charge *d'audiencier* à la Chancellerie de France, et portait le nom de *notaire audiencier*.

Le *Notaire au Châtelet* était reçu et immatriculé dans un siège qui avait le titre de *Châtelet*.

Il y avait encore le *Notaire de sang* ou *sanguin* qui faisait près des cours, fonctions de greffier, au criminel, et qui rapportait les lettres de grâces, dites, *lettres de sang*.

Les *Tabellions* créés par François Ier en 1539, n'avaient d'autres fonctions que de mettre en *grosse*, de *sceller*, les actes des notaires.

Henri IV, le 14 juin 1596, adjoignit le greffe de la Prévôté, aux tabellionnages de Neauphle.

En 1597, il supprima tous les offices de *Notaires*, *Tabellions* et *Gardes-notes* pour en créer de nouveaux qui fussent égaux en qualité, dans tout le royaume.

Une loi du 6 octobre 1791, transforma ces *notaires royaux* en *notaires publics*, et une autre loi du 25 ventôse an IX 16 mars 1802, organisa le notariat tel qu'il est aujourd'hui.

Voici les noms de quelques notaires retrouvés dans les actes du temps. La liste s'ouvre à la date du :

13 Mars 1379, Colin du Sablon, *tabellion* à Neauphle.

15 Janvier 1599, Michel Dupont, *tabellion roial, juré* de la ville et Chastellenie de Neauphle-le-Chastel.

24 Décembre 1641, Andry, *tabellion royal* à Neauphle-le-Chastel.

3 Avril 1663, Joachim Andry, *notaire royal* en la Ville et Chastellenie de Neauphle-le-Chastel.

26 Juillet 1680, Pierre Philippe, *notaire, garde-notes* et *tabellion royal* de la Ville et Chastellenie de Neauphle-le-Chastel.

1687, Amaulry, *notaire* en la Chastellenie de Neauphle.

1699-1719, Duchemin, *notaire* à Neauphle-le-Chasteau.

En 1736, le notaire au Comté de Pontchartrain résidait à Neauphle, et avait le titre de *notaire royal*.

Brisset, *notaire* à Neauphle.

4 Mai, 1762-1773, Lefèvre, *notaire royal,* au Comté de Pontchartrain demeurait à Neauphle-le-Chastel, ainsi que le constate l'acte suivant : « Par testament fait devant Lefèvre,
« *notaire royal,* au Comté de Pontchartrain, demeurant à
« Neauphle-le-Chastel, Marguerite, Charlotte Philippes,
« veuve de François Carbonnel, bourgeois, demeurant à

« Neauphle-le-Chastel, nomme Jean Baptiste, son légataire
« universel, » 4 Mai 1762.

1773, Dejean.

1784, Il réunit les deux charges.

1793, Maulvault, *notaire public,* à Neauphle-le-Château.

An V de la République, Ternaux *notaire* à Neauphle.

Maintenant donnons quelques échantillons de la teneur d'actes anciens découverts dans nos archives.

« Entre Charles de Menneau, seigneur de Villiers-Cul-
« de-Sacq, gentilhomme ordinaire de la Chambre du Roy,
« d'une part, et honorable Radegonde Fleury, femme de feu
« honorable homme Nicolas Philippes, demeurant au dit
« Villiers.

« A tous ceux qui ces présentes verront, Pierre de Boul-
« lainville *escuier,* seigneur de Chastellenie, Conseiller du
« Roy, nostre Sire, lieutenant général civil et Criminel du
« Comté et Bailliage de Montfort-l'Amaulry et Neauphle-
« le-Chastel, et garde du scel roial establys dits Comté
« et Bailliages, salut, faisons savoir que :

« Suivant contrat passé devant Michel Dupont, tabellion
« roial juré en la ville et Chastellenie de Neauphle-le-Chas-
« tel, le 30 Janvier 1599, Charles de Meuneau, Seigneur de
« Villiers-Cul-de-Sacq, gentilhomme ordinaire de la Cham-
« bre du Roy, demeurant au dit Villiers, et l'honorable
« femme Radegonde Fleury, veuve de feu l'honorable
« homme Nicolas Philippes, ont échangé diverses pièces de
« terre, terroirs de Villiers et de Chastron. »

« Cet acte a été fait en présence des honorables hommes
« maîtres Nicolas Philippes, *gruier,* demeurant audit lieu de
« Villiers, et Daniel Philippes, procureur du Roy au dit lieu
« de Neauphle-le-Chastel, y demeurant. »

Un autre « contrat de vente devant Duchemin, notaire,
« garde-notes au Bailliage et Comté de Pontchartrain, du
« 14 novembre 1699, par Pierre Saisset, procureur au Parle-
« ment de Paris, alors en la ville de Neaufle-Pontchartrain à
« très haut et puissant seigneur, Monseigneur Louis Phéli-
« peaux, chevalier, comte de Pontchartrain, chancelier et
« garde des sceaux de France, ministre d'Etat, étant alors
« en son château de Pontchartrain, en présence de M^{re} Es-
« tienne Mosnier, prêtre bachelier en théologie, curé de
« Neauphle, etc. »

GARDE DES SCEAUX

Il existait à Neauphle, en 1385, un *Garde des sceaux* de la Châtellenie.

1389, Jean Mouroust le Jeune, ainsi que nous le fait connaître un acte du 23 mars, de cette même année, *vidime* une convention concernant l'abbaye d'Argenteuil, cet acte en vieux français est ainsi conçu :

« *A tout ceuls qui ces lettres verront, Jehan Mouroust le Jeune, garde des sceaux de la Chastellenie de Nealphe-le-Chastel, salut : sachant tous que l'an de grâce 1385, samedi 23° jour de mars, Collin du Sablon, clerc tabellion de la dicte Chastellenie, juré et establi quant ad ce, nous rapporta et tesmoigna avoir veu, tenu diligemment leu mot à mot unes lettres saines et entières de scel et d'escripture non viollées et non chancellées en aucune partie d'icelles, scellées, si comme il apparoist, de religieux et honnestes le Prieur et Couvent d'Argentoil, contenant la fourme qui s'en suit.*

« *Et nous, en tesmoing et au rapport du dict juré, avons mis à ces lettres, les sceaux de la dicte Chastellenie de Nealphe-le-Chastel, qui furent faictes et données en l'an et jour dessus dix.* »

A cette pièce, est pendant sur queue de parchemin le sceau en cire verte de la Châtellenie de Neauphle-le-Château, représentant au sceau et contre-sceau, *un lion et un aigle*, et portant pour légende au contre-sceau :

(*Contre-seing de la Prévôté de Neaufle-le-Chasteau.*)

1599, Pierre de Boullainville, escuier, conseiller du Roy, lieutenant général civil et criminel des Comtés et Bailliage de Montfort-l'Amaury et Neaufle-le-Chastel, et garde du scel roial estably ès dits Comté et Baillage.

HUISSIERS

1701, Nicolas Drouin, *huissier* au Bailliage de Neaufle.
1752, Blanchet.
Décembre 1752, Godet, *huissier* à Neaufle.
1783, Jean Dolbeau, *huissier royal* de la ville de Neauphle ; *premier huissier audiencier* en 1786.
1788, Jacques Tenault.
22 Prairial, an II, Thernot, *huissier ;*

Bresson, *huissier à cheval, au Châtelet de Pairs*, demeurant à Neauphle-le-Chastel.
1819, Fontaine, *huissier*.
1841, Bellier, *huissier*.

CURÉS ET VICAIRES

Après avoir donné le nom, par ordre chronologique, des Prévôts et des Tabellions, nous donnerons ici la nomenclature des Curés et Vicaires de la Paroisse Saint-Nicolas de Neauphle.

Dès 1156-1157-1162-1168, 15 août 1173-1176-1180, nous trouvons :

Nivard, prêtre à Nealfe-le-Chastel.

Puis après un long intervalle, Jean Loys, conservateur des privilèges apostoliques de Sainte-Geneviève du Mont de Paris, curé de Neauphle-le-Chastel qui représenta la Paroisse à la réunion du 13 octobre 1556, pour la rédaction des coutumes du comté de Montfort-l'Amaury.

Heudon (Germain), curé de 1556 à 1617.
Lehaquette (Jean), curé de 1617 à 1647.
Amoulry (Nicolas), vicaire en 1654.
Longhon (Antoine), vicaire en 1671.
Harent (Louis), curé de 1647 à 1695.
Decaen (Jacques), vicaire en 1677.
De la Bellangeraye (Jacques), vicaire de 1695 à 1719.
Mosnier (Etienne), bachelier en théologie, vicaire en 1682, curé de novembre 1699 à 1724.
Gibbon (Jean Hitz), vicaire en 1719, curé depuis 1724 ; décédé à Neauphle, le 2 mars 1757.
Lainé (Germain), curé en 1757, décédé à Neauphle, le 28 mars 1793.
Ribé (Nicolas), curé en 1796, décédé à Neauphle le 1er décembre 1797.
Vigne, curé de 1798 à 1802.
Delalande (Louis), nommé le 29 octobre 1802, installé le 14 décembre suivant, décédé à Neauphle le 20 mai 1819.
Delaunay (Jacques), ancien curé de Boissy-sans-Avoir, nommé en juin 1819, décédé à Neauphle le 30 août 1836.
Ronna, vicaire, depuis octobre 1835 jusqu'en septembre 1836.
Angot (Louis), ancien curé de Montainville, nommé le 1er septembre 1836, installé le 2 octobre suivant, décédé à Neauphle le 18 août 1862, à l'âge de 63 ans.
Philippe (Henri Modeste), ancien curé de Santenis, nommé

le 26 novembre 1862, installé le 2 décembre suivant, et nommé curé de Croissy, au commencement de 1878.

Guyot (Pierre-Charles), ancien curé de Beynes, nommé le 12 mars 1878, installé le 18 du même mois.

BIENFAITEURS DE L'ÉGLISE

Eléonore Breton, veuve de Nicolas Philippes, écuyer gruyer de Neauphle, donations par testament 1622-1640.

Charlotte Cheddé, veuve de Michel Philippe écuyer, gruyer, donation 5 janvier 1641.

Rose Andry, veuve de Pierre Plomet, procureur en la Prévôté royale de Neauphle, donation 17 décembre 1651.

Marguerite Phélippes, veuve de Gilles Plomet, greffier de la Prévôté, donations 16 janvier 1654-1676.

Nicolas Plomet, procureur, donations 15 janvier 1654 et 5 octobre 1664.

Thomas Plomet, procureur, donation 18 janvier 1659.

Jean Foubert de la Sablonnière, garde du corps du roi 21 août 1652, et Geneviève Lecoq sa veuve, demeurant à Neaufle-le-Chastel, donation 23 avril 1697.

Rémond Philippe, prévôt, donations 30 octobre 1661, 1er avril 1663.

Esther Lefranc, sa femme, donation 26 mars 1677.

Françoise Philippe, veuve de Pierre Philippe, écuyer-officier de feu la reine mère du roi, donation 9 novembre 1682.

Nicolas Prud'homme, officier de Mgr le duc d'Orléans, et Marie Andry sa femme, demeurant à Neauphle-le-Chastel, donation 20 octobre 1690.

Nicolas Louis Foubert de la Sablonnière de la garde du roi.

Nicolas Philippe de la Marnière, lieutenant du bailliage et comté de Ponchartrain, donation 27 janvier 1704.

Elisabeth Hanot, veuve de Pierre Phélippes, procureur fiscal au comté de Ponchartrain, demeurant à Neauphle-Chastel, donations le 18 avril et le 18 août 1691, et 18 avril 1706.

BOURGEOISIE

Après l'invasion des Gaules, au ve siècle, chaque chef germain eut son *burg* ou château fort.

Les agglomérations de maisons placées à l'abri de ce château prirent le nom de *bourgs* et leurs habitants, celui de *bourgeois.*

Le titre de bourgeois convint d'abord, indistinctement, à quiconque demeurait dans les bourgs ou villages, soit *ouverts,* soit *fermés.*

Plus tard, les *bourgs fermés* étant devenus des *villes,* ce titre ne servit plus qu'à en distinguer les citoyens, des gens de la campagne, comme il distingua aussi les *roturiers* des nobles.

Enfin, lorsque les villes obtinrent des *privilèges,* il s'appliqua dans un sens de plus en plus restreint, aux individus *privilégiés,* à l'exclusion de tous les autres.

Cette dernière acception s'était appliquée de bonne heure, sans doute, au mot *Bourgeoisie, Burgesia,* bien qu'il eût désigné d'abord, tantôt le territoire lui-même, tantôt une redevance qui lui était imposée.

Les origines de la Bourgeoisie sont fort obscures, il faudrait les chercher du ve au xe siècle ; d'un côté, dans les formes de municipalité libre, reste de la société romaine ; de l'autre, dans les éléments nouveaux d'indépendance et de liberté, apportés par la société barbare.

A la fin du xe siècle, au moment de l'établissement du système féodal, les invasions des Normands et l'absence de toute autorité protectrice, rendent à la fois, plus faciles et plus nécessaires, les associations indépendantes de tous ceux qui n'étaient défendus, ni comme le clergé, par un caractère sacré, ni comme les riches propriétaires, par des fossés profonds et d'épaisses murailles.

Toutefois, cette classe intermédiaire, entre la classe des Vilains et celle des Seigneurs de Fiefs, entre la noblesse et le peuple, ne prend toute son importance qu'à partir du règne de Louis le Gros et de l'érection des communes.

Ses privilèges consistaient en l'exemption de certaines charges et redevances, et en droits particuliers. Aussi, même à cette époque de complet développement, n'était pas bourgeois qui voulait ; on devenait *bourgeois* ou *sieur* (suivi d'un nom de fief ou de domaine) soit par l'acquisition d'un fief ou d'un domaine *roturier,* soit par l'exercice d'une *profession libérale.*

L'élection au Consulat de certaines villes, conférait le droit de bourgeoisie.

Il fallait pour cela :

1° Être de condition libre, ou affranchi.

2° Être associé à un corps de bourgeois, peu importe que ce fût au corps des habitants d'une ville de simple *bourgeoisie,* d'une ville de *commune* ou d'un ancien *municipe.*

3° D'avoir dans un lieu déterminé, un domicile réel et continu.

Le domicile momentané ou purement fictif ne devint suffisant, que lorsque les rois, pour affaiblir le pouvoir des seigneurs de fiefs, eurent établi cette espèce de bourgeoisie personnelle, qu'on nomma *bourgeois du roi*.

On pouvait, en effet, devenir *bourgeois du roi*, sans cesser d'habiter les terres d'un seigneur particulier, et l'on n'en était pas moins soustrait, quant à sa personne, à la juridiction féodale.

Les *bourgeois du roi* étaient appelés *bourgeois du dehors ou bourgeois forains,* par opposition *aux bourgeois des corps de bourgeoisie,* appelés *bourgeois du dedans,* parce qu'ils n'étaient pas astreints comme ceux-ci, au domicile réel.

Ainsi se formait et se recrutait cette classe bourgeoise, qui devait se développer et grandir.

Les Croisades la favorisèrent, en obligeant les seigneurs qui partaient pour la Terre Sainte, de vendre à leurs vassaux, certains privilèges, et même l'affranchissement complet.

Le régime des *Corporations* lui donna les moyens de ralliement, de résistance à l'oppression.

Secourue au XIIe siècle, par les rois, qui la protègent contre les seigneurs féodaux et lui accordent des chartes, à son tour, elle rend service à la royauté, en prodiguant pour elle, au milieu des combats, à Bouvines, Taillebourg, Mons-en-Puelle, son sang et son argent ; jamais ses subsides et ses milices ne font défaut.

Si, pendant la guerre de Cent ans, les rois l'eussent appelée plus souvent à leur aide, peut-être n'auraient-ils pas éprouvé les désastres de Crécy, Poitiers, Azincourt ?

Brave et généreuse dans la guerre, elle sait profiter de la paix pour s'enrichir par le commerce et l'industrie ; les *légistes* deviennent célèbres par leur science.

La bourgeoisie a donné Suger à Louis VII, Etienne Boyleaux à saint Louis, Guillaume de Nogaret à Philippe le Bel.

C'est en 1302, sous le règne de ce prince, que commence l'existence politique de la *bourgeoisie ;* elle siégera désormais, dans les Etats Généraux, à côté de la noblesse et du clergé.

Dès 1357, par l'insurrection des Maillotins, à Paris, elle proteste contre les exactions du fisc.

Souvent, ses membres les plus illustres sont appelés dans

les Conseils de la couronne. Sous Charles VII, un *bourgeois* enrichi par le commerce, *Jacques Cœur*, entretient pendant quatre ans à ses frais, une armée, pour expulser les Anglais.

Au XVIᵉ siècle, pendant les guerres de religion, la bourgeoisie contribue puissamment à rejeter hors du royaume, les soldats de l'Espagne et de l'Angleterre.

De ses rangs sortent les politiques qui placent Henri IV sur le trône.

Depuis la fin du XVᵉ siècle, il s'était constitué dans son sein, comme une classe nouvelle d'hommes de robe, qui pendant la Ligue, pendant la Fronde, et au XVIIIᵉ siècle, remplirent les Parlements, et furent appelés à jouer un rôle des plus importants.

Sous Louis XIV, presque tous les ministres sortirent de la bourgeoisie, plusieurs des noms illustres dans les armes, les lettres et les arts, tous les grands noms, sauf ceux de Fénelon, de Larochefoucauld et de Mᵐᵉ de Sévigné furent plébéiens. Enfin, aux Etats Généraux de 1789, où les trois ordres étaient réunis en une même assemblée, Bailly put dire : « La famille est complète ! »

Quoique confondue dès lors, dans une vaste unité nationale, la *bourgeoisie* n'en a pas moins marqué dans les destinées de la France, on la rencontre partout : dans l'armée, les finances, la magistrature et l'administration publique.

PREMIERS BOURGEOIS DE NEAUPHLE

Hurric, Hurricus, et son frère Evrard, bourgeois de Neauphle, figurent dans une charte de 1162 ou 1163 ; avec le consentement de leur femme, donnent 1/2 arpent de terre à la grange de Ayte.

Vers 1162, André de Neauphle et sa femme, donnent (dimidium) un arpent de terre, sur le territoire d'Ayte (Ite), avec le consentement des frères et sœur d'André, Théodore ou Théodorius, prêtre, Pierre, dappifer et Pierre, fils aîné de Pierre, 1162.

Guillaume, Willerimus, *frater Augardi*, bourgeois vers 1160 et 1196.

Bahère ou Bahérius, bourgeois (charte de 1213). Il paraît comme témoin en cette année.

Ruperius de Neauphle est aussi témoin en 1213.

Egidius, *burgensis*, Egide, bourgeois, avait épousé Ameline — *Emelina uxor Egidii ;* d'après des chartes des 6 mai 1229, juillet 1235 et décembre 1244, la terre des Ebiseors leur appartenait, ils la vendirent vers cette dernière date.

Asceline ou Emeline était veuve, en juillet 1256. Vers cette époque nous trouvons :

(Willerimus de Neauphle, vers septembre 1255.) Guillaume de Nealpha.

Jean de la Porte, bourgeois de Neaffle-le-Chastel, en mars 1260.

D'après une charte de mars 1266, Egide et Emeline eurent un fils nommé Eustache, qui était clerc (abbé) (*Eustachius*) *clericus de Nealpha*.

Emeline épousa en secondes noces Noire Boëlle, et redevenue veuve, elle signa une charte à Jean de la Porte, bourgeois de Neauphle, en mars 1266.

Elle avait un petit sceau rond, en cire jaune, sur queue de parchemin, on y voyait une *fleur de lis,* avec cette légende :

† S Ameline Noire Boele *(gravé)*.

« Au bourg de Neauphle-le-Château, Simon Foinet et Isa-
« belle, sa femme, fondèrent avec une messe de Requiem,
« un autel dont on reconnaît encore l'emplacement, au côté
« droit de la nef de l'église paroissiale. »

Isabelle, devenue veuve, mourut en 1294, elle fut enterrée avec les ossements de son mari, comme le témoigne l'inscription qu'on lit sur sa tombe, qui sert de seuil à la porte d'entrée :

« 1-ci-Gist Isabey, fame lad, fem Simo Foinet de Neaufle-le-Chastel du 9 (ue) l partie du sose "ts 3 git si laq e le tr (es) pasa La (n) MCCLXXXXIV.

2 (ui) fundere (n) t set Autel Z (et) mese de reque (requiem) priez por les ames q e ll Cex Act. »

Voici cette épitaphe traduite en français :

« Ci-gît Isabelle, femme jadis de feu Simon Foinet de Neaufle-le-Chastel, duquel partie de ses ossements gisent ici, laquelle trépassa l'an MCCLXXXXIV.

« Qui fondèrent cet autel et messe de requiem. Priez pour les âmes... (le reste ne semble pas possible à traduire). »

Nous avons mis entre parenthèses, et pour rendre cette épitaphe un peu plus intelligible, les mots en parties effacés sur la pierre.

Guillaume Foinet était frère de Simon Foinet.

Dans la chapelle des Vaux-de-Cernay, on voyait autrefois la tombe de Michel, bourgeois de Neauphle, portant cette épitaphe :

« *Hic jacet bonæ memoriæ, Michel, quand ....gensis* (bourgeois) *de Nealpha Castro qui obiit anno Domini MCCC.S.C. DO Nealfa XI Kalendas Octobris AIAFIUS.*

« *Requiescat in Pace.*

« *Amen.* »

« Ici repose Michel de Neauphle, de bonne mémoire, quand il était bourgeois de Neauphle-le-Château, qui mourut l'année du Seigneur 1300..... le 11 octobre.

« Qu'il repose en paix.

« Ainsi soit-il. »

DÉCADENCE !

La loi du 24 août 1790, avait fait Neauphle chef-lieu de canton, de l'arrondissement de Versailles.

Napoléon voulant donner plus d'importance à Rambouillet, une de ses résidences préférées, fit de cette ville, un chef-lieu d'arrondissement, et par suite de ce remaniement, Neauphle qui possédait de temps immémorial, un siège de juridiction, cessa d'être chef-lieu de canton, et fut rattaché à celui de Montfort-l'Amaury, par arrêté du Consulat, en date du 3 brumaire an X, 25 octobre 1801.

L'arrondissement de Rambouillet fut créé par une loi du 19 juillet 1811.

Neauphle est donc aujourd'hui, une simple commune, mais l'une des plus importantes du canton de Montfort.

Déjà au xviii° siècle, un grand préjudice lui avait été porté par le comte de Maurepas, qui, tout-puissant alors, avait obtenu le détournement de la grande route de Bretagne, (Paris à Brest), pour l'avoir à proximité de son château. Jusqu'à cette époque, elle se dirigeait de la Grande Croix sur Neauphle, dont elle suivait la Grande-Rue, en passant par les portes de Paris et des Sablons, pour arriver au Pontel. Le pavage de l'ancienne voie fut enlevé pour être employé à la nouvelle, et remplacé par un blocage en pierres.

Il est vrai que la butte de la Grande-Rue, était d'un accès difficile ; au milieu de la chaussée pavée, il n'existait qu'un seul ruisseau, qui se transformait en torrent dévastateur, par les orages et les grandes pluies. C'est en 1840 seulement, que des travaux de terrassement et de pavage l'améliorèrent sensiblement ; deux ruisseaux divisèrent les eaux et en modérèrent l'impétuosité.

Neauphle, lors de la déviation de cette route, perdit encore de son importance, plusieurs auberges de la Grande-Rue, du Sablon, de la Micholle disparurent ; la Gendarmerie, qui occupait, place Saint-Martin, (Mancest) l'école actuelle des filles, et la Poste aux chevaux, située à l'angle de la Grande-Rue (maintenant l'hôtel du Cygne), furent transportées à Pontchartrain.

Nous venons de parler des Postes, nous allons en faire l'historique en passant.

POSTES

Il ne faut pas croire que ce mode de communication soit d'invention nouvelle, il existait chez plusieurs peuples de l'antiquité.

Chez les Romains, ce fut Auguste qui l'établit dans tout l'Empire.

On le perfectionna à Byzance.

Il disparut, lors de l'invasion des Barbares.

Charlemagne le fit revivre ; puis, il tomba en désuétude sous ses successeurs.

Louis XI rétablit les postes par un édit de 1464.

Ainsi que son nom latin l'indique, *postes*, vient de ce que les chevaux étaient placés *positi*, en certains lieux marqués.

Le souverain ordonna qu'on installât sur tous les grands chemins du royaume, de quatre lieues en quatre lieues, des *dépôts* ou *gistes*, de quatre ou cinq chevaux au moins, propres à la course et à la tête de chaque dépôt « un maître tenant les chevaux courants pour le service du Roi ».

« *In chronico Regibus Francorum*, » cette institution est assignée à l'an 1477.

Nul ne pouvait user de ces chevaux, sans une permission spéciale du « *Grand Maître des coureurs de France* », et l'on payait dix sols par poste.

Vers 1550, on permit aux particuliers de se servir de la poste, en payant vingt sols par cheval. Elle devenait un service public, mais dont le roi avait le monopole.

La Poste aux lettres était un des attributs de la Poste aux chevaux ; à l'origine, seulement pour le roi.

Henri III créa en 1576, des *messagers royaux* qui prenaient les paquets des particuliers, mais, ce service était accidentel, et se réglait d'après les ordres du roi.

VUE GÉNÉRALE DE NEUFCHÂTEL-LE-CHATEAU (OUEST)

En 1627, les *courriers* partant à jours fixes, furent institués.

Plus tard une ordonnance royale arrêta un tarif de transport, dont les *courriers royaux* avaient, jusqu'alors, arbitrairement fixé le prix.

En 1673, la taxation fut établie, d'après la distance parcourue.

Les charges de *Maîtres de postes* étaient des offices transmissibles par héritage.

Ce privilège fut supprimé en la même année 1673.

Les titulaires nommés alors par le surintendant des postes le furent directement par le Roi en 1692.

Louis XV, par une déclaration en date à Versailles du 8 juillet 1759, fixa le port des lettres de Paris à Neauphle, à *quatre sols*, à partir du 1er août de la même année.

A la révolution, la loi du 27 août 1790 conserva le monopole des Postes à l'Etat, pour le transport des dépêches, mais, l'abolit, pour celui des voyageurs.

Il fut permis aux *citoyens*, d'établir des voitures publiques pour ce dernier service.

La loi du 15 mars 1827, régla et le poids et le port des lettres. Selon la distance ; une lettre payait 1 fr. de Paris à Marseille, et 0 fr. 20 dans la banlieue de Paris. Cette taxe fut maintenue jusqu'en 1848.

La loi du 16 août de la même année, mise en vigueur le 1er janvier 1849, établit le prix unique de 0 fr. 20 pour toute la France.

Ce chiffre fut porté à 0 fr. 25 en 1850, puis, à 0 fr. 20 en 1853, et élevée à 0 fr. 25 en 1871, à cause de l'indemnité de *guerre*.

C'est de 1849 que date la création des *timbres-poste*.

La poste aux chevaux resta assez importante jusqu'à l'établissement des chemins de fer, qui finirent peu à peu, par la miner tout à fait. Cependant, en 1856, on comptait encore en France, plus de 1.800 maîtres de Postes.

ROUTES

Nous devons dire que la portion de route départementale de Saint-Germain-en-Laye, s'étendant des Sablons à la rue Sainte-Apolline, n'a été faite qu'en 1834 ; il n'y avait alors qu'un chemin très rapide, conduisant à la Porte Saint-Jean. Quoique fort mal entretenu, il existe encore aujourd'hui.

Mais, en cette même année, le département de Seine-et-

Oise, ayant classé au nombre de ses routes, l'ancien chemin de Saint-Germain-en-Laye au Pontel, passant par Fourqueux, Saint-Nom-la-Bretèche et Villepreux, le tracé de cette route fut modifié pour la partie traversant Neauphle, afin d'éviter la descente rapide de la Grande-Rue, et fut ouverte depuis la place Mancest, par la rue Sainte-Apolline et à travers des terrains neufs, le long, et au-dessus du Fond-des-Granges, jusqu'aux Sablons, en se dirigeant vers le Pontel.

Cette route porte le n° 38.

Mais revenons à la route de Paris à Brest, que nous avons laissée pour un moment ; elle parcourt un pays fertile en prés et prairies artificielles ; elle est bordée d'une double haie de pommiers qui semble signaler l'approche de la Normandie.

Elle entre dans les bois de Pontchartrain, une demi-lieue avant d'arriver au château de ce nom.

Du haut de la rampe, par laquelle on descend à ce château et au hameau y attenant, on découvre en face, à perte de vue, la contrée qu'on va parcourir, et sur la gauche, à une lieue de distance, les ruines du vieux château de Maurepas, ancien repaire de brigands qui désolèrent les environs de Paris, sous le règne de Charles VI.

Les Anglais, alors maîtres de la Capitale, marchèrent contre eux, assiégèrent le château de Maurepas, où ils s'étaient fortifiés, et prirent le seigneur de Macy, leur chef, avec plus de cent brigands ; l'un d'eux, nommé Mainguet, avoua, entre autres crimes, qu'il avait précipité, en un jour, sept hommes vivants, dans un puits du château, où il les avait tués avec de grosses pierres.

Les ruines du château de Maurepas ne sont plus apparentes de loin, que par un énorme donjon ; elles dominent d'une façon fort pittoresque, avec le village de Maurepas, la belle vallée qui s'étend entre la colline boisée, dont elles couronnent le sommet, et le plateau que parcourt la route.

Le chemin qu'on laisse à droite, avant la descente, conduit à Neauphle-le-Château.

A gauche, près du château de Pontchartrain, est l'église de Jouars dont il dépend, et non loin de là, celle du Tremblay ; il est peu de clochers aussi voisins.

La route que nous suivons, conduit en pente douce, vis-à-vis du château, et tourne à droite, un peu avant d'arriver, pour aller gagner le hameau bâti par M. le chancelier de Maurepas, ancien possesseur de cette terre.

C'est une place en demi-lune, où aboutissent quatre rues larges et droites dont deux servent au passage de la route ;

TOUR DE MAUREILLAS (COTE SUD)

elles sont bordées de maisons neuves et propres, comme la place même, ouverte en face du parc, dont elle est séparée par un *haha* ou saut de loup.

Ces maisons, au nombre de cent, en 1814, et de deux cents, en 1822, se multiplient tous les jours ; et ce hameau, qui déjà mérite le titre de village, prétendra bientôt à celui de bourg, et quelque jour, peut-être, à celui de ville, si sa progression croissante continue toujours.

Il avait une communication, ou *poste*, avec Rambouillet, une autre, avec Septeuil.

Le château, construit avec une noble simplicité, porte le beau caractère de son honorable fondateur, M. de Pontchartrain, chancelier de France sous Louis XV, un vaste parc, planté en arbres de haute futaie, entrecoupé d'abondantes pièces d'eau, et autrefois peuplé de daims, entoure et domine de tous côtés, cette superbe habitation.

L'intérieur n'a offert à notre curiosité, que deux bustes antiques de marbre blanc, placés dans une petite galerie, et une chambre où l'on conserve avec respect, les meubles gothiques du fondateur.

Ce château appartenait, lors de la Révolution, à M. de Maurepas.

M. le comte d'Osmond en est devenu le propriétaire, par son mariage avec Mlle des Thillières, connue pour la plus riche héritière de France, mais moins à citer sous ce rapport, que sous celui des vertus qui la distinguaient, particulièrement, son inépuisable charité.

Pontchartrain possède un hospice fondé par M. de Maurepas, et longtemps soutenu par la comtesse d'Osmond.

Le territoire de Pontchartrain, aussi riche qu'agréable et aussi agréable que varié, rend, dit-on, en froment, 7 à 8 pour 1 ; on y récolte beaucoup de légumes, surtout des asperges et beaucoup de fruits, particulièrement des cerises.

Le bourg de Neauphle-le-Château s'élève d'une façon pittoresque, à un quart de lieue nord, sur une butte.

A un kilomètre, on trouve le hameau du Pontel, qui doit son nom au petit et imperceptible pont sous lequel passe la petite et imperceptible rivière, la Mauldre.

On y rencontre, à peu de distance, sur la droite, le village de Neauphle-le-Vieux, et son château appartenant au duc d'Avraincourt, et il y a quelques années encore, au général duc de Mortemart, commandant des Gardes à pied du Roi.

Peu après, on rencontre à gauche, le chemin pavé, qui mène à Rambouillet, et un autre qui conduit à Montfort-l'Amaury,

Mons-Fortis-Amalrici, petite ville de 1.800 âmes, bâtie sur le penchant d'un joli coteau. Elle a un hospice et une église paroissiale non moins remarquable par sa grandeur et son architecture gothique, que par ses vitraux du XVIᵉ siècle.

Un peu plus loin à gauche, et à une portée de balle de la route, on aperçoit le village de Galluis, et son château appartenant à Mme de la Houssaye.

Ancienne annexe de cette paroisse, *Laqueue* est un hameau de plus de deux cents feux ; il a un bureau de poste et un château qui, bâti au siècle dernier par la duchesse du Maine, est possédé aujourd'hui par M. Bastard.

Près de Laqueue, nous avons laissé à droite, le vignoble d'Auteuil, renommé par la qualité mousseuse de ses vins, à *l'instar du Champagne.*

Nous ne suivrons pas plus loin la route de Bretagne, nous sortirions alors du cadre que nous nous sommes tracé.

LÉPROSERIE

Il y avait autrefois à Neauphle, comme dans un grand nombre de localités, une *léproserie,* où l'on enfermait tous les gens atteints de la lèpre, affreux mal contagieux, importé d'Orient.

Dès les temps les plus anciens, on considéra la lèpre comme une marque de la colère de Dieu, contre ceux qui en étaient frappés.

La loi de Moïse chercha à en empêcher la propagation : elle sequestra les malades, loin des lieux habités, et défendit toute communication avec eux.

Chez les peuples chrétiens, on rejetait aussi les lépreux, comme morts au monde, ils étaient séparés de toute société, on les fuyait avec horreur, quand on les rencontrait.

La plupart des législateurs les privaient du droit de disposer de leurs biens, et on ne pouvait les appeler devant les tribunaux, pour une cause personnelle. Il leur était défendu de *contracter,* sans spécifier le genre de maladie dont ils étaient atteints, et l'acte devenait *nul,* si cette circonstance n'était exprimée. Ils ne pouvaient entrer dans les églises, les boulangeries et les moulins, pas plus que dans les foires et les marchés, ni se laver dans les fontaines et les ruisseaux, ni toucher la corde des puits, ni boire d'en d'autres vases, qu'en leurs écuelles. Ils devaient indiquer avec une baguette, les objets qu'ils voulaient marchander, et être gantés pour s'appuyer à la rampe d'un pont. Toujours vêtus de noir, ils portaient un voile sur la bouche, agitaient une *crécelle* ou claquette pour donner avis de leur approche.

Souvent, quand la peste régnait, le peuple les accusait d'empoisonner les sources. Ils habitaient hors des villes et des villages, près des grandes routes, dans des cabanes qu'on brûlait après leur mort.

Lorsqu'un habitant était soupçonné d'être atteint de la lèpre, l'autorité le faisait visiter.

Nous voyons dans la « *Monition canonique* » donnée par l'Official du Pincerais, les 15 et 22 avril 1269, que le maire de Mantes est averti d'avoir *à faire visiter* « Regnault d'Ar-« nouville, afin de le sequestrer de la société, comme atteint « de la contagion de la lèpre. »

Les lépreux avaient pour patron, saint Lazare, frère de Marie et de Marthe, qu'on supposait être mort de cette maladie.

Le nom de Lazare ayant été changé par le peuple, en celui de Ladre, ils furent appelés *ladres* et les hôpitaux dans lesquels on les recueillait, *lazarets, ladreries ou maladreries.*

L'Église chercha toujours à vaincre la répugnance qu'inspiraient les lépreux ; elle leur assigna une place distincte dans le lieu saint et au cimetière.

L'ordre religieux de Saint-Lazare fut institué pour leur soulagement spécial.

Quand un homme était reconnu lépreux, on le conduisait à l'Église : en présence de tous les fidèles, il était exposé seul, dans un lieu apparent, le visage voilé. Comme au jour des morts, le prêtre célébrait la messe des *trépassés*. Puis, il était conduit à la porte du Lieu saint, le célébrant prenait une pelletée de la terre du cimetière, la lui posait sur la tête en disant : « Mon fils, reconnaissez, par ce signe, que vous êtes mort au monde, mais le Ciel est miséricordieux.. Ayez la patience et la foi ! »

Après ce service, le prêtre, précédé de la Croix et de l'eau bénite, conduisait le lépreux en sa maison, ou à l'hospice, et ne le quittait qu'après lui avoir prescrit les précautions qu'il avait à prendre, pour ne pas communiquer son mal à autrui.

Le nombre des lépreux augmenta tellement, qu'il n'y eut presque ni ville, ni bourgade qui ne se vît obligée de bâtir un hôpital pour leur donner asile.

Au XIIIe siècle on comptait dix-neuf mille lépreux, dans la chrétienté, dont deux mille en France. Les libéralités des rois et des grands ; et les aumônes des fidèles enrichirent en très peu de temps, ces retraites, objets tout à la fois, d'horreur et de compassion.

Louis VIII fit des legs en faveur de deux mille léproseries. Bientôt, les ladres devinrent pour certains, plus dignes d'envie que de pitié.

Le désir de s'emparer de leurs richesses, les fit accuser des plus horribles crimes, entre autres, d'avoir empoisonné les puits, les fontaines et les rivières. Philippe V le Long, sur cette accusation, en fit *brûler* plusieurs, et confisqua leurs biens.

Plus tard, une ordonnance de ce prince fit main-levée des saisies qu'il avait fait faire des revenus de toutes les léproseries du royaume. Insensiblement, soit par suite de plus grands soins de propreté, soit par l'usage plus répandu du linge, ce mal affreux diminua, devint moins dangereux, à partir du XVIe siècle, puis s'éteignit complètement, car il n'en reste, maintenant, que de rares vestiges dans notre climat. Mais, une foule de vagabonds et de mendiants, aux maladies factices, s'étant glissés parmi les vrais lépreux, pour partager les aumônes des fidèles, beaucoup de seigneurs s'approprièrent les biens affectés aux léproseries.

Henri IV employa une partie de ces biens, à l'entretien des soldats blessés.

En 1180, l'aumônier de la léproserie de Neauphle se nommait Simon.

Le 15 décembre 1267, le maître de cette même léproserie portait aussi le nom de Simon.

HOTEL-DIEU DE NEAUPHLE

Autrefois, à Neauphle, un Hôtel-Dieu avait été établi dans une maison de la Grande-Rue, appelée *Maison de la Grille,* et dont Mme Vve Bréon est aujourd'hui propriétaire.

Nous ignorons à quelle époque cet Hôtel-Dieu fut fondé, nous savons seulement, qu'il fut représenté par maître Charles Porquier, maître et administrateur du dit Hôtel-Dieu, à la réunion qui eut lieu le 13 octobre 1556, à Montfort-l'Amaury, pour la rédaction des coutumes.

Mais, depuis, il fut supprimé.

Cette maison et ses dépendances avaient appartenu, originairement, à MM. les Commandeurs et Chevaliers de l'Ordre

N° 253 — Frère infirmier de l'ordre de Notre-Dame du Mont-Carmel.

N° 254 — Grand maître de l'ordre de Notre-Dame du Mont-Carmel et de Saint-Lazare de Jérusalem.

N° 255 — Chevalier de l'ordre de Notre-Dame du Mont-Carmel et de Saint-Lazare de Jérusalem.

N° 256 — Chevalier ecclésiastique de l'ordre de Notre-Dame du Mont-Carmel et de Saint-Lazare de Jérusalem.

N° 257 — Prêtre servant de l'ordre de Notre-Dame du Mont-Carmel et de Saint-Lazare de Jérusalem.

N° 258 — Novice de l'ordre de Notre-Dame du Mont-Carmel et de Saint-Lazare de Jérusalem.

de Notre-Dame du Mont-Carmel et de Saint-Lazare, qui en avaient consenti l'aliénation et la vente à Nicolas Plomet et à Pierre Plomet et Rose Andry, sa femme, suivant contrat passé devant Amaulry, notaire à Neauphle-le-Château, le 3 juillet 1687.

Mais une ordonnance de Louis XIV, rendue en Conseil privé, à Paris, le 16 décembre 1695, d'après l'avis de l'évêque de Chartres et de Phélypeaux, conseiller d'Etat, intendant et commissaire départi, en la généralité de Paris, prescrivit que l'hospitalité fût rétablie en l'Hôtel-Dieu de Neauphle-le-Château, et que les biens et revenus de la *maladrerie* de Saint-Barthélemy du dit lieu, et des *maladreries* de Garancières et de Trappes, à proportion de leurs revenus, y fussent réunis, pour en jouir, à compter du 1er juillet 1695, et être les revenus employés à la nourriture et à l'entretien des pauvres malades reçus au dit Hôtel-Dieu, à la charge de satisfaire aux prières et services de fondation, dont pouvaient être tenus le dit Hôtel-Dieu et les dites maladreries, et de recevoir les pauvres malades des lieux et paroisses où étaient situées les maladreries de Garancières et de Trappes, à proportion de leurs revenus.

Voici cette ordonnance :

« Rétablissement de l'hospitalité, en l'Hôtel-Dieu de Neauple-le-Château. »

« Extrait des registres du Conseil privé du Roi.

« Vu au Conseil du Roi : Les avis du sieur Evêque de
« Chartres et du sieur Phélypeaux, conseiller d'Etat, inten-
« dant et commissaire départi en la généralité de Paris, sur
« l'emploi à faire, au profit des pauvres, des biens et revenus
« des maladreries et hôpitaux y mentionnés, dans le diocèse
« de Chartres, en exécution de l'édit et des déclarations des
« mois de mars, avril et août 1693.

« Ouï le rapport du sieur d'Aguesseau, conseiller d'Etat,
« et suivant l'avis des sieurs commissaires députés de sa Ma-
« jesté, pour l'exécution des dits édits et déclarations, et
« tout considéré :

« Le Roi, en son Conseil, en exécution des dits édits et
« déclarations, a ordonné et ordonne que l'hospitalité sera
« rétablie en l'Hôtel-Dieu de Neauphle-le-Château, auquel
« Sa Majesté a uni les biens et revenus de la maladrerie de
« Saint-Barthélemy du dit lieu, et des maladreries de Garan-
« cières et de Trappes, pour en jouir, et de ceux du dit Hô-
« tel-Dieu, à compter du 1er juillet dernier, et être les dits
« revenus, employés à la nourriture et à l'entretien des pau-
« vres malades, qui seront reçus au dit Hôtel-Dieu.

« A la charge de satisfaire aux prières et services de fon-
« dation dont peuvent être tenus le dit Hôtel-Dieu, et les
« dites maladreries, et de recevoir les pauvres malades des
« lieux et paroisses où sont situées les dites maladreries de
« Garancières et de Trappes, à proportion de leurs reve-
« nus.
« Et sera, le dit Hôtel-Dieu, régi et gouverné par des
« administrateurs de la qualité portée par les ordonnances
« et suivant les statuts et règlements qui leur seront faits,
« etc.
« Fait au Conseil privé du Roi, tenu à Paris le seizième
« jour de décembre 1695.

« Signé : Pecquot. »

Une autre ordonnance de Louis XIV, en date, à Versailles, du mois de décembre 1696, enregistrée au Parlement de Paris, le 29 janvier 1697, prescrivit que les titres et papiers (concernant l'Hôtel-Dieu de Neauphle-le-Château, et des Maladreries de Saint-Barthélemy du dit lieu, de Garanciè-res et de Trappes, biens et revenus en dépendant) qui pouvaient être en la possession du greffier de la Chambre Royale, aux archives de Saint-Lazare, et autres dépositaires, fussent délivrés aux administrateurs de l'Hôpital de Neauphle-le-Château.

« Louis, par la grâce de Dieu, roi de France et de Navarre,
« à tous présents et à venir, salut :
« Par arrêt rendu en notre Conseil, le 16 décembre 1695,
« portant que l'hospitalité sera rétablie en l'Hôtel-Dieu de
« Neauphle-le-Château, et union à icelui, des biens et revenus
« de la maladrerie de Saint-Barthélemy, du dit lieu, et des
« maladreries de Garancières et de Trappes, à l'effet de quoi,
« toutes lettres nécessaires en seraient expédiées.
« A ces causes, après avoir fait voir en notre Conseil, le
« sus-dit arrêt du 16 décembre 1695, ci attaché, sous le
« contre scel de notre Chancellerie, et désirant que nos édits
« et déclarations des mois de mars, avril et août 1693 soient
« exécutés selon leur forme et teneur :
« Nous avons ordonné, et par ces présentes, signées de
« notre main, voulons et ordonnons, que l'hospitalité soit
« rétablie en l'Hôtel-Dieu de Neauphle-le-Château, auquel
« nous avons joint, uni et incorporé, et, par ces dites présentes,
« joignons, réunissons et incorporons les biens et revenus
« de la maladrerie de Saint-Barthélemy, du dit Neauphle-le-
« Château et des maladreries de Garancières et de Trappes.
« Pour en jouir du 1er juillet 1695, et être les dits revenus

« employés à la nourriture et à l'entretien des pauvres « malades du dit Hôtel-Dieu de Neauphle-le-Château.

« A la charge de satisfaire aux prières et services de « fondation, dont peuvent être tenus le dit Hôtel-Dieu et les « dites maladreries, et de recevoir les pauvres malades des « lieux et paroisses où sont situées les dites maladreries de « Garancières et de Trappes, à proportion de leurs revenus.

« Et en conséquence, nous ordonnons, que les titres et « papiers concernant le dit Hôtel-Dieu de Neauphle, et les « dites maladreries de Saint-Barthélemy, du dit lieu, de « Garancières et de Trappes, biens et revenus en dépendant, « qui peuvent être en la possession de maître Jean-Baptiste « Macé, ci-devant greffier de la Chambre Royale, aux « archives de l'Ordre de Saint-Lazare, et entre les mains « des commis et préposés par le sieur intendant et commis- « saire, par nous départis, en la généralité du dit Ordre, « leurs agents, commis, fermiers et autres, qui jouissent des « biens et revenus et qui en jouissaient, avant notre édit du « mois de mars 1693, seront délivrés aux administrateurs du « dit hôpital de Neauphle-le-Château, à ce faire, les déposi- « taires contraints par toutes voies ; ce faisant, ils en demeu- « reront bien et valablement déchargés.

« Si donnons en mandement, à nos amés et féaux conseil- « lers, tenant notre Chambre et Cour du Parlement de Paris, « que ces présentes, ils fassent registrer, et de leur contenu, « jouir et user le dit Hôtel-Dieu de Neauphle, et ceux qui en « auront l'administration, pleinement, paisiblement et perpé- « tuellement, cessant et faisant cesser tous troubles et « empêchements, nonobstant tous édits, déclarations, arrêts « et règlements à ce contraires, auxquels nous avons dérogé « et dérogeons, par ces dites présentes.

« Car tel est notre plaisir, et afin que ce soit chose ferme « et stable, à toujours, nous avons fait mettre notre scel à « ces dites présentes.

« Donné à Versailles, le 2 du mois de décembre 1696 et de « notre règne le 54e.

« Signé (par le roi) :

« LOUIS.

« Et sur le repli, « Signé :

« PHÉLIPEAUX. »

« Extrait des registres du Parlement,
« Vu par la Cour, les lettres patentes du Roi, données à
« Versailles, au mois de décembre 1696, signées :
« Par le Roi,
« Et sur le repli, « Louis. »
« Phélipeaux. »
« Et scellées du grand sceau.
« Registrées, ouï le procureur général du Roi, pour être
« exécutées, selon leur forme et teneur, et jouir, par les impé-
« trants, et ceux qui leur succèderont, en la dite administra-
« tion, de leur effet et contenu, suivant l'arrêt de ce jour :
« A Paris, en Parlement, ce 20 janvier 1697.
« Signé : Dutillet. *Visa :* « Signé Boucherat. »

Ces ordonnances royales des 16 décembre 1695 et 2 décembre 1696, ne furent pas mises à exécution, et l'Hôtel-Dieu de Neauphle ne fut pas rétabli.

POUR RÉTABLISSEMENT D'HOSPICE ET D'UNION D'HOTEL-DIEU DE NEAUPHLE

« Lettres par lesquelles, et pour les causes y contenues, le
« seigneur Roi, veut et ordonne que l'hospitalité soit rétablie
« en l'Hôtel-Dieu de Neauphle-le-Château, dont le seigneur
« Roi aurait joint et réuni au dit Hôtel-Dieu, les biens et
« revenus de la maladrerie de Saint-Barthélemy du dit
« Neauphle-le-Château et des maladreries de Garancières et
« de Trappes.

« Pour en jouir du 1er juillet 1695 et être les dits revenus
« employés à la nourriture et à l'entretien des pauvres
« malades du dit Hôtel-Dieu de Neauphle-le-Château.

« A la charge de satisfaire aux prières et services de
« fondation, dont peuvent être tenus le dit Hôtel-Dieu et
« les dites maladreries, et de recevoir les pauvres malades
« des lieux et paroisses, où sont situées les dites maladreries
« de Garancières et de Trappes, à proportion de leurs
« revenus.

« Et ainsi, que plus au long, le contiennent les dites lettres
« à la Cour adressantes, requête des bourgeois et habitants
« de Neauphle-le-Château.

« Afin qu'enregistrement d'icelles, conclusions du procu-
« reur général du Roi.

« Tout considéré :

« La Cour a ordonné et ordonne que les dites lettres
« seront enregistrées au greffe d'icelle.

« Pour jouir par les impétrants, et ceux qui leur succè-
« deront, en la dite administration, de leurs effet et contenu,
« et être exécutées, selon leur forme et teneur.

HOPITAL DE PONTCHARTRAIN. LA CHAPELLE.

« Fait en Parlement, ce vingt-neuf janvier mil six-cent-
« quatre-vingt-dix-sept.
       « Signé : Dutillet.

Ces nouvelles lettres restèrent encore sans effet.

TRANSLATION DE L'HOTEL-DIEU DE NEAUPHLE-LE-CHATEAU
AU HAMEAU DES BORDES

« Donation et fondation par M. le comte et Mme la com-
« tesse de Ponchartrain.
    « 22 avril 1698.
« Par devant les conseillers du Roy, notaires au Châtelet
« de Paris, soussignés.

« Furent présents, haut et puissant seigneur, messire
« Louis Phélypeaux, chevalier, comte de Pontchartrain,
« seigneur de Neauphle-le-Château et autres lieux, conseiller
« du Roi, ordinaire, en tous ses Conseils, secrétaire d'Etat et
« des commandements de sa Majesté, et contrôleur général
« des Finances ;

« Et haute et puissante dame Marie de Maupeou, son
« épouse, de lui autorisée, à l'effet des présentes, demeurant
« à Paris, en leur hôtel, rue Neuve-Saint-Augustin, paroisse
« Saint-Eustache.

« Disant que le Roi, par arrêt de son Conseil du 18 décem-
« bre 1695, et par ses lettres patentes du mois de décembre
« 1696, aurait ordonné que l'hospitalité serait rétablie en
« l'Hôtel-Dieu de Neauphle-le-Château, avec union des
« biens et revenus de la maladrerie de Saint-Barthélemy du
« dit lieu, et de celles de Garancières et de Trappes, pour
« être, les dits revenus employés à la nourriture et à
« l'entretien des pauvres malades, qui seraient reçus au dit
« Hôtel-Dieu.

« En conséquence de quoi, les dits seigneur et dame de
« Pontchartrain, sous le bon plaisir du Roi, ont, par ces pré-
« sentes, donné, cédé, transporté, délaissé, dès maintenant,
« et pour toujours, et promis solidairement garantir de
« tous troubles quelconques.

« A Dieu et aux pauvres :

« Une maison et un jardin contenant cinq arpents une per-
« che et un quart de perche de terre, situés au hameau des
« Bordes, paroisse de Jouars-Lez-Pontchartrain, diocèse de
« Chartres.

« Ces biens ont été acquis par les dits donateurs, de
« Mme Veuve Hédouin et de ses enfants, par contrat passé
« devant Me Philippe, notaire au bailliage et comté de Pont-
« chartrain le 8 août 1697.

Le 28 avril 1698, suivant acte passé au château de Versailles, devant Moufle et Delambre, conseillers du Roi, notaires au Châtelet de Paris :

Le haut et puissant seigneur, messire Louis Phélypeaux, chevalier, comte de Pontchartrain, seigneur de Neauphle-le-Château et autres lieux, conseiller du Roi, ordinaire, en tous ses conseils, secrétaire d'Etat et des commandements de sa Majesté et contrôleur des finances, et haute et puissante dame, Marie de Maupeou, son épouse, de lui autorisée, demeurant à Paris, en leur hôtel, rue Neuve-Saint-Augustin, paroisse Saint-Eustache.

Après avoir exposé que le roi par un arrêté de son Conseil du 16 décembre 1695, et par ses lettres patentes du mois de décembre 1696, avait ordonné que l'hospitalité fût rétablie à l'Hôtel-Dieu de Neauphle-le-Château, avec union des biens et revenus de la Maladrerie de Saint-Barthélemy de Neauphle, et des Maladreries de Garancières et de Trappes, pour être, les dits revenus employés à la nourriture et à l'entretien des pauvres malades reçus au dit Hôtel-Dieu ; mais comme tous les biens ne produisent que six à sept cents livres de revenu annuel, et que celui du dit Hôtel-Dieu, n'était que de quarante ou cinquante livres ; que même, n'y ayant point de maison à Neauphle, attachée au dit Hôtel-Dieu, il serait absolument nécessaire d'en louer une, ce qui absorberait presque tout le revenu, de sorte qu'il ne resterait plus rien pour les secours des pauvres malades, et que d'ailleurs *ne se trouvant pas d'eau* à Neauphle-le-Château, ce qui était une incommodité pour un hôpital, cette union des dites Maladreries deviendrait infructueuse.

Par ces considérations, le seigneur de Pontchartrain, seigneur de Neauphle-le-Château, (*uni* à la terre et comté de Pontchartrain), et la dite dame son épouse, ayant jugé que pour rendre cet Hôtel-Dieu, plus utile aux pauvres malades de leurs paroisses de Jouars et de Neauphle, il était à propos de le transférer au hameau des Bordes, dans leur paroisse de Jouars, comme plus convenable, pour l'établissement d'un Hôtel-Dieu, tant à cause de la salubrité de son air, *et de l'eau qui s'y trouve,* que par sa situation qui le met à la portée de toutes les paroisses, aux pauvres desquelles le dit hôpital était destiné.

En conséquence de quoi, le dit seigneur et dame de Maurepas et de Pontchartrain, sous le bon plaisir du roi, ont donné à Dieu et aux pauvres :

Une maison et un jardin, contenant cinq arpents, une perche un quart, de terre, situés au hameau des Bordes, paroisse de Jouars-lès-Pontchartrain, diocèse de Chartres, qui avaient été acquis de la Veuve Hédouin et ses enfants.

Depuis laquelle acquisition, les dits seigneur et dame donateurs, pour le rétablissement de la dite maison qui tombait en ruines, et pour la disposer en hôpital, ont été obligés de faire faire plusieurs réparations, augmentations et améliorations, et y ont même fait construire une chapelle à neuf, et ont fait réparer les murailles du jardin, et construire aussi à neuf, un logement pour le jardinier.

Pour toutes lesquelles choses, ils ont dépensé jusques à la somme de neuf à dix mille livres, dont ils ont fait pareillement don, par ces présentes, pour l'établissement du dit hôpital.

Les dites maisons et dépendances, étant en la censive des dits seigneur et dames donateurs, lesquels en font la donation au dit Hôtel-Dieu, sans aucune charge de droit, d'indemnité, ni autres droits seigneuriaux, envers eux et hoirs et ayant cause ; voulant et entendant que la dite maison et l'enclos, et le dit Hôtel-Dieu en soient et demeurent déchargés à toujours, ainsi qu'ils en déchargent, par ces présentes, comme destinés pour l'établissement du dit Hôtel-Dieu.

Déclarant, les dits seigneurs et dame de Pontchartrain, que par les sieur et dame légataires universels de défunt Daniel Morel, en son vivant, conseiller du roi, maître de la Chambre, aux deniers de sa Majesté, il a été payé, ès-mains du sieur Bertin, trésorier des revenus casuels, par sa quittance du 19 février 1697, contrôlée la somme de 3.300 livres de laquelle ils ont déclaré avoir fait don, suivant l'intention du dit feu sieur Morel, à l'hôpital qui serait établi en quelqu'une des paroisses du dit comté de Pontchartrain, pour jouir héréditairement, par le dit hôpital, au lieu et place du dit sieur Morel, de la somme de trois cents livres, pour deux quartiers de six cents livres, faisant partie des taxations héréditaires attribuées au dit sieur Morel, à prendre en cinq cent mille livres, créées par édit du mois de janvier 1696 la charge que la dite somme de trois cents livres, ne pourra être employée par les directeurs économes du dit hôpital, que sur les ordres particuliers des seigneurs comtes de Pontchartrain, lesquels nommeront la personne qui fera la recette des dites trois cents livres, et qu'en cas de remboursement de la dite somme de trois mille trois cents livres, le remploi en sera fait en rentes, ou tel autre fonds, ainsi qu'il sera jugé à propos et ordonné par les seigneurs de Pontchartrain, comme il est contenu en la quittance sus-énoncée.

Cette donation ainsi faite aux conditions ci-après déclarées :

Que l'Hôtel-Dieu qui, suivant les dits arrêts et lettres, devait s'établir à Neauphle, sera, sous le bon plaisir du Roi, transféré en la dite maison présentement donnée, dans laquelle l'hospitalité sera établie à toujours, et où seront reçus, nourris et médicamentés, les pauvres malades des dites paroisses de Jouars, Neauphle-le-Château, et des autres qui ont été ci-devant et qui pourraient être ci-après, unies à la terre, seigneurie et comté de Pontchartrain, même ceux des paroisses de Garancières et de Trappes, conformément aux dites lettres patentes du mois de décembre 1696, et à proportion du revenu des dites deux maladreries de Garancières et de Trappes, auquel Hôtel-Dieu ou hôpital établi au dit lieu des Bordes dans la dite maison, présentement donnée seront, et demeureront mis à toujours, les biens et revenus, tant du dit Hôtel-Dieu de Neauphle-le-Château, que de la maladrerie du dit lieu, et de celles susdites de Garancières et de Trappes.

Dans le dit Hôtel-Dieu des Bordes, il y aura, quant à présent huit lits pour les pauvres malades des dites paroisses, dont quatre, seront à perpétuité, à la nomination des dits seigneur et dame de Pontchartrain, ou du survivant d'iceux, leurs hoirs et ayant cause, seigneurs et comtes de Pontchartrain en considération de la présente donation, pour les habitants des paroisses sus-désignées, lesquels ils y voudront placer par préférence ; et les autres lits serviront aux autres pauvres malades qui seront reçus au dit Hôtel-Dieu, dans lequel n'en pourra être admis aucun, que de l'aveu et permission des administrateurs dont sera ci-après parlé.

Et si dans la suite, les biens et revenus du dit hôpital étaient augmentés par quelque cause que ce soit, le nombre des lits en sera aussi augmenté à proportion du revenu suivant l'avis des administrateurs, du nombre desquels lits d'augmentation, la moitié sera et demeurera à perpétuité, à la nomination des dits seigneur et dame de Pontchartrain, ou du survivant d'eux, leurs hoirs et ayant cause, seigneurs et comtes de Pontchartrain, comme les quatre lits ci-dessus.

Sera, ledit hôpital, desservi par trois sœurs de la Charité de la Maison de Saint-Lazarre, qui seront choisies par les seigneur et dame de Pontchartrain, leurs hoirs et ayant cause lesquelles seront nourries et entretenues sur le revenu du dit hôpital, auquel des personnes pieuses et charitables, ont déjà donné à cette fin, la somme de six mille livres, pour être employée en acquisition de rentes. L'une de ces trois sœurs sera tenue et obligée d'aller servir et secourir chez eux les autres pauvres et malades des paroisses dudit comté.

La somme nécessaire pour l'achat des lits, linge et autres

meubles convenables, tant pour l'usage des dites sœurs qui desserviront le dit hôpital, que pour les pauvres malades, sera premièrement prise sur celles qui sont présentement dues par les fermiers des dites maladreries, et le surplus sera payé par les dits seigneur et dame de Pontchartrain, jusqu'à concurrence de la somme de douze cents livres, si tant il est nécessaire, pour former le dit établissement ; et de là, en allant à perpétuité, ils seront entretenus et fournis sur les revenus du dit Hôtel-Dieu, si ce n'est qu'il se représente des personnes charitables qui en veuillent faire la dépense dans les besoins.

Sera le dit Hôtel-Dieu, les biens et revenus d'icelui, régi, gouverné et administré par le soin charitable de deux personnes, qui seront pour ce, nommées et choisies, savoir : l'une, par Mgr l'évêque de Chartres, et l'autre, par les dits seigneur et dame de Pontchartrain, leurs hoirs et ayant cause ; lesquels administrateurs nommeront un receveur pour faire la recette et le recouvrement des biens et revenus présents et à venir du dit Hôtel-Dieu :

Les titres et contrats des biens du dit Hôtel-Dieu, seront mis dans une armoire qui demeurera toujours dans la dite maison ; laquelle armoire sera fermée à deux serrures, dont les clefs seront gardées, l'une par le plus ancien des administrateurs, et l'autre, par les dites sœurs de la charité qui desserviront le dit hôpital.

Tous les jours de l'année, à perpétuité à sept heures du soir, après le souper des malades seront chantées devant l'autel du dit hôpital, les litanies de la Vierge, à l'intention des dits seigneur et dame de Pontchartrain, leurs hoirs et ayant cause, avec le pseaume *De Profondis* à l'intention des dits défunts seigneur et dame de Pontchartrain, à quoi les malades seront invités de joindre leurs intentions.

Et au surplus sera ledit Hôtel-Dieu, régi, conduit, gouverné et desservi, suivant les statuts et règlements qui seront pour ce, faits et arrêtés.

Et pour la translation du dit Hôtel-Dieu de Neauphle, au dit lieu des Bordes, dans la maison donnée par le présent contrat, et, pour plus grande assurance de l'exécution du contenu en ces présentes, sera obtenu de sa Majesté, les lettres patentes nécessaires, lesquelles seront enregistrées au Parlement et ailleurs, ainsi qu'il conviendra, et en cas qu'il ne plût pas à sa Majesté, accorder les dites lettres, les dits seigneur et dame de Pontchartrain, veulent et entendent que la présente donation, demeure en tout son contenu, nulle et sans effet, pour disposer au dit cas, des biens présentement donnés, comme ils aviseront et comme ils auraient pu faire, avant la présente donation, promettant, obligeant solidairement, renonçant.

Fait et passé au château de Versailles, l'an 1698, le 22 avril.

Et ont signé la minute des présentes, demeurée à M° Moufle, l'un des notaires soussignés, scellé les dits jours et an.

Signé : DELAMBON et MOUFLE, ces deux derniers notaires.

Nous donnons ici l'ordonnance de Louis XIV, par laquelle l'Hôtel-Dieu de Neauphle-le-Château est transféré au hameau des Bordes.

Louis, par la grâce de Dieu, roi de France et de Navarre, à tous présents et à venir, salut !

Nous avons ordonné, et par ces présentes signées de notre main, voulons et ordonnons que l'Hôtel-Dieu de Neauphle-le-Château, soit transféré au hameau des Bordes, et que les revenus de cet Hôtel-Dieu, et les revenus des maladreries de Garancières et de Trappes, y unis par notre arrêt du 16 décembre 1695, soient et demeurent unis à perpétuité, à l'Hôtel-Dieu établi au dit Bordes par l'acte de donation du 22 avril 1698. Et que cet Hôtel-Dieu soit régi et administré, tant pour le spirituel que pour le temporel, conformément à la dite donation.

Donné à Versailles, au mois d'avril 1698.

Signé : LOUIS.

Et sur le repli.

Signé : COLBERT.

Ces présentes lettres patentes ont été enregistrées au Parlement, le 6 mai 1698.

Nous donnons à titre de renseignement, copie d'un acte notarié du 1ᵉʳ mai 1701, contenant :

Transport, par les habitants de Neauphle-le-Château, à l'hôpital des Bordes, d'une redevance en blé.

Et abandon au dit hospice, des quêtes faites pour les pauvres, dans l'église de Neauphle-le-Château.

Aujourd'hui, dimanche, premier jour de mai mil sept cent un.

Sont comparus :

Par devant M° Duchemin, notaire à Neauphle-le-Château, au comté de Pontchartrain, au-devant de la Grande-Porte et principale entrée de l'Eglise paroissiale Saint-Nicolas de cette ville de Neauphle-le-Château, à l'issue de la grand-messe de Paroisse, les paroissiens en sortant en grand nombre, savoir :

Messire Jacques de La Bellangeraye, prêtre, vicaire de la dite église.

Maître Nicolas Philippe de la Marnière, lieutenant du bailliage et comté de Pontchartrain.

Maître Nicolas Poussin, avocat et procureur au dit siège.

Maître Nicolas Plomet et Jean Hanot, aussi procureurs.

Nicolas Philippe et Jean Hébert, marguillers en charge de la dite église.

Henry Bodard, écuyer.

Sieur Deslandelles.

Maître Honoré Thuiller, greffier du dit bailliage.

Jean Lemoine.

Antoine Carrère.

Sieur Delacroix, chirurgien au dit Neauphle.

Gérard Marteau, marchand.

Nicolas Drouin, huissier au dit bailliage.

Rémond Alexandre et Jean-Baptiste Chapuiset, marchands au dit lieu.

Tous habitants de la dite ville de Neauphle-le-Château, assemblés au son de la cloche, en la manière accoutumée, pour délibérer des affaires communes de la dite ville.

Lesquels, sur ce qui leur a été remontré par messire Etienne Mosnier, prêtre, bachelier en théologie, curé du dit Neauphle, en la présence des marguillers de la dite église, et du procureur fiscal du comté de Pontchartrain, au sujet de six setiers de blé méteil ordonnés par défunte Marguerite Chable être distribués tous les ans, à perpétuité, en petits pains, aux pauvres, tant de la susdite paroisse, qu'autres qui retrouveraient allant et venant au dit lieu, le jour de l'Ascension. Ils auraient jugé à propos qu'il était plus avantageux, depuis l'établissement qui avait été fait par Mgr le chancelier et Madame la chancelière de l'Hôtel-Dieu et hôpital, dans leur comté de Pontchartrain, où tous les pauvres du dit comté, sont assistés, tant en santé que maladie, par le soin de messieurs les administrateurs d'icelui hôpital, de transférer, sous le bon plaisir de Mgr l'évêque de Chartres, au profit du dit hôpital, la distribution des dits six setiers de blé, qui s'est toujours faite, jusqu'à présent, en cette dite ville de Neauphle, à tous allant et venant qui se retrouveraient tous les ans, le jour de l'Ascension, en si grand nombre, non seulement du dit lieu et des paroisses circonvoisines, mais encore de plus de trois lieues d'alentour, que la misère des temps passés y avait attirés, ce qui causait un si grand désordre et confusion qu'il y avait eu des pauvres étouffés dans la presse..

Joint, que quelque soin qu'on eût pris d'employer les dits six setiers de blé, en petits pains d'environ une livre, il ne s'en trouvait jamais assez, pour tous ceux qui s'y rencontraient, dont la plupart s'en allaient mécontents, et d'autres s'en servaient pour faire débauche dans les cabarets, où ils restaient jusqu'au soir, et ne s'en retournaient que la nuit.

Sur quoi, les dits habitants comparants, ayant mûrement conféré entr'eux, et après avoir pris l'avis et conseil du dit sieur curé, et des dits marguillers, ensemble du Procureur Fiscal, ils ont tous unanimement et d'une commune voix, dit et déclaré que pour le plus grand bien et avantage des pauvres, tant dans leur dite paroisse, que des autres paroisses du dit comté de Pontchartrain, il était nécessaire de transférer et unir les six setiers de blé d'aumône, au dit Hôtel-Dieu et hôpital de Pontchartrain.

Ce qu'ont proposé aux dits sieurs administrateurs et après l'avoir par eux accepté, sous le bon plaisir de mon dit seigneur l'Évêque de Chartres, aux conditions suivantes :

Ont iceux comparants, en tant qu'à eux, est du consentement des dits sieurs curés et marguillers, même du Procureur Fiscal, volontairement consenti l'union des dits six setiers de blé, par chacun an, et à toujours, pour et au profit du dit hôpital, tant et si longuement qu'il subsistera, à prendre sur les héritages sujets à la dite redevance, à présent possédés par les sieurs de Saucourt et Barbé de Chatron, qui en sont débiteurs, à la charge et condition expresse, par les dits sieurs administrateurs, de recevoir audit hôpital, tous les pauvres malades de la dite paroisse de Neauphle, et d'assister, aux dépens d'icelui, ceux qui se trouveront en nécessité, soit en santé ou maladie, à la décharge de ladite paroisse, ainsi qu'il a été fait jusques à présent ; et comme les pauvres d'icelle paroisse, serait bien plus à charge du dit hôpital, que la valeur des dits six setiers de blé qu'il recevra, a été convenu et accordé, entre les dits sieurs curé, marguillers et habitants, que toutes les quêtes qui se feront à l'avenir, dans l'Église du dit Neauphle, pour les pauvres de la dite paroisse, appartiendront au dit hôpital de Pontchartrain, lesquelles seront données et délivrées, tous les ans, ès mains de la sœur supérieure d'icelui, par la trésorière des dames de la Charité, qui aura été nommée et proposée à cet effet, suivant le mémoire qu'elle lui en rapportera, au bas duquel, sera donné quittance, en la présence du dit sieur curé, sans que icelui curé, ni les dites dames, en puissent rien employer ailleurs, sans quelque prétexte que ce soit.

Et pour l'exécution et approbation de ce que dessus, les dits sieurs curés, marguillers et habitants, supplient très humblement, mon dit seigneur l'Evêque de Chartres, de l'agréer et approuver, et que du tout, il en soit fait mention sur le registre des délibérations du dit Hôpital. Même afin que cela soit plus notoire, à un chacun, qu'il en sera donné avis aux prônes des paroisses du dit comté, ainsi qu'il a été, aujourd'hui, fait, à ce qu'aucune personne n'en prétendait cause d'ignorance.

Ce fut, fait et passé au dit Neauphle, les dits jour et an, en présence de Léon Marais, bedeau de la dite Eglise, et Nicolas Meullier, maître cordonnier, demeurant au dit lieu, témoins.

Et ont signé en fin de la minute des présentes, hors le dit Martin, marguiller, qui a déclaré ne savoir écrire ni signer, de ce interpellé, suivant l'ordonnance.

La dite minute signée en fin :
 Mosnier ;
 De la Bellangeraye, prêtre ;
 Philippe Poussin ;
 Plomet ;
 Hanot ;
 Thuiller ;
 Alexandre ;
 N. Drouin ;
 Le Moine ;
 Marteau ;
 Carrère ;
 Grenet ;
 Chapuiset ;
 Deslandelles ;
 Dubuisson ;
 Philippe ;
 Hébert ;
 Amaulry ;
 Léon Marais ;
 N. Meullier ;
 Duchemin, notaire.

Et au-dessous est écrit :
Contrôlé à Neauphle, le quatre mai mil sept cent-un, gratis,
       avec Paraphe

« Délivré par moi, Pierre-André Deseine, notaire, garde-
« notes du Roi, au bailliage et comté de Pontchartrain,
« comme successeur à l'office et ayant acquis la pratique de
« défunt Pierre Duchemin, vivant, aussi notaire royal au dit
« comté ; lequel a reçu la minute, dont l'expédition est ci-
« dessus, et des autres parts écrites.

« Signé : Deseine. »

L'hôpital de Pontchartrain reçut encore nombre de libéralités de charitables donateurs, nous voyons que, suivant contrat passé devant Mᵉ Duchemin, notaire à Neauphle-le-Château, le 5 juin 1709 :

Dame Marie Galop, épouse autorisée de Mᵉ Antoine Plomet, directeur des aides de l'Election de Blois.

A fait donation entre vifs et irrévocable :

A l'Hôtel-Dieu et Hôpital du comté de Pontchartrain, établi aux Bordes, paroisse de Jouars, de la dite maison et de
ses dépendances, le tout désigné en la dite donation, de la
manière suivante, savoir :

1° Une maison de fond en comble, située sur la Grande
Rue de Neauphle-le-Château, cour, jardin et terrasses en
dépendant, en laquelle maison, les sieur et dame Plomet
étaient demeurant, et qui était antérieurement l'Hôtel-Dieu
de Neauphle-le-Château, et qui a été depuis, aliénée par
MM. les commandeur et chevaliers de l'Ordre de Notre-Dame
du Mont-Carmel et de Saint-Lazarre, aux auteurs du dit
sieur Plomet, comme appartenant lors au dit Ordre, et à présent, le dit Hôtel-Dieu, transféré au dit hôpital de Pontchartrain.

La dite maison, tenant d'un côté, à M. Delacroix, à cause
de sa femme, d'autre côté, aux représentants de Jacques
Amaulry, d'un bout, par devant, la Grande Rue de Neauphle,
et d'autre bout, par derrière, sur les vignes du Grand Clos.

2° Un quartier de terre plantée en vigne, situé dans le dit
Grand Clos, proche et par derrière le jardin de la dite
maison.

Pour, par le dit Hôpital, faire et disposer des dits biens en
pleine propriété, à compter du jour de la dite donation, et
n'en avoir la jouissance qu'à compter du jour du décès des
dits sieur et dame Plomet, qui s'en sont réservés l'usufruit
pendant leur vie.

Cette dotation a été faite, à la charge par le dit hôpital des
Bordes, de faire dire et célébrer annuellement et à perpétuité
deux messes basses, à la chapelle du dit Hôpital, à l'intention
des dits sieur et dame Plomet, le jour de leur décès.

Mais, suivant contrat passé devant Mᵉ Dubuisson, notaire à Neauphle-le-Château, comté de Pontchartrain, le 10 octobre 1721, MM. les administrateurs de l'hôpital des Bordes, du comté de Pontchartrain, ont vendu cette maison et ses dépendances à M. André Deseine, bailli de la Verrière, demeurant à Neauphle-le-Château, moyennant quatre vingt six livres de rente annuelle et perpétuelle, qui ont été remboursées au dit hôpital de Pontchartrain par M. et Mme Latruffe, devenus propriétaires de cette maison, ainsi que ce remboursement est constaté par une quittance passée devant Mᵒ Cottel, notaire au Châtelet de Paris, le 17 septembre 1786. »

Ordonnance contenant approbation, par Mgr l'Evêque de Chartres, de la redevance de blé et de l'abandon des quêtes faites pour les pauvres de la paroisse du dit Neauphle.

Charles-François, par la grâce de Dieu et autorité du Saint-Siège apostolique, Evêque de Chartres, conseiller du Roi, en tous ses conseils, à tous ceux que ces présentes lettres verront, salut :

Sur ce qui nous a été représenté de la part des administrateurs de l'Hôtel-Dieu et hôpital de Pontchartrain, établi par M. le chancelier de Pontchartrain, et feu Mme la chancelière, pour l'assistance des pauvres du comté de Pontchartrain, qu'ils auraient, ci-devant, traité avec les sieur curé, marguillers, et habitants de Neauphle-le-Château, lesquels, sous notre bon plaisir, auraient consenti en faveur du dit hôpital, les dits administrateurs acceptant, la translation et union à icelui hôpital, de six setiers de blé méteil, de redevance annuelle et perpétuelle, autrefois donnés par feu Marguerite Chable, pour être distribués aux pauvres du dit lieu de Neauphle et autres pauvres allant et venant, le jour de la fête de l'Ascension, par chaque année, aux clauses et conditions, et pour les causes portées audit acte, ce qui aurait été exécuté depuis, et même jusqu'à présent.

Pourquoi ils nous auraient requis de vouloir bien agréer, confirmer et autoriser la dite translation et union, en faveur du dit hôpital.

Vu le dit acte passé entre le dit sieur curé, marguillers et habitants de Neauphle-le-Château, et les administrateurs du dit hôpital de Pontchartrain, par devant Duchemin, notaire au comté de Pontchartrain, le premier mai mil sept cent un et délivré par Deseine successeur à l'office et pratique du dit Duchemin, duquel acte, copie a été transcrite en fin de la minute des présentes, sur le registre, sous le contre-seing de notre secrétaire, pour y avoir recours au besoin.

Nous avons agréé, consenti et autorisé la translation et union faite par le sieur curé, marguillers et habitants de Neauphle-le-Château, en faveur de l'hôpital de Pontchartrain de six setiers de blé méteil de rente annuelle et perpétuelle, à prendre sur les héritages qui en sont chargés, suivant la donation qui en avait été faite ci-devant, pour être distribués en petits pains, dans la dite paroisse de Neauphle, au jour et fête de l'Ascension, par chaque année, aux clauses et charges portées par le dit acte, et acceptées par les dits administrateurs :

Savoir :

Que les dits administrateurs seront tenus spécialement de recevoir au dit hôpital, tous les pauvres malades de la dite paroisse, qui se trouveront en nécessité, soit en santé ou maladie.

Et en conséquence, ordonnons que les dits six setiers de blé méteil de redevance annuelle à prendre sur les héritages qui en sont chargés, suivant la donation ci-devant faite par la dite défunte Marguerite Chable appartiendront à l'avenir au dit hôpital de Pontchartrain, aux charges ci-devant exprimées, et ce, seulement tant que le dit hôpital subsistera, et qu'on y acquittera les charges ; faute de quoi la dite redevance de six setiers de blé méteil retournera de plein droit, aux dits habitants de Neauphle-le-Château, pour être distribués, conformément à la première donation, et même, à l'égard du passé, nous agréons l'emploi qui en aurait été fait en exécution du dit acte.

Comme aussi, nous consentons que l'argent des quêtes qui ont été faites et se feront pour les pauvres, dans l'église du dit Neauphle, soit donné au dit hôpital, pour subvenir aux dites charges, ainsi qu'il est porté par le même acte.

Et sera, notre présent acte d'homologation, publié au prône de la Messe Paroissiale à Neauphle-le-Château, et en sera fait mention, dans le registre du dit hôpital.

Donné à Chartres, sous notre seing et sceau de nos armes, et sous le contre-seing de notre secrétaire, le second jour de novembre mil sept cent vingt-et-un.

      Signé † Ch. Fr. Ev. de Chartres.

Par Monseigneur,

  Signé : POLUCHE.

L'acte ci-dessus a été publié au prône de la Messe Paroissiale, par le curé soussigné, le dimanche neuvième janvier mil sept cent vingt-quatre, en foi de quoi j'ai signé :
A Neauphle, ce sept mars mil sept cent vingt-quatre.

Signé : J. Hitz GILBON.

Mais là, ne s'arrêtait pas encore la générosité du comte et de la comtesse de Pontchartrain ainsi que le constate l'acte suivant :

Par devant le notaire,

Garde-notes du roi, à Neauphle, des bailliage et comté de Pontchartrain, soussigné.

Très Haut et Très Puissant Seigneur Mgr Jérôme Phélypeaux, chevalier, comte de Pontchartrain, et de Maurepas, et de Neauphle, de Launay et de Novion, marquis d'Illiers, de Chefbonne et de Château-Neuf-sur-Cher, baron de Beynes, du Chêne doré, seigneur de Vieux Château Saint Amand et autres lieux, Commandeur des Ordres du Roi, demeurant ordinairement à Paris, en son hôtel, rue Neuve des Petits Champs, paroisse Saint-Roch, étant en ce jour, en son château de Pontchartrain, paroisse de Jouars..... d'une part.

Et M. Michel Jean-Grégoire de l'Etang-Neuf, prêtre-curé de la dite paroisse de Jouars et Me Guillaume Madeleine de Lavalette, avocat au Parlement, lieutenant des bailliage et comté de Pontchartrain et demeurant au dit Neauphle, au nom et comme administrateur de l'Hôtel-Dieu et hôpital du dit comté de Pontchartrain, établi au hameau des Bordes, paroisse de Jouars, et Jacques Laville, économe et receveur du dit hôpital, demeurant au dit Neauphle, ce jour, au château de Pontchartrain................................. d'autre part.

Lesquels administrateurs et économes ès dits noms, ont reconnu que feu Mgr le chancelier de Pontchartrain, et haute et puissante dame Marie de Maupeou, son épouse, fondateurs et bienfaiteurs du dit Hôtel-Dieu, ont, en exécution d'un contrat passé devant Moufle et son confrère, notaires à Paris, le 22 avril 1698, portant donation, fondation et établissement de l'Hôtel-Dieu et hôpital du dit comté, en faveur et pour le soulagement des pauvres malades, de toutes les paroisses qui en dépendent, ils ont suivant le dit contrat, payé la somme de dix mille livres, tant pour le prix de l'acquisition par eux faite, de la dame Hédouin et de ses enfants, de la maison servant actuellement du dit Hôtel-Dieu, que pour la construction d'une chapelle et sacristie, rétablissement de la dite maison, douze cents livres, pour l'achat des linges et autres meubles nécessaires pour l'usage de trois sœurs de la charité, de la maison de Saint-Lazarre, servant au dit Hôtel-Dieu, les pauvres malades, suivant et conformément au dit contrat de fondation.

Que depuis, le revenu du dit hôpital qui n'était que de huit cent trente six livres, a été augmenté jusqu'à la somme de deux mille livres, ainsi qu'il est porté au contrat passé, entre mes dits seigneur et dame de Pontchartrain, les dits administrateurs, ès dits noms, devant Duchemin et son confrère, notaires royaux en ce comté, le 22 octobre 1711, et ce, par les dons et libéralités de plusieurs personnes de piété, et particulièrement mes dits seigneur et dame fondateurs.

Qu'il a été fait acquisition en rentes sur l'Hôtel-de-Ville de Paris, au profit du dit hôpital, par cinq contrats passés devant les notaires au Châtelet de Paris, des 6 avril et 12 novembre 1700, 27 février 1705. — 31 décembre 1706, 27 février 1707 ; montant en principal à la somme de trois mille huit cent quatorze francs, que mes dits seigneur et dame fondateurs ont donnée, pour supplément des rentes portées aux dits contrats.

Que mes dits seigneur et dame fondateurs, ont fait faire un bâtiment à neuf du côté du grand jardin, pour servir d'école, et à l'instruction des jeunes filles des paroisses du dit comté ; une chambre pour les sœurs et greniers, une grande cuisine, au lieu de celle qui était trop petite, laquelle ancienne cuisine, mes dits seigneur et dame fondateurs, ont désiré que l'usage serait pour y placer des lits, et à en augmenter un plus grand nombre. Pour la construction duquel bâtiment et autres lieux, mes dits seigneur et dame fondateurs, ont déboursé la somme de huit mille livres, et celle de douze cents livres, pour le rétablissement des murs du jardin du dit hôpital, qui étaient tombés en ruines.

Toutes lesquelles sommes payées et déboursées, par mes dits seigneur et dame fondateurs, montant, d'après le contrat du dit jour 22 octobre 1711, à la somme de vingt quatre mille deux cent quatorze livres.

Au moyen desquels dons et libéralités et épargnes faites le revenu étant plus que suffisant pour la subsistance et l'entretien de huit lits fondés, ce qui aurait obligé les dits sieurs administrateurs, ès dits noms, ainsi qu'il est porté par le dit contrat, de remontrer aux dits seigneur et dame fondateurs, le besoin qu'il y aurait d'augmenter le nombre des lits, par rapport à l'union qu'ils auraient fait au dit comté, de plusieurs paroisses par eux acquises, depuis l'établissement et fondation du dit hôpital, que le nombre des pauvres malades étant aussi bien plus considérable qu'auparavant, et qu'il arrivait le plus souvent le refus des pauvres malades qui se présentaient, faute de lits vacants ; sur laquelle remontrance, mes dits seigneur et dame fondateurs, ont consenti l'augmentation de huit lits, aux huit premiers ci-devant fondés, pour servir au soulagement des pauvres malades, tant du dit comté, que des paroisses de Trappes et de Garancières, auquel hôpital et Hôtel-Dieu, ils seront nourris et assistés à l'ordinaire, suivant l'établissement d'icelui ; desquels huit lits, il y en aurait aussi quatre, à la nomination de mes dits seigneur et dame fondateurs et leurs successeurs, comtes de Pontchartrain, le tout conformément au dit contrat de fondation, du 22 avril 1698. Et pour l'achat desquels huit lits ainsi augmentés, mes dits seigneur et dame fondateurs, par surcroît de libéralité, ont fait don, au dit hôpital, de la somme de deux mille cinq cents livres à quoi s'est trouvé monter généralement tous les lits, linges, meubles et autres effets mobiliers, qui sont dans le dit hôpital, achetés et avancés de leurs deniers, depuis la fondation du dit hôpital, le tout était plus que suffisant pour la subsistance et le soulagement des pauvres malades dans leurs nécessités corporelles.

Qu'il était aussi à propos de leur procurer les consolations et secours spirituels en leurs maladies. Que l'éloignement de l'église du dit Jouars les exposait à être privés de l'administration des Sacrements, mes dits seigneur et dame fondateurs, ont encore, par le contrat du dit jour, 22 octobre 1711, consenti qu'il fût établi, à perpétuité, un prêtre pour desservir le dit Hôpital, et la chapelle dudit dans icelui, et y célébrer tous les jours la Sainte Messe, à l'intention des dits seigneur et dame fondateurs, et des autres bienfaiteurs d'icelui, à l'exception des jours où il sera décédé un ou plusieurs pauvres malades, à l'intention desquels la messe sera dite pour le repos de leurs âmes, et de ceux qui y sont décédés, à condition par le chapelain, de confesser, administrer les Sacrements et faire tout ce qui conviendra, au dit Hôpital, pour le bien et le soulagement des dits pauvres malades, même de chanter à perpétuité, tous les jeudis de l'année, dans la chapelle du dit Hôpital, à l'intention de mes dits seigneur et dame fondateurs, leurs hoirs ou ayant causes, et autres bienfaiteurs, un salut solennel.

Auquel chapelain, serait payé, sur les revenus du dit Hôpital, quatre cents livres par an.

Et afin, que le dit chapelain, pour son logement et les meubles nécessaires, ne soit point à la charge du dit Hôpital, mes dits seigneur et dame fondateurs, par le contrat ci-devant daté, ont encore fait don au dit Hôpital, d'une maison située au hameau des Bordes, attenant à celui de l'Hôpital ainsi qu'elle se consiste, et un petit jardin, des meubles qui étaient alors en les dits maisons et lieux, avec bibliothèque, dont serait fait inventaire, le tout de valeur de deux mille livres, suivant l'estimation lors faite pour la dite maison, les dits lieux, meubles meublants appartenir au dit Hôpital qui demeureront en la possession et à la charge du dit chapelain et de ses successeurs, qui s'en chargeront, pour en répondre envers le dit Hôpital, et à leur sortie, en rendre compte, ou leurs héritiers, en cas de décès, et même par le dit chapelain, d'aider des dits livres, les curés, vicaires et autres prêtres du dit comté, qui pourraient en avoir besoin, pour leurs études et instruction.

Lequel chapelain, serait à toujours, à la nomination de mes dits seigneur et dame fondateurs et leurs successeurs, comtes de Pontchartrain, et d'en nommer un autre à son lieu et place, quand bon leur semblera.

Lesquels dons ci-dessus, et des autres parts faits par mes dits seigneur et dame de Pontchartrain fondateurs au dit Hôpital, montent à la somme de vingt-huit mille sept cent-quatorze francs, dont et de quoi, les dits sieurs administrateurs ont remercié très humblement mes dits seigneur et dame de Pontchartrain, et de ce qu'ils avaient payé de leurs propres deniers, les gages et appointements des chapelains qui avaient ci-devant desservi le dit Hôpital.

Madame la Chancelière, voulant toujours continuer ses mêmes bontés, pour le dit Hôpital et le soulagement des pauvres femmes du dit comté a, par son testament, reçu par Delambon et Durand, notaires à Paris, le 16 avril 1710 et codicile étant ensuite du 3 janvier 1714, donné au dit Hôpital la somme de dix mille livres pour la nourriture et entretien de six vieilles femmes, habitantes du dit comté, qui, par leur grand âge, ne seraient plus en état de gagner leur vie.

Et mon dit seigneur le Chancelier, toujours dans le dessein d'augmenter le revenu du dit Hôpital, et le soulagement des pauvres du dit comté, et pourvoir à la nourriture et entretien de six pauvres vieillards habitants du dit comté, qui, par leur grand âge et leurs infirmités, se trouveront à en avoir le plus de besoin, étant aussi hors d'état de gagner leur vie. Lesquels vieux et vieillards entreraient au dit Hôpital, sur la nomination qui en sera faite, et brevet donné, par mon dit seigneur le Chancelier, ses successeurs ou ayant causes, comtes de Pontchartrain, aurait, mon dit seigneur le Chancelier, par contrats passés devant M° Durant et son confrère, notaires à Paris, et devant M° Duchemin et son confrère, notaires royaux en ce comté, du 25 février 1715, 27 octobre 1718 et 17 octobre 1719.

Fait don au dit Hôpital de la somme de huit mille cinq cents livres, savoir : six mille livres en argent, employées en acquisition, de trois cent soixante-quinze livres de rente, au denier seize, à prendre sur les fonds généraux du contrôle des actes de notaires et insinuations laïques.

Cinquante livres de rentes dues par Jean Yeux, laboureur demeurant à Plaisir, au principal de mille livres.

Et soixante-quinze livres de pareille rente due par François Cabounel et Charlotte Philippe, sa femme, au principal de quinze cents livres, à condition que le nombre de six vieux et six vieilles, sera toujours complet, tant qu'il s'en trouvera dans les paroisses du dit comté, sans pouvoir être employés à d'autre usage.

De plus, mon dit seigneur le chancelier voyant que malgré les secours et avantages qu'il avait fait, pour le soutien du dit hôpital, la fondation et l'établissement étaient près de tomber, tant par la prodigieuse diminution de ses revenus, venant de la suppression et du remboursement des rentes créées sur l'Hôtel de Ville de Paris, et par la réduction du denier sur particuliers, que par la prodigieuse augmentation de toutes les denrées de la vie, mon dit seigneur, pour y suppléer, aurait fait don et transport au dit hôpital, par contrat passé devant le dit M° Duchemin et son confrère, notaires, le 22 juin 1720, de sept cent trente-sept livres dix-sept sols de rentes, sur les particuliers y dénommés, au principal de la somme de vingt-six mille cinq cent quarante-cinq livres.

Et mon dit seigneur le chancelier, en continuant toujours les mêmes bontés pour le dit hôpital, et le soulagement des pauvres de ce comté, a par son testament olographe, légué au dit hôpital, la somme de deux mille livres, une fois payée laquelle somme a été payée par Mgr le comte de Pontchartrain, exécuteur du dit testament.

Et encore, bien que ce fut sur les revenus du dit hôpital, que le chapelain aurait dû être payé ; néanmoins, mon dit seigneur a continué de payer les gages et appointements du dit chapelain, depuis le contrat du 22 octobre 1711, jusqu'au dernier décembre de l'année dernière 1727, à raison de six cents livres par chacun an, au lieu de quatre cents livres ;

ce qui compose dix-sept années et fait la somme de dix mille deux cent soixante livres.

Le total de tous les dons et libéralités faits, tant par feu Mgr le Chancelier, que Mme la Chancelière et autres, au dit hôpital, monte à la somme de quatre-vingt-cinq mille neuf cent cinquante-neuf livres.

Qu'au moyen de l'augmentation des huit lits pour le soulagement des pauvres malades du dit comté et paroisses de Trappes et de Garancières, Mgr le comte de Pontchartrain, dont toute la conduite ne respire que charité, et qui n'a point d'objet plus sérieux que le bien du dit hôpital, voulant continuer les mêmes bontés que feu Mgr le Chancelier et Mme la Chancelière, fondateurs du dit hôpital ont toujours eues, et afin de donner tous les secours qu'il convient n'y ayant que trois sœurs de fondées au dit hôpital, n'étant pas suffisantes mon dit seigneur en aurait, outre ces trois, mis deux autres, pour compter le nombre de cinq ; lesquelles deux dernières ne sont point fondées.

Les dits administrateurs ayant acquis pour le dit hôpital, de la demoiselle Fournival, une maison, ferme et dépendances, situées à Villeneuve, paroisse de Maurepas, moyennant cinq cents francs de pension viagère, sa vie durant, et trois mille livres en argent comptant, ce qui compte un fond de la somme de treize mille livres, pour laquelle acquisition, il est dû à Monseigneur, pour les droits de lots et ventes et indemnités, trois mille six cent quatre-vingt-trois livres, six sols, huit deniers ; de laquelle, mon dit seigneur, fait remise au dit hôpital, à la charge, néanmoins, par les dits administrateurs ès-dits noms, ainsi qu'ils s'y obligent, de payer pour le dit hôpital, par chacun an, pour l'entretien des deux sœurs de la Charité de la maison de Saint-Lazarre, non fondées au dit hôpital, la somme de quatre-vingts livres, qui est quarante livres pour chacune d'elles, pour leur entretien seulement au moyen de quoi, le nombre de cinq sœurs qui sont actuellement au dit hôpital, subsistera aux mêmes clauses et conditions pour ces dites deux sœurs, que celles pour les trois, par le contrat de leur fondation, tant qu'il plaira à mon dit seigneur et à ses successeurs, comtes de Pontchartrain, sauf à eux, à en diminuer le nombre, s'il est nécessaire, sur la représentation qui sera faite à mes dits seigneurs comtes de Pontchartrain, par les dits sieurs administrateurs et leurs successeurs ès dits noms, et de payer, par les dits sieurs administrateurs au fermier du domaine de mon dit seigneur, la somme de cent livres à lui revenant, pour raison de l'acquisition faite par le dit hôpital, de la dite demoiselle Fournival.

Car ainsi, le tout a été convenu et accordé, entre mon dit seigneur, et les dits sieurs administrateurs ès dits noms promettant, obligeant, renonçant.

Fait et passé au château de Pontchartrain, Monseigneur y étant, par devant le notaire royal, au comté de Pontchartrain, auquel il s'est transporté, l'an 1728, le premier jour de décembre, avant midi, en présence du sieur Charles Boucher, ci-devant, concierge du château de Pontchartrain, et de Nicolas-Martin Potin, à présent concierge du dit château, demeurant audit Pontchartrain, témoins, et ont signé avec mon dit seigneur, les dits administrateurs et économe.

Signé : Duchemin, notaire.

Ce décret fut confirmé par une ordonnance royale de Louis XIV du mois de décembre suivant.

L'Hôtel-Dieu de Neauphle, transféré, comme on le voit, au hameau des Bordes, paroisse de Jouars, comté de Pontchartrain, conserve et attribue à la paroisse de Neauphle les droits audit Hôtel-Dieu, pour ses malades et ses vieillards, droits établis et constatés par les divers contrats, ordonnances et testaments dont l'énoncé suit, savoir :

1° Une donation faite par M. le comte et Mme la comtesse de Pontchartrain devant Me Moufle, notaire à Paris, le 22 avril 1698.

2° Une ordonnance du roi, en date à Versailles du mois d'avril 1698, enregistrée au Parlement de Paris, le 6 mai de la même année.

3° Un contrat passé devant Me Duchemin, notaire à Neauphle-le-Château, 1er mai 1701.

4° Cinq contrats passés devant les notaires au Châtelet de Paris, les 6 avril, 12 novembre 1700, 27 février 1705, — 31 décembre 1706 et 27 février 1707.

5° Un contrat passé devant Me Duchemin, notaire à Neauphle-le-Château, le 22 octobre 1711.

6° Le testament de Mme la comtesse de Pontchartrain, reçu par Delambon et Durant, notaires à Paris, le 16 avril 1710 et son codicille étant ensuite en date du 3 janvier 1714.

7° Trois contrats passés devant Me Duchemin, notaire à Neauphle-le-Château et Me Durant, notaire à Paris, le 25 février 1715, — 27 octobre 1718, et 18 octobre 1719.

8° Un contrat passé devant le dit Me Duchemin le 22 juin 1720.

9° Une ordonnance de l'Évêque de Chartres en date du 2 novembre 1721.

10° Le testament de M. le Chancelier de Pontchartrain, par lui fait, *olographe*.

11° Et enfin un contrat passé devant le dit Me Duchemin, notaire à Neauphle-le-Château, le 1ᵉʳ décembre 1728.

Le remboursement de la redevance en blé, transportée à l'hôpital des Bordes, par les habitants de la Paroisse de Neauphle-le-Château, fut fait suivant contrat passé devant Me Duchemin, notaire à Neauphle-le-Château, le premier mai 1701, ci-devant énoncé.

Cette redevance a été remboursée par les débiteurs ci-après nommés, de la manière suivante :

1° M. Jean-Madeleine Prud'homme a remboursé la somme de 484 fr. 56 cent. ou 490 livres, 12 sols, 6 deniers tournois, pour le prix d'un setier de blé faisant partie de ladite redevance ; ainsi qu'il résulte de la quittance, à lui donnée par le receveur des domaines, devant Me Maulvault, notaire à Neauphle-le-Château, le 1ᵉʳ février 1792, ci... 484 fr. 56 cent.

2° M. Frichot a remboursé et payé la somme de 502 fr. 47 c. ou 508 livres 15 sols tournois, pour le prix d'un setier de blé faisant partie de la dite redevance, ainsi qu'il résulte de la quittance à lui donnée, par le receveur des domaines, devant Me Maulvault, notaire à Neauphle-le-Château, le 3 nivôse, an II (23 décembre 1793) ci. . . . . 502 fr. 47 cent.

3° MM. Couraux et Duhamel ont remboursé et payé la somme de 2.207 francs pour le prix de trois setiers de blé, faisant partie de la dite redevance, ainsi qu'il résulte de la quittance à eux donnée par MM. les administrateurs de l'hôpital des Bordes, devant Me Mahé-Desrosiers, notaire à Neauphle-le-Château, le 20 février 1824, — ci... 2.207 francs.

4° M. Barbé a remboursé et payé la somme de 732 francs pour le prix d'un setier de blé, faisant partie de la dite redevance, ainsi que le constate la quittance à lui donnée par MM. les administrateurs des Bordes, devant le dit Me Mahé-Desrosiers, le 20 février 1824, — ci. . . . . . . 732 francs.

5° Et enfin, M. Fontaine de Davron a remboursé et payé la somme de 821 fr. 15 cent. pour le prix d'un setier de blé, faisant partie de la dite redevance, ainsi que ce remboursement résulte de la quittance à lui donnée par MM. les administrateurs de l'hôpital des Bordes, devant Me Baget, notaire à Neauphle-le-Château, le 19 octobre 1840, ci... 821 fr. 15

Total des remboursements de la dite redevance en blé . . . . 4.747 fr. 18 c.

EXTENSION DE NEAUPHLE

Neauphle ne se composait originairement que du territoire enfermé dans l'enceinte de ses murailles ; le Sablon, la Micholle, la Gouttière, faisaient autrefois partie de Villiers-

VUE GÉNÉRALE DE MAGPHLE (SUD-EST)

Saint-Frédéric et de Neauphle-le-Vieux ; par un décret de l'évêque de Chartres, en date du 19 novembre 1712, ils furent réunis pour le spirituel, à la paroisse de Neauphle-le-Château ; ce décret fut confirmé, par Louis XIV, au mois de décembre suivant. Peu à peu, le pays s'agrandit ; on construisit, les rues Saint-Martin, d'Orbec ou du marché aux chevaux, Saint-Nicolas, Sainte-Apolline et la place Saint-Martin dont le nom fut changé, vers 1825, en celui de Mancest, pour honorer et perpétuer la mémoire d'un médecin, qui après avoir vécu longtemps à Neauphle, légua par testament, au bureau de bienfaisance, la maison qu'il habitait sur cette place, ainsi qu'un lot de livres.

Puis quelques chaumières furent bâties à l'extrémité nord du territoire, entre les bois de Villiers et les bois des Cent arpents, ce qui a formé le hameau de Chatron, dont une partie dépend de Neauphle et l'autre de la commune de Saint-Germain de la Grange et de la Paroisse de Villiers-Saint-Frédéric.

Le hameau de Vilancy, qui dépendait de la commune de Plaisir, fut réuni à celle de Neauphle-le-Château, aux termes d'une loi du 19 juillet 1845, confirmée pour le spirituel, par une ordonnance de l'Évêque de Versailles en date du 29 novembre de la même année.

Nous allons donner un court aperçu sur ces différents hameaux.

HAMEAU DE LA GOUTTIÈRE

Le hameau de la Gouttière était situé en dehors des murs de la ville de Neauphle-le-Château, et faisait autrefois partie de Neauphle-le-Vieux.

Il y avait, dans ce hameau, une maison et dépendances, d'une certaine importance, appelées du nom pompeux de : *Hôtel de la Gouttière*, et nous voyons :

« 1° Que le 13 septembre 1375, Jean de Poissy, écuyer,
« seigneur de la Gouttière-sous-Neauphle, faisait hommage
« à la dame de Neauphle, pour le fief de la Gouttière.

« 2° Qu'il faisait faire le 13 mars 1379, par devant Colin du
« Sablon, tabellion à Neauphle, par Simon, le maire de la
« Gouttière, son procureur, l'aveu qu'il devait, au seigneur
« de Maurepas, quarante sous de cens, réduit à vingt-et-un,
« *par le malheur des temps*, reçus à la Gouttière, à cause de
« plusieurs héritages sis au terroir de Villeneuve, qu'il
« tenait en fief de lui.

« 3° Que le 24 juin 1401, Jeanne de Balanville, rendait
« aveu à Catherine d'Aigreville, dame de Neauphle, pour

« l'hostel de la Gouttière-sous-Neauphle, avec son pourpris,
« *(enclos)* et trente-six setiers d'avoine de cens, six livres
« de menus cens, trois quartiers de vigne.

« Et 4° que Guillaume de la Villeneufve, écuyer, seigneur
« de Bailly et Noisy, en partie, rendit foi et hommage au
« Roi, le 23 mai 1492, pour les fiefs des Bordes, des Clayes,
« de Montesson, de la moitié du fief de Bailly, en la baronnie
« de Neaufle, de la mairie de Creff, de la Cour des Prez, du
« Chêne Rogneux et de la Tour de Marcq, d'un autre fief à
« Neaufle, contenant la voierie et châtellenie de Neaufle. »

Nous voyons encore le fief de la Gouttière figurer sur la liste faite le 12 juin 1627, des fiefs tenus en plein fief, des chastel et baronnie de Neauphle-le-Chastel.

Nous serions disposé à croire que la maison du *Pignon-Vert*, située chemin des Ruelles, n'était autre que l'Hôtel de la Gouttière, et que son pourpris ou enclos, devait comprendre les jardins Prud'homme, l'emplacement des maisons et jardins de MM. Giroux, Beaudien et Jardinier, et s'étendre jusqu'aux murs de Neauphle-le-Château.

« Les deux bâtiments qui subsistent de la maison du « *Pi-*
« *gnon-Vert*», ne donnent pas une idée de l'importance qu'elle
« avait autrefois ; elle fut vendue avec un arpent, deux
« perches de jardin, à Pierre Saisset, procureur au Parle-
« ment de Paris, par Gédéon Déthuillé, procureur et prin-
« cipal tabellion au comté de Buc, tant en son nom, que
« comme procureur fondé de procurations de Anne Bazon,
« sa femme, suivant contrat passé devant Carré et Vincent,
« notaires au Châtelet, le 7 juin 1673. Elle consistait en deux
« corps de logis ; un couvert en *thuilles* et l'autre en *chaume* ;
« cour, jardin et vigne derrière ; contenant, le tout, environ
« trois quartiers, clos de murs en partie. »

Elle fut rebâtie par M. Saisset, et appelée le « *Pignon-Vert* », en 1673.

Elle était composée, dit l'acte de vente, « d'une maison
« située à la Gouttière, paroisse de Neaufle-le-Châtel,
« *consistante* en un corps de logis et deux petits pavillons
« en aile, y tenant, le tout couvert de *thuilles*. Rez-de-
« chaussée, *composé* d'une cuisine, salles, plusieurs cham-
« bres et cabinets au-dessus, caves dessous, cours, jardins,
« clos plantés d'arbres fruitiers et autres arbres, de quelque
« nature qu'ils soient, aisances, circonstances et dépendances,
« contenant, lors du contrat d'acquisition ci-après dit, un
« arpent ou environ, et actuellement une plus grande quan-
« tité aussi ou environ, un arpent des héritages enclavés
« depuis, dans les dits maisons, cours, jardins et clos en
« dépendant, (dont les titres d'acquisition seront également

« ci-après datés), tenant totalité, d'un côté, au dit sieur acqué-
« reur, d'autre côté, et d'un bout au chemin de Neaufle, aux
« Sablons, et d'autre bout, au nommé Vieuville, vigneron. »

« Plus 39 perches de terre, ci-devant en pré, et actuel-
« lement, en clos, et faisant partie des dits maisons, jardin et
« dépendances ci-dessus énoncés.

« Le tout acquis par M° Pierre Saisset, procureur au Par-
« lement des demoiselles Bouchard et de Gédéon Déthuillé,
« tant en son nom que comme fruit de procuration, d'Anne
« Bazon, sa femme. »

Possédée par la famille Saisset, pendant près de 98 ans, elle fut vendue avec d'autres biens par Marguerite-Marie-Catherine et Madeleine Bouchard, comme héritières de leur mère, Marie-Anne Saisset, veuve de Pierre Bouchard, procureur au Parlement de Paris, à Pierre-Paul Barthelon, premier secrétaire des Économats, demeurant à Versailles, suivant contrat passé devant Cordier et son collègue, notaires au Châtelet de Paris, le 9 janvier 1771, elle était ainsi désignée :

« Une maison bourgeoise, scize au hameau de la Gouttière,
« paroisse de Neauphle-le-Château, consistante par bas, en un
« cellier, cave, fournil, cuisine, cabinet de dépense à *costé*,
« salle au costé gauche en entrant, formant une *aille*, et une
« autre salle, de l'autre *costé* droit, en entrant, faisant l'autre
« *aille*, cabinet de commodité, derrière une chambre à chemi-
« née, sur une salle de *compagnie*, et une chambre sur les dits
« cellier, cave, cuisine et fournil; une autre chambre lambrissée
« sans cheminée; petit grenier sur les dits bâtiments, le
« tout couvert en *thuille*; petite cour devant, fermée avec une
« grille de fer, puits dans la dite cour, petit parterre, derrière
« la dite salle à manger, jardin derrière, et à costé de la mai-
« son planté en partie de vieux arbres fruitiers, et une place
« sur laquelle sont plantés quelques marronniers; le tout clos,
« de murs, le tout compris l'emplacement des dits murs,
« jusqu'au milieu des Ruelles, un arpent, deux perches,
« dix-huit pieds de perches et onze pieds carrés de *cent;*
« et un petit pavillon, au bout du dit jardin, sous lequel il
« y a une resserre, aussy couvert en *thuille*, tenant d'un
« *costé*, le dit sieur Barthellon, et d'autre bout, les dites
« ruelles.

« Une autre maison, consistante en deux chambres par bas,
« à cheminée, et une étable à vache, grenier dessus, couverte
« en paille, cour commune avec la *damoiselle* Blanchet, un
« jardin devant, derrière et à *costé*, clos de murs, planté
« d'arbres fruitiers, contenant, compris l'emplacement des
« *bastiments*, un arpent, dix-sept perches, sept vingtièmes

« et dix-sept pieds carrés de terre, tenant d'un costé, le
« nommé Perdriel, et laditte damoiselle Blanchet, d'autre
« *costé,* le nommé Baillot, d'un bout, la rue de la Gouttière,
« à Neauphle, et d'autre bout, les Ruelles.

« Quatre-vingt-seize perches, trois quarts, un pied de
« terre, située terroir dudit Neauphle-le-Château, près la
« maison bourgeoise *cy-dessus* désignée, *champtier dit le*
« *Petit-Clos,* tenant d'un *costé,* le nommé Baillot, d'autre
« *costé* le dernier jardin *cy-dessus,* et autres, d'un bout les
« Ruelles, et d'autre bout plusieurs. »

Mon père, M. Charles Prud'homme, se rendit acquéreur
de l'ancienne maison Barthelon, jardins et clos, dans lequel
se trouvait la maison du *Pignon-Vert,* dont M. Barthelon
avait fait le logement de son jardinier.

Ainsi que nous l'avons dit plus haut, cette maison avec
les jardins qui y tenaient était autrefois plus importante ;
plusieurs bâtiments ayant été démolis, elle avait son entrée
par une grille, sur le chemin des Ruelles à la Gouttière,
et le petit pavillon rouge qui existe encore formait le fond
du jardin.

Aujourd'hui c'est une demeure fort modeste qui n'a plus
que les proportions d'un logement de jardinier.

Albéric Arnault, alors locataire du Pignon-Vert, a mis à
jour d'anciennes constructions, en creusant dans le jardin,
les fondations d'une citerne.

A une autre époque, M. Giroux, propriétaire de la maison voisine, a trouvé une espèce de souterrain, en fouillant
les fondations d'un bâtiment, ce qui a beaucoup gêné cette
construction.

Enfin, nous avons découvert dans notre jardin potager,
en faisant faire un trou pour planter un arbre, une voûte
dont la maçonnerie avait été enlevée.

De là on est arrivé à dire qu'il y avait certainement, dans
ce coin de Neauphle, les restes d'un souterrain s'étendant
jusqu'au bois de Sainte-Apolline, et qui devait être le refuge
des Seigneurs, en cas d'attaque soudaine ; mais de tout cela,
il n'y a que présomption, et on n'a jamais pu retrouver la
trace certaine de ces derniers vestiges de la féodalité.

CHATRON

Châtron, autrefois Châteron, est maintenant un petit
hameau, dont la moitié fait partie de la commune de Saint-
Germain-de-la-Grange et l'autre du territoire de Neauphle.
Le chemin qui le traverse fait la délimitation des deux
communes.

Jadis, il a été la résidence d'une famille de Seigneurs qui, éprouvée par le malheur, s'est éteinte dans la pauvreté ; parmi les noms les plus connus, citons :

Pierre de Châteron, vers 1133 et 1145.
Gautier, 1160-1196.
Amaury et Pierre de Châteron en 1177.

Nous voyons Pierre et Hugues de Châteron, Chevaliers, vendre, en 1206, à l'abbaye d'Abbecourt, une dîme à Tiverval.

Simon, châtelain de Neauphle, approuve cette vente comme Seigneur féodal. (Arch. S. et O.)

En 1223, Simon de Châteron vendait trois arpents de vigne du consentement d'Ysabelle sa mère, et d'Aalis (Alice), sa femme.

Gautier et Hugues de Châteron, frères de Pierre, 1226, font un don à l'abbaye de Saint-Victor de Paris, en 1227.

Le sceau de Hugues porte un *écu écartelé de quatre quartiers pleins*, avec la légende :

S. Hugonis vice comitis de Châteron

Le titre de *Vicomte* est sans doute un surnom, car il n'y a jamais eu de *Vicomté* de Châteron.

Sur le sceau de Gautier, il y a en plus, *un lion* sur le premier quartier de son écu, et la légende est :

S. Gautier de Châteron

(ainsi que nous l'a conservé l'inventaire des sceaux des archives nationales.)

Marguerite, dame de Châteron, et veuve de Pierre de Choisel, avait trois filles ; elle vendit la moitié de la Seigneurie du Tremblay à Jean Mignon en 1323.

Guillaume de Châteron vendit l'autre moitié au même en 1330, y compris la mouvance de deux fiefs tenus par Guillaume Bagot, Chevalier, Seigneur de Pontchartrain, en partie ; l'un de quatre arpents de terre, devant la porte de Pontchartrain, l'autre de quarante sous de cens et vignes de *Ronroude*.

Jean de Neuville, écuyer, au nom de ses enfants, héritiers de leur mère, fit hommage le 16 août 1394, à Guillaume de Boisnivard, châtelain de Neauphle-le-Château, pour *masures et jardins* à Châteron.

Le 20 juillet 1494, Mathurin de Harville, dans son hommage au roi, comprend un fief qui fut à Jean de la Neuville à Châteron.

Maintenant on y chercherait vainement, la plus petite trace du passage de ces seigneurs, qui, pendant plus de deux siècles, se sont succédé dans cette Seigneurie.

Neauphle-le-Château a eu autrefois sa place dans l'histoire nationale, aujourd'hui il est bien déchu de sa grandeur native, il a quelque peu oublié son origine, mais il n'en est pas moins de grande et noble race !

ENVIRONS DE NEAUPHLE

Nous allons relater maintenant ce que nous avons pu recueillir sur chacun de ces pays, dont plusieurs ont été illustrés au temps de la Féodalité.

Respectant l'ordre alphabétique nous commencerons par Argenteuil.

ARGENTEUIL

Argenteuil compte près de 9.000 habitants. Chef-lieu de canton de l'arrondissement de Versailles, il est situé sur la rive droite de la Seine. Un pont de sept arches nouvellement reconstruit, traverse le fleuve à cet endroit.

L'église, rebâtie de nos jours, est un beau morceau d'architecture romane, elle possède une belle châsse exécutée dans le style du XIIe siècle, et qui contient la *tunique sans couture* de Jésus-Christ.

On voit aussi dans la ville, la vieille tour du Moulin.

Entre Argenteuil et Bezons, on remarque le château du Marais, et entre Argenteuil et Epinay, se retrouve encore une allée couverte, druidique.

(Argentolii Prioratus) ; le Prieuré d'Argenteuil était un monastère de Religieuses de l'Ordre de Saint-Benoît, datant du IXe siècle. Charlemagne ayant reçu de Byzance la tunique sans couture de Jésus-Christ, lui confia cette précieuse relique renfermée dans un coffret d'ivoire, pour donner une grande marque de son affection à sa sœur Gisèle et à sa sœur Théodrade qui étaient religieuses en ce monastère. Théodrade en était abbesse et relevait de celui de Saint-Denis. Ce Prieuré fut l'objet de donation de la part de Gui de Che-

CHÂTEAU DES MESNULS

vreuse et de sa femme, ainsi que nous le constatons dans la Charte latine que nous rapportons plus loin, et qui a été vidimée et confirmée par Louis IX.

Juin 1249 :
De compositione inter conventum de Argentolio, et Guidonem de Caprosia, (de diversis) redditibus apud Chavenolium Vid. Aug. 1256.
Ludovicus Dei gratia, Francorum rex, etc.
Notum facimus, quod cum nobilis vir et mulier Guido de Caprosia Castellanus de Neaufle et Maria ejus uxor.
Orig. en parch.

Composition entre le couvent d'Argenteuil et Gui de Chevreuse pour divers dons à Chavenay.

Approuvé, août 1256.

« Louis par la grâce de Dieu, roi des Français, etc.
« Faisons savoir que noble homme Gui de Chevreuse, châ-
« telain de Neauphle, et noble femme Marie, son épouse... »
Orig. en parchemin.

AUTEUIL

Auteuil, *Auteil, Autoli,* commune de 400 âmes, du canton de Montfort.

Les deux seuls noms de seigneurs qui nous soient parvenus, sont :

Teonius de Auteil :

1553 *Bartolomeus* son frère.

Auteuil était vignoble renommé pour ses vins blancs, il y a quelques années encore.

BAZOCHES

Bazoches, commune du canton de Montfort-l'Amaury, dont la population est de 300 habitants, a 120 maisons, et est situé sur une colline dominant la Mauldre, son territoire est de 500 hectares environ.

Ce pays, très ancien, dépendait de l'archidiaconé du Pincerais, diocèse de Chartres.

L'église est en partie romane ; son portail et sa tour remontent au XIIe siècle ; elle a saint Jacques pour patron.

La paroisse de Bazoches fut donnée à l'abbaye de Saint-Magloire de Paris, par Hugues Capet et Robert Ier.

Ces donations furent confirmées en 1158 par le pape Adrien IV.

Au XIIIe siècle, elle comptait 110 paroissiens. L'église, sous le vocable de saint Martin, avait 37 livres 10 sous de revenu et était à la collation de l'abbé de Saint-Magloire.

En 1738, son *collateur* et *représentateur* était le seigneur du lieu, elle avait un revenu de 150 livres.

La paroisse de Bazoches fut représentée à la réunion du 13 octobre 1556, pour la rédaction des coutumes du comté de Montfort-l'Amaury, par Guillaume Peel, Jean Cotereau et Marin Le Lormet, marguilliers de l'église, et par maître Jean-Marie, vicaire, comme représentant maître Geoffroy Barbereau, curé.

Le 24 décembre 1569, Annette Legay, veuve de Florent du Bellay, fit hommage à Guy du Hamel, seigneur du *Tronchet*, à Bazoches, pour le fief de Mont-Phélippe.

Une partie de Bazoches et le hameau de Houjarray qui en dépend, sont situés sur l'ancienne voie romaine de Paris à Saint-Léger en Iveline.

Saint Éloi des *Mesnus* était une annexe de Saint-Martin de Bazoches, aujourd'hui paroisse des *Mesnuls*.

La chapelle des Menus *(les Mesnuls)* était à la nomination de l'évêque, puis du seigneur du lieu, le châtelain de Maurepas ; elle avait un revenu de 50 livres, était de la conférence du Tremblay, de l'élection de Montfort et à la présentation de l'abbé de Saint-Magloire.

Le comte de Nugent possède un joli château (seul reste de cette seigneurie) de style Louis XIII, avec fossés qui l'entourent en partie. Une superbe avenue de tilleuls plusieurs fois séculaires conduit au pont-levis.

BEYNES

Beynes, en latin *Bania,* vient du nom celtique *Baïna,* qui veut dire *pierre*.

Beynes, commune du canton de Montfort-l'Amaury, a une population de 900 habitants environ ; elle est située sur la Mauldre, à 13 kilom. de Montfort, 28 de Rambouillet et 22 de Versailles. Elle a depuis peu un bureau de poste et une correspondance avec le chemin de fer à Villiers-Neauphle, dont elle est distante de 5 kilomètres.

Il reste à Beynes, les ruines d'un ancien château fort.

Nous nommerons ici les principaux seigneurs qui l'ont habité :

Guiner, seigneur de Beine, 1162-1173 ;
Galeran, son fils ;
Odon de Beine ;

EGLISE ET CIMETIÈRE DE BRYNES

Garin, son petit-fils ;
Laurentius de Baïna, Juin 1286.

Le château de Beynes fut possédé plus tard par l'abbaye de Saint-Germain-des-Prés, (fondée à Paris, au VIe siècle, par Childebert Ier). Cette abbaye avait, ainsi que celles de Sainte-Geneviève et de Saint-Denis, de nombreux domaines en Seine-et-Oise.

« On voyait (dit Baimbert) dans les archives de l'abbaye de
« Saint-Germain-des-Prés, un ancien registre des foy et
« hommage que les comtes de Montfort étaient obligés de
« rendre à l'abbé de Saint-Germain pour leur château de
« Beine et le fief du Chênay. »

Il ne paraît pas que les comtes de Montfort aient continué de faire ces *foy et hommages* depuis 1274, peut-être, parce que ces terres ont été réunies au domaine du Roi.

En 1415, Jean-sans-Peur franchit le pont de Meulan et mit le siège devant le château de Beynes, dans la vallée de la Mauldre, où deux vaillants chevaliers, Hector de Saveuse et Jean de Fossesseux s'étaient retranchés avec 200 combattants. Trop inférieurs en nombre, ces braves furent obligés de rendre la place au bout de quelques jours.

Les ruines de ce château, encore debout, offrent un curieux spécimen de l'art des fortifications au XIVe siècle ; le vieux donjon est flanqué de huit tours rondes, et défendu par un fossé circulaire dont l'escarpe et la contrescarpe sont taillées à vif.

On y voit encore le reste du *pont-levis* et du pont *dormant.* Celui-ci était *casematé.* Un souterrain en partie comblé aujourd'hui, mettait ce château en communication avec une autre forteresse, entièrement détruite, maintenant, qui était bâtie dans le bois de Beynes.

Nous trouvons des lettres-patentes datées de 1568, de Charles IX, confirmant le don fait par son aïeul le roi François Ier, par lettres-patentes du mois de septembre 1545 à Anne de Pisselen, duchesse d'Etampes, des baronnies, terres et seigneuries de Beynes, Noisy, Grignon et autres, *assises* au Val de Gallie, que feu Messire Guillaume Poyet, abbé de Bardoux, avaient cédées et transportées à François pour demeurer quitte de plusieurs sommes ; le don était fait sous la condition que Mme de Pisselen « laisserait des enfants ».

La paroisse de Beynes qui avait un revenu de cent livres, fut représentée à la réunion pour la rédaction des coutumes de Montfort.

L'église est sous le vocable de saint Martin, elle possède un beau retable, chef-d'œuvre de la Renaissance.

BLARU

Blasruto, Blaruto, ainsi nommé autrefois, est maintenant une commune d'environ 600 âmes, du canton de Bonnières.

Blaru possède encore la tour d'un château féodal.

En 1052, *Pierre,* fils d'Odard de Vernon, donne à l'Abbaye de Coulomb, l'église de St-Hilaire de Blaru, qu'il tenait d'Amaury de Versailles, lequel approuve ce don avec Ite, son épouse. Pierre promet de le faire confirmer à la cour de son seigneur, Simon de Neauphle et à celle du roi. (Bibliothèque nationale.)

Le 18 septembre 1247, François Bonaventure de *Tilly,* marquis de Blaru, fils de Charles de Tilly, avait déposé chez un notaire, comme il aurait pu le faire pour son testament, une protestation sous enveloppe, scellée de ses armes : *fleur de lis de gueules en champ d'or,* contre l'arrêt de la chambre des enquêtes, qui adjugeait à la Châtellenie de Neauphle et au marquisat de Ponchartrain, la mouvance de Blaru, comme relevant du roi, à cause de son comté de Mantes sous prétexte d'un prétendu aveu de 1366, qui n'avait été ni présenté ni reçu.

Il *expliquait,* « *qu'il n'osait attaquer l'arrêt, à cause du crédit de M. de Ponchartrain, ancien chancelier qui avait enlevé à son père, le gouvernement de Vernon, pour le punir de sa résistance, et du crédit de M. de Maurepas, secrétaire d'Etat ; aucun notaire, dit-il, n'oserait recevoir une protestation publique, aussi en était-il réduit à la faire en secret.* » *(Arch. de Seine-et-Oise, titres du marquisat de Blaru.)*

Ricard, Ricardus ou *Richard* de Blarutto, était frère de Guy de Neauphle, doyen de Tours ; il paraît vers 1255.

Richard de Blarutto et sa femme, *Marguerite* vidiment Aug. 1256, (approuvent) une donation d'août 1256.

Par un accord du 13 avril 1391, entre Clément le Tenant écuyer, époux de Jeanne Boudard, veuve de Jean d'Aigreville et Guillaume de Bois-Nivard, marié à Catherine d'Aigreville, fille du 1er mariage de Jeanne, qui partageait la seigneurie de Neauphle, le rachat du fief de Blaru, échu par la mort d'Etienne Bracque, dut être partagé par moitié.

En 1486, *Jean de Tilly* était seigneur de Blaru.

Louis de Tilly, son fils, fit hommage au roi pour la châtellenie de Blaru, relevant de Mantes.

En juin 1522, Françoise l'Advocat était veuve de Jean de Tilly, seigneur de Blaru.

Le 7 novembre 1532, *Jean de Tilly, écuyer,* seigneur de Blaru, fait hommage au roi, pour partie du fief et Châtel-

EGLISE DE ROSNAY-S-AVOIR

lenie de Blaru, relevant de Neauphle, au comté de Montfort.

En 1595, *Jean de Tilly*, est châtelain de Blaru, seigneur de Villegast Chauffour et le Port de Villiers.

En 1690, *Charles de Tilly* devenait *marquis de Blaru*.

BOIS D'ARCY

En latin :

Nemus Arsei, Arseis, Arseium, Arsit, est une commune de 850 habitants, de l'arrondissement de Versailles, autrefois illustrée par la présence de seigneurs, parmi lesquels nous citerons :

1118, *Arnulfe d'Arsit ;*
1180, *Symon,* son fils ;
Jeam d'Arucigero ;
Mars 1386, *Philippe,* chevalier, frère de Jean.

BOISSY-SANS-AVOIR

Boissy-sans-Avoir, appelé dans les anciennes chartes latines: *Boissiacum, Bossiacum, Bussiacum sine-censu,* est une commune du canton de Montfort-l'Amaury, de 270 habitants environ ; elle tire son nom, *sans Avoir* (sine-censu), d'une ancienne famille, qui était vassale des comtes de Monfort, et probablement peu favorisée de la fortune.

L'église est sous le vocable de saint Sébastien.

Vers la deuxième moitié du XIIIe siècle, *Guillaume-sans-Avoir,* homme lige, tenait du comte de Montfort, sa maison « de Bossy, celle de Septeuil (Septolia) et celle du Bois-« Nivard ; la garde de sa terre, la chasse à la grosse bête, « réserve faite de la chasse du comte, et la clôture de son « château. Pour ce, il devait trois mois de garde à « Montfort. »

Voici le texte latin :

Guillelmus sine censu est homo ligius, domini comitis de domo sua de Septolia et de domo Nemoris-Nivardi et de gardo terræ suæ chassam et grossum animal in Nemore Nivardi salva chassa domini comitis tenet de domino comite, et clausuram castelli et de hoc debet tres menses custodiæ apud Montem fortem.

A la même époque, *Hugues-sans-Avoir* également homme lige du comte, tenait aussi de lui, sa maison de Boissy, la garde de cette maison, et la *coutume* de la forêt.

D'après une enquête faite en 1217, on évaluait le fief de Hugues-sans-Avoir, à 420 livres.

En 1292, *Robert-sans-Avoir,* probablement, descendant des

deux précédents seigneurs, rendait hommage à Béatrix, comtesse de Montfort et de Dreux, pour deux maisons à Boissy, ou plutôt se contentait *d'assurer ses deux maisons à la comtesse.*

Le 22 septembre 1574, aveu de la terre de Boissy, par *Raoul Moreau*, chevalier conseiller du Roi, et trésorier de France, en la charge d'autre seigneurie et gouvernement établie à Paris, seigneur de Grosbois, Auteuil et Boissy-sans-Avoir :

1° *L'hôtel seigneurial de Boissy, lequel naguère avait une vieille tour, vulgairement appelée la Tour de Buissy, qui était environnée de fossés avec faulses brayes, consistant en maison, grange, étables, bergeries, pressoir, cour, jardin, plant d'arbres : le tout clos de murs, tenant d'un côté, à Denis Girault; d'un côté, Guillaume Brin, arpenteur et autres, d'un bout sur le chemin et rue du dit Buissy, contenant trois arpents.*

Droit d'usage et pâturage, en la forêt de Montfort.

Tout droit à Buissy « de haute, moyenne et basse justice, droit de garenne et colourbier a pied. »

Le droit de coustume sur nos hommes couchant et tenant en la seigneurie.

Tout droit de justice, moyenne et basse, qui appartenait aux trésorier, chanoines et chapelains du bois de Vincennes, à cause de leur fief et seigneurie des Prés qui est dans la paroisse de Buissy.

Sur tous les hommes et sujets du fief des Prés, demeurant tant au dit lieu des Prés, qu'au dit Boissy, lequel nous avons acquis des dit trésorier, etc.

Le droit de four à san (sic), *appartenant au manoir du dit fief des Prés... doivent donner* « *le sixième pain* ».

Sur quatre-vingts hôtes et sujets du dit hôtel des Prés, de chacun muid de vin, vendu au broc et mis en charrette :

Deux deniers d'argent et rouaige, avant que la roue tourne, sous peine de soixante sols Parisis d'amende.

Le droit de trois corvées de chevaux, sur chacun labour des dits hôtes, et trois journées de voiture, une en Mars, l'autre en jachères, et l'autre à couvrir les blés.

Les droits, que quand les dits hôtes se marient ou leurs enfants, sont tenus et redevables au dit hôtel, d'un matz qui vaut trois paires de vaudz, une pour le seigneur, l'autre pour la dame, et l'autre pour le maître charretier; et chacun son état, quatre pains, quatre pintes de vin et une demi longe de porc à tous; la queue de pied et demi de long et un demi pied de large (sic).

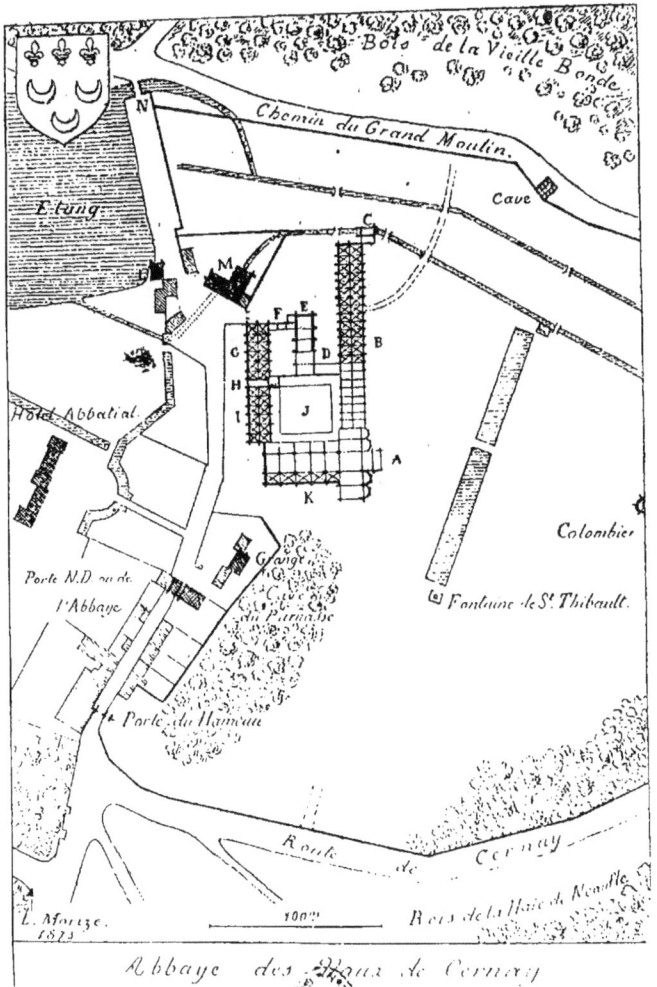

Et pour ce, le seigneur doit bailler un cheval, pour aller quérir les porcs qui sont hors la ville, ou la charrette s'il lui plaît.

Si au dit manoir, d'après vient aucun seigneur, pourquoi le seigneur ait à faire des lits, soit de son amitié ou autre personne, il peut prendre sur chacun manant des dits hôtes fournis pour une nuit et le rendre le lendemain devant la grange, revenant le deuxième jour d'après si métier est. »

Au mois de novembre 1668, nous trouvons mention d'un acte de foy et hommage de *François Biconnet*, chevalier, seigneur de Boissy.

BONNIÈRES

Bonnières, chef-lieu de canton de l'arrondissement de Mantes, situé sur la Seine, compte à peine 950 habitants.

On voit à peu de distance les ruines de la tour Mesnil-Regnard datant du XI° siècle.

CERNAY-LA-VILLE

Cernay-la-Ville, du canton de Chevreuse, petit village rustique de 600 habitants, à 6 kilomètres de Dampierre, est située dans une charmante vallée appelée, les Vaux-de-Cernay, *Valles Sarnoni Abbatia*, site agreste, très belle végétation, son territoire faisait autrefois partie du Hurepoix, gouvernement général de l'Ile-de-France, diocèse de Paris.

L'église, avec son massif clocher roman percé de meurtrières, domine la vallée.

L'abbaye commendataire d'hommes de l'Ordre de Citeaux fut fondée le 1er novembre 1128, par Simon, seigneur de Neauphle, et Ève sa femme.

Le revenu de l'Abbaye était de 75.000 livres et la taxe en cour de Rome, de 33 florins, (le florin est évalué à 5 livres de notre monnaie).

Cernay était une mouvance du châtelain de Neauphle et valait sept à huit mille livres, à son abbé.

Ce monastère compte comme prieurs bien des illustrations : l'abbé Gui qui prêcha la croisade contre les Albigeois ; son neveu, l'abbé Pierre, qui laissa une chronique de ces guerres ; l'abbé Gautier ; Thibaut de Marly, l'ami de saint Louis et de la reine Marguerite dont les ferventes prières obtinrent un fils au couple royal ; Henri de Bourbon, etc.

Nous trouvons un échange du 3 février 1310, entre le frère Jean, abbé des Vaux-de-Cernay, et Etienne, recteur de Saint-Pierre-de-Plaisir au nom de son église, d'une pièce de terre dans la forêt de Neauphle-le-Château et contenant, *quatuor* environ quatre arpents en deux pièces que le recteur possédait, dont une située, *in territorio Pratorum* ou territoire des Petits-Prés, tenant au ruisseau de Merdrel, près la ferme des Ebisoires qui appartenait aux religieux, et l'autre sise au terroir de *Pede loto* (terroir des *Pieds mouillés*) le long du chemin qui conduit de Plaisir à Paris.

Le 27 novembre 1452, *Pierre de Haubergeon*, écuyer, fait hommage au duc de Bretagne, comte de Montfort, à cause de sa seigneurie de Neauphle, pour son manoir à Cernay.

La seigneurie de Brouillard appartenait aux Vaux-de-Cernay, mais elle en fut démembrée par Charles VII, pour la donner à Thomas Hao, chevalier anglais « de grande réputation », en récompense des services qu'il avait rendus au roi de France.

L'abbaye possédait beaucoup de biens, provenant de donations, et notamment la terre d'Ithe, aujourd'hui, de la commune de Tremblay, et le domaine ferme et *mestairie* des Ebisouers, au val de Gallie, en la chastellenie de Neauphle, total 417 arpents de terres et prés, d'après l'état des biens de l'abbaye en 1511.

Le 16 avril 1523, *Tristan de Hingant,* dit *Furet,* fait hommage au roi, pour la terre et seigneurie de Cernay-la-Ville, mouvances de la tour de Neauphle au comté de Montfort.

Ce monastère a été spolié comme tous les autres pendant la Révolution, et vendu comme bien national ; les acquéreurs ont démoli la plus grande partie des bâtiments, cependant il subsiste encore de très belles ruines, surtout les restes de l'église, des voûtes ogivales du XIIe siècle et quelques vestiges du cloître des XIIIe et XVIe siècle.

A peu de distance de l'église de Cernay, au delà du ruisseau que l'on franchit sur un pont de deux arches, on voit au fond du vallon, le moulin des *rochers,* primitivement construit par les moines des Vaux. Le ruisseau s'étale alors en étangs couverts de roseaux : le vallon ombreux serpente entre d'immenses rochers, l'eau bouillonne, saute par-dessus les bords et retombe en cascades.

Trois moulins pittoresquement situés occupent le passage des cascades ; puis la vallée s'élargit dans un cadre de collines boisées, dont le fond est occupé par un immense étang bordé de chênes séculaires, le coteau pierreux est tapissé de fougères et de bruyères.

L'étang des Vaux est découpé par les rives gazonnées d'un parc admirable.

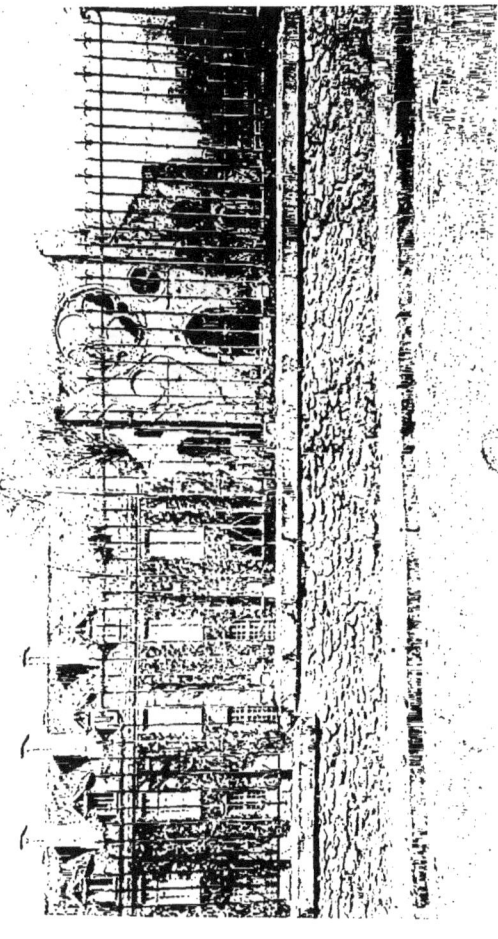

CHÂTEAU DE CERNAY

L'ancienne abbaye, aujourd'hui propriété de la baronne Nathaniel de Rothschild, a été divisée en deux par le passage de la route. A droite, les bâtiments modernes fort coquets ; à gauche l'ancienne abbaye, devenue château moderne, grâce à une intelligente et artistique restauration.

Dans le parc se trouvent les ruines de l'église et le puits ou fontaine de Saint-Thibault. Ces ruines sont une des curiosités historiques et archéologiques les plus intéressantes du département.

CHENNEVIÈRES

Chanevierii, Chennevières est un hameau de la commune de Jouars-Pontchartrain, au bas duquel coule la Mauldre.

Chennevières, nommé dans les chartres latines : *Cheneveriæ* et *Caneveriæ* a été la résidence de plusieurs seigneurs, notamment, de :

Philippe de Chennevières, dont la femme se nommait Isabelle.

Ils eurent trois fils : Geoffroy, Philippe et Symon.

Rainaldus, Rainald de Chennevières.

En 1162, Simon et Pierre de Chennevières.

Une enquête de 1217 évaluait les fiefs de Pierre de Chennevières, à 1.320 livres, et ceux de Simon, à 420 livres.

Le 12 août 1376, Pierre de Chevreuse acheta de Bertrand de Maule, le manoir de Chennevières-sous-Neauphle-le-Château, pour 1,200 livres.

Le 23 novembre 1492, le curateur de Françoise de Canteleu, héritière sous bénéfice d'inventaire, de Colart de Chevreuse, fait hommage au roi pour moitié, de la terre de Chennevières, relevant de Neauphle.

Le même jour, Antoine de Canteleu, baron de Chevreuse, fit aussi hommage pour la terre de Chennevières, à cause de sa femme, Ide de Chevreuse, fille de Colart de Chevreuse, et de Jeanne de Saveuse.

CHEVREUSE

Chevreuse, *Caprosia dicta quasi Caprosa*, 1.800 habitants, chef-lieu de canton de l'arrondissement de Rambouillet, situé sur l'Yvette, domine la vallée dite de Chevreuse qui a une longueur de 20 kilomètres au moins, et s'étend du village de Saint-Rémy-les-Chevreuse aux villages du Perray et des Essarts-le-Roi. Au moyen âge c'était un bourg de la prévôté et du vicomté de Paris, avec titre de baronnie.

D'après les chroniques, l'histoire de Chevreuse remonte à Robert le Pieux et à Louis VI.

C'est sous leurs règnes que les sires de Montlhéry se construisirent une formidable résidence dominant le plateau de la Madeleine.

La maison de Chevreuse fut pendant le moyen âge, une seigneurie possédée par une branche de la maison de Montmorency.

Les sires de Chevreuse qui figurent souvent dans l'histoire, comme guerriers et négociateurs, avaient le singulier privilège de porter sur leurs épaules, l'évêque de Paris, le jour de son intronisation solennelle.

Chevreuse était nommé en 1228, *Caprosia dicta quasi Caprosa*, à cause de la quantité de chèvres qu'il y avait en ce lieu, d'après l'appendice de Guillaume de Nangis.

L'église construite au XIIIe et au XIVe siècle renferme encore des fresques et des peintures décoratives.

Un vieux portail richement ornementé de fleurons, de chevrons et de consoles bizarrement sculptés, reste seul vestige de l'ancien prieuré de Saint-Saturnin.

On trouve encore dans la ville de curieux vestiges de constructions du moyen âge, entre autres, la maison des Bannières percée de larges fenêtres à meneaux et pommelle octogonale. Les caves de cette maison communiquent, dit-on, avec le château.

On voit à peu de distance les ruines imposantes du château de la Madeleine qui date des XIIe et XVe siècles, le beau donjon Carlong, c'est-à-dire formant un carré long, avec ses contreforts, ses jolies tours rondes, du profil le plus élégant et d'où l'on découvre une vue splendide.

Pendant la guerre de Cent ans, cette forteresse résista aux assauts des Anglais, et pendant les guerres de religion, aux efforts des calvinistes.

Les ruines du château dominent la vallée de plus de 82 mètres, on y arrive par plusieurs sentiers frayés au milieu des buissons. On trouve la porte Pinceloup qui aboutit à la courtine pavée de l'ancienne forteresse. De là on embrasse la masse encore imposante des remparts ; de profondes fondrières, d'où s'élèvent d'énormes contreforts, soutenant les murs d'enceinte, sont à moitié comblées par les démolitions et envahies par les ronces et par les églantines.

Les ruines se composent d'un donjon du XIIe siècle et de deux belles tours rondes, dont celle de l'ouest renferme de

BLASON DE LA VILLE DE MONTFORT

LA CROIX, PRÈS L'ÉGLISE DE JOUARS

remarquables charpentes. Du sommet des tours on découvre un immense horizon vers Paris, tandis que de l'esplanade du château la vue est splendide dans la vallée.

Plusieurs seigneurs de Chevreuse rendirent de signalés services à la couronne.

Vers 1246, alors que Louis IX était en Palestine, Blanche de Castille donna, comme régente, des preuves de son habileté.

Raimond VII, dernier comte de Toulouse, étant mort, ses états devaient suivant le traité de 1229 revenir à Alphonse, comte de Poitiers, son gendre. Cette succession pouvait élever des difficultés entre le comte d'Anjou et le comte de Poitiers. Blanche envoya Guy et Henri de Chevreuse, en prendre possession et prévint ainsi toute querelle.

Le comte de Poitiers, à son retour d'Egypte, alla lui-même recevoir les hommages et le serment de fidélité.

Parmi les seigneurs qui ont illustré Chevreuse nous voyons :

Guy, fils du seigneur Guy de Chevreuse, *fecit fidelitatem Parisius de feodæ Nealfæ*, le 2 juin 1253.

Pierre de Chevreuse, 12 août 1376.

C'est Gui II de Chevreuse qui fut, selon toute apparence, l'un des bienfaiteurs de la maison des Templiers, à la Ville-Dieu de Maurepas.

Il fit hommage lige à Guillaume, évêque de Paris, de la totalité de son château.

Il avait le même sceau que son père, qui ne différait que par la légende qui est endommagée.

Dans le dénombrement de cette baronnie fourni à l'évêque de Paris, par Antoine de Canteleu, le 27 août 1507, il donne pour limites à sa châtellenie de Maurepas le ruisseau d'Elancourt qui la sépare de la châtellenie de Neauphle et de Pontchartrain à l'amiral de Graville. Cependant une motte de four au delà de l'eau devant Pontchartrain était de la châtellenie de Maurepas.

Cette baronnie fut érigée en duché par François Ier pour la duchesse d'Etampes, vers 1545, ensuite elle fut élevée au titre de pairie en 1612 en faveur de la maison de Lorraine.

Claude de Lorraine, cardinal de Rennes, duc de Chevreuse, fils puiné de Henri duc de Guise étant mort sans enfants en 1657, la pairie devait s'éteindre. Marie de Rohan Montbazon, veuve du duc de Chevreuse, eut le duché de Chevreuse qu'elle donna en 1667 à Louis-Charles-Honoré-Albert, duc de Luynes, né de son premier mariage, avec le connétable de Luynes, favori de Louis XIII ; la pairie fut donc rétablie en 1667.

A partir de cette époque, il fut d'usage dans cette famille de porter alternativement, de mâle en mâle, les titres de duc de Luynes et de duc de Chevreuse.

La famille Alberti, devenue d'Albert, après son séjour dans le comté Venaissin, était originaire de Florence.

Léon d'Albert, petit-fils de Thomas d'Albert, chef de la maison Alberti, parut sous le règne de Charles VII, et porta le premier, le titre de seigneur de Luynes, il fut tué à la bataille de Cérisoles.

Honoré, fils de Lion seigneur de Luynes, se distingua comme colonel au service de la France, sous Charles IX et Henri III.

Charles d'Albert, duc de Luynes, son fils, filleul de Henri IV, grand fauconnier, connétable de France, chevalier des ordres du roi, premier gentilhomme de sa chambre, gouverneur de l'Ile-de-France, de Picardie et de Normandie, naquit à Moras en 1577.

Attaché à la personne du dauphin Louis XIII, il gagna ses faveurs en lui élevant des oiseaux et devint premier ministre après la mort de Concini, maréchal d'Ancre.

La ville d'Ancre, en Picardie, changea son nom en celui d'Albert et le comté de Maillé, en Touraine, fut érigé en duché-pairie sous le nom de Luynes, au mois d'août 1619.

Il se rendit odieux par son ambition.

En 1624, revêtu de la dignité de connétable de Luynes, décida Louis XIII à faire la guerre aux protestants du Midi, assista à la prise de St-Jean-d'Angély.

Dans cette campagne, il fut emporté à Longueville, par une fièvre pourpreuse.

De son mariage avec Marie de Rohan, fille du duc Hercule de Rohan, duc de Montbazon, il laissa Louis d'Albert de Luynes qui vécut loin de la cour, et se lia d'amitié avec les solitaires du Port-Royal, il travailla à la bible de Lemaistre de Sacy. Charles-Philippe-d'Albert duc de Luynes, arrière-petit-fils du précédent, né le 30 juillet 1695, mourut à Dampierre le 2 novembre 1758.

La reine Marie Leczinska entretint avec lui et sa femme une correspondance assidue.

Son petit-fils Louis-Joseph-Amable d'Albert, duc de Luynes, naquit le 4 novembre 1758 ; et épousa Elisabeth Joséphine de Montmorency-Laval, morte sous la Restauration dans un âge avancé. Il fut député de la noblesse aux Etats-Généraux de 1789, le duc de Luynes prit part à toutes les mesures sagement libérales de l'Assemblée constituante. Aussi est-il à remarquer que, pendant la Terreur, il resta en France ; l'estime et l'affection qu'on avait pour lui le mirent à l'abri de la proscription qui atteignit les descendants de toutes les grandes familles.

Paul d'Albert cardinal de Luynes, deuxième fils d'Honoré Charles d'Albert, duc de Montfort, renonça à la carrière des armes pour embrasser l'état ecclésiastique. Il devint évêque de Bayeux, premier aumônier de la dauphine, puis archevêque de Sens en 1753, cardinal-prêtre en 1756 ; membre de l'Académie Française et de l'Académie des sciences, rétablit l'Académie des belles-lettres de la ville de Caen. Ce fut un savant doux et bienfaisant.

En 1689 et 1691, le duc de Chevreuse vendit la châtellenie de Magny l'Essart et celle de Maurepas.

Par arrêt du Conseil d'Etat du 28 août et du 22 septembre 1691, et par contrat du 1er février 1692, Louis XIV acheta le duché de Chevreuse, ville et châtellenie ; en contre échange, il lui donna les ville, domaine et comté de Montfort-l'Amaury.

Le titre de duché fut transféré sur le comté, et le Roi disposa de la terre de Chevreuse, dont il fit une baronnie en faveur de la communauté des Dames de Saint-Louis établie à Saint-Cyr.

Cet échange de 1691 avait partagé le duché de Chevreuse en trois parties : la plus forte part avait été cédée au roi, avec la ville et le château de Chevreuse.

Dampierre et quelques paroisses voisines avaient formé avec le comté de Montfort, le nouveau duché de Chevreuse-Montfort. Enfin la châtellenie de Maurepas avait été réunie au comté de Pontchartrain.

Cet échange amena la dislocation (le mot n'est pas trop fort) du comté de Montfort au profit du comté de Pontchartrain et du duché de Rambouillet.

La famille de Phélypeaux, alors toute-puissante, obtint de réunir à son nouveau comté, la châtellenie de Neaufle, distraite du comté de Montfort. Un accord du 14 juin 1699 régla les limites entre les possessions du duc de Chevreuse et celles du comte de Pontchartrain.

Par cet accord, le duc de Chevreuse cédait à son voisin, tout ce qu'il possédait en fiefs et en justices, dans la paroisse de Vic, au nord du ruisseau, à partir du fief de la place de Bardelle. Il cédait également au comte de Pontchartrain ; le droit de haute-justice sur l'église, le château et les maisons de Saint-Aubin au delà de la Mauldre ; la mouvance du fief de Mareil, au delà du même ruisseau et du chemin de Mareil aux Menuls.

La mouvance et haute-justice, sur les paroisses de Bazoches et Saint-Rémy, et les hameaux de Houjarré et de la Pinsonière, au delà des limites posées.

La mouvance du fief Dupuis à Bazoches, possédé par le curé dudit lieu et sur lequel est construite la grange du presbytère.

La mouvance des fiefs Paumier et Saugy à Saint-Remy, en contestation entre eux.

Enfin le ressort de la justice de Villiers-Cul-de-Sac.

Le comte de Pontchartrain céda en échange la mouvance des fiefs de Millemont, de la Queue, de l'Aunay-Rognerin, tenus par le seigneur du Tremblay, et de Cernay-la-Ville, possédé par les héritiers de Pierre de Furet ; 43 sous de cens, sur 23 arpents à Chevaumort, faisant partie du fief de Godemaine, appartenant au comte de Pontchartrain ; enfin, 27 sous 4 deniers de censives sur 19 maisons à Montfort, faisant partie du fief de la Ville-Dieu. (Recueil de pièces au baron Leprieur de Blainvilliers.)

L'échange de 1691 paraît avoir été fait tout à l'avantage du duc de Luynes, mais la revision qui fut faite de 1701 à 1706, lui fut, nous ne savons pour quelle cause, beaucoup moins favorable ; non seulement il fut forcé d'ajouter en supplément d'échange la châtellenie de Villepreux, achetée 145.000 livres, et la seigneurie de Rennemoulin payée 50.000 livres, mais il dut encore verser une soulte de 372.000 livres. Cette revision lui coûta donc 567.000 livres, c'est-à-dire 2 à 3 millions de nos valeurs actuelles.

Ce fut sans doute pour payer cette somme qu'il se détermina à vendre au comte de Toulouse, le 26 décembre 1706, la forêt de Montfort, comprenant 12.700 arpents pour 751.546 livres, et la châtellenie de Saint-Léger pour 89.700 livres.

Les derniers ducs de Chevreuse sont : Charles-Honoré d'Albert, duc de Luynes, fils de Louis d'Albert de Luynes, mort en 1712 et qui avait épousé en 1667, Jeanne-Marie-Thérèse Colbert, fille aînée du grand Colbert.

Il était l'ami de Fénelon qui entretint avec lui et avec sa femme une correspondance assidue.

C'est au duc de Chevreuse que Racine dédia sa tragédie de *Britannicus*.

Après avoir servi le roi avec distinction, il renonça à la vie des camps et fut nommé gouverneur de Guyenne et se consacra exclusivement à l'étude. L'étendue de ses connaissances et la sûreté de sa raison faisaient rechercher ses avis par le dauphin, le duc de Bourgogne et par les ministres de

Louis XIV, mais il refusa toujours par modestie de prendre une part active aux affaires publiques.

Il mourut à Paris, dans les sentiments d'une solide piété qui l'avait aidé à supporter la perte cruelle de son fils aîné, le duc de Montfort, tué près de Landau en 1704.

Marie-Charles d'Albert, duc de Chevreuse, arrière-petit-fils du précédent, né en 1717, fut lieutenant-général des armées du roi, colonel général des dragons et gouverneur de Paris, il se distingua dans toutes les guerres sous le règne de Louis XV.

Pendant la guerre de Sept ans, il contribua au salut de l'armée, après la perte de la bataille de Minden.

Mlle de Narbonne Fritzlar, duchesse de Chevreuse, était dame du palais de l'impératrice Joséphine ; née en 1785, elle mourut en 1818. Elle se fit remarquer à la Cour, par son esprit d'opposition, malgré les prévenances dont elle était l'objet. Napoléon fut obligé de la reléguer à Lyon en 1808. Deux ans après, quand il rappela tous les exilés du faubourg Saint-Germain, il ne fit d'exception que pour Mme de Staël, Mme Récamier et Mme de Chevreuse.

CLAIREFONTAINE

Clairefontaine, près Rambouillet, était une abbaye de Chanoines réguliers de Saint-Augustin, ou Ermites de Saint-Augustin, et plus tard, abbaye d'Augustins déchaussés sans extinction du titre abbatial.

Clairefontaine est maintenant du canton de Dourdan.

COIGNIÈRES

Coignières, autrefois *Cotonarice* ou *Cuenlosa*, est maintenant une commune de 375 âmes, du canton de Chevreuse. C'est un pays très ancien, situé dans la forêt Yveline ou des Ivelines *Foreste liqualina* ou *Aquilina*, qui couvrait alors une partie de l'arrondissement de Rambouillet, désigné aujourd'hui, par des noms divers et principalement, sous la dénomination de forêt de Rambouillet.

Pépin donna la forêt Yveline, en septembre 768, à l'abbaye de Saint-Denis. Plusieurs hameaux dépendant de Coignières; le Gibet, la Grosse-Haie, la Maison-Blanche et les Broderies.

Le Pouillé du XIIIe siècle donnait à l'église de Coignières 72 paroissiens, et un revenu estimé à trente-sept livres, six sous.

Sa cure était à la collation de l'abbé de Coulomb ; son patron était saint Germain.

Coignières a eu une châtelaine du nom de Marie de Cognerus. C'est le seul nom que nous ayons rencontré dans nos recherches.

CONDÉ

Condeto, *Condetum*, Condé, commune de 450 habitants, du canton de Houdan.

CRESPIÈRES

Crespières, commune de 700 habitants environ du canton de Poissy, possède un beau château.

En 1396, Arnaud de Blequancourt fait hommage au seigneur de Neauphle pour Buc à Grignon et pour un fief à Crespières.

En décembre 1595, Claude de Hargeville était dame de Crespières.

CRESSAY

Cressay est un hameau dépendant de la commune de Neauphle-le-Vieux.

Cressay était désigné dans les anciennes chartes, sous les noms Français de Cressi, Cresci et sous les noms latins de *Cressium* et *Cressiacum*.

Cressay était autrefois seigneurie ; ainsi nous voyons :
Galeran de Crescio 1158 ;
En 1158, Hugues de Cressi 1173 ;
En 1231 Pétronille de Cressay, femme de Symon de l'Aunay ;
Puis un peu plus tard, Jean de Cressay, *miles et presbyter*, chevalier et prêtre, fait une vente confirmée par Gui de Chevreuse, chevalier, seigneur et châtelain de Neauphle-le-Château, et Jeanne sa femme ;

Le 8 juillet 1398, Perrin-le-Bougre, l'aîné, le 27 mars 1404, Jacques Ogier fils de Guillaume, et le 12 septembre 1456, Gillet-le-Bougre, firent hommage aux seigneurs de Neauphle-le-Château, pour des fiefs à Cressay.

MANOIR FÉODAL DE CRESSAY. LA CHAPELLE.

DAMPIERRE

Dampierre, 650 habitants, coquet village, du canton de Chevreuse, aux maisons proprettes et respirant l'aisance, possède une église avec clocher roman, ogivale moderne, décorée avec goût. On remarque à gauche, une chapelle fermée par une grille en fer ; elle renferme les tombeaux de la famille de Luynes. Voici le nom de deux seigneurs qui ont illustré cette résidence 1271-1305.

Gui de Dampierre, comte de Flandre, fit la guerre à Philippe-le-Bel, il fut vaincu et mourut en prison.

Auguste Henri Marie Picot.

Le château, reconstruit au xviie siècle d'après les plans de Mansart, par le fils du connétable de Chevreuse, porte bien le caractère majestueux de cette époque. Il s'élève au fond d'une cour d'honneur, précédée d'une grille monumentale, et fut restauré en 1840, par Duban.

Parmi les nombreux objets d'art qu'on admire dans ses somptueuses galeries, on remarque une Minerve en or, ivoire et argent, une statue en argent de Louis XIII enfant.

Un parc immense avec pièce d'eau et cascades entoure le château. Sur le coteau voisin, s'étage en gradins, avec jets d'eau, la promenade de Dampierre.

Une femme célèbre par son esprit et sa beauté a illustré cette antique demeure.

Claude-Catherine de Clermont, fille unique de Claude de Clermont, baron de Dampierre et de Jeanne de Vivoime, naquit en 1543.

Douée d'une intelligence extraordinaire, elle se livra à l'étude du grec et du latin.

Elle épousa Jean d'Aunebaut, baron de Retz.

Il périt peu de temps après des suites d'une blessure reçue en 1562, à la bataille de Dreux.

Catherine resta veuve à vingt ans.

Après trois années de deuil, elle épousa Albert, comte de Retz, de la maison de Gondy de Florence, maître d'hôtel de Henri II, puis gentilhomme de la chambre et maréchal de France ; sous le règne de Charles IX, duc et pair ; général des galères et généralissime des armées sous Henri III, et sous Henri IV.

Ce n'était pas à ses qualités personnelles qu'il devait sa haute position ; mais guidé par les sages conseils de sa femme et soutenu par l'ascendant qu'exerçait son esprit à la cour, il s'y maintint toujours avec considération.

Catherine de Retz étant la seule personne à la cour qui connût les langues étrangères, le roi avait recours à elle pour tout ce qui concernait ses relations avec les autres puissances.

C'est elle qui servit d'interprète à Charles IX, quand les ambassadeurs Polonais vinrent lui annoncer l'élection du duc d'Anjou, elle s'entretint en latin, avec les ambassadeurs.

L'archevêque de Guesne, chef de la députation, conçut pour la duchesse une admiration mêlée d'étonnement.

De retour dans son pays, il publia qu'il avait trouvé en France une merveille digne d'exciter la curiosité de l'Europe entière.

L'éclat de cet éloge rejaillit sur le duc de Retz; les Polonais crurent lui devoir un double tribut d'estime.

Le duc de Retz passa en Italie et les ligueurs profitèrent de son absence pour gagner le marquis de Belle-Isle, son fils, qui résolut de s'emparer du bien paternel.

Catherine déjoua cet infâme projet, elle assembla des troupes, se mit à leur tête, réduisit les rebelles à l'inaction et maintint les vassaux du duc dans l'obéissance qu'ils devaient à leur Suzerain.

Le duc de Retz mourut en 1602. Catherine se retira du monde, elle fit construire près de son château de Noisy, une église et un monastère.

Elle ne survécut que quelques mois à son mari, et mourut à Paris, au mois de février 1603.

Son corps porté dans l'église de l'*Ave-Maria* fut inhumé auprès des restes de sa mère Mme de Dampierre, où on lui érigea un superbe tombeau orné d'inscriptions.

Elle laissa quatre fils et six filles, Charles, marquis de Belle-Isle, qui périt de la main d'un Breton ;

Jean de Gondy, cardinal-évêque de Paris ;

Jean-François de Gondy, seigneur-archevêque de Paris;

Philippe, comte de Joigny.

Quatre de ses filles firent de riches mariages, les deux autres prirent le voile à Poissy, et cultivèrent dans la retraite les vertus dont leur mère leur avait donné l'exemple.

DAVRON

Daveron autrefois, et aujourd'hui Davron, est une petite commune du département de Seine-et-Oise, et du canton de Poissy, elle compte à peine 250 habitants.

Nous avons trouvé peu de chose sur ce petit pays ; cependant, il y avait jadis un prieuré, puisque le 9 mai 1154, nous constatons que Gilbert était prieur de Davron, *Gillebertus prior Daviron*.

DOURDAN

Dourdan, aujourd'hui chef-lieu de deux cantons de l'arrondissement de Rambouillet, est situé sur l'Orge, on y compte près de 3.000 habitants.

On voit dans cette petite ville, les restes d'un château construit par Philippe-Auguste, gros donjon cylindrique à deux étages.

L'église est du XIIe et du XIIIe siècle; la façade est du XIVe et du XVe siècle, flanquée de deux tours.

On voit à Dourdan des scieries mécaniques et des fabriques d'instruments aratoires.

Le territoire de Seine-et-Oise, sous saint Louis, appartenait presque tout entier à la Couronne, il se partageait en cinq pays distincts :

Le Parisis, capitale Paris ;
Le Mantois, capitale Mantes ;
Le Vexin, capitale Pontoise ;
Le Hurepoix, capitale Dourdan ;
La Brie, capitale Brie-Comte-Robert.

C'est Philippe-Auguste, le plus habile ingénieur de son temps, qui donna les plans des châteaux de Dourdan et de Mantes, et fit remanier considérablement ceux de Poissy, de Meulan et de Pontoise.

ECQUEVILLY

D'après le Pouillé de Chartres de 1738, il y avait à Ecquevilly-en-Ecqueville, arrondissement de Versailles, canton de Meulan, un collège, ci-devant séminaire de Fresnes, près Meulan et Poissy.

On a trouvé dans les champs et les bois près d'Ecquevilly, des débris de poteries celtiques, des haches de silex, des fragments de meules à bras, etc.

ELANCOURT

Elaincourt, Elauencourt, Elaencourt, ainsi nommé autrefois, est une commune du canton de Chevreuse dont la population est de 500 habitants ; situé sur un des affluents de la Mauldre et sur des collines de 100 à 170 mètres, à 12 kilomètres de Chevreuse, 20 kilomètres de Rambouillet, 16 kilomètres de Versailles, elle a une superficie de 742 hectares.

Son église date des XIIe et XIIIe siècles.

On voit à Élancourt, l'orphelinat de l'Estang, qui recueille les petits garçons et les élève en vue de l'agriculture. Fondé en 1849, par l'abbé Méquignon qui, nommé très jeune curé de cette paroisse, s'est entièrement dévoué à cette œuvre charitable, qu'il n'a pas voulu abandonner malgré les offres d'avancement qui lui ont été faites.

Les commencements de cet orphelinat ont été bien durs et bien pénibles pour lui ; habitant une vieille chaumière, que les constructions élégantes et modernes ont su respecter, comme berceau de l'œuvre. Il prenait soin des enfants, avec l'aide de son vieux père et de sa sœur, il s'employait lui-même à les débarbouiller, à les nettoyer, et la récompense du plus sage était d'être placé auprès de M. le curé.

Mais la maison ayant pris de l'accroissement, il obtint que trois sœurs de Saint-Vincent de Paul vinssent diriger son orphelinat, l'une d'elles, Mlle Laure Gabillot, en religion sœur Gabrielle, qui avait reçu une très belle éducation, était l'une des trois filles d'un honorable négociant de Paris, dont nous avons parfaitement connu la famille.

Elle avait abandonné le monde pour se consacrer entièrement à la charité, elle fut naturellement désignée comme supérieure ; et fut d'un très grand secours, par son travail, son activité, et les ressources pécuniaires qu'elle apporta à l'œuvre, et qui consistaient dans le revenu de sa dot, dont elle avait réservé le capital à ses deux sœurs. Mais cette bonne et sainte fille fut enlevée à la fleur de l'âge, à l'affection et à la vénération de ses enfants d'adoption.

Nous l'avions vue, entourant de soins jaloux l'une de ses premières et plus intéressantes recrues, le petit Emmanuel, pauvre petit abandonné, recueilli ainsi que son frère par un garde dans les bois de Ville-d'Avray, l'aîné avait trois ou quatre ans, mais le plus jeune, pauvre petit infirme auquel on donnait environ dix-huit mois, était le benjamin des bonnes sœurs, surtout de la supérieure, elles lui prodiguaient des soins tout maternels, mais malgré leur sollicitude, elles ne purent arracher à la mort la pauvre petite créature.

L'orphelinat compte aujourd'hui plusieurs centaines d'enfants.

La Seigneurie de l'Etang-la-Ville
— paroisse de l'Etang-la-Ville et
non de Noisy-le-Roi — n'a jamais
dépendu de Noisy.

Elle a été en effet possessionnée
par les cadets de la maison de Neaufle,
de la fin du XIIe siècle à 1250
environ —.

Monsieur de Pelleterin de Latouche
Administrateur des Chemins de fer de Paris
à Lyon et à la Méditerranée
86 Avenue d'Iéna

Paris (16ᵉ)

ERGAL

Ergal, ancienne seigneurie, nommé autrefois Argal, est un hameau dépendant de la commune de Jouars-Pontchartrain, qui faisait partie de la châtellenie de Maurepas.

Il y avait à Ergal, une seigneurie ; l'origine de ses seigneurs était très ancienne ; ainsi Gui d'Argal, appelé Guido ou Windo et Hersende ou Hersendis sa femme, vivaient en 1162-1173 ; du consentement de Garin, de Hugues ou Hugon, d'Ernold ou Arnoldus, de Richard ou Ricard, leurs fils et Richilde leur fille, ils donnaient aux moines de l'abbaye des Vaux-de-Cernay, deux arpents et demi de terre, vers la grange d'Aythe (Ithe), avec l'approbation de Rainaud et de Robert d'Argal, seigneurs du fief.

En 1191-1194, Guérin ou Garin, petit-fils de Gui d'Argal, est abbé de Saint-Victor.

Nous trouvons encore les noms de Gautier en mars 1227, d'Alzon d'Argal, frère de Rainaud et de Robert, celui-là donna six arpents près Ayte, avec le consentement de Aveline, mère de Robert.

Vers 1162, Robert d'Argal, fils de Robert et Leburgis, sa femme, donnèrent un arpent de terre entre Chennevières et Jouars, avec le consentement de Rainaud, frère de Robert.

Eustache Alzon, son beau-frère, n'était sans doute pas consentant, car nous voyons qu'il s'engage à défendre ses droits et ceux de ses sœurs : *se ipsum defendere et se fide ejus sorores...*

Vers 1244 et 1247, Richard, seigneur d'Argal, chevalier, et Emeline sa femme, vendirent à l'abbaye de la Roche, les biens situés paroisse de Bois-d'Arcy.

Il y avait un autre fief plus considérable nommé l'Hôtel-d'Ergal, qui fut acheté par Pierre de Chevreuse, des frères Jean et Robert des Cerceaux.

Il existait sur le territoire d'Ergal, deux localités nommées Chambord et la Villeneuve.

Au mois de mars 1283, par devant l'official de l'archidiacre du Pincerais, Adam Langlois de Chambord, se fit religieux de l'abbaye des Vaux de Cernay, et lui donna tous ses biens, parmi lesquels se trouvaient trois arpents de terre à Chambord.

Au XVe siècle, il y avait une chapelle à Chambord.

ETANG-LA-VILLE

La seigneurie de l'Etang-la-Ville (paroisse de Noisy-le-Roi) appartenait de temps immémorial à la famille de Neauphle.

En effet, par une charte antérieure à 1180, Simon, seigneur de Neauphle, fait savoir que Gui, son frère, a donné à l'Abbaye des Vaux-de-Cernay, dix sous parisis, à prendre sur sa ville de l'Etang.

FEUCHEROLLES

Feucherolles, commune du canton de Marly-le-Roi, compte environ 700 habitants.

Son église, classée parmi les monuments historiques, date des XIe, XIIe, XIIIe et XIVe siècles ; elle est remarquable par sa flèche romane.

En 1209, Guillaume était *(presbiter)* de cette paroisse.

FOURQUEUX

Forqueus, Fourqueux, commune de 350 habitants du canton de Saint-Germain-en-Laye, possède une église du XIIIe siècle.

GALLUIS-LAQUEUE

Coculosa, La Queue, La Couarde ou Galluis-la-Queue, est une commune du canton de Montfort-l'Amaury, d'environ 1.000 habitants.

Elle possède une église du XVIIe siècle, dominée par une tour ogivale massive.

On y voit aussi un château bâti en 1740, par la duchesse du Maine.

Par lettres-patentes de Charles IX, de 1568, est confirmé le don fait par son aïeul le roi François, par lettres-patentes du mois de septembre 1645, à Anne de Pisseleu, duchesse d'Etampes, des baronnies, terres et seigneuries de Noisy, Beynes, Grignon et autres, assises *au Val de Galuis,* que feu Me Guillaume Poyet, abbé de Bardoux, avait cédées et transportées à François, pour demeurer quitte de plusieurs sommes.

Le don fait sous condition que Mme de Pisseleu laisserait « des enfants ».

GAMBAIS

Gambais, autrefois Gambai, commune du canton de Houdan, possède un vaste château du xiv⁰ siècle, précédé d'une avenue de 4 kilomètres.
On y voit aussi les ruines d'une forteresse du xi⁰ siècle.
Gamapium (aliàs) *Camapium*, en latin.

GARANCIÈRES

Warentice, Garencières et enfin Garancières, est une commune de 750 habitants, peu distante de Houdan ; elle est du canton de Montfort-l'Amaury.
Elle possède une église avec clocher roman.
Garancières a été seigneurie.
Ansold de Garancières donna au couvent de Cernay toute sa terre de Plaisir, en 1156-57.
Vers 1168 nous voyons paraître Isnard de Garancières.
Les ministres et administrateurs de la maladrerie de Garancières étaient présents à la réunion du 13 octobre 1556, pour la rédaction des coutumes du comté de Montfort-l'Amaury.

GRAND-CHAMP

L'abbaye de Grand-Champ, entre Épernon et Montfort, était de l'Ordre des Prémontrés, dont la Mense Conventuelle était unie au collège de Paris, du même Ordre.
L'abbaye, maintenant transformée en ferme, est du canton de Houdan.
Elle avait été fondée par Simon de Montfort. Livrée aux flammes par les protestants en 1568, elle fut rétablie quelques années après et ruinée de nouveau dans les guerres du xvii⁰ siècle.

GRIGNON

Grignon, hameau et château de la commune de Thivernal, situé sur le Rû de Gally, a une population d'environ 300 habitants, et est à 33 kilomètres de Paris.

Son magnifique château du XVII° siècle a appartenu au maréchal Bessières, duc d'Istrie. Après y avoir fait de grands travaux, il fut obligé de le quitter pour reprendre les armes, mais il fut tué d'un coup de canon, la veille de la bataille de Lutzen.

Charles X fit l'acquisition de ce château avec 500 hectares environ de terres et bois qui furent loués en 1827, pour 40 ans, à une Société par actions, au capital de 600.000 francs, moyennant un fermage très réduit, payable tout entier en améliorations, le tout dans le but d'y fonder une école d'agriculture qui a acquis dans le monde entier une grande réputation.

Une allocation de 8.000 francs lui fut accordée par l'Etat, elle fut successivement portée à 17.000 francs et à 60.000 francs.

Cette école nationale d'agriculture est entièrement aux frais de l'Etat ; elle a sept professeurs et compte quatre-vingts élèves.

M. Auguste Bella en fut le premier directeur, il a laissé des souvenirs impérissables.

Ce qui rend le séjour de Grignon intéressant aux yeux du naturaliste, c'est qu'on trouve dans le parc, un banc de coquilles-fossiles, à 3 mètres de la superficie du sol qui a été fouillé jusqu'à 8 mètres ; le sol supérieur est composé de pierres calcaires fracturées, on y trouve peu de silex.

Cette falunière où des coquilles entières forment plus du trentième de la masse totale, ne semble composée pour le reste en certains endroits, que de fragments de coquillages.

M. de France a compté plus de 600 espèces de coquilles appartenant à 80 genres différents ; les plus grosses sont en général bivalves, mais la plupart sont univalves.

On trouve encore des fragments de madrépores, des petits oursins ; la couleur de ces dernières productions naturelles est d'un gris roussâtre, d'une seule espèce ; lorsqu'on la frotte légèrement elle présente une belle surface blanche et nacrée.

On y rencontre aussi des pétrifications très curieuses de branches et même d'arbres entiers.

Mais revenons au XIV° siècle.

Le 23 novembre 1379, Guillaume d'Auneel (Auneau) faisait hommage à Jeanne Boudard, dame de Neauphle, pour sa maison de Buc à Grignon.

En 1396, Arnaud de Blecquencourt, écuyer, faisait hommage à Guillaume de Bois-Nivard, seigneur de Neauphle, pour Buc et un autre fief à Crespières.

Le 16 décembre 1494, Pierre Barthomier, faisait hommage

au Roi, pour son hôtel de Buc, et le village de Grignon, châtellenie de Neauphle.

Nous relevons plusieurs quittances de droits seigneuriaux, des terres et seigneuries du marquisat de Grignon, terres, dépendances et autres lieux du 20 janvier 1781.

Une autre quittance de droits seigneuriaux du marquisat de Grignon, à cause de Saint-Germain-de-la-Grange.

Une autre du 27 février 1782, signée BOULLAND, receveur des droits seigneuriaux des terres et seigneuries du marquisat de Grignon et dépendances pour la comtesse de Brassac.

Enfin, une dernière du 10 décembre 1784, signée : BODEAU.

HAUTE-BRUYÈRE

En latin, *Brueria*, Haute-Bruyère, commune de Saint-Remi-l'Honoré, près Chevreuse, était un ancien prieuré de l'Ordre de Fontevrault, fondé avant 1078 ; ce monastère était considérable, il devint la sépulture des comtes de Montfort.

En 1148, Agnès de Montfort donna aux religieuses de vastes terrains incultes situés sur les bords de la Seine, entre les Mureaux et Verneuil.

La mise en culture de ces landes fut la première conséquence de cette donation.

HOUDAN

Autrefois *Hosdanum, Hosdencum, Hosdene, Hodencum,* avril 1298, *Houdenc*, aujourd'hui Houdan.

Houdan est chef-lieu de canton de l'arrondissement de Mantes, et compte plus de 2,000 habitants.

Situé au confluent de la Vesgre et de l'Opton, autrefois châtellenie du comté de Montfort, Houdan faisait partie au XIIIe siècle, du gouvernement de l'Ile-de-France, aujourd'hui c'est maintenant une petite ville commerçante du département de Seine-et-Oise sur la route de Paris à Dreux.

Son église gothique, du XIIIe siècle sans clocher, est classée dans les monuments historiques, elle a de belles voûtes avec pendentifs et des sculptures d'ornements très curieuses.

Cette petite ville possède encore une maison en bois sculpté.

Un donjon du XIIe siècle, monument historique fort curieux, flanqué de deux tourelles, s'élève au milieu de la ville, et la domine de sa masse imposante ; il a été bâti par Amaury, seigneur de Montfort et comte d'Evreux, 1105-1137.

Ce monument de la féodalité, après plus de 700 ans d'existence, et malgré quelques brèches faites de main d'homme, peut encore braver plusieurs siècles d'abandon, tant sa construction est robuste.

Il est bâti en meulières avec quelques chaînes en grés, l'apparence de force sauvage que lui donne cet appareil et la rareté des ouvertures, se retrouvent également à l'intérieur.

On a peine à comprendre comment le jour et l'air pouvaient pénétrer dans cette sombre masse.

Ce donjon se compose d'une tour ronde de 15 mètres de diamètre, contournée de quatre tourelles de quatre mètres.

Il y avait un vestibule, dans lequel se trouvait l'escalier conduisant au 1er étage.

Un autre escalier droit, de 20 marches, ménagé dans l'épaisseur du mur et éclairé par deux meurtrières, aboutissait à un palier, autrefois séparé par un gros mur, du cabinet de la tour de l'Est, et ne communiquant qu'avec la grande salle du donjon.

Ce mur a été détruit pour permettre la circulation après la destruction des planchers de la tour.

La grande salle avait huit mètres en carré, sur une hauteur égale.

Cette salle, à laquelle tout aboutissait, avait huit ouvertures :

1° C'était d'abord la porte de l'escalier par laquelle on arrivait à l'extérieur ;

2° Une arcade donnant accès dans le cabinet de la tourelle de l'Est.

Cette pièce, de près de 4 mètres de long sur 2 m. 50 de large, est éclairée par une fenêtre et voûtée en cul-de-four ;

3° Une fenêtre de 2 m. 50 de large, et couverte par un berceau ogival qui traverse la construction ;

4° Le cabinet de la tourelle sud, plus rétréci que les autres et voûté en coupole, est éclairé par une fenêtre ;

5° Un pont léger conduit maintenant à une autre fenêtre pareille ;

6° Le même pont se prolonge jusqu'à la porte de la tourelle ouest, par laquelle on parvient aux étages supérieurs.

Au bas de cet escalier, se trouve une pièce éclairée par une large fenêtre moderne et dans laquelle le docteur Aulet, propriétaire de la tour, avait rassemblé un petit musée.

Le soin avec lequel elle est séparée de la grande salle,

porterait à croire que les latrines du donjon devaient s'y trouver ;

7° Une arcade formant un cabinet dans le mur, sans trace de fenêtre ;

8° Enfin, une porte ouvrant sur la tourelle nord au-dessus de l'entrée du donjon.

Dans ce cabinet, se trouve un passage qui conduit à l'escalier II, seule communication avec le rez-de-chaussée. Cet escalier, de même que celui O (ouest), est de construction romane, c'est-à-dire, que les marches sont portées par une *petite voûte rampante*.

Cette distribution compliquée avait pour but, non seulement, de détourner l'ennemi qui aurait pu s'introduire dans le donjon, mais surtout de concentrer toutes les communications dans la salle occupée par le *baron*, et de faciliter sa surveillance sur la garnison, de manière à rendre toute trahison impossible.

Le rez-de-chaussée, auquel on ne pouvait parvenir qu'en passant par le premier étage, se compose comme celui-ci, d'une seule salle de même dimension et aussi élevée, éclairée par deux larges fenêtres placées à cinq mètres du sol ; une seule est actuellement ouverte, l'autre est murée.

A l'angle sud, le pan coupé ne descend pas jusqu'au sol, mais est porté par une *trompe*, ce qui donnerait à penser qu'un puits pourrait bien se trouver dans cet angle.

Si au lieu de descendre au rez-de-chaussée par l'escalier II, nous montons celui de la tourelle ouest, nous n'y trouverons pas de porte donnant dans la salle du second étage, et ce n'est que plus haut, qu'un couloir *coudé* et étroit y descend ; encore, fallait-il un escalier ou une échelle pour monter du plancher de la salle à ce couloir.

Sans doute, une autre échelle fournissait une communication plus directe entre les deux étages, et permettait à la garnison, chassée de la grande salle, de se réfugier à l'étage supérieur.

Que si les défenseurs devaient abandonner encore cette pièce, ils pouvaient, en obstruant le couloir, continuer quelque temps la résistance dans les combles.

Ce second étage était éclairé par trois fenêtres que le dessin de *Chastillon,* fait à la fin du XVIe siècle, nous montre garnies de *hourds* saillants en bois.

Malgré le talus des murs à l'extérieur, et une retraite à l'intérieur, ils conservent encore à cet étage, une épaisseur très considérable et comme les ouvertures y sont moins nombreuses qu'au premier, et que les tourelles sont pleines, on est frappé du poids énorme amassé inutilement à une hauteur à laquelle les projectiles pouvaient à peine atteindre.

Le dessin de Chastillon nous prouve qu'un toit *conique* recouvrait la tour, accompagné de quatre toits pointus surmontant les tourelles.

Nous ne trouvons mentionné que le nom d'un seul seigneur de Houdan : *Guido de Hodenc, miles* (chevalier).

ITHE

Aitœ, Ayte, Ayta.

La ferme d'Ithe qui fait partie de la commune du Tremblay, est une des dépendances de la terre de Pontchartrain.

Elle est placée sur l'ancienne voie romaine de Paris à Rouen, à quelques minutes de Jouars *(Diodurum)*.

Son nom ancien était Ayte ou Aite, en latin *Ayta* ou *Aita*.

On a trouvé comme à Jouars, des fragments de poteries, de briques et de tuiles Gallo-Romaines, ce qui fait supposer qu'il devait exister en cet endroit, une ancienne *villa*.

Les religieux des Vaux-de-Cernay y possédaient des terres en 1511, provenant de donations qui leur avaient été faites.

Chamborz était un terroir dépendant de la ferme d'Ithe.

JOUARS-PONTCHARTRAIN

Jouars-Pontchartrain, commune du canton de Chevreuse, arrondissement de Rambouillet, a une population de 1.250 habitants environ, et une étendue de 965 hectares ; elle est située à 3 kilomètres de la petite rivière, la Mauldre.

Cette commune est composée de plusieurs hameaux.

Pontchartrain, les Bordes, Château-Vilain, Jouars, Chennevières, les Mousseaux, Ergal, la Richarderie, la Dauberie, le Moulin-Neuf, la Piqueterie.

Pontchartrain possède la mairie, et ne forme avec les Bordes et Château-Vilain, qu'un seul village situé sur la route nationale de Paris à Brest, à 40 kilom. de la capitale, 10 kilom. de Versailles et 17 kilom. de Chevreuse.

LES VAUX-DE-CERNAY. — PORTE DANS LE VILLAGE.

On y trouve une brigade de gendarmerie, un bureau de poste et de télégraphe, un service d'omnibus correspondant avec la gare de Villiers-Neauphle, ligne de Paris à Granville, et un marché le jeudi de chaque semaine.

La fête patronale de Sainte-Anne donne lieu à une fête champêtre qui se tient à Pontchartrain, le dernier dimanche de juillet, et se continue le lendemain.

Au XIIIe siècle, Jouars comptait 64 paroissiens ; son église, sous le vocable de Saint-Martin, était à la collation de l'abbé de Neauphle-le-Vieux ; construite sur la voie antique de Lutèce à Rouen, à la station même de *Diodurum,* dont elle tire évidemment son nom de *Jorre.* Cette église est précédée d'une grosse tour qui paraît fort ancienne ; le chœur est du XIIIe siècle.

Il n'existe aujourd'hui à Jouars, que quelques habitations, parmi lesquelles un vaste presbytère et une maison d'école.

La paroisse de Jouars qui était autrefois de l'élection de Montfort, fut représentée le 13 octobre 1556, à la réunion pour la rédaction des coutumes du comté de Montfort-l'Amaury, par Denis Genisseau et Jean Pirel, marguilliers de l'église.

Le village de Pontchartrain et celui des Bordes faisaient autrefois partie de la châtellenie de Maurepas.

Chennevières, les Mousseaux, Chambord, la Richarderie, dépendaient de celle de Jouars.

Jouars était dénommé dans les chartes anciennes :
Jouarre, Jorre, Jotrum, Jotrensis.

Il était appelé sous la domination romaine, *Diodurum,* et situé sur la voie romaine de Paris à Rouen ; il en est fait mention dans l'itinéraire de l'empereur Antonin.

Pontchartrain tire son nom du pont qui est sur la Mauldre, et que l'on nommait Chartrain, *Pons Carnotensis,* parce qu'il était sur la route conduisant à Chartres.

Il est ainsi désigné dans une charte latine portant la date de 1155.

Nous ignorons si, à cette époque, il y avait une habitation en cet endroit, mais nous voyons qu'en 1323, Marguerite de Chateron, veuve de Pierre Choisel, vendait à Jean Mignon, sa terre du Tremblay, en y comprenant la *mouvance* de deux *fiefs* tenus par Guillaume Bagot, chevalier, seigneur de Pontchartrain, *en partie,* dont l'un était de quatre arpents, devant la Porte de Pontchartrain.

Nous trouvons en outre, qu'en 1334 et en 1337, Pierre Pilet, écuyer, seigneur du Tremblay en la vicomté de Paris et de Pontchartrain et en la châtellenie de Neauphle-le-

Château, vendait diverses *terres* et *censives* à Jean Mignon.

Que le 7 octobre 1342, maître Guillaume du Blois, *clerc du roi,* possédait les *trois fiefs de Pontchartrain mouvants,* à cause de sa femme, fille de Jean Coquatrix, qu'il laissa veuve vers 1359.

Que leur fille, Marie du Bois, les apporta en mariage à Etienne des Granges, chevalier, conseiller du roi, qui en fit hommage au mois d'août 1370 à Michel Mignon.

Marie du Bois, dame de Pontchartrain, étant veuve en 1380, du seigneur des Granges, fit en 1412, hommage à Louis des Mousseaux de cinq quartiers de terre et de *champarts* à Saint-Aubin (archives du Tremblay).

C'est à la fin du XVe siècle seulement, que nous retrouvons le nom d'un seigneur de Pontchartrain : Paul Phélypeaux, troisième fils de Louis Phélypeaux, conseiller au présidial de Blois ; il naquit en cette ville en 1569 ; sa famille y était déjà connue, au commencement du XIVe siècle, et avait reçu des lettres de noblesse en 1399.

Il n'avait que 19 ans lorsque Révol, secrétaire d'Etat, se trouvant à Blois avec la cour, en 1588, pria son père de le lui confier, se chargeant de sa *fortune.*

Il perdit cet appui à 25 ans, mais ses hautes qualités le firent bientôt remarquer.

En 1609, le jour du mariage de Henri IV, il obtint la charge de secrétaire des commandements de la reine Marie de Médicis, à laquelle il fut d'un grand secours, dans les temps orageux de la Régence.

Le 21 avril 1610, il fut nommé secrétaire d'Etat, et lors de son entrée en fonctions, Henri IV lui dit : « Qu'il ne croyait pas pouvoir appeler une personne plus digne. » Il justifia la confiance qui lui avait été donnée.

Il devint seigneur de Pontchartrain par son mariage avec Anne de Beauharnais, fille de François de Beauharnais, seigneur de Miramion et de Anne Boudineau.

Il mourut à Castel-Sarrazin en 1621 ; son corps fut transporté à Paris, et inhumé dans l'église Saint-Germain-l'Auxerrois.

Sa femme, Anne de Beauharnais ne mourut qu'en 1653.

Louis Phélypeaux, seigneur de Pontchartrain, né le 29 mars 1643, petit-fils de Paul Phélypeaux, et petit-fils par sa mère, de Jacques Talon, le célèbre avocat général, fut nommé conseiller des requêtes, au Parlement de Paris, le 10 septembre 1660, c'est-à-dire à l'âge de 17 ans.

Il devint premier président de Bretagne en 1667.

C'est à lui qu'est due la construction du château de Pont-

CHÂTEAU DE PONTCHARTRAIN

chartrain ; il rendit foi et hommage au Roi le 5 juin 1668, pour la terre et seigneurie de ce nom, les fiefs des Bordes, la Gouttière, le devant des Bordes, la seigneurie de Chennevières, Ergal, Chambord et Lorine.

Nous avons entre les mains un contrat revêtu de la signature de Louis Phélypeaux, comte de Pontchartrain, en date du 19 novembre 1659.

Après la mort de Lepelletier, le comte de Pontchartrain devint contrôleur des finances en 1689 et ministre de la marine, de 1690 à 1699.

Il profita de son omnipotence, pour obtenir l'érection de sa terre en comté.

Dès 1653, il avait acheté au duc de Chevreuse, la terre, seigneurie, baronnie et châtellenie de Maurepas.

Cette vente fut cassée par le Parlement.

Ce ne fut qu'en 1691, que son fils, du même nom, ministre d'État, obtint de Louis XIV, des lettres-patentes, en date du 11 août de cette même année, confirmant la vente faite par le duc de Chevreuse.

Le 27 août suivant, le roi lui accorda le démembrement de la châtellenie de Maurepas, du duché de Chevreuse, et sa réunion à la terre de Pontchartrain, sous la dénomination et le titre de comté de Pontchartrain, mouvant de la couronne, à une seule foi et hommage avec droit de justice haute, moyenne et basse, et pour exercer ce droit de justice, un siège de bailliage à Pontchartrain, dont les appels seraient du ressort du Parlement de Paris.

Dans l'acte d'érection publié par le P. Anselme, sont indiqués comme faisant partie de la seigneurie de Pontchartrain, les fiefs de Jouars, Ergal, Chambort, Chennevières, les Bordes, le fief de l'Itilerie, en partie, la Lume en partie, Godemain, Villeneuve, Launay, la Dauberie.

Nous trouvons dans un recueil du temps donnant la liste des paroisses et des feux faisant partie du comté de Pontchartrain, sur lesquels les cas royaux appartenaient aux officiers du bailliage royal de Montfort, et devaient être attribués aux officiers du Châtelet de Paris, par accord entre le duc de Luynes et le comte de Pontchartrain.

Paroisse de Vicq	11	feux.
— Saint-Aubin	4	—
— Mareil	39	—
— Bazoches	20	—
— Saint-Remy	27	—
A REPORTER	101	feux.

Report...............	101	feux.
Paroisse de la ville de Neaufle............	248	—
— Neaufle-le-Vieux.............	6	—
— Saint-Germain-de-la-Grange..	22	—
— Plaisir......................	255	—
— Thivernal	14	—
— des Clayes.................	3	—
— d'Elancourt................	3	—
Total..........	652	feux.

Par d'autres lettres-patentes données à Fontainebleau, au mois d'octobre 1692, Louis Phélypeaux fut encore autorisé à réunir à son comté de Pontchartrain :

1° Les fiefs et seigneuries d'Elancourt et de Chavenay, faisant partie du domaine du prieuré conventuel d'Argenteuil, consistant chacun en droits de censives portant lots et ventes, justice haute, moyenne et basse, greffe, tabellionnage, droits seigneuriaux et féodaux, le tout adjugé au comté de Pontchartrain, à la cour du Parlement, suivant procès-verbal daté au commencement du 2 janvier et à la fin du 25 du même mois 1692.

2° La ferme du Coudray, paroisse de Jouars, acquise des prieure et religieuses de Haute-Bruyère, de l'ordre de Fontevrault, par acte passé devant Moufle et son collègue, notaires à Paris, le 26 juillet 1692.

Ratifié par acte du 9 août suivant, par l'abbesse de Fontevrault.

3° Et de la ferme d'Ithe, située dans la vallée de Montfort-l'Amaury, en ladite paroisse de Jouars, consistant en maison et bâtiments servant pour le fermier, chapelle, deux arpents de vigne, terres et prés, le tout faisant 220 arpents ou environ, vendu au comte de Pontchartrain, par l'abbé des Vaux-de-Cernay, suivant contrat passé devant Moufle et son collègue, notaires au Châtelet de Paris, les 9 et 12 août 1692.

En contre-échange de laquelle vente, le seigneur de Pontchartrain a délaissé à l'abbé et aux religieuses des Vaux, la terre, fiefs et seigneurie de Gometz-la-Ville, et les fiefs, terre et seigneurie de Blanzay, Sulnez, paroisse du dit Gometz-la-Ville.

Nous reproduisons ici les lettres-patentes du Roi délivrées au chancelier Louis Phélypeaux, du mois d'octobre 1692, données à Fontainebleau et portant réunion au comté de Pontchartrain, des terres d'Elancourt, Chavenay.

L'arrêt commence ainsi :

« Louis, par la grâce de Dieu, etc...

« Nous avons par nos lettres du mois d'août 1691, expé-
« diées en faveur du seigneur de Pontchartrain, ministre
« d'État, secrétaire de nos commandements, et contrôleur
« général de nos finances en confirmant la vente et l'aliéna-
« tion faite à son profit par le duc et la duchesse de Che-
« vreuse, de la terre, seigneurie, baronnie et châtellenie de
« Maurepas, réuni et incorporé les fiefs et seigneurie de
« Pontchartrain, et autres, mentionnés aux dites lettres, en-
« semble la baronnie et châtellenie de Maurepas et autres
« fiefs, seigneuries appartenant au dit seigneur de Pontchar-
« train, en une seule et même seigneurie et corps de fief,
« sous la dénomination que nous avons par les mêmes let-
« tres érigé au titre de comté, pour être tenu de nous et de
« notre couronne, à une seule foy et hommage, avec tout
« droit de justice haute, moyenne et basse, pour l'exercice de
« laquelle nous avons créé un siège de bailliage, au dit lieu
« de Pontchartrain, dont les appels de cens, ressortissant
« unement en notre cour du Parlement. »

Les fiefs et seigneuries d'Élancourt et Chavenay faisant partie du domaine du prieuré conventuel d'Argenteuil, consistant chacune, en droits de censives portant lots et ventes, justice haute, moyenne et basse, greffe, tabellionnage, droits seigneuriaux, féodaux, le tout adjugé au seigneur de Pontchartrain, à la cour du Parlement, suivant procès-verbal, daté au commencement du 2 janvier et à la fin du 25.

Et le prieur et les religieux d'Argenteuil, ont, en tant que besoin, fait vente et délaissement audit seigneur de Pontchartrain suivant acte passé devant Moufle et son collègue, notaires au Châtelet de Paris le 10 août 1692.

Le seigneur de Pontchartrain avait encore des prieure et religieuses de Haute-Bruyère, ordre de Fontevrault, par acte passé devant Moufle et son collègue, le 26 juillet 1692, la terre et ferme du Coudray, paroisse de Jouars.

Ratifié par acte du 9 août suivant, par l'abbesse de Fontevrault.

L'abbé des Vaux-de-Cernay, a par contrat passé devant Moufle et son collègue, les 9 et 12 août 1692, cédé au seigneur de Pontchartrain, la ferme d'Ithe, située dans la vallée de Montfort-l'Amaury, en la dite paroisse de Jouars, consistant en maison et bâtiments servant pour le fermier, Chapelle, jardin, deux arpents de vigne, prés et terres labourables, le tout faisant 220 arpents ou environ de terre, en contre échange de laquelle, le seigneur de Pontchartrain, a délaissé à l'abbé et aux religieux de Vaux, la terre, fief et seigneurie de Gometz-la-Ville, et le fief, terre et seigneurie de Blanzay, Saluez, paroisse du dit Gometz-la-Ville.

« A ces causes, de l'avis de notre conseil et voulant de
« plus, faire connaître la satisfaction que nous avons des
« services que le dit seigneur de Pontchartrain continue de
« nous rendre, de notre propre mouvement, grâce spéciale,
« pleine puissance et autorité royale, nous avons, par ces
« présentes, signé de notre main, loué, approuvé et confirmé,
« louons, approuvons et confirmons, l'adjudication de tous
« fiefs et justices d'Elancourt et Chavenay, circonstances et
« dépendances, datée du 2 janvier dernier, les contrats des
« 26 juillet, 9 et 12 août derniers, contenant l'acquisition de
« ses terres du Coudray et d'Ithe, pour être exécutés sui-
« vant la forme et teneur ; et en conséquence, nous avons
« uni et incorporé, unissons et incorporons, les dites terres
« et seigneuries et fiefs d'Eslancourt et Chavenay avec toutes
« leurs circonstances et dépendances, droits de justice, haute,
« moyenne et basse, greffe, tabellionnage, droits seigneuriaux
« et féodaux, à la dite terre, seigneurie et comté de Pont-
« chartrain, et au bailliage du dit comté, ne faire à l'avenir
« qu'une même seigneurie et justice, et le tout relevé immé-
« diatement de nous et de notre couronne, par une seule foy
« et hommage, et les appellations ressortir unement de notre
« cour à Parlement de Paris ; et à cet effet, nous avons
« distrait le ressort des justices d'Eslancourt et Chavenay,
« et la mouvance des terres et fiefs de la seigneurie et jus-
« tice d'Argenteuil, faisant défense aux officiers de la justice
« d'Argenteuil, de prendre à l'avenir, aucune connaissance
« des différends d'entre les sujets des dites justices, ni en
« première instance, ni par appel ; nous avons aussi, par les
« dites présentes, en tant que besoin, uni et réuni, unissons
« et réunissons au dit comté de Pontchartrain, les terres
« et fermes du Coudray et d'Ithe, et tous les héritages
« acquis par le dit seigneur de Pontchartrain par les contrats
« des 26 juillet, 9 et 12 août 1692.

« Ordonnons qu'à l'avenir, la paroisse de Jouars sera
« nommée Jouars-lez-Pontchartrain.

« Et pour la conservation des bois et chasse et pêche du
« dit comté, prendre connaissance des ventes garde police
« et toute autre matière concernant les bois, chasse et pêche ;
« nous avons créé et érigé, créons et érigeons, dans le dit
« comté, un siège de gruerie composé d'un gruyer, un pro-
« cureur d'office, un greffier et quatre sergents garde-bois
« pour l'exercice de la juridiction dont les appellations res-

EGLISE DE JOUARS

« sortiront unement et sans moyen, au siège de la Table de
« marbre, de notre palais à Paris.

« A Fontainebleau, au mois d'octobre 1692. »

Le comte de Pontchartrain obtint encore le 20 mai 1693, l'annexion à son nouveau comté de la châtellenie de Neauphle-le-Château, distraite du comté de Montfort-l'Amaury au moyen d'un échange avec Louis XIV.

Enfin, le 14 juin 1699, il échangea avec le duc de Luynes, quelques fiefs ou mouvances du duché de Chevreuse-Montfort, à Vic, Saint-Aubin, Mareil, Saint-Remi, Villiers-Cul-de-Sac, etc., contre ceux de Millemont, la Queue, Cernay-la-Ville, etc.

Le 5 septembre de la même année, le comte de Pontchartrain fut nommé chancelier de France, en remplacement de Boucherat qui venait de mourir.

Marie de Maupeou qu'il avait épousée en 1668, mourut le 12 avril 1714, il en éprouva un si grand chagrin, qu'il abandonna sa charge le 1er juillet suivant et se retira à l'*Oratoire,* où il partagea son temps entre la prière et les bonnes œuvres.

Mais il était resté cher au public de la Capitale, et le jour où Louis XV, encore mineur, vint à Paris, visiter la Bibliothèque du Roi et les académies, le Prince Régent recommanda expressément à son *gouverneur* de le conduire à l'*Oratoire* chez le chancelier : « Il faut, ajouta-t-il, que vous lui fassiez connaître le plus honnête homme de son royaume. »

Un peu plus tard, il revint dans son château de Pontchartrain, où il mourut, le 22 décembre 1727.

Jérôme Phélypeaux, comte de Pontchartrain, seigneur de Neauphle-le-Château, fils unique de Louis Phélypeaux, né en mars 1674, fut nommé conseiller au Parlement de Paris en 1692.

Il succéda à son père, comme secrétaire d'Etat et commandant des Ordres du Roi.

Le 19 décembre 1693, il reçut le département de la Marine et de la Maison du Roi, *en survivance de son père,* mais n'entra en fonction que le 6 septembre 1699, quand celui-ci fut nommé chancelier de France.

Son administration fut déplorable, il se fit un grand nombre d'ennemis, car il avait « très mauvaise langue ». Riche à millions, il était d'une rapacité révoltante. D'une incapacité notoire, il sut cependant conserver la faveur du Roi, dit Saint-Simon, *par l'amusement malicieux des délations de Paris qui étaient de son département.*

Après la mort de Louis XIV, il fut vivement interpellé au Conseil de Régence où ses fonctions étaient, dit-on, « de moucher les bougies ».

Accusé d'avoir ruiné la Marine, de s'être enrichi aux dépens de l'Etat, il ne chercha pas à se défendre, et sur la proposition de Saint-Simon, le roi l'obligea à se démettre de sa charge qui fut donnée à son fils, le comte de Maurepas, le 13 novembre 1715.

Depuis cette retraite obligée, Jérôme Phélypeaux ne parut plus dans le monde.

Il mourut le 8 février 1747, laissant trois fils issus des deux femmes qu'il avait épousées :

Jean-Frédéric Phélypeaux, comte de Maurepas ;
Paul-Jérôme Phélypeaux, marquis de Pontchartrain, lieutenant-général ;
Charles-Henri Phélypeaux, évêque de Blois, mort le 24 juin 1734.

Jean-Frédéric Phélypeaux, comte de Maurepas, naquit à Versailles le 9 juillet 1701, et y mourut le 21 novembre 1781.

Son père, son grand-père et son bisaïeul avaient été eux-mêmes dans le ministère, de sorte que ces hautes fonctions furent exercées dans cette famille, pendant 170 ans, de 1610 à 1781.

Sur la démission de son père, il lui succéda le 13 novembre 1715, à l'âge de *14 ans,* comme secrétaire d'Etat, ministre de la Marine du Roi et des commandements de sa Majesté.

Il commença à en remplir la charge, le 17 mars 1718, en vertu de lettres de *dispense d'âge*.

Veuf d'Eléonore Christine de Roye de Larochefoucauld, il épousa, le 19 mars 1718, Marie-Jeanne Phélypeaux, fille de Louis Phélypeaux, seigneur de la Vrillière, marquis de Chastaunet, secrétaire d'Etat, greffier des Ordres du Roi et de Françoise Mailly.

En 1723, le département de la Marine qui avait été séparé de sa charge lors de l'établissement des Conseils, fut réuni à son ministère.

Il prêta serment pour remplir les fonctions de greffier des Ordres du Roi, le 26 avril 1724 et fut reçu académicien honoraire à l'Académie des sciences, le 11 août 1725.

Le marquis de la Vrillière, son parent, devenu son beau-père, avait été chargé d'exercer en son nom, tout en le formant aux détails de l'administration.

Il mourut en cette même année 1725.

Le comte de Maurepas, qui n'avait que 24 ans, prit alors réellement possession du Ministère de la Marine en 1726.

En 1738, il fut nommé ministre d'Etat et vint siéger au Conseil du Cabinet.

Il montra dans ses diverses fonctions, de l'activité, de la pénétration et de la finesse.

PLACE DE PONTCHARTRAIN

Le comte de Maurepas, trouvant que la grande route de Paris à Brest était trop éloignée de son château de Pontchartrain, profita de sa haute position pour la détourner de Neauphle-le-Château qu'elle traversait, la faire passer près de son parc et créa un village du nom de sa terre.

Il fit tracer une place en demi-lune, séparée de son parc par un *haha* ou saut de loup et fit construire quatre maisons uniformes avec ouvertures en briques, à chaque angle de cette place.

Vers cette époque, une chanson sanglante, qui parut contre Mme de Pompadour et Mme d'Estrade, le fit tomber en disgrâce, car on prétendit qu'il en était l'auteur.

La marquise, tout en larmes avait affirmé au roi que ce pamphlet venait de la *plume du comte de Maurepas*; Louis XV le lut, et ému de colère, écrivit aussitôt à son ministre :

« Vous ayant promis de vous écrire *moi-même,* lorsque vos services ne me seraient plus agréables, je vous demande par celle-ci, *de ma main,* la démission de votre charge de Secrétaire d'État.

« Mon intention est que vous vous retiriez à Bourges, sans voir personne..

« Je ne veux point de réponse. »

« Signé : Louis. »

Le comte de Maurepas dormait encore, lorsque d'Argenson lui apporta la lettre du Roi.

Il la lut, et sans prononcer une parole, se leva, s'habilla, demanda ce qu'il fallait pour écrire, rédigea sa démission, et partit le jour même 24 avril 1749.

Son exil *résigné* dura vingt-cinq ans.

Il obtint enfin de continuer cet exil en son château de Pontchartrain, où toutes les jouissances de la grande fortune et la réunion de la meilleure société lui composaient encore une espèce de cour qui lui retraçait quelque image de sa grandeur passée; aussi put-il supporter sa chute avec une sorte de fermeté qui lui fit dire : « Le premier jour j'étais piqué, le second, j'étais consolé. »

Nous plaçons ici, la curieuse appréciation de Marmontel sur le comte de Maurepas.

« Superficiel et incapable d'une application sérieuse et
« profonde, mais doué d'une facilité de perception et d'une
« intelligence qui démêlaient dans un instant, le nœud le
« plus compliqué d'une affaire, il suppléait dans les Con-
« seils par l'habitude et la dextérité, à ce qui lui manquait
« d'étude et de méditation.

« Accueillant et doux, souple et insinuant, fertile en ruse
« pour l'attaque ; en adresse pour la défense ; en faux fuyants
« pour éluder ; en détours pour donner le change ; en bons
« mots pour démontrer le sérieux par la plaisanterie ; en expé-
« dients pour se tirer d'un pas difficile et glissant.

« Un œil de lynx, pour saisir le faible ou le ridicule des
« hommes ; un art imperceptible pour les attirer dans le piège
« ou les amener à son but ; un art plus redoutable encore, à se
« jouer de tout et du mérite même qu'il voulait dépriser ;
« enfin l'art d'égayer, de simplifier le travail du Cabinet, faisait
« de Maurepas, le plus séduisant des ministres. »

A l'avènement de Louis XVI, il fut rappelé par le jeune
Roi qui lui écrivit la lettre suivante, afin de réclamer ses
conseils, pour la direction du Gouvernement.

« A Monsieur le comte de Maurepas,

« Choisy, le 11 Mai 1774.

« Dans la juste douleur qui m'accable et que je partage
« avec tout le royaume, j'ai de grands devoirs à remplir, je
« suis roi ! Et ce nom renferme toutes mes obligations, mais je
« n'ai que vingt ans, et n'ai pas toutes les connaissances qui
« me sont nécessaires.

« De plus, je ne puis voir aucun ministre, tous ayant vu le
« roi dans sa dernière maladie.

« La certitude que j'ai de votre probité et de votre con-
« naissance des affaires, m'engage à vous prier de m'aider de
« vos conseils.

« Venez le plus vite possible, et vous me ferez grand plaisir. »

« Louis. »

Le comte de Maurepas fut reçu comme un ami par
Louis XVI qui lui avait fait préparer au château de Versailles, un appartement au-dessus de celui qu'il habitait ; un
escalier intérieur conduisait à sa chambre, et dès que le Roi
le croyait « éveillé », il montait chez lui, pour l'entretenir
des affaires de l'Etat, avant de recevoir la foule des courti-
sans.

Il n'eut point de portefeuille, mais la présidence du Conseil d'Etat, et tous les ministres allaient travailler avec lui.

Il fit rappeler les Parlements exilés par Maupeou, et entrer
au ministère, Turgot et Necker, qu'il chercha à *renverser*,
dès qu'il vit en eux des rivaux.

D'un caractère très léger, il ne tenta rien de sérieux, pour tirer la France des circonstances difficiles dans lesquelles elle se trouvait ; et au lieu de faire les réformes nécessaires pour la préserver des excès et des désastres de la Révolution, il continua à faire des livres et des épigrammes.

Voici comment Marmontel apprécie la résolution de Louis XVI, de rappeler M. de Maurepas.

« S'il n'avait fallu, dit-il, qu'instruire un jeune roi à manier
« légèrement et adroitement les affaires, à se jouer des hom-
« mes et des choses, et à se faire un amusement du devoir
« de régner, Maurepas eût été sans autre comparaison,
« l'homme qu'on aurait dû choisir.

« Peut-être avait-on espéré que l'âge et le malheur au-
« raient donné à son caractère, plus de solidité, de contenance
« et d'énergie ; mais naturellement faible, indolent, person-
« nel, aimant ses aises et son repos, voulant que sa vieillesse
« fût honorée, mais tranquille, évitant tout ce qui pouvait
« attrister ses soupers ou inquiéter son sommeil, croyant à
« peine aux vertus pénibles, et regardant le pur amour du
« bien public comme une duperie ou comme une jactance.

« Peu jaloux de donner de l'éclat à son ministère et fai-
« sant consister l'art du gouvernement, à tout mener sans
« bruit, en consultant toujours les considérations plutôt que
« les principes. Maurepas fut dans sa vieillesse ce qu'il
« avait été dans ses jeunes années, un homme aimable rem-
« pli de lui-même, et un ministre courtisan.

« Placé près d'un roi de vingt ans, un tel ministre ne
« pouvait qu'intimider sa jeunesse, sans guider son inexpé-
« rience. »

Le comte de Maurepas n'ayant point laissé de postérité, le château de Pontchartrain appartint ensuite à Louis Hercule Timoléon, duc de Cossé-Brissac, qui naquit le 14 février 1734.

Il devint pair et grand panetier de France, gouverneur de Paris, colonel des Cent Suisses de la garde du Roi, châtelain de Neauphle et le dernier seigneur du comté de Pontchartrain.

Le duc de Brissac, persuadé en 1789 que la Révolution pouvait être dirigée, refusa d'émigrer et voulut rester auprès de Louis XVI, auquel il était entièrement dévoué.

A ceux qui lui témoignaient leur admiration pour sa conduite, il répondait : « Je ne fais que ce que je dois à ses ancêtres et aux miens. »

Louis XVI le nomma en 1791, commandant de sa garde constitutionnelle.

On reprocha au duc de Brissac la manière dont il avait composé ce corps d'élite, l'accusant de trahison.

En 1792, il fut arrêté, décrété d'accusation, à cause de son attachement au Roi, et emprisonné à Orléans pour le faire comparaître devant la haute cour qui siégeait dans cette ville.

Mais un décret de l'Assemblée, ayant ordonné son transfert à Paris, avec d'autres prisonniers, ils partirent au commencement du mois de septembre 1792, escortés d'un certain nombre d'hommes qui avaient six canons.

Puis sur un ordre de la Commune de Paris, sollicité par Danton, ministre de la justice, ils furent dirigés sur Versailles, où les attendait une bande de lâches assassins, désavoués par tous les partis honnêtes, qui aussitôt leur entrée dans la ville, fermèrent la grille de l'Orangerie sur eux, et séparèrent les prisonniers de l'escorte qui les suivait et aurait pu, sans doute, les défendre.

Les tueurs, c'est le nom que se donnaient ces misérables, commencèrent immédiatement le massacre, ils en voulaient surtout au duc de Brissac, auquel ils reprochaient sa sévérité à l'égard des braconniers, et son attachement au Roi.

Aux personnes qui criaient : grâce ! ils répondaient : « livrez-nous Brissac, et nous vous laisserons les autres ! »

Indignés qu'on insistât pour sauver tout le monde, ils jurèrent de n'avoir pitié de personne.

Au premier coup de feu, que M. de Brissac reçut dans les reins, il se tourna vers ses bourreaux et leur dit : « Tirez-moi un coup de pistolet, vous aurez plus tôt fait. »

Mais ces infâmes cannibales continuèrent à le percer dans toutes les parties du corps ; et pendant cet horrible supplice qui se prolongea, M. de Brissac demeura calme, la tête haute et ne laissa échapper aucune plainte, ne témoignant ni impatience, ni douleur : mais enfin un coup de sabre l'abattit, et aussitôt ses meurtriers coupèrent son corps en morceaux, et se le partagèrent !

Ce massacre avait été ordonné et payé par Danton au polonais Lajowski.

A la mort de M. de Brissac, le château de Pontchartrain avait conservé à peu près le même ameublement que du temps de son fondateur, et il résulte d'un catalogue que nous avons vu aux archives de Seine-et-Oise, dressé par ordre du gouvernement, que le nombre des volumes composant la bibliothèque du château, s'élevait à cette époque à plus de 3.000.

Cette propriété qui rappelle de grands souvenirs historiques, est une des plus belles des environs de Paris ; elle est entourée d'un parc dessiné et planté avec magnificence, et coupé par de nombreuses pièces d'eau, alimentées par la Mauldre qui le traverse.

La terre de Pontchartrain fut acquise ensuite par *M. Destillières.*

Après sa mort, sa fille, l'une des plus riches héritières de France, épousa le comte *d'Osmond.*

La comtesse d'Osmond fit un très bel usage de sa grande fortune, elle fut la providence de tous les environs de Pontchartrain, et bien qu'elle n'existe plus depuis de longues années, on parle toujours de sa charité.

Elle avait demandé à reposer dans le cimetière du village, « au milieu de ses pauvres », mais le comte d'Osmond, peu de temps après la mort de sa femme, vendit Pontchartrain au comte allemand *Henckel de Donesmarck,* pour habiter sa propriété d'Osmond en Normandie, et emporta la dépouille de la comtesse, malgré le désir qu'elle avait exprimé.

Les constructions commencées par M. de Maurepas prirent une grande extension ; en 1814, il existait 100 maisons, et en 1822, il y en avait 200 à Pontchartrain ; car cette route était fréquentée par un grand nombre de voitures, malles-postes, diligences, chaises de poste ou autres. On comptait, il y a une cinquantaine d'années, vingt-deux voitures publiques traversant Pontchartrain, et la place était encombrée par le roulage, de 11 heures du matin à 1 heure du soir ; aussi, s'était-il formé là, des établissements de toute sorte : poste aux chevaux, auberges, cafés, débits de vins, etc. ; les chemins de fer ont anéanti toutes ces industries, et on ne se douterait pas, en voyant le calme qui règne aujourd'hui dans ce village, du bruit et du mouvement que l'on constatait à l'époque que nous rappelons.

Pontchartrain était aussi à certains jours, un lieu de réunion pour les habitants des localités voisines, qui venaient voir l'arrivée de la « chaîne des forçats ». Partis le matin de Bicêtre pour Brest, dans de simples charrettes, ils s'arrêtaient le soir à Pontchartrain, pour souper, et passaient la nuit dans des écuries.

Certes, la vue de ces malheureux, les fers aux pieds et aux mains, et enchaînés entre eux, était un spectacle assez triste, pour ne pas attirer l'attention et des oisifs et des curieux, mais, quoi qu'il en soit, les spectateurs ne manquaient jamais.

On se rendait encore à Ponchartrain, pour voir parents et amis, au moment des relais des diligences, ou bien encore pour se procurer des nouvelles, lorsqu'il y avait à Paris, quelque événement grave, émeutes ou révolutions.

Qu'il nous soit permis d'évoquer ici un souvenir tout personnel, mais qui vient à l'appui de ce que nous avançons :

Le 27 juillet 1830, à 11 heures, nous quittions le cours de l'école de droit, dont nous étions alors élève, pour aller à Neauphle-le-Château, assister le lendemain au mariage d'une de nos sœurs, déjà nous redoutions les conséquences des premiers événements dont nous avions été témoin à Paris, pressentant que le gouvernement de Charles X n'avait pas une simple émeute à réprimer ; aussi ne fûmes-nous pas étonné, après avoir entendu à Neauphle, le canon de Paris, pendant les journées des 28 et 29 juillet, de voir passer le 30 à Pontchartrain, les malles-postes et les diligences avec le drapeau tricolore, annonçant que la Révolution avait triomphé.

JOYENVAL

Valles gaudii abbatia ; l'abbaye de Joyenval du (Val-Joyeux), faisait partie de la paroisse de Retz, près Poissy. Aujourd'hui, elle est de la commune de Chambourcy.

Cette abbaye fut fondée en 1221, par Barthélemy de Raie, chambrier de France, et Pétronille de Montfort, sa femme.

A la consécration de l'église faite par Gautier, évêque de Chartres, le 16 juin de la même année, Amaury, comte de Montfort et frère de Pétronille, donna au nouveau monastère 200 arpents de bois et de friches, dans la forêt Yveline, dont la mise en culture forma le domaine de la Malmaison, près l'Etang-de-Hollande.

Plus tard, c'est-à-dire, au mois de novembre 1238, Guillaume d'Andelu et Emmeline, sa femme, vendirent à l'abbaye leur domaine d'Andelu.

(Arch. S.-et-O.)

LA BOISSIÈRE

La Boissière, en latin *Bruxeria,* hameau aujourd'hui fort peu important de la paroisse de Plaisir, a été, comme tant d'autres, illustré autrefois, par une demeure seigneuriale.

En 1293, *Philippe,* dit *Poignart,* chevalier, était seigneur de la Boissière près Neauphle-le-Château.

LA CHAINE

La Chaîne est un hameau dépendant de la commune de Plaisir.

C'était, autrefois, une résidence seigneuriale, car nous voyons le 15 août 1403, *Geoffroy de Feuchières*, seigneur de la Chaîne-sur-Plaisir, faire hommage à Catherine d'Aigreville, dame de Neauphle-le-Château, et veuve de Guillaume de Bois-Nivard, pour onze arpents au terroir des Gâtines, dix livres de menus cens, vingt arpents de bois, tenant à ceux de Guiot de Meudon et au chemin de Chavenay-aux-Gâtines ; le fief d'Etienne Damars, bourgeois de Paris, le fief de Bréchantel à Jean Lévêque de Houdan, le fief de Guillaume d'Auneel, etc.

(Arch. S.-et-O.)

LAUNAY

Almato, Almatum, Alnetum, Launay, *l'Aunaie, l'Auney,* Launay près Plaisir et Elancourt, est un hameau dépendant de la commune d'Elancourt.

Nous trouvons parmi les seigneurs de Launay :

1158-1186, *Hugues Simon* de *Alneto ou Alnetum ;*

Vivait vers 1249, *Pétronille de Cressaio* sa femme, épouse en deuxièmes noces, de Bouchard de Régoulant.

Amaury leur fils.

Gaultier de l'Aunay ou de *Alneto* et sa femme, avec le consentement de leur fils, donnèrent trois arpents de terre à à Ayte.

On cite aussi *Armiyère* de *Alneto*.

LA VILLE-DIEU-LEZ-MAUREPAS

La Ville-Dieu-lez-Maurepas, qui est aujourd'hui un hameau, ou plutôt une ferme, faisant partie de la commune de Maurepas, était une commanderie de l'ordre des Templiers, vers 1180, paroisse d'Elancourt, archidiaconé du Pincerais, doyenné de Poissy.

Nous trouvons en septembre 1206, une décision entre l'abbé et les religieuses de Saint-Denis et les Templiers, sur « deux contestations entre eux... au terroir de la Ville-Dieu- « de-Maurepas, prétendu par les dits abbé et religieuses et

« pour usages dans les *buissons* Notre-Dame d'Argenteuil,
« près Trappes, prétendu par les Templiers. »

Nous voyons dans une charte latine du mois de mars 1211, que le prieur de la maison du Temple, en France, échangea des vassaux avec l'abbesse de Jouarre.

Au mois de janvier 1249, les chevaliers qui étaient déjà propriétaires de biens dans les environs, et notamment sur le terroir de la Brosse, achètent trois nouveaux arpents de terre en deux endroits différents, au dit terroir de la Brosse, paroisse de Saint-Lambert, de la commanderie de Saint-Jean-de-Latran.

Au mois d'août de la même année, ils acquièrent deux arpents et un quartier de terre lieu dit « *le Chanu* », terroir de la Brosse.

En octobre 1249, le commandeur de la Ville-Dieu achète 1/2 arpent de terre, au terroir de la Brosse, lieu dit *Marchais Inimaux*.

Avril 1250, ventes aux frères de la Milice du Temple, moyennant 25 livres 5 sous parisis, de quatre parties de deux arpents de pré et de trois arpents de terre, au terroir de *Trodigny*.

11 may 1250, transport de rente, en faveur des Templiers, sur le moulin *Franchet* et la *grange de la Ville-Dieu*.

Juin 1250, acquisition par les chevaliers, de deux arpents de terre à la *Brosse*.

Novembre 1250, vente aux chevaliers d'un arpent de terre près du bois de la *Brosse*.

Janvier 1251, vente aux chevaliers de 4 arpents de terre au terroir de la *Brosse*, près le chemin de Chevreuse.

Septembre 1251, vente d'un arpent de terre aux chevaliers au dit terroir de la *Brosse*, près le chemin de *Chevreuse*.

Même mois et même année, échange par suite duquel deux arpents de terre au terroir de la Brosse, lieu dit le *Cormier*, sont restés aux chevaliers.

Avril 1252, vente aux chevaliers du Temple, d'un arpent de terre au terroir de la Brosse.

Acquisition de *sept septiers de bled, et deux septiers, vingt minots* sur la grange de la Ville-Dieu *et quatre septiers* sur le moulin Franchet.

Mai 1252, Moulin de Franchet ou Francheret, *sept septiers moins un minot de blé*.

Rachat par les chevaliers du Temple, des redevances en blé, qu'ils devaient sur leur Moulin Franchet et sur leur grange à la Ville-Dieu.

May 1252, vente aux Prieur et frères de la Milice du

Temple, à Paris, *de sept septiers moins un minot de blé* appartenant aux vendeurs, savoir *quatre septiers un minot* sur le moulin Franchet appartenant à l'Ordre, et *deux septiers un minot et demi à la grange des Prieur et Frères de la Ville-Dieu, vente moyennant trente livres parisis*.

Août 1252, rachat par les chevaliers du Temple, de *trois minots de blé* sur la grange de la Ville-Dieu de Maurepast, et *six minots* sur le Moulin Franchet moyennant *dix livres parisis*, et de *neuf minots de bled* appartenant annuellement au vendeur, savoir : trois sur la grange de la Ville-Dieu de Maurepas, et six sur le moulin Franchet.

Janvier 1253, vente de deux arpents de terre aux chevaliers du Temple près le *Cormier*, vers la Brosse, et d'un autre arpent de terre au terroir de la Brosse, lieu dit « *le chemin du Clos* ».

Juillet 1253, donation de trois arpents et demi de terre au-dessous de la Brosse et de tous les biens de Mathieu Ride, aux chevaliers.

Au mois de mars 1254, Guyard de Montjoie, écuyer, et Alippe sa femme, ratifient l'aumône autrefois faite aux Prieur et Frères de la Milice du Temple de la Ville-Dieu avec cession de tous droits, de toute seigneurie et de toute propriété qu'ils y auraient ou pourraient avoir, sur la dite aumône faite par Simon de Montjoie, écuyer.

Novembre 1254, vente aux chevaliers du Temple, d'un arpent de terre à la Brosse, près Chevreuse.

Avril 1255, charte d'acquisition par les chevaliers du Temple, d'un arpent de terre à la Brosse.

Juillet 1255, vigne au terroir d'Hédeval, acquisition par les chevaliers du Temple, d'un arpent de vigne vers Maurepas.

Le 17 juillet de la même année, vente aux frères de la Milice du Temple de Maurepas, par Aimodès de Maurepas, moyennant vingt livres parisis, *payées comptant*, d'un arpent de vigne près Maurepas et désigné.

Même mois, même année, terroir de Hédeval, près Maurepast, amortissement pour quatre arpents et demi de vigne acquis par les chevaliers du Temple.

Novembre 1255, acquisition d'un arpent de terre et d'une maison à la Brosse.

1258, donation par *Roger-Meusnier et Philippe sa femme, aux frères de la Milice du Temple, d'un septier de bled à prendre annuellement sur le moulin de Frécambault*.

May 1258, don aux chevaliers du Temple d'une rente en *bled*, sur le moulin de Frécambault.

Janvier 1269, *inféodation d'une donation aux chevaliers du Temple, d'une maison et d'un clos sis à la Brosse, pour la fondation d'une chapelle.*

1283, *en carême, Ville-Dieu-lèz-Maurepas, Boulay la Brosse et Bois de Lais, Justice donnée aux chevaliers, garenne et chasse èsdits lieux, réservées au seigneur de Chevreuse ; droit de haute et basse justice ès seigneurie garenne et chasse èsdits lieux.*

Lundi avant la fête de la Vierge 1285, ou de sainte Madelaine, inféodation d'une vente de maison à la Brosse, en la censive du Roi.

Les chevaliers du Temple possédaient, en 1299, le manoir de Saint-Aubin, avec 150 arpents de terre, huit livres de cens, trois arpents de vigne, trente arpents de bois, deux arpents deux setiers de blé, fiefs, deux jardins.

Août 1513, Bail de dix-neuf ans à Geoffroy La Marinière de la ferme de la Ville-Dieu, moyennant *dix minots de grain, deux tiers de blé et un tiers d'avoine.*

12 février 1538, bail de dix ans à Denis Le Marinier, moyennant *vingt livres par an,* d'une pièce de terre appelée les *Champs de la Ville-Dieu,* contenant bois, 70 arpents.

16 octobre 1547, bail de dix ans à Jean Lanère, des droits seigneuriaux de la terre et seigneurie de la Ville-Dieu, sur les villages de Launay, la Verrière, la Brosse, Trodigny, Maurepas, Bazoches, le Tremblay, Montfort, Poissy, Boinvilliers, Monainitz, Grignon, Thiverval et Vaux, près Meulan ; avec une pièce de pré d'un arpent 1/2 entre Fontenay-le-Fleury et l'Abbaye de St-Cyr, le tout moyennant *42 livres 10 sous de fermage par an.*

28 août 1560, la Ville-Dieu, les-Trappes, fut louée par bail de 9 ans à Jean Lancre, de la ferme de la Commanderie de la Ville-Dieu, des censives d'icelle, à la Verrière et à Maurepas, des bois de Trappes, avec le 1/3 des dixièmes de Jouarre, moyennant *480 livres* de fermage par an.

Le 9 juin 1570, bail passé pour dix ans, de la ferme de la Ville-Dieu, moyennant *500 livres tournois et 6 chapons.*

Un bail de 7 ans fut fait à Guillaume Michel, des Bois de la Ville-Dieu, du 1/3 des dixièmes de Jouarre, et des censives au lieu de la Verrière.

En 1580, les Chevaliers du Temple possédaient des terres terroir de Trodigny.

Le 30 janvier 1626, bail de neuf ans fait à frère Antoine de Rosnil, *servant d'armes,* de l'ordre de Saint-Jean de Latran, moyennant *575 livres.*

4 décembre 1645, bail pour 9 ans, à Jean Genault, moyennant *2.500 livres.*

18 juin 1689, bail de la Ville-Dieu, dépendant de la commanderie de Louviers, à Louis-Simon Nepveu, receveur du prieuré de Plaisir et de la ferme de la Chesné et du moulin, près Neaufle-le-Chastel, moyennant *1.200 livres.*

21 janvier 1717, bail à ferme de la terre et seigneurie de la Ville-Dieu et ses dépendances et le quart des dixièmes de Jouarre, à Marie Gathier, veuve d'Alexandre Hauré, moyennant *1.100 livres par an, consistant en maison, granges, pressoir, écurie, volière à pigeons, étables à vaches, bergerie, chapelle, cens, rentes, différends et amendes, droit de forrager dans l'étendue de la seigneurie. Puis le quart des dixièmes de Jouars, le greffe, le tabellionnage, clos, jardin et autres choses dépendant de la même dite seigneurie.*

4 mai 1722, bail à Jean Grésillon, moyennant *1.200 livres.*

22 décembre 1738, libération et décharge en faveur de haut et puissant seigneur, Jérôme Phélypeaux, comte de Pontchartrain, d'une rente de 100 livres qu'il devait à la Ville-Dieu, commanderie de Vannion, et transport de cette rente, sur la Grande et petite Verrière.

LA VILLENEUVE

La Villeneuve, *Villanova*, petit hameau dépendant aujourd'hui de la commune de Maurepas, a eu jadis des seigneurs.

Guillaume II de Villeneufve écuyer seigneur de Bailly et Noisy en partie, rendit foi et hommage au Roi, le 23 mai 1492, pour les fiefs des Bordes, des Clayes, de Montetour, de la moitié du fief de Bailly, en la baronnie de Neaufle, des fiefs de la Gouttière-sous-Neaufle, de la mairie de Crest, de la cour des Prez, du chêne Rogneux, et de la Tour de Marcq, d'un autre fief à Neauphle, contenant la voirie et châtellenie de Neauphle.

En 1556, *Pierre de Villeneufve* écuyer, assista à la réunion, pour la rédaction des coutumes.

LE BUISSON

Le Buisson, aujourd'hui ferme dépendant de la commune de Plaisir, était autrefois résidence seigneuriale.

Nous voyons paraître, le 17 septembre 1118, *Gaucherius* du Buisson.

Le Buisson se trouvait dans le fief de Simon de Neauphle.

LE COUDRAY

Coldreium, Couldreium, Coudreis, Coldreio. Le Coudray est un hameau dépendant de la commune de Maurepas.

Autrefois illustré par la présence de seigneurs, nous trouvons en effet les noms de :

Godfredus de Coudreio.
Bertrandus de Couldrei.
Buchardus ou Bucard de *Coudrey*.

Le fief du Coudray est maintenant enclos dans le parc de Pontchartrain.

LE MESNIL-SAINT-DENIS

Le Mesnil-Saint-Denis, *Mansionilla Sancti Dionysi,* ou *Menillium,* est une commune de 500 à 550 âmes, du canton de Chevreuse.

Son église qui date du xve siècle, renferme des statues en bois peint, du xvie siècle.

Le château est du xviiie siècle.

LE PONTEL

Le Pontel, hameau de la commune de Villiers-Saint-Frédéric, est situé à l'embranchement des routes de Paris à Brest, de Rambouillet à Mantes, de Rambouillet à Saint-Germain-en-Laye et à Septeuil.

Il tire son nom du petit pont qui passe sur la route, et conduit les eaux de la Mauldre.

Il y a eu autrefois, une seigneurie à cet endroit.

Le premier seigneur que nous trouvons se nommait *Hugues* ; il est appelé dans une charte latine de 1163, *Hugo de Aupuntel.*

Au mois d'août 1402, *Jean du Puntel* affranchit l'abbaye de Neauphle-le-Vieil, des cens qu'elle lui devait, sur l'hôtel de Beaurepaire.

En 1506, *Denis Blutte* achetait le fief du Pontel et le

revendait le 15 novembre 1511, à *Pierre Leclerc*, seigneur du Tremblay.

Le 24 septembre 1676, *Nicolas de Meuvan* rendait hommage à *Henri-Marie Leclerc*, seigneur du Tremblay, pour le fief du Pontel, consistant en sept arpents de terre, à la Croix de Beaurepaire ; un arpent de pré au gué, au pont, sur le chemin de Paris, etc.

Le seigneur du Tremblay faisait hommage au seigneur du Pontel, comme seigneur de Houjarray, pour un petit fief au Tremblay, appelé la *Cour des Bardes*, consistant en une *masure*, etc.

LES BORDES

« Aux Bordes-lez-Neauphle-le-Chastel, dit un ancien titre, il y a une église et un hôpital de douze lits, fondé par M. de Pontchartrain. »

« Le prêtre qui dessert cette église et rend service aux malades, a 600 livres de revenu ; ce bénéfice est une commission, non un titre. »

Bordis, le hameau *des Bordes*, nommé autrefois *les Bordes-sous-Neauphle*, et dans les chartes latines, *Bordæ*, est une localité très ancienne, se composant de quelques maisons, parmi lesquelles se trouvaient les bâtiments que Louis Phélypeaux, comte de Pontchartrain, et la comtesse, sa femme, convertirent en hôpital en 1698.

Cet hôpital existe toujours, et a pris, depuis bientôt deux siècles, beaucoup d'extension.

Un seigneur du nom de *Philippe* avait sa résidence aux Bordes (*Bordis Philippis*, en 1162-1173).

Son fils se nommait *Galeran*.

Nous trouvons un autre seigneur du nom de *Hugues*, *Hugo Bordis*.

Les Bordes et Pontchartrain se tiennent, et ne forment aujourd'hui, qu'un seul pays.

LES CLAYES

Les Clayes, *Clois*, *Esclais*, *Esclois*, d'après le Pouillé du diocèse de Chartres du XIIIe siècle, a eu aussi ses seigneurs.

Renault ou *Renaldus* de *Clois*, est l'un des principaux.

Les Clayes sont une commune de 300 habitants, du canton de Marly.

LES EBISOIRES

Ebisoriæ, Ebizeors, Ebisoires, dans les chartes latines, *Ebizeors, Ebisoers, Ebizoires,* autrefois lieu ainsi nommé, est maintenant une ferme située près du hameau des *Petits-Prés,* et de la gare de Plaisir-Grignon.

L'abbaye des Vaux de Cernay possédait en 1511, le domaine, la ferme et métairie des *Ebisouers,* au val de Gally (Gallie) en la châtellenie de Neauphle-le-Château, contenant 417 arpents de terre et prés, ainsi que le constate la donation en vieux français que nous rapportons ici :

« Mestayeris assises en la chastellenie de Neaufle-le-Chas-
« tel, contenant la quantité de quatre-cens-dix-sept arpens
« de terres et prez exempte de toutes dismes de grains, de
« vins et aultres, avec la haute, moyenne et basse justice. »

LES MOUSSEAUX

Le hameau des *Mousseaux,* qui fait partie de la commune de Jouars-Pontchartrain, se nommait autrefois *les Monceaux,* en latin, *Moncelli* ; il justifie son ancienne dénomination, par sa situation sur une colline.

C'était un fief noble, dépendant de la châtellenie de Maurepas, « à une seule foi et hommage, rachat, cheval de ser-
« vice et *le marc d'argent,* qui était un droit perçu à la muta-
« tion des charges. »

Le seigneur avait moyenne et basse justice sur ses vassaux, « hostes et hostesses », et le pouvoir de la faire administrer par des officiers, bailli, prévôt, maire et sergent.

Mais la haute justice appartenait au châtelain de Maurepas.

En 1412, Marie du Bois, dame de Pontchartrain, veuve du seigneur des Granges, fit hommage à *Louis des Mousseaux,* pour cinq quartiers de terre et de « champarts » à Saint-Aubin.

Il existe encore aux Mousseaux, un ancien château, dont les bâtiments servent maintenant à la culture.

LES PETITS-PRÉS

Le hameau des Petits-Prés, *Pratella* ou *Merdrel, Merderel, territorium rivers et rivulus* qui fait partie de la commune de Plaisir, est situé sur le Rû de Gally ; ce ruisseau est l'un des affluents de la Mauldre.

Nous trouvons le nom d'un seul seigneur des Petits-Prés, *Reginald,* octobre 1222.

Le chemin de fer de Paris à Granville a une gare à Plaisir-Grignon, sur le territoire des Petits-Prés ; la route de Saint-Germain-en-Laye et le chemin qui conduit à l'Ecole Nationale d'Agriculture de Grignon, traversent ce hameau.

Il existe aux Petits-Prés, une maison à la charge du département de Seine-et-Oise, qui est à la fois dépôt de mendicité, pour recueillir les vagabonds, et refuge pour les aliénés inoffensifs ; il y a aussi quelques incurables.

On a adjoint à ces trois premières classes d'individus, des vieillards hommes et femmes, qui, dépourvus de famille ou n'ayant pu amasser dans leur vie de labeur, assez de ressources pour suffire dans leur vieillesse, aux nécessités de l'existence, viennent demander là, moyennant une somme relativement minime, un asile pour leurs vieux jours.

Il suffit de franchir le seuil de cette maison, pour se convaincre de sa bonne organisation.

Depuis sa création, deux directeurs seulement se sont succédé, mais il est difficile de dire le bien qu'ils ont fait ; ils se sont acquis du reste, dans leur administration, avec l'estime de tous les honnêtes gens, la reconnaissance, l'affection même de leurs administrés.

M. Griffon, le premier directeur, a souvent vu de pauvres vagabonds, à la fin de leur détention libre (si cette expression n'est pas une antithèse) possédant pour leur libération la masse nécessaire, péniblement économisée sur les petits bénéfices reçus pour leur travail et leur bonne conduite, supplier les larmes aux yeux, *M..le Directeur de les conserver !*

Il est vrai, que M. et Mme Griffon avaient une sollicitude admirable pour ces pauvres déshérités, et déjà, sous l'administration de ce regretté directeur, la maison qui n'avait qu'un corps de bâtiment et une modeste chapelle, a commencé à prendre une plus grande extension.

Mais revenons de suite, avant d'en dire davantage, à la *détention libre* dont nous avons parlé plus haut : il ne s'agit pas aux Petits-Prés, de prison, de maison pénitentiaire ou de correction ; non, les vagabonds ou mendiants y sont amenés par les gendarmes, quelquefois avec les *menottes,* mais ils y sont laissés libres ; c'est la ville de refuge des temps anciens. Selon leur capacité ou leurs aptitudes, ils sont employés au service de la maison ; s'ils ont un état, tailleurs, cordonniers, etc., leur place est toute trouvée, on les utilise facilement ; ceux qui n'ont pas de métiers, cultivent, sous la direction de gardiens, les vastes champs appartenant à l'asile, et lorsque le nombre des pensionnaires est trop considérable, on leur procure du travail chez les cultivateurs des environs ; c'est donc la prison au grand air, et le directeur auquel on proposait de transporter de Plaisir aux Petits-Prés, la brigade de gendarmerie, a montré ses portes *grandes ouvertes, qui ne connaissent pas les verrous.*

M. de Montguerre, le second directeur, a fait ses preuves et depuis longtemps.

Pendant la guerre de 1870, bien que frappé dans ses plus chères affections, sa jeune femme ayant été enlevée soudainement, par une fièvre typhoïde, il est toujours demeuré fidèle à son poste. Et, depuis, que d'améliorations se sont produites dans cet établissement, que de changements, d'agrandissements de toutes sortes, grâce à son zèle et à sa bonne administration !

Mais nous devons en passant, rendre hommage aux religieuses de la Présentation de Tours, qui en ont la direction matérielle ; la supérieure actuelle qui a en main cette difficile mission, est en fonction depuis de longues années ; M. le Directeur, les Administrateurs, tous ceux enfin qui s'occupent de cette maison, peuvent dire qu'elle est admirablement douée, pour la lourde charge qui lui est confiée.

En visitant cet établissement, ce qui ne souffre pour personne, la moindre difficulté, on peut se convaincre de l'ordre et de la propreté qui règnent partout ; la cuisine, fort bien organisée, les réfectoires, les dortoirs, la lingerie, rien ne laisse à désirer ; quant à la chapelle, on ne peut rien demander de plus.

A force de temps et de patience, ces excellentes religieuses sont parvenues à occuper dans la classe des femmes aliénées, les pauvres idiotes, dont la vie, jusque-là inutile et oisive, aggravait peut-être l'état mental ; les moins dépourvues d'intelligence fabriquent des fleurs de plumes, et la plupart réussissent au gré de leurs patientes maîtresses.

Puissent des établissements semblables, et avec une aussi bonne organisation, se propager dans notre pays !

LE TREMBLAY

Autrefois, *le Tremblais*, et dans les anciennes chartes latines : *Trembleium, Trembletanis, Trempleto, Trembletum et Trempletum* est une commune de 602 hectares, du canton de Montfort-l'Amaury, de 100 maisons et de 400 habitants environ, à 2 kilom. de la Mauldre, 5 kilom. de Montfort, 23 kilom. de Versailles et 23 kilom. de Rambouillet.

Il existe au Tremblay, un joli château qui renferme plusieurs tableaux remarquables de Ph. de Champaigne ; le parc a de vastes proportions.

Le Tremblay dépendait autrefois de la châtellenie de Maurepas, de l'archidiaconé du Pincerais, et du diocèse de Chartres.

L'église, sous l'invocation de Saint-Loup et de Saint-Gilles, avait 950 livres de revenu ; le curé était à la présentation de l'abbé de Neauphle-le-Vieux ; élection de Montfort.

Le nom d'un curé de cette paroisse, en l'année 1228, est parvenu jusqu'à nous, il se nommait Hugues.

L'église du Tremblay fut représentée à la réunion du 13 octobre 1556 pour la rédaction des Coutumes du comté de Montfort-l'Amaury.

Nous citerons parmi les anciens seigneurs du Tremblay :

Geoffroy de Trempleto qui vivait en 1162.

Gautier.

Evrard de Trembleio.

Annuanti etiam Evrardo et filio ejus de quorum feodo erat terra, etc... (Du consentement d'Évrard et de son fils sur le fief desquels cette terre était, etc...)

Arnaud.

Arroud.

Gillebert.

Herbert, donna un arpent de terre vers la grange d'Ayte, avec le consentement de ses fils.

Joannes de Tremblaya, miles (chevalier) paraît comme exécuteur testamentaire de Guy de Lévis III, maréchal de Mirepoix. (Testament du 10 août 1276.)

« *Marguerite, dame de Chateron,* veuve de *Pierre Choisel,*
« vendit la moitié de sa seigneurie du Tremblay à *Jean Mi-*
« *gnon,* archidiacre de Blois, et clerc de la chambre des comp-
« tes en 1323 ; y compris la mouvance de deux fiefs tenus
« par Guillaume Bagot, chevalier, seigneur de Pontchartrain
« en partie, l'un de 4 arpents de terre, devant la porte du
« dit Pontchartrain, l'autre de 40 sous de cens ès vignes de
« Romorde. »

Guillaume de Chateron vend l'autre moitié de sa seigneurie du Tremblay au même *Jean Mignon,* en 1330.

« Au mois de novembre de la même année Jean Coquatrix,
« bourgeois de Paris, rend aveu à Jean Mignon, pour les
« deux fiefs qui précèdent, mouvants de la Hunière, et pour
« un troisième de 40 sous de cens à Pontchartrain, quarante
« arpents de terre, sept de bois, six terres de cens, trois

« arrière-fiefs dont le seigneur du Tremblay reporte l'hom-
« mage à Guillaume de Marcq.»

La terre du Tremblay passe au siècle suivant, dans la famille *Leclerc*, qui possédait dans la châtellenie de Neauphle, le manoir de Couperville, et diverses terres achetées à d'autres familles nobles, tombées dans la pauvreté. Comme le reste de la seigneurie du Tremblay avait été acquise par *Jean Mignon,* de la famille de Chateron, de 1322 à 1343.

Le cartulaire de ce domaine composé par *Robert Mignon,* frère et héritier de *Jean Mignon,* permettrait de donner les détails les plus minutieux sur ces biens.

« Le 15 octobre 1341, Robert Mignon fait hommage à
« Robert de Villepreux, entre autres terres de celles qu'il
« avait achetées à Saint-Aubin, auprès de Néaphe-les-Viez,
« de Jean de Guiencourt et de Jeanne sa femme.

Le 15 janvier 1577, *Jean Leclerc,* seigneur du Tremblay, fait hommage au duc d'Anjou, comme seigneur de Neauphle-le-Château pour Songy et le fief Paumier à Saint-Rémy, le fief Leclerc à Galluis et le fief Tronchet à Bazoches.

L'hommage de ces fiefs, tantôt à Montfort, tantôt à Neauphle resta à Neauphle par une transaction de 1716.

Le 4 février 1577, Jean Passart était condamné à payer au seigneur du Tremblay, 280 livres, pour les droits féodaux résultant de l'acquisition du fief du Pontel.

Enfin, la terre du Tremblay passa dans les familles *d'Angennes* et *de Vérac*. Elle appartient aujourd'hui au *comte de Rougé*.

Le château de *la Hunière* datant des XIe et XIIe siècles, était dans le parc du château moderne du Tremblay.

Dès 1118 et 1142, il est question de ce château fort dont il reste encore quelques ruines.

Il y avait autrefois aussi, au lieu dit *la Hunière* en latin, *Huaneria*, une chapelle sous le vocable de Sainte-Geneviève, à la présentation des seigneurs du Tremblay.

En février 1250, *Geoffroy*, était seigneur de *la Hunière;* sa femme se nommait *Philippa*.

LEVY-SAINT-NOM

Les Lays ou Levice, Leviæ, Levees, Levies, est une commune de 350 habitants, du canton de Chevreuse ; ancienne seigneurie dont le siège était à Lévis-Saint-Nom.

C'est dans ce château que la maison de Mirepoix fait remonter son origine.

Parmi les seigneurs qui ont illustré cette antique demeure, nous citerons :

Ichita Joannis de Levies.

Guy de Levis, guerrier du XIII° siècle, chef de la maison de Lévis, accompagna Simon de Montfort, fut son lieutenant, dans la croisade contre les Albigeois en 1209 et élu maréchal des Croisés, titre que portèrent aussi ses descendants.

Dans le partage des pays conquis, il reçut plusieurs terres en Languedoc, venant de la dépouille des Albigeois, ainsi que la terre de *Mirepoix (Mirapicium)* située en Hurepoix, près Chevreuse, qui avait appartenu à une famille noble de France, dont l'origine remonte au XI° siècle. Il mourut en 1230.

Il avait fondé, en 1190, l'abbaye de *la Roche.*

Ses successeurs ont joint au nom de Levis, celui de *seigneurs de Mirepoix.*

Gui de Lévis III° du nom, seigneur de *Mirepoix, Maréchal de la Foi,* petit-fils du précédent, suivit Charles d'Anjou, frère de saint Louis, dans son expédition de Naples ; il se distingua à la bataille de Bénévent, le 26 février 1266.

De retour en France, il fut maintenu par arrêt de l'an 1269, *dans la possession de connaître et de juger du fait d'hérésie dans toutes ses terres du Languedoc.*

Par son testament, en date du 12 août 1276, il légua aux léproseries de Neauphle-le-Château, de *Villapetrosa* (Villepreux) et de Trappes, 20 *solidos turonenses* (sous tournois).

A l'abbaye de Neauphle-le-Vieux *dix livres.*

Au couvent de Haute-Bruyère, *quarante solidos.*

Il vivait encore en 1286.

C'est un *marquis de Mirepoix* qui, en 1589, vint avec plusieurs autres seigneurs, à l'appel de Henri III, au moment où le fanatique Jacques Clément venait de le poignarder ; ils vengèrent le crime, en frappant le coupable de « cent coups d'épée ».

Louis-Pierre de Lévis, maréchal, marquis de Mirepoix, ambassadeur à Vienne, en 1737, maréchal de camp en 1738, chevalier des Ordres du roi en 1741, lieutenant-général en 1744, ambassadeur à Londres en 1749 ; créé duc par brevet, en 1751, maréchal de France en 1756, gouverneur du Languedoc en 1757, mourut à Montpellier la même année.

Il était aussi distingué par le cœur que par l'esprit.

Il ne laissa pas d'enfants de ses deux mariages.

L'opinion fabuleuse qui faisait descendre cette illustre famille, de la tribu de Lévi, est aujourd'hui complètement rejetée.

L'église de Lévy-Saint-Nom, en partie du xiii° siècle, possède une remarquable statue de la Vierge.

MAGNY-LES-HAMEAUX

Magny-les-Hameaux, commune de 450 habitants, du canton de Chevreuse.

On voit dans l'église, des pierres tombales et autres objets provenant de l'abbaye de Port-Royal-des-Champs, dont les ruines sont peu éloignées.

Magna Haya, la grande forêt, est une partie de bois voisine de la terre de Saint-Robert, de la Commune de Cernay-la-Ville et non de Magny-les-Hameaux.

MANTES

Mantes, *Medonta, Medenta, Medunta,* ces deux derniers noms sont relatés en mars 1227, août 1256, avril 1269, 26 juillet et 26 septembre 1317, mai 1320, 28 mai 1323, mars 1325, septembre 1327.

Elle était autrefois capitale du Mantois.

Cette ville est donc fort ancienne. Elle avait pour armoirie *un gui de chêne,* ce qui fait attribuer sa fondation aux Druides.

Le fait suivant est rapporté dans l'histoire :

« Childebert manda à sa cour, un pieux solitaire des « environs d'Avranches, saint Paterne ; il s'arrêta à Mantes-« la-Ville où il guérit un enfant, mordu d'un serpent ; une « chapelle fut élevée à cet endroit, et devint l'église Saint-« Père, par altération de Saint-Paer ou Saint-Paterne, « succursale de Mantes-la-Ville. »

C'est à la suite de cette visite de saint Paterne, que Childebert ordonna dans tout le royaume, la démolition des temples, des statues et des autels païens.

En 1087, la ville fut saccagée par Guillaume le Conquérant.

Autrefois chef-lieu de comté, Mantes fut plus tard érigée en pairie et donnée à Charles le Mauvais.

Elle fut prise par Duguesclin en 1364, et reprise par les Anglais en 1416, elle fut rendue à Charles VII en 1449 : Henri IV fit détruire ses fortifications.

Le siège présidial fut transféré à Mantes ; le bailliage royal de Meulan y ressortissait.

On suivait dans ces deux juridictions une coutume particulière rédigée en 1556 et appelée coutume de Mantes et de Meulan.

Avant cette époque, on y jugeait presque toujours, conformément à la coutume de Paris.

Le château fut souvent habité par les rois jusqu'à Henri IV.

Mantes, aujourd'hui, chef-lieu d'arrondissement des cinq cantons de Bonnières, Houdan, Limay, Magny, Mantes, a 5.650 habitants ; sa situation sur la Seine est ravissante, aussi lui a-t-on donné le nom de *Mantes-la-Jolie*.

Son église Notre-Dame, monument historique des XIIe, XIIIe et XVIe siècle, est surmontée de deux tours élégantes et originales hautes de 68 mètres ; elle fut reconstruite par l'architecte Eudes de Montreuil de 1223 à 1250, d'après les ordres de Blanche et de Marguerite de Provence.

Son style a beaucoup de ressemblance avec celui de Notre-Dame de Paris.

On voit encore la tour Saint-Maclou, monument historique et reste de l'église de ce nom.

L'hôtel de ville date des XVIe et XVIIe siècle, il est très remarquable.

Près de la ville, très beau pont de pierre sur la Seine.

Le palais de justice et l'ancien auditoire sont fort curieux ; on en admire beaucoup le bel escalier de marbre, datant du XVe siècle.

MAREIL-LE-GUYON

Mareil-le-Guyon, désigné dans les chartes, sous le nom latin de *Marolio* ou *Marolium,* est une commune du canton de Montfort-l'Amaury, dont elle est peu éloignée ; elle est traversée par la route départementale de Saint-Germain-en-Laye à Rambouillet.

Il existe à Mareil-le-Guyon, un joli château appartenant au *marquis d'Avaray.*

L'église très petite, autrefois sous l'invocation de Saint-Martin, avait un revenu de 100 livres et était à la présentation de l'abbé de Saint-Magloire, de Paris.

Mareil a eu aussi des seigneurs au commencement du XIIe siècle, nous trouvons :

Garin de Marolio.

« *Garin de Mareil* donna à cette époque, à l'abbé de Cou-
« lomb, une terre de deux livres à Tiverval, avec le quart
« de la dîme, les oblations de l'autel et la moitié des droits

« de sépulture, du consentement de son frère Goslin dont il
« tenait le tout en fief. »

Simon de Neaufle et *Adam de Mareil,* mirent successivement obstacle à cette donation, puis donnèrent leur consentement, probablement moyennant finance.

Goslin, frère de Garin.

Adam.

En 1283, *Jean de Mareil* était homme lige de la comtesse de Montfort, mais en outre de ce fief, il en avait d'autres à Mareil, mouvants de Chevreuse. Il fit quelques dons au commencement du XII° siècle.

En 1371, Adam d'Ecrônes, chevalier, seigneur d'Oisonville, tenait à Mareil en face l'hôtel de *Jean,* seigneur de Mareil, un fief valant dix livres, et un *Vasseur* nommé Jean de Vergy.

Après cette première famille, Mareil fut partagé et passa en un grand nombre de mains.

Jean Mareil ou *de Marcel,* paya le 3 juillet 1383 à Guillaume de Bois Nivard, seigneur de Neauphle-le-Château, neuf francs d'or pour droits féodaux dûs à cause des fiefs de Launay-Rognerin, paroisse de Bazoches.

Trois jours plus tard, Jeanne Boudard, dame de Neauphle, donnait quittance de ces mêmes droits.

Le 14 mars 1442, *Simon de Mareil* vendait son fief à *Jean de Grande-Rue.*

En 1450, *Jean de Mareil* ou de *Mareel,* faisait hommage de ce fief au duc de Bretagne, comte de Montfort, à cause de sa châtellenie de Neauphle-le-Chastel.

En 1492 et 1507, Guillaume de Bergerac faisait au Roi, à cause du comté de Montfort et de la châtellenie de Neauphle, l'aveu du fief de Launay-Rognerin.

Le 13 mars 1498, maître *Christophe de Carmonne,* faisait hommage pour Mareil-le-Guyon, mouvant de Montfort.

Le 15 septembre 1523, maître *Arnaud Lhuillier,* conseiller au Parlement, fils aîné de *Jean Lhuillier* et de *Jeanne de Nanterre,* faisait hommage pour un quart de cette seigneurie.

Le 20 novembre 1525, *Gui de Belloy,* seigneur d'Aunis, faisait hommage pour les trois quarts de cette seigneurie.

Le 4 septembre 1528, *Hélène de Sauvage,* veuve de *Charles de Pothier,* chevalier, maître des requêtes, faisait hommage pour un huitième.

En 1552, *Florent du Belloy* succède à Jeanne de Carmonne sa mère.

Nous devons donner ici la liste des seigneurs en partie, de Mareil-le-Guyon, du Pontet, du Houley et autres lieux :

« Jean de Rouville, écuyer comme seigneur de Villiers-Cul-
« de-Sac, représenté par Mᵉ Claude-Philippe son procureur.

« Jean de Monbuisson, écuyer, l'un des cent gentilshommes
« de la maison du Roi comme seigneur en partie de la mai-
« son Rouge près Mercy.

« Damoiselle Marie de Tilly, veuve de feu Anthoine de
« Hargeville, en son vivant écuyer, tant en son nom que
« comme tutrice de ses enfants mineurs d'un et du dit défunt,
« comme dame de Behoust, Hargeville et autres seigneuries.

« Messire Pierre de la Porte, écuyer, conseiller du Roi,
« bailly du dit Montfort comme seigneur de Neufville en
« partie et encore comme seigneur d'Orval et du petit
« Bourdonné, aussi en partie à cause de demoiselle Catherine
« de Coquebourne, sa femme, Alexandre de Coquebourne,
« écuyer, seigneur en partie du dit Orval et petit Bourbonné.

« Jehan le Morhier, écuyer comme seigneur de Brunet
« et encore le dit le Morhier et Blaise Mauguey, chacun
« respectivement pour les droits qu'ils prétendent en la
« seigneurie de Gressay.

« Jean Mourant écuyer seigneur du Breuil Adainville en
« partie de la Jaulnière et le bas Breuil, aussi en partie.

« Toussaint Mansel, écuyer, gentilhomme de la Vénerie du
« Roi, maître particulier des eaux et forêts du dit comté, capi-
« taine des châtellenies du dit Monfort et Saint-Léger en
« Iveline.

« Germain de la Porte, écuyer à cause de son fief de
« Saint-Benoist, assis à Flexanville.

« Charles du Mesnil.

« Simon, écuyer, seigneur de Launay, Villier, le Mahieu
« et Authouillet.

« Joachim de Fesvières, écuyer à cause de sa seigneurie
« de Morainville.

« François de Chamgirault, écuyer, à cause de sa seigneu-
« rie de Morainville.

« Messire Christofle de Refuge, chevalier, l'un des cent
« gentilshommes de la Maison du Roi, pour ses seigneuries
« de Mesmiz, Chantereux, Groussay, Bazoches en partie,
« la ferme des Boys près Gambais et autres seigneuries
« assises au dit comté.

« Dame Adrianne de Bazaincourt, veuve de feu messire
« Nicole de Chardon, en son vivant chevalier, à cause de
« son fief de la Tour de Richebourg.

« Messire Jean de Jabrevois, chevalier, l'un des cent
« gentilshommes de la Maison du Roi, comme seigneur de
« Saulx et Richebourg.

« Jean Barthomier, écuyer, comme seigneur des terres
« et seigneuries d'Olivet, Nigelle, Pouteau, la Perrache,
« Damne-Marie, Olainville, Recoing, les Caves et autres
« seigneuries. »

En 1611, *Charles de Meneau*, écuyer, seigneur de Villiers-Cul-de-Sacq, Vy et Chatron, achète Mareil à *René de Mailly*, seigneur de Mérainville.

En 1627, son fils, *Pomponne de Meneau*, devient seigneur de Mareil.

En 1745, *Alexandre de Mauvieu* est bailly au bailliage du dit Mareil.

En la même année, cette seigneurie passe à *Messire Anthoine de Chaulmont chevalier, marquis de la Galaizière*, seigneur de la Maison-Rouge, de Houllet *et autres lieux*.

Le 15 novembre 1766, Pierre-Louis Demansino, avocat au Parlement, bailly, juge civil, criminel, de police du bailliage et comté de Mareil-le-Guyon, et des fiefs y réunis, comparaissait :

« Pour très haut et très puissant seigneur, Mgr Anthoine
« de Chaulmont, chevalier, marquis de la Galaizière, con-
« seiller d'Etat, maître des requêtes honoraire, intendant
« d'Alsace, seigneur du dit Mareil-le-Guion et des fiefs y
« réunis. »

En 1770, nous trouvons Mre *Jean de Tillet*, protonotaire et secrétaire du Roi, greffier civil en sa cour de Parlement à Paris, comme seigneur de Mareil en partie...

Nous voyons par une quittance des droits seigneuriaux que nous transcrivons ici, que Mareil passa en d'autres mains.

Seigneurie de Mareil.

« Je soussigné, receveur des droits seigneuriaux des
« terres et seigneuries de Wideville et dépendances, pour
« Mme la duchesse de la Vallière, reconnais avoir reçu de
« Mme Rafard, par les mains et les deniers de M. Prudhomme,
« demeurant à Neauphle, la somme de cent vingt-quatre
« livres pour vingt-trois années d'arrérages de cens et rente
« en grains, des héritages qu'elle possédait dans l'étendue
« de la dite seigneurie, échues à Saint-Rémy et Saint-Mar-
« tin derniers 1786.

« Dont quittance, sans préjudice de l'année courante ;
« autres dûs droits et actions

« Fait au bureau de Wideville, ce quinze janvier mil sept
« cent quatre-vingt... (le reste est déchiré).

« Signé : PARMENTER. »

Nous avons l'original.

Une autre quittance du 15 janvier 1787, pour la seigneurie de Mareil, par le même receveur des droits seigneuriaux, des terres et seigneurie de Wideville, pour Mme la duchesse de la Vallière.

Cette terre appartenait au xviiie siècle à M. de la Galaisière d'où elle est passée par succession à la *comtesse Le Pelletier d'Aunay* à la *baronne Séguier*, sa fille, et à la *marquise d'Avaray*, sa petite-fille.

MARLY-LE-ROI

Marly-le-Roi ou Marly-la-Machine, ou encore, Marly-le-Port, chef-lieu de canton de Seine-et-Oise, arrondissement de Versailles, 18 kilom. de Paris, sur la rive gauche de la Seine avait un château construit par Mansard, qui fut longtemps résidence royale ; il a été détruit pendant la Révolution.

Louis XIV y fit établir, de 1676 à 1683, par le baron de Ville, une machine composée de quatorze roues hydrauliques, mues par la Seine, et élevant l'eau de ce fleuve à une hauteur de cent cinquante-quatre mètres, pour la conduire à Versailles. Elle a été remplacée en 1826, par une machine à vapeur, puis en 1859, par des roues hydrauliques.

MAULE

Maule, en latin *Maulia*, est une commune du canton de Meulan ; ce bourg de 1.300 habitants environ, bâti sur les bords de la Mauldre, est à 26 kilomètres de Versailles, 21 de Saint-Germain-en Laye, 16 de Mantes, 15 de Meulan, 40 de la capitale.

Il était autrefois de l'archidiaconé et de l'élection de Paris.

On y voit encore les restes d'une forteresse et d'un château Louis XIII.

L'église avait un revenu de 700 livres.

Ce monument historique bâti de 1070 à 1118 a été augmenté d'une belle tour ornementée de statues, en 1547. La crypte date du xie siècle, et la jolie chapelle qui sert maintnant de sacristie est du xve siècle.

Sous les Romains, cette petite ville était comprise dans la quatrième lyonnaise des Gaules Celtiques.

Elle vit les marches et les combats des légions romaines, qui dans leur camp établi au sommet du Mont Trodebert, sur le plateau des Alluets, laissèrent une grande quantité d'armes, de poteries et de médailles en argent, en cuivre ou en billon.

D'autres épaves viennent encore témoigner du séjour des Romains dans ces parages : des haches de bronze, des fers de lances, rongés par le temps, des vases de grès d'une forme très gracieuse, des monnaies d'Auguste, de Tibère, de Caligula, de Néron, de Marc-Aurèle, de Pertinax, des âtres de feux avec leurs cendres et leurs charbons à demi consumés ; un buste de marbre blanc du consul Lucius Manlius.

On a trouvé, au commencement du siècle, de nombreux tombeaux romains, dans les champs situés sur la gauche de la route de Maule à Mareil-sur-Mauldre, un peu au delà du moulin de Rodet ; cinquante sépultures dans lesquelles il a été recueilli des pointes de flèches, une hache de silex, deux haches en fer, un couteau dont la lame rongée par la rouille était seule restée ; plusieurs boucles de ceinturons en bronze, trois fers de lances de forme et de longueur variées ; des vases de terre entiers et d'autres en morceaux.

Quelques-unes des poteries étaient rougeâtres, le plus grand nombre étaient noires ; les unes affectaient la forme de nos vases à panse commune, et ne présentaient aucun ornement, d'autres, au contraire, en forme de plateaux, avaient, sur leurs bords supérieurs, des ornements en creux.

On a trouvé depuis, l'existence d'une muraille dont l'épaisseur varie de trois à cinq pieds, enfouie dans les prairies situées en face de ce cimetière, sur le côté opposé de la rivière.

Maule était, au moyen âge, une baronnie du duché de France, c'est-à-dire, relevant directement de la Couronne.

Plus tard, mais avant 1789, c'était un marquisat de l'Ile-de-France, du ressort du Châtelet de Paris et du diocèse de Chartres.

Nous avons recueilli les noms de quelques seigneurs entr'autres :

*Ansold I*er de Maule.

Pierre de Maule, qui, avec Simon le Malvoisin, son oncle, et près de 200 autres chevaliers, combattaient pour le comte de Galeran.

RUINES DE LA TOUR DE MAUREPAS

MAUREPAS

Maurepas forme aujourd'hui, avec le hameau de Villeneuve, une commune du canton de Chevreuse, à l'origine d'un affluent de la Mauldre. Elle a une étendue de 767 hectares et renferme 65 maisons ; sa population est d'environ 3oo habitants.

A 13 kilomètres de Rambouillet, Maurepas est en correspondance avec le chemin de fer de l'Ouest, ligne de Bretagne, station de la Verrière.

Ce petit village avait 49 feux et 101 paroissiens, dit le Pouillé du XIIIe siècle.

L'église, sous le vocable de saint Sauveur, tenait au château ; elle en est séparée aujourd'hui. Elle était à la collation de l'abbé de Neauphle-le-Vieux, d'après le Pouillé de 1322.

Au XVIIIe siècle, le revenu de la fabrique était de 2.748 livres.

Maurepas, ancienne Châtellenie, avec titre de comté, dans le Mantois, gouvernement général de l'Ile-de-France, archidiaconé du Pincerais, diocèse de Chartres, élection de Montfort, Parlement et Intendance de Paris en 1768.

Il donna son nom au comte de Maurepas.

Avril 1322, *Mala-Repasta, Malrepast, Mal-Repast, Malus-Repastus, Maurepas,* c'est-à-dire mauvais séjour, piètre repos ; ainsi nommé, parce que les voyageurs qui passaient dans cet endroit, prétendaient qu'ils y étaient mal nourris.

Mala Reposta, Malus Repastus. Chartularium M. S. Ecclesiæ Parisiacæ in anno MCCLXXXII desinens, ejus meminit non semel, atque Castrum et Castellaniam de Malo-Repasto, feodum moven: ab Episcopo Parisiense appellat, in decanatu Castri fortis. Malus autem Repastus id est malus postus malumve convivium a re nomen habent quod viatores propter loci, inopiam male ibi accipi pascique consuelvissent sic mala mansio, mal-maison, mala taberna, mal taverne, vici ab eadem causa cognomen invenerunt.

Un cartulaire de l'église de Paris, qui se termine en l'année 1282, « fait plusieurs fois mention de ce lieu, et l'appelle
« château et châtellenie de Maurepas, fief mouvant de l'évê-
« que de Paris, situé dans le Doyenné de Château-fort
« (Montfort). *Mal-Repast,* c'est-à-dire endroit peu hospita-
« lier où l'on fait maigre chair ; ce nom viendrait de ce que
« les voyageurs qui passaient par là, en raison de la pénurie
« du lieu, trouvaient en cette châtellenie, et pauvre logis et
« pauvre table. D'où Maurepas, Malmaison, mauvaise auber-
« ge, Maltaverne. C'est à la même cause que le village devrait
« son nom. »

Malus Repastus vulgo Maurepas et inter Castella pagi Parisiaci, olim fuit vulgo Maurepas, inter Altam Brueriam et Nemus Arsicii, vice vico dare nomen idoneum... chartularium M. S. Ecclesiæ Parisiacæ anno MCCLXXXII.

« *Malus Repastus*, vulgairement, Maurepas, était autrefois
« compris dans le Parisis, entre Haute-Bruyère et Bois-d'Ar-
« cy. Par suite, ce nom de Maurepas fut donné au village
« voisin.

Cartulaire de l'Eglise de Paris, année 1282.

« Cette châtellenie était peu distante de celle de Che-
« vreuse, contiguë à la seigneurie de Trappes, à la châtelle-
« nie de Neauphle-le-Château, aux terres du comté de
« Montfort. »

« Elle avait sept lieues de tour, et enveloppait dans son
« périmètre, les paroisses de Maurepas, Coignères, du
« Tremblay, partie de Saint-Rémy-l'Honoré, dont il laissait
« Vigt, à gauche de Bazoches, partie de Mareil, de Jouars,
« en suivant le chemin Drouais, jusqu'à la Croix d'Ithe, et
« longeant la rivière de Mauldre, en passant devant Pont-
« chartrain, partie du territoire de Chennevières dans la pa-
« roisse de Jouars, enfin partie de celle d'Elancourt et de la
« nouvelle paroisse de la Verrière, dont le manoir féodal
« était tenu en fief du châtelain de Maurepas.

« Certains revenus dépendaient encore de la châtellenie
« de Maurepas, notamment le Péage de Maurepas *cueilli* à
« Trappes, les revenus du clos sous Maurepas et l'Hôtel du
« clos dont il n'était que le seigneur dominant ;

« Dans la paroisse de Coignères, le bien seigneurial de Coi-
« gnères avec deux autres fiefs ;

« Dans la paroisse du Tremblay le bien seigneurial du
« Tremblay avec ses fiefs et ses arrière-fiefs ; la Hunière
« avec ses arrière-fiefs : la Justice du Tremblay et 8 livres de
« cens ; Ithe, les moulins de Bart et du Val, et l'Aunaie Rogne-
« rin ;

« Dans la paroisse Saint-Rémy-l'Honoré, le moulin de Bé-
« cheret ;

« Enfin le fief de la Grande Verrière qui était alors dans
« la paroisse du Mesnil-Saint-Denis. »

Il existe encore à Maurepas, les ruines pittoresques d'une tour et d'un château fort, qui se voient de loin et semblent braver l'injure du temps.

Le Seigneur de Massy, à la tête d'une centaine d'hommes d'armes, ne cessait de harceler les Anglais, alors maîtres de

VUE INTÉRIEURE DE LA TOUR DE MAUREPAS

Paris. Son audace les avait remplis d'effroi. S'étant réfugié un jour dans le château de Maurepas il y fut assiégé, et ne pouvant plus résister au nombre, fut pris par ces mêmes Anglais lui et les siens.

Ce château fut probablement détruit sous le règne de Charles VI, après avoir été le théâtre de brigandages et d'assassinats que commettaient sans cesse, les gentilshommes, pendant les guerres civiles des règnes malheureux de Charles VI et de Charles VII.

Du reste, la France était tellement désorganisée à cette époque, que les soldats eux-mêmes se livraient au pillage, et une ordonnance royale, en date à Paris, du mois de juillet 1506, « exemptait des prises, les habitants de Mal-Repast. »

L'architecture et les caractères de la construction de ce donjon cylindrique de Maurepas, dont il ne reste plus qu'une moitié, font supposer qu'il remonte au xie siècle, on pense qu'il devait avoir 20 mètres de hauteur.

La première enceinte du château paraît avoir été de forme circulaire et d'environ 100 pas de diamètre, il ne reste plus que quelques traces de fossés, et une grande porte ogivale accolée à l'un des angles de la petite église paroissiale, qui y était contiguë.

Le château proprement dit, ou ancien logis seigneurial, était de trente à quarante mètres de longueur, sur 20 de largeur, entouré d'un assez large fossé, il est converti maintenant en corps de ferme, et entouré de divers bâtiments d'exploitation.

A ses angles et sur ses côtés, de massifs contreforts quadrangulaires portaient autrefois des *échauguettes* ; c'étaient des guérites placées sur un point élevé, où l'on posait une sentinelle pour surveiller les environs.

Ces parties les plus anciennes et souvent remaniées, ne paraissent pas dans leur ensemble ; du reste, peu remarquables, elles sont antérieures à la fin du xve siècle, et les plus modernes, telle que la tour carrée dans laquelle s'ouvre la porte d'entrée, sont des dernières années du xvie siècle.

A l'angle méridional de ce château, sur une motte circulaire peu élevée, du haut de laquelle, l'œil plonge dans l'intérieur de la cour de ferme, se dressent les ruines imposantes du vieux donjon

C'était une tour cylindrique, appuyée sur des contreforts plats et relativement peu saillants ; il n'en reste plus aujourd'hui qu'une moitié, ainsi que nous l'avons dit plus haut, l'autre ayant été renversée à l'époque inconnue où la forteresse fut démantelée.

Son diamètre total est d'environ dix-sept mètres, en y comprenant la saillie des contreforts ; l'épaisseur de la muraille circulaire est de deux mètres, ce qui laisse un diamètre intérieur de onze mètres cinquante centimètres ; au centre s'élevait un pilier rond, dont il ne reste plus qu'un tronçon, d'environ trois mètres d'épaisseur sur cinq ou six de hauteur, en blocage de meulières, autrefois revêtu d'un parement de mêmes pierres, régulièrement taillées ; il supportait les planchers des deux étages supérieurs, d'environ six mètres de hauteur chacun, ce qui, joint à la hauteur de la salle du rez-de-chaussée, donnerait à la tour, une élévation d'environ vingt mètres.

D'après l'état actuel de ce donjon, il est bien difficile de dire qu'elle était sa disposition intérieure ; on voit sous le lierre, les coffres des cheminées dans le contrefort de l'est, mais il est probable que ces cheminées, l'escalier et la porte d'entrée, dont on ne voit aucune trace, se trouvaient dans la moitié qui a été détruite.

La salle du rez-de-chaussée était éclairée par de longues et étroites meurtrières, voûtées à plein cintre, et fort ébrasées, tant à l'extérieur qu'à l'intérieur, offrant une baie d'un mètre trente centimètres de large, se rétrécissant de manière à ne plus laisser au milieu du mur qu'une ouverture de dix à onze centimètres de large. Un talus fortement incliné à leur base, et leur élévation considérable au-dessus du sol, ne permettaient pas d'en approcher pour regarder du dehors.

Au premier étage, sous une arcade plein cintre, s'ouvre une baie carrée, qui pouvait permettre de descendre dans les fossés, à l'échelle, ou par tout autre escalier mobile.

A gauche de cette ouverture, on remarque les traces d'un petit réduit creusé dans le mur ; à droite, se trouve l'une des deux portes étroites, donnant accès dans un double cabinet de latrines, éclairé par deux petites meurtrières, et dont les larges tuyaux de descente sont pratiqués dans l'épaisseur du contrefort méridional et aboutissent au dehors, au pied de la tour.

Dans la partie subsistante du second étage, on ne voit aucune ouverture, mais l'état fort dégradé du couronnement permet seulement de constater qu'il était percé de plusieurs baies carrées.

Des traces de boulin, existant encore à l'extérieur de ce

ÉGLISE DE MAUREPAS

couronnement font supposer que le sommet extérieur de la tour était enveloppé d'un *hourd* en bois ; à l'extrémité de chacun des contreforts, on remarque la naissance *d'échauguettes* en encorbellement, qui complétaient le système de défense concentrée alors au sommet des tours et des remparts.

Il reste quelques traces d'une enceinte murale qui enveloppait la base de cette tour ; du côté bas, les contreforts et l'encadrement des ouvertures sont en pierres meulières taillées, de moyen appareil.

La masse de la muraille est en meulières, liées par un mortier de chaux, devenu extrêmement dur, qui semble devoir préserver à jamais cette ruine, au moins, des outrages du temps.

L'église est située au-dessus du château sur le bord de la première enceinte qui la défendait au nord, du côté de la Vallée.

Son plan offre un quadrilatère rendu irrégulier par l'obliquité du pignon occidental.

L'édifice s'appuie sur des contreforts dont celui de l'angle nord-ouest est remplacé par l'arcade ogivale dont nous avons parlé, et qui s'élève au-dessus du chemin.

Maurepas a eu plusieurs seigneurs, parmi lesquels nous citerons :

Milo Castellanus de Mal-Repast.
Milon de Mal-Repast en 1122.
Simon, qui fut tué en 1176, par Simon de Neauphle, à la suite d'une querelle qu'ils eurent ensemble, ainsi que nous l'avons déjà relaté. (Voir Neauphle.)
Guillaume dont la femme se nommait Marie.

Ils vivaient tous les deux en 1205, et donnèrent cette même année, « trente arpents, situés dans plusieurs endroits, « notamment à Ithe, Le Tremblay, Ponchartrain, Chamborz, « Les Mousseaux, Villeneuve, etc., et douze arpents de pré « dans la prairie de Ithe et près des Mousseaux. »

Tous ces biens faisaient partie de la terre de leur château de Mal-Repast.

En janvier 1212, le seigneur de Maurepas faisait une donation aux chevaliers du Temple, d'une terre « à Maurepast ».

Le 12 janvier 1212, le châtelain de Neauphle confirmait la donation faite par *Richet* et *Aveline* sa femme, aux frères de la milice du Temple, de la Dixtère à Maurepas.

Nicolas de Manon confirmait, en octobre 1227, avec le consentement d'*Alix* sa femme, la donation faite aux Templiers, par *Gervais de Manon,* son oncle, de la moitié de la forêt de Maurepas et de toutes les donations faites par ses prédécesseurs.

En may 1236, *Guy ou Guido* approuvait, comme héritier de Chevreuse, la donation faite aux Templiers, d'un dixième à Maurepas.

Milon châtelain de Maurepas, donnait au mois de novembre 1237, à Notre-Dame de la Roche, « un setier de méteil, « à prendre chaque année dans sa grange. »

Au mois de mars 1254, « Guyard de Montjoie, écuyer, et « Alippe, sa femme, ratifient l'aumône autrefois faite aux « prieur et frères de la Milice du Temple de la Ville-Dieu, « avec cession de tous droits, de toute seigneurie et de toute « propriété qu'ils auraient ou pourraient avoir sur la dite « aumône faite par Simon de Montjoie, écuyer. »

Le 17 juillet 1255, *Aimotès de Maurepas* vendait aux Frères de la Milice du Temple de Maurepas, moyennant quarante livres Parisis payées comptant, un arpent de vigne près Maurepas, suit la désignation.

En juillet 1255, amortissement pour quatre arpents et demi de vigne, acquis par les chevaliers.

Nous trouvons aussi la charte par laquelle *Simon* déclare qu' « il veut que les Frères de la Milice du Temple jouissent « en main-morte de ces quatre arpents et demi de vigne, « dans sa censive ».

Au mois de novembre 1256, « *Milon* châtelain et seigneur « de Maurepas, amortit tous les fiefs acquis par les chevaliers « du Temple, dans ses fiefs et seigneuries et tous les biens « acquis à quel titre que ce soit, dans ses terres, seigneuries « et domaines, par les frères de la Milice du Temple, de la « Ville-Dieu-lèz-Maurepas, jusqu'à la veille de la Toussaint « de la dite année. »

Amaury était seigneur châtelain de Maurepas, au mois de février 1272.

Jean de Maurepas, 1275.

Au mois d'avril 1295, *Pierre de Maurepas* fait un don aux chevaliers du Temple de la Ville-Dieu de Maurepas d'une « *voye de clavette* », c'est-à-dire du chemin Hédenal, pour aller à leurs vignes, il leur donne en même temps « un « emplacement destiné à recevoir leurs vendanges ».

L'acte de donation est signé : *Perrin de Maurepas,* écuyer.

En 1297, le vicomte de Maurepas est fait prisonnier.

Maurepas reçut la visite de Charles IV le Bel en avril 1322.

Vers 1367, *Pierre de Chevreuse* acheta des héritiers de la

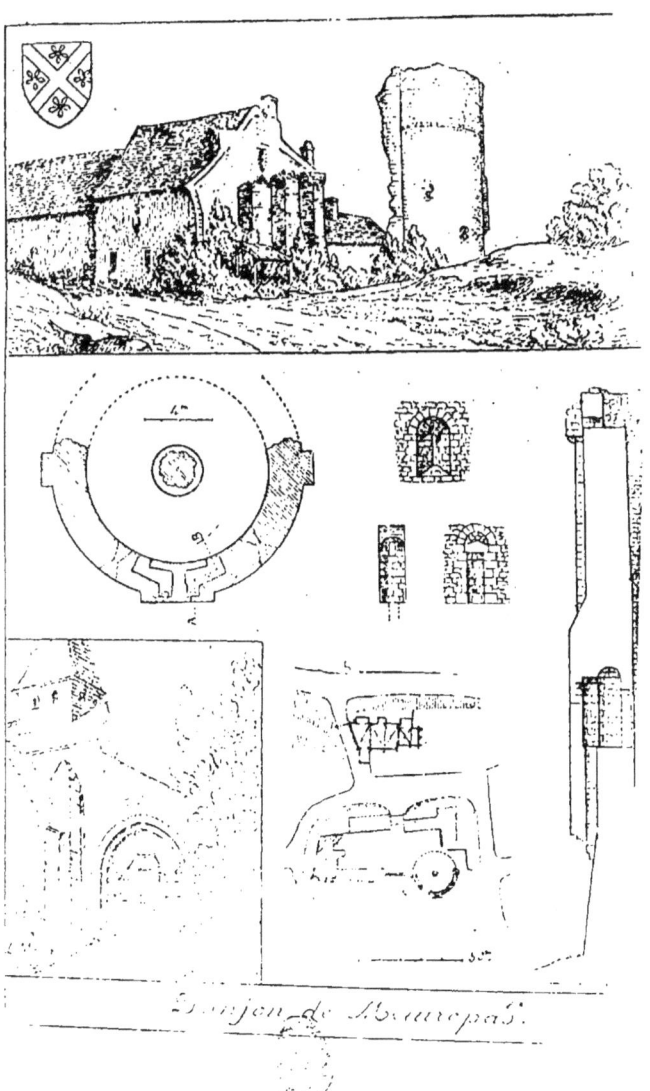

Donjon de Mauropas.

famille de *Pierre d'Amboise*, les château et forteresse de Maurepas, dont il n'était que le seigneur dominant.

Charles VI, à Paris, par une ordonnance du mois de juillet 1406, accorde aux habitants de Maurepas, « l'exemption « des poids ».

En 1689 et 1691, *le duc de Chevreuse* vendit la châtellenie de Maurepas.

Elle resta incorporée au duché de Chevreuse jusqu'au 27 août 1691 ; le duc de *Luynes et de Chevreuse* la vendit à *Louis Phélyppeaux*, comte de Pontchartrain, secrétaire d'Etat de la Marine, pour la réunir à son nouveau comté de Pontchartrain.

Elle échut ensuite à *Jean Frédéric Phélyppeaux*, son petit-fils, ministre de Louis XV, qui obtint de prendre le titre de *comte de Maurepas* en 1715 ; il mourut en 1781.

Un arrêt du 15 mars 1775 ordonne « que pour tenir lieu au « *comte de Maurepas* des indemnités à lui dues, pour acquisi- « tions faites par le feu roi, sous la mouvance et droits du « comte de Pontchartrain, il jouira à titre d'échange, du « Moulin Menus et dépendances ».

Le Moulin de Menus, paroisse de Chavenay, affermé 1.200 fr., avait en outre 18 arpents 42 perches de terre.

MÉRÉ

Meriacum, en latin.

La prévôté de Méré comprenait les paroisses de Méré, Grosrouvre, Galluis, Mareil-le-Guyon et Bazoches, et relevait de la châtellenie de Saint-Léger en Iveline.

En conséquence, elle resta avec Saint-Léger, dans le domaine royal, jusqu'en 1203, époque à laquelle Philippe-Auguste abandonna la châtellenie de Montfort, à *Amicie de Beaumont*, veuve de Simon IV de Montfort, en échange d'autres terres.

Les comptes des prévôtés royales conservés par Brussel, prouvent qu'à cette époque, Méré et Galluis faisaient encore partie du domaine royal.

De l'ancien château qui fut résidence royale, et d'où furent datées un grand nombre de chartes, il ne reste plus, au sommet de la colline, qu'une grande esplanade au-dessous de laquelle sont des caves et des ruines informes d'anciennes constructions.

Il serait impossible, à l'aide de ces rares débris, de dire quelles furent la forme et l'importance de ce château.

Aujourd'hui Méré est une commune de 400 habitants du canton de Montfort-l'Amaury.

L'église qui n'a rien de remarquable, possède un joli clocher gothique.

MEULAN

Mellent ainsi orthographié le 8 juillet 1247, puis *Melentum, Miollent, Mollent, Mellentum, Meulan.*

Autrefois en langue gaélique : *Meyllan,* c'est-à-dire *montagne fortifiée : Meyl montagne llan enceinte,* et par corruption *Meyllan,* devint *Meullan, Meullant, Meullent, Mellento, Mellentis, Mellentum, Mollentum, Mullentum, Mullanchum,* etc. ;

Le cachet de l'ancienne commune de Meulan portait *Morslant* ou *Merslent.*

D'après les Bénédictins de Saint-Nicaise, de l'Abbaye de Meulan, c'est *Meullent* et aussi *Meulan.*

Enfin, Froissard l'appelle, *Moulanc,* ou *Meulanc.* Elle était qualifiée de *place forte,* et de *ville murée, municipum Mellentiæ.*

Les Romains, qui, pour dénationaliser la vieille Gaule, changèrent le nom de ses anciennes cités, paraissent avoir bien apprécié l'importance de l'antique forteresse *Bellowake* en la nommant *Locenyus Locenius, Locenes* en basse latinité, abréviation de *Locus Enyus,* lieu de *Bellone, poste de guerre.*

L'ancien Meulan a conservé ce nom de *Locenyus Locenius, Noncenius,* d'où *Locenes* ou *Nonciennes,* jusqu'au commencement du xv° siècle.

L'origine de cette cité est très ancienne et remonte à l'établissement des fiefs héréditaires en France.

Aujourd'hui, c'est une petite ville de 2.400 âmes, chef-lieu de canton de l'arrondissement de Versailles : elle est fort joliment située sur les bords de la Seine.

Malheureusement, l'église Notre-Dame, de style gothique, bâtie sur les ruines d'un temple de Cérès, est maintenant transformée en halle au blé.

Il ne reste plus que l'église Saint-Nicolas, autrefois Saint-Nicaise, qui avait été consacrée par Robert, évêque de Chartres, en présence du roi Philippe Ier, de Simon de Montfort, de Pierre de Maule, de Gauthier Payen, vicomte de Meulan ; à l'intérieur elle est très intéressante, on y remarque un des plus anciens écussons qui existent.

En 923, l'Hôtel-Dieu était encore imparfaitement organisé, quoi qu'en dise une charte de cette époque. Dans la maison du curé de l'église Saint-Hilaire, il existait de temps immémorial « une chambre destinée à recevoir, lorsqu'ils étaient « malades, les pauvres et les serfs inscrits sur la matricule de l'église ».

En 965, le *comte de Meulan* ne possédait plus qu'une petite portion de la forêt Iveline, et une partie fort minime du Pincerais, limitée par les seigneuries de Maule et de Montfort-l'Amaury.

Chose curieuse à relater, le *comte de Meulan* en 987, avait le fief important de Monceau Saint-Gervais, aux portes de Paris, sur l'emplacement occupé aujourd'hui, par le quartier de l'Hôtel-de-Ville, dit de la Grève, *in vico qui dicitur Greva !*... Là, au milieu d'un vaste cimetière, s'élevait sous le vocable de Saint-Gervais, une vieille église dont la propriété était une abondante source de revenus, à cause de ses sépultures et des offrandes que les fidèles y apportaient ; cette possession, à cette époque, donnait droit, non seulement à tous les titres honorifiques tels que : patronage de la cure et juridiction immédiate, mais aussi à tous les revenus fonciers et même au revenu casuel, dans une certaine mesure.

Quelques années plus tard, en 997, le comte de Meulan souscrivit avec Bouchard, comte de Corbeil et Ansold Ier, seigneur de Maule, une charte du roi Robert par laquelle ce monarque donnait à l'église Saint-Magloire de Paris, la moitié du village du « *Gué Perreux,* ainsi que la dîme et le pa- « nage de la forêt d'Iveline ».

Disons que le *panage* était le tribut payé par ceux qui envoyaient leurs porcs dans la forêt, au temps de la *Glandée.*

En 1015, *Hugues,* comte de Meulan, étant en même temps vicomte général du Vexin, voulut exercer certains droits sur les terres de Saint-Cyr et autres, mais à la prière des religieux de Saint-Père en Vallée de Chartres, il y renonça par un acte passé en présence des principaux seigneurs du Vexin et du comté de Meulan, parmi lesquels nous citerons : Galeran et Richard de Neaufle, frères de Hugues.

A dater de *Ruferus,* les comtes de Meulan se dirent *seigneurs,* au même titre que le roi lui-même, aussi commençaient-ils leurs actes par ces mots : *Ego Galeranus* ou *Ego*

Hugo, Ego Robertus Dei Gratia, comes Mellenti, etc..., « moi « Galeran, moi Hugues, moi Robert par la grâce de Dieu, « comte de Meulan, etc. »

Robert de Chartres, chevalier, étant originaire de cette ville, s'empara du comté de Meulan, qui s'étendait sur le pays Chartrain.

Robert III de Meulan, donna sa fille en mariage à Amaury de Montfort, neveu du comte d'Evreux.

Chef-lieu d'un ancien comté, partie sur le Vexin, partie sur le Pincerais, il dépendait du diocèse de Chartres.

Meulan fut réuni à la couronne sous Philippe-Auguste, en 1204.

En 1263, l'église dédiée à Notre-Dame, et dont nous avons déjà parlé, n'était alors que simple chapelle, et portait le nom de Notre-Dame de *Nonciennes*.

Meulan fut pris par les Anglais en 1346.

Dugesclin s'en empara enfin en 1363.

La coutume de Mantes et de Meulan fut rédigée le 19 octobre 1556, en vertu de lettres-patentes de Henri II, données à Paris, le 19 août précédent.

Cet immense travail pour l'époque, contenait 197 articles ; 155 pays furent soumis à cette coutume.

Charles le Mauvais, fils de Philippe d'Evreux et de Jeanne de France, épousa une fille du roi Jean le Bon, et reçut pour dot Meulan et Mantes.

Olivier le Daim, dit le Mauvais, originaire de Thielf en Flandre, d'abord barbier, chirurgien et valet de chambre de Louis XI, étant devenu comte de Meulan, avait empêché l'envoi des lettres d'investiture de Meulan et Mantes, en faveur de la fille du roi Jean.

Car, afin que rien ne manquât à sa haute situation, il s'était fait donner des lettres de noblesse le 21 janvier 1473. Son nom, en flamand, était Necker, qui signifie *esprit des eaux, Ondin,* que le peuple traduisit par le mot *diable*.

Le roi, en l'anoblissant, changea son nom en celui de *Le Daim*.

Pour soutenir l'éclat de sa nouvelle dignité, le 16 octobre 1474, l'intrigant obtint à titre héréditaire, le gouvernement de la ville de Meulan, qui n'avait été, jusqu'à cette époque, que l'apanage des grands capitaines.

Il eut aussi son blason : *l'écu surmonté d'une couronne de comte était chargé d'un daim passant avec un rameau d'olivier à dextre, et une corne de daim à senestre pour supports.*

Mais le temps de la justice arriva pour Olivier le Daim,

« qui pour ses grandes volleries, cruautez, et massacres » fut pendu au gibet de Montfaucon le 24 mai 1484.

Après sa mort, ses biens furent donnés au duc d'Orléans, à l'exception de la baronnie de Neaufle-le-Château.

Meulan fut vainement assiégé par le duc de Mayenne en 1590.

On voyait dans l'église, le tombeau de Galeran, avec cette épitaphe : *hic jacet Galeranus, comes Mellentes, hujus Ecclesiæ fundator obiit VI Décembris MLXIX*. Ici repose Galeran, comte de Meulan, fondateur de cette église, qui mourut le 6 décembre 1069.

Galeran II de Meulan, épousa la fille d'Agnès de Garlande et d'Amaury IV, comte d'Evreux et de Montfort-l'Amaury.

Il existait près de Meulan, le champ des sacrifices, dans lequel se voit un dolmen, sur lequel étaient égorgées les victimes offertes aux divinités païennes.

Dolmen vient de deux mots celtiques : *daul*, table, *men*, pierre.

Cet antique monument druidique est connu dans le pays, sous le nom de « Pierres de la Justice ».

Sur le plateau qui domine la ville, on a trouvé à plusieurs époques, des débris d'armes, de poteries romaines, de haches de bronze, des pointes de flèches en caillou, des outils en corne de cerf, des médailles gauloises.

On voit aussi dans la ville, une jolie maison du XIVe siècle.

Dans l'île, on trouve les restes de la chapelle Saint-Jacques et d'un ancien Château.

Le Pont sur la Seine est en partie du XIIIe siècle.

MONT-CHAUVET

Mont-Chauvet est une commune de 350 habitants, du canton de Houdan.

L'abbé Hugue céda à Louis-le-Gros et à Amaury de Montfort, deux fonds de terre, l'un, pour construire le château de Mont-Chauvet, et l'autre, contigu, pour d'autres usages à condition que le Roi et Amaury paieraient tous les ans à l'abbaye, à la Saint-Rémi, chacun cinq sols et toute la dîme des fruits que ces fonds pourraient produire.

L'abbé se réserva la jouissance des deux moulins et fours déjà construits et à construire, et tout ce qui pourrait provenir des forfaictures et droits de justice.

Les autres conditions étaient : « que ceux qui tiendraient « ces fours et ces moulins, seraient obligés de payer la moitié « des frais nécessaires pour leur entretien.

« Que les églises et chapelles qui pourraient être construi- « tes, appartiendraient à l'abbaye, qu'elles jouiraient de la « dixième partie des droits du marché.

« Que les domestiques de l'abbaye ne paieraient aucuns « droits, appelés coutumes.

« Qu'il ne serait permis aux hôtes de Saint-Germain, de de- « meurer dans le château de Mont-Chauvet, qu'en temps de « guerre ; que la paix étant faite, ils seraient obligés de retour- « ner à leur domicile, ou de renoncer aux biens qu'ils tien- « draient de l'abbaye.

« Enfin, que l'abbé de Saint-Germain serait maintenu dans « la jouissance d'un étang dont il avait la possession. »

Louis VII le Jeune, fils de Louis VI, confirma cet accord en 1167 ainsi que Philippe-Auguste.

En 1202, après la construction du château de Mont-Chauvet, l'abbé Hugues demanda à Godefroy, évêque de Chartres, la permission de bâtir une église paroissiale, en l'honneur de sainte Madeleine, hors de Mont-Chauvet, parce qu'il avait l'intention d'y ériger un monastère, pour y placer un certain nombre de religieux.

Il demanda encore à bâtir une autre église dans Mont-Chauvet même ; l'évêque y donna son consentement à condition que l'abbaye paierait tous les ans à l'église de Chartres, le droit de visite et de synode.

Et pour éviter les sujets de dispute qui pourraient naître dans la suite entre les religieux et le curé de la paroisse, il était convenu que les religieux auraient « les deux tiers des « offrandes faites à l'église, et le curé l'autre tiers.

« Que les droits de baptême appartiendraient au curé.

« Que chacun aurait la moitié des legs pieux, en espèces, « et que quand ils seraient en biens fonds, ils appartiendraient « aux religieux.

« Enfin que le curé aurait dix-huit setiers de blé, moitié fro- « ment, moitié méteil. »

Cette église bâtie hors de Mont-Chauvet ne subsistait plus en 1722.

Peut-être les religieux l'auront-ils abandonnée dans le temps des guerres pour se retirer dans celle de l'intérieur de Mont-Chauvet.

MONTFORT-L'AMAURY

Montfort-l'Amaury, *Mons Fortis Amalarici* ou *Almarici*, du nom de ses anciens seigneurs, est une petite ville de Seine-et-Oise, à 45 kilomètres de Paris, chef-lieu de canton de l'arrondissement de Rambouillet ; siège de justice de paix et résidence d'une brigade de gendarmerie.

On voit, sur une colline voisine, les restes d'un ancien château fort qui remonte au xe siècle, et où naquit Simon de Montfort qui, au xiiie siècle, conquit sur les Albigeois, Toulouse et la plus grande partie du Languedoc.

L'église, sous le vocable de Saint-Laurent, est fort remarquable par son ancienneté, sa construction, ses dimensions et ses vitraux. Elle date du xiie siècle. Une tradition orale attribue son édification aux Anglais, cette tradition peut bien avoir quelque fondement, car Montfort ayant été au pouvoir de Henri III, roi d'Angleterre, il paraît presque certain, quoiqu'on n'ait rien de positif sur l'époque de sa fondation, que l'église remonte à 1158, époque où les Anglais étaient en possession de cette place forte.

L'intérieur est d'un beau style gothique, l'extérieur de la Renaissance.

A l'entrée de la ville, on remarque le château et le parc de Groussay.

Le 12 juillet 1499, Louis de Graville, amiral de France, fit hommage au roi, pour Groussay, au comté de Montfort et Pontchartrain, relevant de Neaufle-le-Château.

Montfort possédait encore un couvent de capucins, des religieuses de l'ordre de Saint-Augustin, le Prieuré de Saint-Laurent, un Hôtel-Dieu desservi par trois religieuses hospitalières, une petite collégiale, un chapitre de sept Prébendes qui n'étaient que de cent livres chacune.

Montfort, autrefois chef-lieu d'un comté fort étendu, dont les Comtes ont immortalisé le nom, et sont restés célèbres dans l'histoire, faisait partie du Hurepoix ; situé sur les confins de la Beauce et sur le territoire des anciens peuples carnutes, il était du gouvernement de l'Ile de France.

Plus tard, il fut du diocèse de Chartres, du Parlement et de l'Intendance de Paris, chef-lieu d'élection comprenant 59 paroisses, siège d'une Maîtrise particulière des Eaux et Forêts, d'un grenier à sel, d'une Maréchaussée, d'un Bailliage particulier, ducal et royal, dont le Bailli était de *robe courte*.

Les deux *appellations* de ces Bailliages étaient portées au Parlement.

Louis XI, par des lettres en date du 15 octobre 1465, déclare que Montfort est Justice seigneuriale, dont les appels sont transférés à Gisors.

Il lui accorde aussi le comté d'Etampes, en stipulant que le comté de Montfort, cédé à la maison de Penthièvre, étant de la juridiction du Parlement de Paris, jouirait de tous les *droits, prééminences* et *régales* de souveraineté et de justice.

Les jugements étaient rendus suivant la *Coutume* particulière de Montfort, rédigée en 1556. Ce siège devint présidial et fut transféré plus tard, à Mantes.

Le bailliage royal de Meulan y ressortissait. On suivait dans ces deux juridictions la *Coutume* particulière rédigée aussi en 1556, et appelée *Coutume* de Mantes et de Meulan.

Avant cette époque on y jugeait presque toujours conformément à la *Coutume* de Paris.

Montfort érigé en duché en 1691, faisait partie du duché de Chevreuse et appartenait à la maison de Luynes.

Le premier seigneur qui se rattache à l'histoire de Montfort, Guillaume de Hainaut, cousin de Régnier III et fils d'Amaury Ier, comte de Hainaut, ayant épousé en 952, la fille d'Isaac, comte de Cambray, arrière-petit-fils de Beaudoin Ier Bras-de-Fer, comte de Flandre, et de Judith de France, fille de l'empereur Charles-le-Chauve, recouvra en 977, avec l'aide de Hugues Capet encore duc de France, ce comté dont son cousin Régnier avait été dépossédé en 959. Puis, s'attachant à la fortune de Hugues Capet, il resta en France, et le roi Robert Ier le Pieux lui donna Beynes enlevé par force, à l'Abbaye de Saint-Germain-des-Prés.

Guillaume, après avoir épousé l'héritière de Montfort et d'Epernon, fortifia ces deux places vers 996.

Les comtes de Montfort possédaient les châteaux de Montfort, Montchauvet, Beynes, Houdan, Gambais, Epernon, Rochefort et Brétencourt. Au XIe siècle ils semblaient avoir encore un nombre restreint de vassaux ; ils ne devaient leur puissance qu'à la charge de Gruyer de l'Yveline. Ce titre, dans l'origine, était égal à celui de comte,

RUINES DU CHÂTEAU DE BEYNES

leur donnait juridiction sur tous les habitants de la contrée qui n'étaient pas leurs vassaux, et même sur les barons voisins, les seigneurs de Rochefort, de Maule, de Neauphle et de Maurepas, que nous voyons comparaître à leur cour.

Le 12 juillet 1003, Amaury II, fils unique de Guillaume, lui succéda.

1053. — Simon Ier, baron de Montfort, fut le successeur d'Amaury II, son père.

Il se maria trois fois ; sa troisième femme fut Agnès, fille de Richard, comte d'Evreux, veuve de Roger, seigneur de Toëny.

La raison politique de cette union était sans doute de faire passer le comté d'Evreux dans la maison de Montfort, ainsi qu'il l'avait fait pour le comté de Broyes et de Nogent, en épousant en premières noces Isabelle, fille et héritière de Hugues Ier, dit Bardoul, seigneur de Broyes et de Nogent.

Ce fut Raoul de Toëny, seigneur de Conches, frère utérin d'Agnès, qui l'enleva lui-même pendant la nuit, pour la faire épouser au seigneur de Montfort, Simon Ier, afin d'épouser à son tour, en 1077, Isabelle fille de Simon.

Après la mort de Raoul, et pour effacer les fautes nombreuses qu'elle avait commises dans sa jeunesse, Isabelle se fit religieuse à Haute-Bruyère, au rapport de l'historien Orderic Vital (né en Angleterre le 15 février 1075 et mort en 1141).

En 1087, Amaury III, surnommé le Fort ou le Courageux, succéda à Simon Ier, son père, dans la seigneurie de Montfort.

Et de plus, héritier par sa mère, Isabelle de Broyes et de Nogent, il fit hommage, en présence du roi Philippe Ier, pour les terres de Beynes et du Chenay, à Pierre de Loiselève, prieur de l'abbaye de Saint-Germain des Prés, et chancelier du royaume de France.

En 1089 et 1090, Richard, frère puîné d'Amaury III, devint seigneur de Montfort.

En 1090, Bertrade de Montfort, sœur de Simon, abandonna son mari Foulques Réchin, comte d'Anjou, et obtint un jugement de séparation pour épouser le roi Philippe Ier en 1092.

Les excommunications des conciles d'Autun, en 1094, et de Clermont-Ferrand, en 1095, ne purent faire rentrer le roi dans le devoir.

Le Père Claude de Chanteloup assure qu'après la mort de Philippe Ier, Bertrade de Montfort fonda, sans doute à titre expiatoire, le prieuré de Haute-Bruyère, de l'ordre de Fontevrault, y prit l'habit de religieuse, qu'elle y mourut en 1118 et y fut enterrée.

Dans l'acte de cette fondation, Louis VI, le Gros, qualifie Bertrade de Montfort du titre de belle-mère.

Au mois de novembre 1098, les châtelains de Montfort, de Maule et de Neauphle furent attaqués par une armée nombreuse de Normands et d'Anglais, sous le commandement du roi Guillaume-le-Roux, qui échoua devant leur résistance.

En 1103, Amaury IV, comte d'Evreux, fils de Simon Ier et frère de Simon II, devint seigneur de Montfort.

1137. — Amaury V succéda à son père Amaury IV.

1140. — Simon III, surnommé le Chauve, fut seigneur de Montfort et comte d'Evreux, comme frère et successeur d'Amaury V.

Vers 1155, il épousa en secondes noces, Amicie, aux blanches mains, comtesse de Leycester, fille de Robert de Beaumont, et de Péronelle de Grand-Ménil.

C'est probablement à cause de cette alliance, que Simon III embrassa le parti d'Henry II, roi d'Angleterre, et qu'il unit, l'an 1158, en son pouvoir, ses forteresses de Rochefort, d'Epernon, de Montfort-l'Amaury et plusieurs autres qu'il avait en France pour s'en servir, suivant la chronique de Normandie, contre le roi Louis VII, son souverain légitime.

La paix cependant fut conclue au mois de mai 1159, entre Louis VII et Henry II, roi d'Angleterre.

Vers cette époque, une autre guerre allait s'allumer à l'occasion d'une querelle qu'eurent ensemble, Simon de Neauphle et Simon de Maurepas, gens de condition.

Cette querelle avait été poussée si loin, qu'ils en étaient venus aux mains et que le sire de Maurepas avait été tué par son adversaire.

Les uns, cependant, demandaient justice et vengeance du meurtrier, les autres voulaient le soustraire à la peine qu'il méritait.

L'affaire fut arrangée par le seigneur de Montfort, qui condamna Simon de Neauphle à donner à l'église de Bazainville, toutes les terres et les revenus qu'il possédait en ce village.

1181. — Amaury VI, comte d'Evreux, devint seigneur de Montfort, comme fils aîné de Simon III et d'Amicie.

Simon IV, dit le Macchabée, seigneur de Montfort et comte de Leycester, deuxième fils de Simon III, naquit à Montfort, il succéda à son père dans la baronnie de Montfort-l'Amaury.

ANCIEN PRESBYTÈRE DE SAINT-GERMAIN-DE-LA-GRANGE

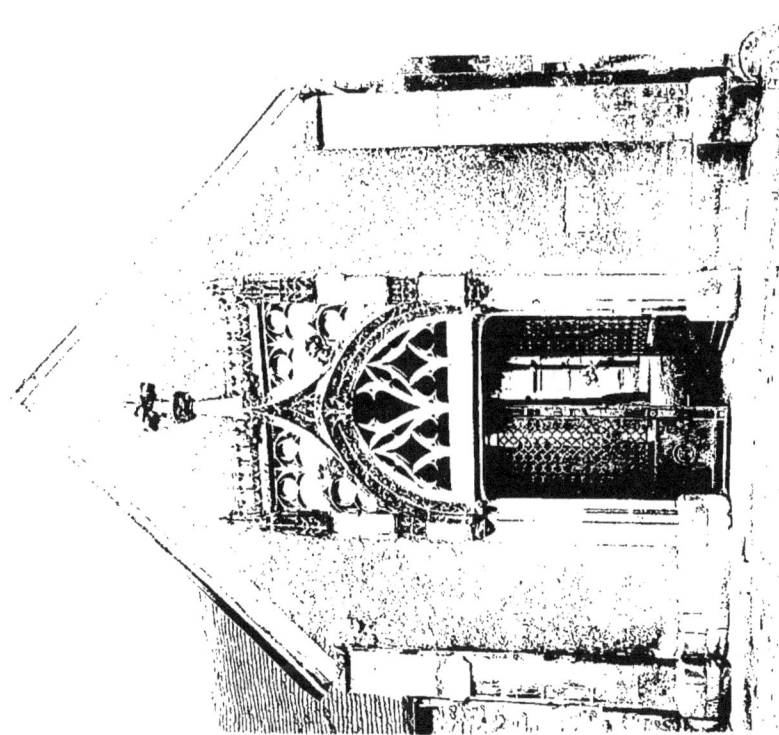

PORTE DE L'ANCIEN CLOÎTRE DE MONTFORT-L'AMAURY

En 1189 et en 1203, la ville de Montfort tomba au pouvoir des Anglais, mais elle leur fut enlevée par Philippe II.

Plusieurs années s'étaient écoulées sans que Simon IV eût fait parler de lui.

En 1204, il forma la résolution de prendre part à la quatrième croisade, et de passer en Palestine, sur les vaisseaux des Vénitiens, mais il resta quelque temps à Constantinople, car Venise obligeait les seigneurs français embarqués sur ses vaisseaux à servir dans le siège de Zara avant de se rendre en Terre-Sainte.

Le maréchal de Ville-Hardouin dit : « que la guerre déclarée « par cette république au roi de Hongrie, auquel appartenait « Zara, était légitime, » selon les autres historiens c'était une injustice manifeste.

Le Pape Innocent III envoya l'ordre à l'abbé de Vaux-Cernay d'excommunier les Vénitiens et les Croisés, s'ils ne levaient promptement le siège. L'abbé se disposait à exécuter les intentions du Pontife quand les Vénitiens sans avoir égard à l'illustre naissance de l'abbé, ni au rang que lui donnait la mission du Pape, voulurent le poignarder.

Mais Simon de Montfort, Guy, son frère, et Simon de Neauphle alors Connétable de France, firent tête aux Vénitiens et arrachèrent de leurs mains l'abbé encore vivant.

Simon de Montfort partit définitivement pour la Palestine où il se distingua.

A son retour en France, c'est-à-dire en 1208, il fut élu chef de la Croisade contre les Albigeois, hérétiques précurseurs des divers systèmes socialistes qui se sont reproduits à toutes les époques de l'histoire et qui, pour le bien commun, ont toujours dû être réprimées.

Dans cette croisade, Simon de Montfort, l'une des plus grandes figures de la Chevalerie, se couvrit d'une gloire immortelle. Après avoir vécu en brave, il mourut en saint le 26 juin 1218. Voici le portrait qu'en fait Petr. Vallissarnus (Hist. Albig.). Ce chevalier chrétien était d'un sang illustre, d'un courage à toute épreuve, d'une expérience consommée dans le métier des armes. Il avait, s'il faut compter les dons du corps pour quelque chose, une haute taille, une fort belle chevelure, les lignes du visage dessinant un ensemble d'une rare élégance, harmonieux à l'œil ; il était haut d'épaules avec des bras bien noués, vif et dispos, l'ennemi même le plus envieux n'eût pu trouver en lui le plus léger défaut à reprendre. Enfin, sous le rapport des avantages dignes de ce nom, avec la parole à la fois abondante et noble, une attrayante affabilité envers tous, une sympathique amabilité dans la vie intime, il était chaste jusqu'au scrupule, d'une humilité exemplaire, d'une sagesse que rien ne troublait, ferme dans ses résolutions, prévoyant dans les conseils, juste dans ses jugements, assidu aux exercices militaires, circonspect dans ses actes, hardi à l'entreprise, infatigable à la poursuite du but, esclave de ses devoirs religieux.

Les funérailles de Simon IV de Montfort se firent avec magnificence à Carcassonne. Ses ossements, plus tard, furent transportés au prieuré de Haute-Bruyère, et furent enterrés au milieu de l'église.

On y voyait aussi sa statue en pied.

On lisait sur son tombeau l'épitaphe suivante, de beaucoup postérieure à la date de sa mort :

> Ce Simon, comme Mars, fut de guerre, un orage,
> Comme Pâris fut beau, et comme Caton, sage,
> Si qu'alors qu'il mourut, on disait d'une voix,
> Tous trois être avec lui, morts encore une fois..!

Il contribua, par ses dons, à la fondation de l'abbaye de Port-Royal, si fameuse par la suite.

Il avait accordé les bois nécessaires pour la construction des bâtiments de cette abbaye.

Amaury VII promettait bien d'être comme un fidèle miroir des vertus paternelles, mais il n'avait pas les éminentes qualités du guerrier ; il laissa l'armée se dissoudre ; les rangs s'éclaircissaient chaque jour, il fut obligé par ce lâche abandon, de lever le siège de Toulouse et de rendre à l'ennemi le château Narbonnais. Il fit don à Louis VIII des pays que le pape avait accordés à Simon son père, et finalement cette odieuse hérésie des Albigeois prit fin sous le règne de saint Louis.

En 1231, il reçut de Louis IX, la charge de Connétable de France après la mort de Mathieu de Montmorency, et partit avec ce titre pour la Palestine.

Pendant ce temps c'est-à-dire vers 1236, Simon V de Montfort, frère puiné d'Amaury, quitta la France, par suite d'un dissentiment avec Blanche de Castille, mère de Louis IX; il se retira en Angleterre, pays de sa mère, et sut y gagner les bonnes grâces du roi Henri III, qui lui donna le titre de comte de Leycester, le gouvernement de la Gascogne et la main de sa sœur Eléonore.

En 1258, Montfort se mit à la tête des barons mécontents, arracha au roi les statuts ou provisions d'Oxford, se fit donner la présidence d'un conseil de 24 seigneurs

ANCIEN CLOITRE DE MONTFORT-L'AMAURY
AUJOURD'HUI CIMETIÈRE

TOUR DU CHATEAU DE MONTFORT

chargés de réformer l'Etat, gagna sur Henri III qui avait pris les armes pour se débarrasser de ce joug, la bataille de Levos, et le fit prisonnier avec son fils Edouard en 1264.

Il convoqua un Parlement où furent admis avec le clergé et la noblesse les représentants des Bourgs ; ce fut l'origine de la Chambre des Communes.

Edouard parvint à s'échapper, releva l'étendard royal et fut victorieux au combat d'Evesham.

Montfort périt en 1265.

Avant de quitter la France, Amaury VII, connétable de France, avait fondé suivant une charte donnée à Gambais, au mois de juin 1239, l'hôpital et l'Hôtel-Dieu de Montfort.

En Palestine, il tomba au pouvoir des Musulmans, puis il fut mené à Babylone, où il demeura trois ans en captivité.

Au retour de cette expédition, en 1241, il mourut à Otrante. Son cœur fut envoyé à Haute-Bruyère.

Jean Ier, duc de Bretagne de 1237 à 1286, fils d'Amaury VII, devint comte de Montfort-l'Amaury en 1241.

Il fut excommunié par la Cour de Rome pour avoir attenté aux privilèges des prélats, il épousa Blanche, fille de Thibaut de Champagne, et suivit saint Louis à la croisade de Tunis. Il était frère de Pierre de Dreux ou Mauclerc, duc de Bretagne, qui se révolta plusieurs fois contre saint Louis ; il mourut en 1250.

Plusieurs autres seigneurs de Montfort ont fait les guerres d'Outremer, et on les retrouve dans tous les troubles civils qui ont agité le royaume à différentes époques.

La maison de Montfort s'éteignit par la branche masculine.

En 1250, Béatrix, comtesse de Montfort et dame de Rochefort, fille unique de Jean Ier et héritière de toutes ses terres et possessions en France, épousa Robert IV de Dreux ; elle mourut le 9 mars 1312, terminant ainsi la branche de la maison de Hainaut.

Elle fut enterrée dans le chœur de l'église de Haute-Bruyère.

La même année Yolande de Dreux, comtesse de Montfort-l'Amaury et duchesse de Bretagne, fille de Robert IV et de Béatrix, recueillit toutes les possessions du comte de Montfort-l'Amaury après avoir épousé Alexandre III, roi d'Ecosse, se maria en secondes noces vers 1292 ou 1294, avec son cousin Artur II, duc de Bretagne, elle devint alors duchesse de Bretagne.

Artur II, duc de Bretagne, resta veuf avec deux fils, Jean III de Bretagne qui lui succéda, et Guy, comte de Penthièvre.

Artur II et Yolande eurent un fils, Jean, dit de Montfort,

qui devint duc de Bretagne après la mort de ses deux frères.

1340, Jean IV, fils d'Artur et d'Yolande et frère de Jean III, devint comte de Montfort-l'Amaury et de Dreux, héritant des possessions et des titres de sa mère.

Il disputa le duché de Bretagne à Charles de Blois, époux de Jeanne-la-Boiteuse, fille de Louis de Flandre, comte de Nevers, et nièce de Jean III qu'il avait choisie pour héritière.

En 1341, il fit hommage à Edouard III, roi d'Angleterre, et dut se rendre au duc de Normandie, envoyé contre lui avec une armée, par Philippe de Valois.

Il resta quatre ans prisonnier au Louvre ; s'étant échappé, il passa en Angleterre, put rejoindre Jeanne sa femme qui continuait la guerre contre Charles de Blois, avec un courage héroïque ; il ne put prendre Quimper, et mourut de chagrin à Hennebon en 1344 ou 1345.

Jean V, comte de Montfort et duc de Bretagne, né en 1339, lui succéda ; il épousa une fille du roi d'Angleterre.

Ce comté passa par les femmes, dans la maison de Dreux, qui s'éteignit en 1365.

La guerre continua d'abord par les soins de sa mère Jeanne de Flandre, comtesse de Montfort, avec Jeanne de Penthièvre sous le nom de guerre des deux Jeannes.

Enfin Jean V, vainqueur de Charles de Blois, tué à Auray, devint définitivement possesseur du titre et du duché de Bretagne ; il mourut en 1399.

1400, Jean VI dit le Bon ou le Sage, duc de Bretagne, comte de Montfort, Pair de France, comte de Richemont, chevalier de la Toison d'Or, né au château de l'Hermine le 24 décembre 1389, était fils de Jean V et de sa troisième femme Jeanne de Navarre, fille de Charles-le-Mauvais.

Il épousa Jeanne de France ou de Valois, fille de Charles VI, le Simple et mourut le 29 août 1442.

François Ier le Bien-Aimé, duc de Bretagne, comte de Montfort, né le 11 mai 1414, succéda à Jean VI son père, dans ses titres et possessions en 1442 ; il mourut le 17 juillet 1450. Il s'était allié au roi Charles VII contre les Anglais.

Rouan de Bretagne, son fils, fut comte de Montfort, il porta ce titre bien qu'il mourût avant son père.

1450, Pierre II, deuxième fils de Jean VI, succéda à son frère, il mourut sans enfant le 22 septembre 1457.

1457, Artur III, connétable de France, seigneur de Montfort et de Richemont, oncle de Pierre II, lui succéda ; il mourut le 26 décembre 1458.

La même année, son frère Richard de Bretagne lui succéda.

CIMETIÈRE DE MONTFORT

Son successeur fut François II, duc de Bretagne, comte de Montfort, du chef de Marguerite sa femme, fille de François Ier.

Devenu veuf, il épousa en secondes noces Marguerite, fille de Gaston, comte de Foix ; ils eurent pour fille Anne de Bretagne, à laquelle il laissa à sa mort en 1488 le duché de Bretagne et le comté de Montfort ; elle devint une première fois reine de France en épousant Charles VIII, et monta une seconde fois sur le trône, par son mariage avec Louis XII. Elle mourut le 15 janvier 1513. Ils eurent pour fille, Claude de France, qui épousa François Ier.

En 1532, le duché de Bretagne et le comté de Montfort furent réunis au domaine de la Couronne par un édit.

Montfort devint le siège d'un bailliage royal du ressort du Parlement de Paris, et François Ier, roi de France, du chef de Claude, sa femme, prit le titre de duc de Bretagne et de comte de Montfort-l'Amaury.

Le cœur de François Ier fut enterré à Haute-Bruyère, sépulture des comtes de Montfort.

Nous avons vu que le titre de comte de Montfort fut porté par plusieurs rois de France : Charles VIII, François Ier, Henri III, Charles IX, François II, Henri III.

Marie de Luxembourg, veuve de François de Bourbon, comte de Vendôme, reçut de François Ier, comme dédommagement de la perte de ses terres, cédées à Charles-Quint en 1532, l'investiture du comté royal de Montfort.

ÉTAT DES JUSTICES DE MONTFORT

Nous donnons ici l'État des Justices du bailliage de Montfort-l'Amaury en 1553 :

« Extrait des bailliages, prévostez et autres justices royales
« et non royales, ressortissans par appel, devant le bailly de
« Montfort l'Amaulry, Gambais, Saint-Léger et Neauphle-le-
« Chastel ; ensemble les noms et nombres des paroisses, estans
« ne icelles justices suivant l'extrait qui auroit été envoyé au
« Roi et à Messeigneurs de son Conseil privé.

« 1, premièrement, le bailliage de Houdan où il y a cinq
« paroisses, assavoir :

« La ville du dit Houdan, Thionville, Boutigny, Saint-
« Project et Maulette.

« 2 *item*, la prévôté de Montfort, en laquelle il y a huite

« paroisses, assavoir : la ville du dit Montfort, Meillemont,
« Garencières, Boissy, Autouillet, Vy, une rue de la paroisse
« de Thoiry et partie de la paroisse de Saint-Rémy.

« En marge, on a ajouté au XVIIe siècle : Boissy et Thoiry
« ont été distraits et sont de présens de la chastellenie d'Au-
« theuil.

« 3 *item,* la prévosté d'Elleville où il y a cinq paroisses
« assavoir : Saint-Martin du dit Elleville, Osmoy, Villiers-
« le-Mahieu, Thoiry et Flexanville.

« En marge : Thoiry distrait comme ci-dessus.

« 4 *item,* le bailliage de Rochefort, au ressort de juridiction
« duquel il y a vingt-cinq paroisses, c'est assavoir : la ville
« Rochefort, Saint-Arnoul, Bouillon, la Selle, le Val de
« Saint-Germain, Saint-Cyr, Longvilliers, Claire-fontaine,
« Saint-Martin de Bretancourt, Ablis, Boinville-le-Gaillard,
« Athonville, Garencières-en-Beauce, Chatignonville, Mau-
« dreville-la-Saint-Jean, les Essarts, Rambouillet, le Perray,
« Vielz-églises, les Brévières, Aulneau, Aulnay et Voise.

« 5 *item,* le bailliage d'Espernon et ressort d'iceluy où il y
« a treize paroisses, assavoir : Saint-Pierre, Saint-Jehan du
« dit Espernon, Saint-Nicolas aux faulx bourgs du dit lieu,
« Hanches, Houx, Houdreville, Craiches, Orfin Saint-Hila-
« rion, Hermeray, Saint-Lucien, Saint-Martin de Nigekes,
« Droue et Esmencey.

« 6 *item,* le bailliage de Gazeran se consiste en la paroisse
« du dit Gazeran.

« 7 *item,* le bailliage de Sonchamp, se consiste en la
« paroisse du dit lieu.

« 8 *item,* le bailliage d'Orgeruz, se consiste en trois
« paroisses, assavoir : celle du dit Orgeruz, de Behoust et
« partie de Flexanville.

« 9 *item,* le bailliage de Septeuille, se consiste en la paroisse
« du dit Septeuille.

« 10 *item,* le bailliage de la forest de Civry, s'estan,
« en huict paroisses, savoir est : la paroisse de la dite
« forest, Saint-Lubin, Orval, Gressay, Orvilliers, Boissets
« et Meulsang.

« 11 *item,* le bailliage de Pruney, le Temple se consiste
« en la paroisse du dit Pruney.

« 12 *item,* le bailliage de Saulx, se consiste en une partie
« de la paroisse de Richebourg.

« 13 *item,* le bailliage de Mareil-le-Guyon, se consiste
« en la paroisse du dit Mareil.

« 14 *item,* le bailliage du chastellier de Orcemont, est sur
« la paroisse du dit Orcemont.

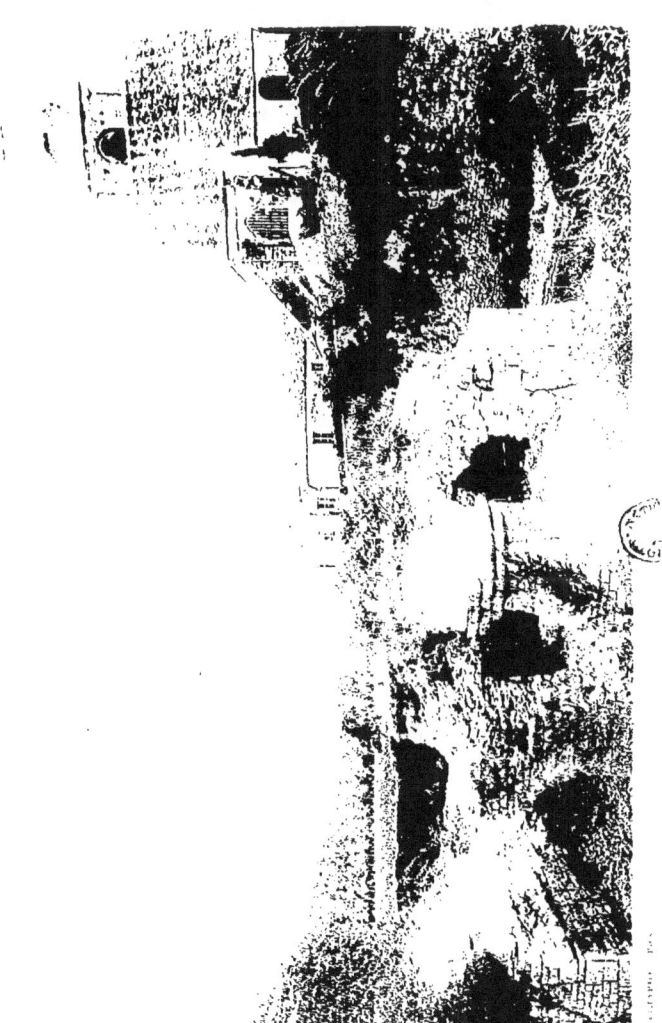

ASPECT GÉNÉRAL DES RUINES ET DE L'ÉGLISE DE REYNES

« 15 *item,* le bailliage de Beyne, se consiste en deux parois-
« ses, *assavoir :* la paroisse du dit Beyne, et celle du Saulx-
« Marchais, avec partie de celle de Marc.

« 16 *item,* le bailliage d'Orvilliers, se consiste en deux
« paroisses ci-dessus nommées *soubs* le bailliage de la forest
« de Civry, *assavoir :* le dit Orvilliers et Meulsang.

« 17 *item,* le bailliage de Herse où il y a deux paroisses,
« *assavoir :* Saint-Lubin-de-la-Haye et Saint-Suplix.

« 18 *item,* le bailliage de Saint-Hilère, qui *se consiste* en
« une partie de la paroisse de Behoust, nommée *soubs* le
« bailliage d'Orgerus.

« 19 *item,* le bailliage de Cloches, *se consiste* en une partie
« de la paroisse de Boutigny, nommée *soubs* le bailliage de
« Houdan.

« 20 *item,* le bailliage de Bouchemont, qui *se consiste* en
« une partie de la dite paroisse de Boutigny.

« 21 *item,* la *prévosté* de Brunel, *se consiste* en la paroisse
« de Gressey, nommée sous le bailliage de la forest de Civry.

« 22 *item,* la *prévosté* de Dampnemarie, qui *se consiste* en
« la paroisse du dit lieu.

« 23 *item,* la *prévosté* d'Autheuil, qui *se consiste* en la
« paroisse du dit Autheuil.

« En note à la marge : depuis, la *prévosté* du dit Autheuil
« a été érigée en chastellenie, et *de présent se consiste* en les
« paroisses du dit Autheuil, de Boissy et de Thoiry qui y
« ont été annexées.

« 24 *item,* la *prévosté* des Prés, *se consiste* en partie de la
« paroisse de Boissy.

« 25 *item,* la *prévosté* de l'Hôtel-Dieu de Paris, à Elleville,
« *se consiste* en une partie du dit village d'Elleville.

« 26 *item,* la *prévosté* de Chesne-Rongneux, *se consiste*
« en portion de la paroisse de Grosrouvre.

« 27 *item,* la *prévosté* de Marc, appartenant à *trois sei-*
« *gneurs, se consiste* en la paroisse du dit Marc.

« 28 *item,* la *prévosté* de Thoiry est sur partie du dit lieu.

« 29 *item,* la mairie du prieuré Saint-Laurent de Montfort
« est sur partie des habitants du dit Montfort.

« 30 *item,* le bailliage de Bazainville est sur la paroisse du
« dit Bazainville.

« 31 *item,* le bailliage de Neauphle-le-Vielz est sur la
« paroisse du dit lieu.

« Il y a *contention* pour le ressort des dits bailliages de Ba-
« zainville et Neauphle, entre les officiers du dit Montfort et
« ceux du Chastelet de Paris.

« 32 *item,* au bailliage du dit Gambais annexé au dit Mont-

« fort ressortit la *prévosté* du dit Gambais, en laquelle il y
« a sept paroisses et les justices étant en aucunes d'elles dont
« les noms *ensuivent* : Saint-Aignan du dit Gambais, Grand-
« Champ, Bourdonné, Condé, Adainville, la Haulteville,
« Gambaiseul, et partie de Dampnemarie.

« 33 *item,* au bailliage de Saint-Léger annexé au bailliage
« du dit Montfort, ressortissent les *prévostés* royales du dit
« Saint-Léger et Mérey.

« 34, laquelle prévosté de Saint-Léger est sur quatre parois-
« ses, qui sont le dit Saint-Léger, la Boissière, Mittainville
« et partie des Brévières.

« 35, et la dite *prévosté* de Mérey est sur quatre autres
« paroisses, qui sont le dit Mérey, Galluis, Bazoches et
« Grosrouve.

« 36 *item,* au bailliage de Neauphle-le-Chastel, annexé au
« dit bailliage de Montfort, il y a quatre paroisses, *assavoir :*
« le dit Neauphle, Plaisir, Thiverval et Saint-Germain de
« Morainville.

« Plus, y ressortissent par appel, les justices non royales
« qui *ensuivent* savoir est.

« 37, premièrement le bailliage de la Grange-des-Bois qui
« consiste sur partie de six paroisses qui sont : Plaisir, Thi-
« verval, Saint-Germain de Morainville, Neauphle-les-Vielz,
« Elancourt et Jouarre.

« 38 *item,* le bailliage de Grignon, où il n'y a que partie de
« la paroisse de Thiverval.

« 39 *item,* la mairie de Villiers-Cul-de-Sac, où il n'y a que
« partie de la paroisse de Neauphle-le-Vieltz.

« 40 *item,* le bailliage de Cernay-la-Ville est sur la paroisse
« du dit lieu seulement.

« 41 *item,* la *prévosté* de Saint-Aubin, sur la paroisse du
« dit lieu.

« L'original du dit extrait est signé : De la Porte, Audiger
« et Guignard qui sont les *bailli, advocat* et *procureur du*
« *Roy,* et à celuy extrait, a été collationné par maître Hurault
« conseiller du Roy et secrétaire de ses finances le XXIIIe jour
« de décembre 1553, et l'a le dit maître Hurault, signé.

« Je certifie ce que dessus être vray.

« (signé :) J. de la Place. »

DÉMEMBREMENT DU COMTÉ DE MONTFORT

Peu de temps après son annexion à la couronne, le Comté de Montfort essuya plusieurs démembrements.

Le marquisat de Rambouillet, la châtellenie de Neau-

PORTE PRÈS LES BOIS DE MONTFORT

phle, la terre de Maurepas et la baronnie d'Epernon, qui en faisaient partie, en furent distraits.

La terre de Maurepas unie à celle de Pontchartrain et érigée en comté-pairie, fut, ainsi que la châtellenie de Neauphle, donnée par Louis XIV, au comte de Pontchartrain, en échange de Marly-le-Bourg, et le marquisat de Rambouillet, avec les terres et annexes qui en dépendaient, fut érigé en duché-pairie au profit du comte de Toulouse.

Louis Alexandre de Bourbon avait vendu la châtellenie de Saint-Léger et la forêt de Montfort de 18.500 arpents moyennant 841.246 livres.

Presqu'à la même époque eut lieu l'échange du duché de Chevreuse, pour le comté de Montfort.

Mais cet échange offrit une difficulté en ce que le bailliage de cette dernière ville, devenu seigneurial, ne pouvait plus connaitre des appels de la justice royale de Neauphle.

Pour suppléer à cette incompétence, Louis XIV avait établi à Montfort un nouveau bailliage royal, auquel il attribue la connaissance des cas royaux, dans toute l'étendue de ce comté.

On institua, en outre, un bailliage ducal qui ne dépendait aucunement du premier et qui était du ressort du Parlement de Paris.

Par suite de ces démembrements, le domaine de Montfort se trouva singulièrement diminué, et la juridiction réduite à peu de chose.

Cette juridiction ne conserva en effet, sur Rambouillet, Epernon et Dreux, dont le bailliage fut supprimé en 1770, que les appellations de ces grands fiefs, et celles de Pontchartrain et de Neauphle furent du ressort du Parlement de Paris.

Il restait cependant encore à la Ville de Montfort, plusieurs Cours de Justice.

La première était le bailliage royal, qui tenait ses assises quatre fois l'année.

Cette juridiction était composée d'un grand bailly ou lieutenant général d'épée ;

D'un président ;

D'un lieutenant général civil ;

D'un commissaire enquêteur et examinateur ;

D'un lieutenant particulier et assesseur criminel ;

De deux conseillers, un avocat et un procureur du roi ;

D'un substitut du procureur du roi ;

D'un rapporteur ;

De six procureurs ;

De deux huissiers ;
D'un greffier et de deux notaires.

Tous ces officiers étaient nommés par le duc de Luynes.

La seconde juridiction était celle de Duché-Pairie, appartenant privativement, comme juridiction patrimoniale au duc de Luynes, elle était exercée par les officiers du bailliage royal.

La troisième juridiction était la maîtrise des eaux et forêts, dont les officiers étaient nommés par le duc.

Elle était exercée par :
Un maître particulier ;
Un lieutenant ;
Un procureur fiscal ;
Et un greffier.

Les appels de cette maîtrise étaient de la compétence de la Table de Marbre du Palais à Paris.

La quatrième juridiction était l'élection composée de cinquante-neuf paroisses ; elle avait un président et un procureur du roi.

La cinquième juridiction était celle du grenier à sel, qui s'étendait sur 106 paroisses ; elle avait également un président et un procureur du roi.

La sixième juridiction enfin, était l'hôtel de ville et la mairie, composée d'un maire et de quatre échevins, électifs par le peuple, tous les trois ans, et institués par un édit de Charles IX, de l'année 1564.

Qu'il nous soit permis de dire ici, ce qu'était le maire autrefois :

C'était une place comme beaucoup d'autres places, qui après avoir été un emploi domestique et servile, devint dans le moyen âge, un bénéfice, un revenu, une propriété.

Ce fut alors une institution féodale qui profitait principalement au titulaire, et très peu aux habitants.

Le maire cessant d'être fait pour la ville, il la regarda bientôt comme faite pour lui ; son affaire était bien moins d'administrer un village que d'y percevoir des droits et y exiger des services.

Plus tard, l'affranchissement des communes au XIIe siècle, sous le règne de Louis VI, le Gros, fit sortir les officiers ruraux de l'intérêt général ; ils changèrent ainsi de caractère, et s'élevèrent de l'administration privée à l'administration publique.

La mairie d'un village, était non seulement l'office du maire, mais encore l'étendue du territoire sur lequel il exerçait cet office qu'il tenait en fief du seigneur dominant.

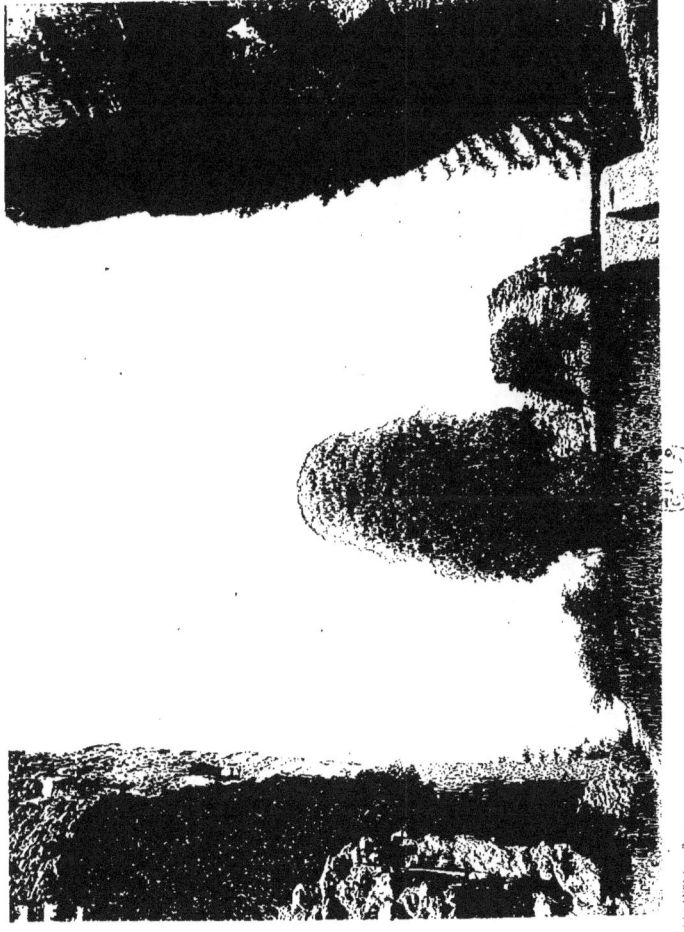

RUINES DES TOURS DE MONTFORT

Un manuscrit du XIVe siècle dit : « Il y a dans les villages « des officiers ou sergents que l'on appelle maires, dont la « mission est de faire des ajournements, de rechercher les « revenus, les cens et autres droits, d'arrêter les malfaiteurs « et de les conduire dans les prisons. »

Ils ne pouvaient garder les prisonniers créanciers que vingt-quatre heures.

Les maires ou *villici* avaient une part sur les droits dont ils procuraient le recouvrement et faisaient, à peu près gratuitement, une partie des ouvrages ou travaux nécessaires pour l'entretien des bâtiments et pour la culture des terres du domaine.

Toutefois, des hommes de condition, plus ou moins servile, étaient aussi attachés particulièrement au *chef manse*, qui comprenait d'ordinaire, avec l'habitation ou manoir seigneurial, une cuisine, une boulangerie, des bâtiments pour les serfs du domaine qui le desservaient, des ateliers, des fabriques de plusieurs espèces et des granges, écuries, étables, pressoirs, cours, jardins, viviers et autres dépendances d'un établissement rural souvent considérable.

C'était une sorte de ferme ou habitation de campagne, à laquelle était attachée, à perpétuité, une quantité de terres déterminée et, en principe, invariable.

La *manse dominante, domaniale* ou *seigneuriale, mansus dominicus* ou *indominicatus*, était la maison du maître et ses dépendances, elle était administrée par le propriétaire lui-même, par ses officiers ou par un concessionnaire, auquel le propriétaire avait substitué ses droits : c'était, ce que l'on appela *terra salica*, pendant plusieurs siècles.

Cette manse commandait à d'autres manses d'une classe inférieure, cédées en *tenure*, c'est-à-dire occupées par des *tenanciers* qui demeuraient perpétuellement chargés, à son profit, de redevances et de services.

Il y avait la *manse-censuelle, mansus-censilis, ingenuelis, lidilis* ou *servulis*, c'était des maisons tenues à cens, soit par un *colon*, un *lide* ou un *serf*.

Après cette longue digression, revenons aux seigneurs de Montfort.

André de Foix, seigneur de l'Espare, oncle à la mode de Bretagne, de la Reine Anne, eut ensuite l'usufruit du comté de Montfort.

Nous voyons qu'en 1549, *Mme de la Trémouille* portait le titre de dame de Montfort, car, à cette époque, elle fonda dix *prébendes* ou *canonicats* dans l'église du dit lieu.

En 1556, la *duchesse d'Estouteville* était comtesse usufruitière de Montfort.

Le 14 mars 1562, le comté fut donné à *Catherine de Médicis*, pour partie de sa dot, comme Reine-douairière.

En 1570, il fut laissé à *Henri* III.

En 1574, la principauté de Montfort passa comme supplément d'apanage à *François de France, duc d'Alençon*, frère cadet de Henri III, il le posséda jusqu'à sa mort, 1584.

En 1587, le comté de Montfort fut cédé à titre d'engagement, par Henri III, à l'un de ses favoris, *Jean-Louis de Nogaret de la Vallette, duc d'Epernon,* puis à son second fils, *Bernard, duc d'Epernon,* qui le transporta ou le vendit, en 1658, à la *princesse Marie de Rohan, duchesse de Chevreuse,* en s'en réservant l'usufruit.

En 1661, c'est-à-dire à la mort de Bernard d'Epernon, Marie de Rohan en devint possesseur ; mais, à sa mort, il rentra dans le *domaine de la Couronne,* car tous ces personnages possédaient le comté à titre *d'engagement révocable.*

En 1691, lors du démembrement du comté, les officiers du Châtelet cédèrent à ceux de Montfort :

97 feux dans la paroisse de Dampierre ;
70 — à Saint-Forget ;
78 — à Senlisses ;
78 — à Choisel ;
24 — à Maincourt ;
49 — à Layes ;
69 — à Goupilliers ;
99 — à Bazainville.

Total 654 feux.

Mais, en 1692, Louis XIV rendit la possession du domaine de Montfort, *complète et incommutable,* et lui donna le nom de *baronnie de Chevreuse.* Puis ayant besoin d'une partie de ce domaine, d'abord pour en faire don aux dames de la Maison de Saint-Louis, établie à Saint-Cyr, et enfin pour l'agrandissement de sa Maison royale de Versailles, située dans le duché de Chevreuse, il proposa à très haut et très puissant seigneur, *Charles-Honoré d'Albert de Luynes,* de ne lui laisser que le château de Dampierre et ses dépendances, et de lui donner en échange, une partie du duché de *Chevreuse,* avec les *ville, domaine et comté de Montfort-l'Amaury,* que Louis XIV érigea en duché-pairie sous le titre de *Chevreuse-Montfort ;* le duc prit le nom de *duc de Montfort et de Chevreuse.*

La pairie de Montfort-l'Amaury ne fut pas vérifiée au Parlement.

Le château, qui avait été fort peu habité depuis André de

PORTE DE LA TOUR. ANCIEN CHATEAU DE MONTFORT

Foix, était en fort mauvais état ainsi que les remparts de la ville.

Le duché resta dans la famille jusqu'à *Charles-Marie-Paul-André d'Albert, duc de Luynes et de Chevreuse,* né en 1783, *quarante et unième et dernier seigneur de Montfort.*

C'est bien la postérité de ce seigneur qui en a joui jusque-là, car il *est inexact* que la terre de Montfort ait été vendue au comte de Toulouse, comme le prétend l'abbé de Longuerue dans sa description historique et géographique de la France.

Lors de la Révolution, les biens du duc de Chevreuse furent sequestrés, mais par une faveur particulière, il fut autorisé à en faire la vente par parties ; il ne conserva que son château de Chevreuse.

La seigneurie de Montfort dura 800 ans.

M. le Breton, ancien lieutenant du bailliage, acheta, en 1761, la chapelle Saint-Laurent, et, en 1795, l'emplacement du château, ses murailles et ses ruines, pour 12.000 livres *en assignats*.

Ses héritiers donnèrent cette propriété à la ville, pour y établir une promenade publique.

En 1842, le pan méridional du donjon parut menacer ruine, mais les efforts qu'il fallut faire pour le renverser, prouvèrent qu'on s'était trop hâté de le condamner.

MONTAINVILLE

Motanville, Motauville, Montainville, est une commune de 320 habitants, du canton de Meulan, autrefois du canton de Neauphle-le-Château.

On y trouve beaucoup de débris fossiles.

L'église, sous le vocable de la Sainte Vierge, avait un revenu de 250 livres ; le chœur et le clocher sont remarquables ; on voit aussi de belles pierres tombales du xvie siècle.

Il existe encore une tour carrée, seul vestige d'un château fort.

La tradition fait remonter la fondation de Montainville, au temps de la fille du vaillant gaulois Brennus, qui mit Rome à deux doigts de sa perte.

Au moyen âge, c'était une place importante du petit Etat du Pincerais, relevant, en sous-fief, de la baronnie de Maule. Bâtie, d'ailleurs, sur le bord d'une grande voie romaine, qui partait de Normandie et se dirigeait vers Paris, en traversant la Mauldre sur un pont de pierre, à la Maladrerie de Beynes.

Son vieux donjon, en partie détruit par Philippe de Navarre, en 1357, se dressait sombre et menaçant, à l'entrée du village, dans un enclos, qu'aujourd'hui encore on nomme « le Fort ».

On voit en effet quelques restes de sa première destination, dans les meurtrières ménagées de chaque côté de la porte cochère, et dans une tour carrée, qui reste debout auprès de cette porte.

A quelque distance s'élevait une vieille chapelle, sous l'invocation de saint Lubin, dont la construction remontait au xe siècle.

En 1390, *Jeanne de Blinville,* dame de Sens, de Marches, du Mesnil, de Mareil et de Montainville en entreprit la réédification.

Nous trouvons mention, au 6 novembre 1564, de *Michel de Champron,* chevalier, baron de Croissi, comme seigneur de la Bourdinière, Montainville, etc.

Puis, le 19 novembre 1786, une quittance de droits seigneuriaux, de la seigneurie de Montainville.

Signé : Parmentier.

Nous avons entre les mains l'original du document que nous donnons ci-dessous.

Quittance des droits seigneuriaux.

Seigneurie de Montainville.

« Je soussigné, receveur des droits seigneuriaux des terres et seigneuries de Wideville et dépendance, pour madame la duchesse de La Vallière, reconnais avoir reçu de Philippe Le Vert, à cause de Marguerite Bayen, sa femme, la somme de vingt-trois livres, trois sols, dix deniers, pour sa moitié de quinze années d'arrérages de cens et rentes et droits de fond des héritages qu'elle possède dans l'étendue de ladite seigneurie, échues à Saint-Rémy et Noël derniers 1785.

« Dont quittance, sans préjudice de l'année courante, autres dûs, droits et actions.

« Fait au bureau de Wideville, ce dix-neuf novembre mil sept cent quatre-vingt-six.

« Signé : Parmentier. »

« Et de la n^a est dû par les personnes qui ont jouy de la maison et du quartier de terre, de la *Parrière* pour huit ans, la somme de 13^l 18^s que le dit Levert est dans le cas de faire rembourser de 6^l 19^s pour la moitié.

NEAUPHLE-LE-VIEUX. ÉGLISE ET CHATEAU DE M. BRAME

NEAUPHLE-LE-VIEUX

Neauphle-le-Vieux est une commune de 5oo habitants, située à 3 kilomètres de Neauphle-le-Château, et à quelques minutes de la gare de Villiers-Neauphle, ligne de Granville.

Il faisait autrefois, partie du Mantois et du gouvernement général de l'Ile-de-France ; on y comptait 400 habitants.

En 1738, il y avait cent feux, dans cette paroisse.

L'église paroissiale de Neauphle-le-Vieux est aujourd'hui moins grande qu'autrefois ; elle est en partie, d'architecture romane ; ses stalles, ses fonts baptismaux et ses reliquaires paraissent être du XIII° siècle.

Cette église faisait partie du monastère et était desservie par les religieux ; c'était un prieuré-cure, sous le titre de Saint-Nicolas, à la présentation de l'abbé; cure à la nomination du Chapitre.

Pour arriver à l'église, il fallait traverser le cimetière qui a été supprimé, il y a quelques années.

Nealpha ou *Nealfa Aquosa*, en latin, et en français, Neauphle, *Nofle Alvieux, Aivieux, Avieux, Evieux,* c'est-à-dire, *l'Aqueux,* ainsi que le constate la note latine suivante :

Aquosum cognominatum est Neaufle l'Aivieux, l'Aiveux, pro Neaufle-la-Ville et vulgo dici aiunt : Aive et Eve ac Ive, enim et enim nostri olim aquam dixere quam Gothi et Vascones et Averni, aygue et ague, Nealfam autem Villam alluit Maldra fluvius, Nealfam Castellum non attingit.

« Neauphle l'Aqueux est surnommé, Neauphle l'Aivieux,
« au lieu de Neauphle-la-Ville, parce que nos ancêtres appe-
« laient l'eau, *Aive,* comme les Goths, les Gascons et les
« Auvergnats, la nommaient *Aigue* ou *Aygue* ; le fleuve,
« la Mauldre baigne Neauphle-la-Ville, et n'atteint pas Neau-
« phle-le-Château.

Plus tard, de l'Aivieux, on a fait *le Vieux, le Vieil, les Vielz, les Vieils* et par corruption, on a dit, *Nealpha Vetus* Neauphle-le-Vieux ; le document latin ci-contre, vient à l'appui de cette assertion.

1185, *Neaufle l'Aiveux a Neafla aquosa, nomen rustice esse videtur vernacule vero l'Aivieux quod sensum mutatum est « Neauphle-le-Vieux. »*

« 1185, Neauphle l'Aiveux ; ce nom paraît venir de la
« langue rustique ; il est devenu, Neauphle-le-Vieux. »

On le nommait encore, *Nealfa minor* Neauphle-le-Petit pour le distinguer de *Nealfa Major,* Neauphle-le-Grand, Neauphle-le-Château.

Il existait autrefois à Neauphle-le-Vieux, un monastère dépendant de Saint-Mesmin d'Orléans, fondé en 1045, par une charte d'Agnès-Béatrix-Eléonore, comtesse de Montfort-l'Amaury et dame d'Epernon, qui le dota.

Nous trouvons cette note latine de 1206.

Asceterium illud Benedicti ordinis fundamentum fuisse ferunt ante exitum undecimi sæculi, quanquam abbatem ejus nomine non noverunt.

« Ce monastère, de l'Ordre de Saint-Benoît, a été fondé
« vers la fin de xi⁰ siècle ; bien qu'on ne connaisse pas le
« nom de l'abbé fondateur. »

En 1078, il fut érigé, par Philippe I⁰ʳ, en abbaye *commendataire* de l'Ordre de Saint-Benoît, nouvellement réformé.

Elle fut appelée *abbaye royale de Saint-Pierre de Neauphle-la-Ville.*

... *Sanctus Petrus de Nidalpha aquosa Nelfa Villa.*

En 1085, Philippe I⁰ʳ approuva par lettres patentes, toutes les donations faites à l'abbaye de Neauphle-le-Vieux.

En 1152, Louis VII le Jeune accorda aussi des lettres patentes à cette abbaye, pour confirmer toutes les donations qui lui avaient été faites, et qui déjà, avaient été approuvées par Philippe I⁰ʳ.

En 1160, de nouvelles lettres patentes furent accordées à cette abbaye, pour confirmer la donation des ducs d'Epernon et de Chevreuse et des comtes de Montfort-l'Amaury, d'une partie de la forêt d'Iveline, près Saint-Léger.

D'après d'anciens documents, l'abbé qui avait le gouvernement de l'abbaye, en 1185, se nommait Gautier.

En 1198, Simon, duc de Chevreuse et comte de Montfort-l'Amaury, seigneur châtelain de Neauphle-le-Châtel, donna à l'abbaye de Neauphle-le-Vieux, le droit de chasse et de pêche, *depuis le moulin Robert jusqu'au moulin Crobert.*

Cette donation fut confirmée la même année par l'évêque de Chartres.

En 1216, le pape Honoré envoya à l'abbaye de Neauflele-Viel, une bulle, en date du 10 des Calendes de décembre de la dite année, par laquelle « il approuvait toutes les donations qui lui avaient été faites, et la prenait sous sa protection ».

Une charte de l'abbé de Neauphle-le-Viel, en date de 1222, constate une donation faite par Alésia, femme du chevalier Hugues de Vineuil, au profit de l'église Saint-Etienne de Paris, la voici en latin :

Omnibus praesentes litteras inspecturis abbas Nealfæ, salutem in Domino.

Noverint universi quod nos de mandato Domini N. Archidiaconis Pinciacensis accessimus ad Dominam Aalesim, uxorem Hugonis de Vinoliis militis, quæ concessit et approbavit coram nobis, eleemosinam factam Ecclesiæ Beati Stephani Parisiis, pro anima bonæ memoriæ Ancelli avunculi sui quodam Cantoris Magdunensis, de totā decimā bladi et vini quam idem Ancellus tenebat apud Vitriacum nomine hæreditaris promisit etiam, fide datā in manu nostra, quod in dicta decima nunquam de cætero aliquid reclamabit et quod illam garentissabit Ecclesiæ Beati Stephani bona fide contra omnes.

Actum anno gratiæ MCCXXII.

« A tous ceux, qui, les présentes lettres verront, salut
« dans le Seigneur. Que tous soient informés que par man-
« dement du seigneur N. archidiacre du Pincerais, nous
« nous sommes rendu auprès de Dame Alésie (Alice),
« épouse de Hugon de Vigneux, chevalier, laquelle en
« notre présence, a consenti et approuvé la donation faite
« à l'église de Saint-Etienne de Paris, pour le repos de
« l'âme de pieuse mémoire, d'Ancelle, son oncle maternel,
« en son vivant, *chantre,* (titre ecclésiastique) de Médon
« ou Meudon (Magedon) dit le Pouillé du diocèse) de toute
« la dîme en blé et en vin, qu'au titre héréditaire, le dit An-
« celle possédait à Vitry. En outre, la dite dame a promis,
« gage de sa foi, donné entre nos mains, que jamais elle ne
« réclamerait rien, sur cette dîme, et qu'également en toute
« bonne foi, elle la garantirait contre tous, à l'église de
« Saint-Etienne. »

« Fait en l'an de grâce 1222. »

Voici le diplôme qui se rattache à ce don :

Diploma charta qua abbas de Nealfa, notum facit se de mandato N. Archidiaconis Pinciacensis ad Dominam Aalesim ou Aulesim, uxorem Hugonis de Vinolis militis accessisse quæ quidem concessit et approbavit et eleemosinam factam Ecclesiæ B. Stephani Parisiensis ab Ancello avunculo suo de tota decima tum bladi tum vini quam dictus Ancellus tenebat apud Vitriacum.

Actum anno gratiæ MCCXXII.

« Charte, diplôme, par lequel, l'abbé de Neaufle fait sa-
« voir, que par ordre de N., archidiacre du Pincerais, il s'est
« rendu auprès de la dame Aalesie ou Aulesim, femme de
« Hugon de Vigneux, chevalier, laquelle a consenti et ap-
« prouvé la donation faite à l'église de Saint-Etienne de

« Paris, par Ancelle, son oncle maternel, de toute la dîme,
« tant en blé qu'en vin, qu'il tenait à Vitry.

« Fait en l'an de grâce 1222. »

Au mois de juin 1228, il y eut un arrangement entre l'abbé Robert, stipulant pour l'église Saint-Pierre de Neauphle-le-Viel et son couvent, et l'abbaye des Vaux de Cernay, relativement à des terres situées près *d'Ithe.*

Admediatio inter abbatias sancti Petri de Nealpha Veteri et Vallium Sarnai quorumdam dicimarum apud Aytam et Vicum, etc.

« Composition entre les deux abbayes de Saint-Pierre
« de Neauphle-le-Vieux et des Vaux de Cernay, au su-
« jet de certaines dîmes, à Ithe et à Vicq, etc.

« Robert, par la permission de Dieu, humble ministre de
« l'église du bienheureux Pierre, de Neauphle-le-Vieux, et
« de son couvent, etc. »

Au mois de juillet de la même année, Gautier, évêque de Chartres, approuva cet arrangement.

En 1243, Simon de Poissy, par testament, légua à l'abbaye de Neauphle-le-Vieil, plusieurs biens, parmi lesquels se trouvait son vignoble de Merroles, *vineam suam de Merrolles.*

En 1248, Jean, comte de Montfort-l'Amaury, l'un des descendants de Béatrix, confirma par des lettres d'amortissement, toutes les donations faites à l'abbaye de Neauphle-le-Vieil, par les comtes de Montfort-l'Amaury, ses prédécesseurs.

En 1255, Jean, comte de Soissons, et Marguerite, sa femme, accordèrent à l'abbaye de Neauphle-le-Vieil, des lettres-patentes qui confirmèrent la donation faite par Jean, comte de Montfort-l'Amaury, leur aïeul, ainsi que le don de Pernelle, femme de maître Bristeste, d'une maison sise à Paris, *rue Mauconseil,* avec 70 sous de cens et droits seigneuriaux, à prendre sur le Buisson de Luan, et tout ce qu'elle possédait à Boissy.

En 1256, Laure de Montfort confirma la donation de son frère, à l'abbaye de Neauphle-le-Vieil, de 200 arpents de bois et terre dans la forêt d'Iveline.

A cette charte, était suspendu le sceau de Laure ; ce sceau était de forme ogivale, en cire brune, sur double queue de parchemin ; *Laure de Montfort y est représentée debout, la tête nue, les cheveux longs et bouclés, tenant de la maison droite une fleur naturelle et accostée de deux écus, au lion de Montfort, avec la légende :*

† 𝔖igill.. domicelle : 𝔏ore de 𝔐ontfort

Saint Louis visita l'abbaye de Neauphle-le-Vieux, le mercredi 9 mars 1266, ainsi que nous le fait savoir une note latine.

Rémond de Fessard légua, par son testament de juin 1270, soixante sous, à l'abbé et au couvent de Neauphle-le-Vieux.

D'après les comptes tenus sur tablettes de cire, par Pierre de Condé, Philippe III aurait donné le 26 février 1274, à l'abbaye de Neauphle-le-Vieux, dix livres pour aumônes de carême.

Une bulle du pape Grégoire X, datée à Viterbe, du 3 des nones de Mars 1275, confirma toutes les donations faites à Neauphle-le-Vieux.

Guy de Lévis, maréchal de Mirepoix, légua dix livres à l'abbaye de Neauphle-le-Vieux, par son testament du 10 août 1276.

Au mois de mars 1277, Guy de Chevreuse, châtelain de Neauphle-le-Châtel, approuva, par une charte, l'acquisition du manoir de Beaumez, faite par l'abbé de Neauphle-le-Vieux.

Le 1er mars 1280, les abbé et religieux de l'abbaye de Neauphle-le-Vieux : *abbas Nealphœ Veteris, anno 1280,* reçurent une lettre de l'évêque de Chartres, Simon.

En 1288, un échange de terre eut lieu, entre les Templiers, alors seigneurs du Tremblay, et l'abbé de Neauphle-le-Vieux.

En 1296, Guy de Chevreuse, seigneur, châtelain de Neauphle-le-Château, donna à l'abbaye de Neauphle-le-Vieux, tous les cens, rentes et droits seigneuriaux qu'il avait sur les maisons, aux élèves, avec tout droit de chasse et pêche depuis Neauphle-le-Chastel jusqu'au *Moulin du Poirier*.

En 1301, Pierre de Lozallats, seigneur de Montréal, et Jeanne, sa femme, donnèrent à l'abbaye de Neauphle-le-Vieil, 88 arpents de bois appelé le Bois-Nivert.

La même année, Philippe Beupeart approuva cette donation, par des lettres de confirmation, ainsi que le don fait par Pernelle, femme de Me Bristeste, d'une maison à Paris, rue Mauconseil, avec 70 sous de cens et droits seigneuriaux, à prendre sur le Buisson de Luan et tout ce qu'elle possédait à Boissy.

En 1312, Pierre d'Amboise, fils de Pierre Bristeste, comte de Chevreuse et de Montfort-l'Amaury, prit sous sa protection l'abbaye de Neauphle-le-Vieil, et confirma toutes les donations des comtes de Montfort-l'Amaury ses prédécesseurs.

Au mois de mai 1330, Philippe VI accorda des privilèges

à l'abbaye, et envoya des lettres vidimant et confirmant ces privilèges aux abbé et religieux du dit monastère.

La même année, Simon de Laqueue vendit, à l'abbaye de Neauphle-le-Vieux, tous les bois, terres et prés qu'il possédait aux environs du Bois-Nivert, depuis Galluis jusqu'à La Queue.

Cette vente fut approuvée par des lettres d'amortissement de Pierre d'Amboise, comte de Montfort-l'Amaury.

En 1331, Yolande, duchesse de Bretagne et dame de Chevreuse et de Montfort-l'Amaury, accorda, à l'abbaye de Neauphle-le-Vieux, des lettres patentes de confirmation.

En 1334, Jean de Bretagne, comte de Montfort-l'Amaury, approuva par des lettres de confirmation, toutes les donations et ventes faites au profit de l'abbaye de Neauphle-le-Vieux.

En la même année, Jeanne, veuve de Raoul de Chavanne, dame de Beaurepaire, légua à l'abbaye de Neauphle-le-Vieux, le fief de Baurepaire qu'elle possédait, avec huit sols parisis de cens et rentes à prendre sur une *chaumière* sise « aux Planches ».

Cette donation fut confirmée et amortie de tous droits, par Jean de Bretagne, comte de Montfort-l'Amaury, son héritier.

En 1353, Guillaume, abbé de Neauphle-le-Vieux, en exécution des lettres de protection du dit comte de Montfort, *affranchit les habitants de Neauphle-le-Vieux, de toutes charges et subventions,* sous la condition qu'ils paieraient à l'abbaye, tous les droits seigneuriaux, cens et rentes qu'ils devaient à la Saint-Martin de la même année ; ce qui fut confirmé par des lettres de protection des comtes de Montfort-l'Amaury.

Louis XII vidima et confirma, par des ordonnances et des lettres patentes du 21 octobre 1499, les privilèges accordés aux abbé et religieux de ce monastère par Philippe VI en 1330.

L'abbaye de Neauphle-le-Vieux fut représentée à la réunion, pour la rédaction des coutumes du comté de Montfort-l'Amaury, le 13 octobre 1556, par l'abbé Gilbert Filliol.

Charles-Maurice de Colbert était abbé commendataire de l'abbaye de Saint-Pierre de Neauphle-le-Vieil, le 17 juillet 1693.

En 1733, des contestations relatives à la chasse s'élevèrent entre M. de Maurepas et l'abbaye de Neauphle-le-Vieux.

M. de Lavalète, alors abbé en exercice, avait établi comme garde-chasse du domaine de son abbaye, un nommé Chedville, contre lequel un garde de la capitainerie du comté de Pontchartrain avait dressé procès-verbal, pour avoir chassé sur un fief appelé *la Couture.*

Chedville s'étant présenté à la capitainerie de Saint-Germain, on lui donna *24 heures,* en lui disant que *s'il ne venait pas se constituer prisonnier dans ce délai, il serait envoyé douze gardes pour l'arrêter !*

L'abbé de Lavalète écrivit le 10 mars à M. de Maurepas, pour demander la grâce de son garde, et pour faire valoir les droits de son abbaye.

Il reçut pour toute réponse, la note suivante :

« Observation à faire à M. de Lavalète :

« L'on ne dispute point les droits seigneuraux de l'abbaye,
« sur toute l'étendue de la seigneurie de Neauphle-le-Viel,
« mais bien la chasse dans tout ce qui est renfermé par la
« rivière, à commencer du premier pont en entrant dans
« Neauphle-le-Vieil, vis-à-vis le bas du jardin de la maison
« de M. de Maulette, en continuant le chemin passant devant
« l'abbaye, sortant par la porte de Notre-Dame, et sui-
« vant le chemin qui va au hameau de Roué, près le hameau
« de la Pissiotte, toute cette partie à droite, fermée par la
« rivière et les fiefs de Saux, Marchais, Lorme et Cressé, est
« de la seigneurie de Neauphle-le-Viel, et de la capitainerie
« royale, et fait partie de l'inspection de M. le comte de Mau-
« repas et le champtier de *la Couture* y est enclavé, entre les
« clos de l'abbaye, le moulin de Toussac, la rivière et le
« chemin qui va de la Porte Notre-Dame, à l'encoignure du
« clos de M. de Petit Mont, comme il est marqué sur le plan
« tiré sur la carte qui a été faite lors de l'inspection de M. de
« Maurepas.

« Les champtiers n'y sont point marqués, parce que cette
« carte n'est pas assez étendue, mais le chemin et la rivière
« sont des bornes et limites, pour ne point douter que cette
« partie de la Capitainerie, est de la Capitainerie d'inspec-
« tion de M. le comte de Maurepas.

« Jamais M. l'Abbé ne produira de titre contraire aux
« édits et déclarations des rois, sur lesquels ces limites ont
« été établies, et la carte faite en conséquence... »

D'après une note portant pour titre :

Déclaration de la consistance du revenu temporel de l'abbaye de Neauphle-le-Vieil, nous trouvons parmi d'autres biens :

1º La ferme de *la Couture* consistant en logement de fermier, dans la basse-cour de l'abbaye.

60 arpents de terre labourable, en trois pièces : *la Couture, Taillefer* et *Beaurepaire.*

Avec 7 arpents de pré, attenant à la dite *Couture.*

2º Une ferme à *Galluy,* consistant en maison, écuries, bergeries, étables à vaches, grange, cour et jardin, le tout contenant 60 arpents en plusieurs pièces de terre labourable, et 7 arpents de pré, pâture en plusieurs pièces, terroir de Galluy.

Un bail fait pour six années, le 24 avril 1733, par vénérable et discrète personne, messire Jacques Lavalette, prêtre, docteur de la maison et société de Sorbonne, conseiller au Grand Conseil, commendataire de l'abbaye royale de Saint-Pierre de Neaufle, ordre de Saint-Benoît, diocèse de Chartres, de terres près Bazemont, moyennant 575 livres et un agneau à Pâques.

Une prisée du moulin de Neauphle-le-Viel, faite le 8 juin 1735, s'élevait à 627 livres.

L'abbaye de Neauphle-le-Vieux valait environ six mille livres de rente et la taxe en Cour de Rome, était de cent vingt florins. On évaluait le florin à cinq livres cinq sols.

D'après le Pouillé de Chartres de 1738, le revenu n'était plus que de cinq mille livres.

L'abbé était à la nomination du roi.

En 1741, il n'y avait plus dans l'abbaye que deux religieux, le Prieur et le Préchantre (dignité ecclésiastique).

Les charges de l'abbaye consistaient en paiement aux religieux pour fondation d'une messe, ci. 316 livres
    Au religieux sacristain . . . . 100 —
    Au curé de Saint-Aubin . . . . 75 —
    Au curé de Neauphle-le-Vieil. . . . . 268 l. 10 sols
    Impositions du diocèse de 1751 . . . . 1.488 l. 11 sols
A M. Baron, sous-diacre du diocèse de
Chartres. . . . . 450 livres

              Total. . . . . . . 2.698 l. 1 s.

Nous trouvons mention d'un bail passé devant Brisset, notaire au bailliage de Neauphle-le-Viel, fiefs et seigneurie en dépendant, résidant à Neauphle-le-Château ; le dit acte passé au dit Neauphle-le-Vieil, en la maison abbatiale du dit lieu, le 8 janvier 1752, avant midi.

Et le 10 novembre de la même année, un autre bail, par la veuve Siroux, à Villancy, passé à Neauphle-le-Vieil, en la maison abbatiale avant midi.

Un état des revenus de l'Abbaye de 1753, en portait le total à 7.121 livres 10 sous.

Une autre note de 1756, indiquait ainsi les paiements à faire.

Aux religieux pour fondation d'une messe	316 livres
Au religieux sacristain.	100 —
Au curé de Saint-Aubin pour son prêt argent.	75 —
Au curé de Neauphle-le-Vieil	268 l. 10 sols
A M. Baron, sous-diacre, sa pension .	600 livres
TOTAL.	1.359 l. 10 sols

Depuis la Saint-Martin de l'année 1755, jusqu'en juillet 1756.

Claude-François Lizarde, de Radonvilliers, sous-précepteur des enfants de France, abbé commendataire de l'abbaye royale de Saint-Pierre de Neauphle-le-Vieil passe des baux à ferme au nom de l'Abbaye, les 16 janvier 1765 et 26 janvier 1766.

En 1771, l'abbaye ne produisait plus que cinq mille livres.

Il existe aux archives de Seine-et-Oise, un plan de cette abbaye fait en juillet 1771, par l'un des religieux nommé Berlinga, et qui porte pour titre : *Plan géométral de l'abbaye de Neauphle-le-Vieil et du sequestre ;* il donne l'importance du couvent et de ses dépendances et indique comme nous l'avons vu nous-même, qu'il fallait autrefois, pour entrer dans l'église, traverser le cimetière.

Mais le mot de *sequestre,* écrit sur ce plan, nous révèle que l'abbaye, qui avait connu autrefois la prospérité, était réduite à cette époque, à une grande gêne ; ses affaires embarrassées dataient déjà de loin, et on avait été obligé de recourir à des aliénations de biens, nécessitées par des charges nombreuses.

Ainsi, nous voyons d'après un extrait du terrier de cette abbaye et des lettres obtenues en chancellerie le 13 août 1531, que sur un lot de terre de 208 arpents 86 perches, situé près de Saint-Léger en Iveline, il en avait été donné à cens, en 1564, trente-trois arpents et que le tout fut vendu en 1577, par les abbé et religieux, à Mre Jacques de Monset, seigneur de Saint-Léger, qui relevait en fief, de l'abbaye de Neauphle-le-Vieil.

Qu'en 1687, un mémoire fait à l'occasion d'une demande en distraction de biens de l'arrondissement du territoire de Galluis, portait que :

« Suivant la déclaration passée au terrier de l'abbaye de
« Neauphle-le-Vieux, 6 janvier 1687, par M. Brébier, ci-
« devant seigneur de Mareil, comme possédant les héritages
« compris en la dite déclaration, pour être de sa censive,

« comme acquéreur de la dite abbaye, et réclamés par M. de
« la Houssaye, en ce qui regarde le fief de Galluis, situé en
« la paroisse de ce même nom.

« Que le sieur Latruffe, fermier général, et aux droits de
« M. l'abbé Langlade, de l'abbaye de Neauphle-le-Vieux,
« prétendait que les héritages compris en la déclaration du
« dit sieur Brébier, ne relevaient pas en totalité du fief de
« M. de la Houssaye, mais bien ceux compris dans l'arron-
« dissement du territoire de Galluis, et étaient sous la cen-
« sive de Neauphle-le-Vieux, suivant le contrat fait entre M.
« l'abbé Claude Bourachon, abbé de Neauphle-le-Vieil et
« supérieur de Saint-Sulpice à Paris, et M. de la Houssaye.

« Que pour lors, cette contrariété et prétention mettaient
« dans le cas de faire une distraction des héritages de la dé-
« claration du sieur Brébier, de ce qui est dans l'arrondisse-
« ment du territoire de Galuis, — et hors l'arrondissement
« de Galuis, — qui relève et est encore de la censive de
« l'abbaye de Neauphle-le-Vieux, suivant le contrat fait en-
« tre M. l'abbé Bourachon et M. de la Houssaye.

Février.

« Lettres-patentes qui permettent un échange entre les
« sieur et dame de la Houssaye et l'abbaye de Neauphle-
« le-Vieil, suivant lequel les dits sieur et dame cèdent à la
« dite abbaye un fief, terre et seigneurie, appelés *Galuy-la-
« Queue,* contre une ferme sise en la paroisse de *Galuy*
« et terres qui en dépendent. »

D'autres baux à ferme sont encore faits au nom de l'abbé
en 1771, 1785, 1786, 1787, 1788.

Les restes de cette abbaye sont encore aujourd'hui, une curiosité archéologique.

La chapelle souterraine très bien conservée, et les bâtiments de l'ancien cloître, affectés en partie à la culture, dépendent d'une magnifique propriété qui a appartenu successivement à deux artistes distingués, M. Nicolas-Marie Gatteaux, graveur en médailles, né en 1751, et décédé du choléra, le 24 juin 1832, et à son fils, M. Jacques-Edouard Gatteaux, aussi graveur en médailles et statuaire, premier prix de Rome, membre de l'Institut, conseiller municipal de Paris, sous Louis-Philippe, et dont le nom a figuré pendant plusieurs années, sur la liste des membres du Jury des expositions des Beaux-Arts.

M. Edouard Gatteaux avait légué au musée du Louvre, de très belles collections de gravures, peintures et sculptures qu'il avait passé toute sa vie à acquérir, mais malheureusement, une grande partie de ces richesses artistiques a

CRYPTE DE L'ANCIENNE ABBAYE DES BÉNÉDICTINS

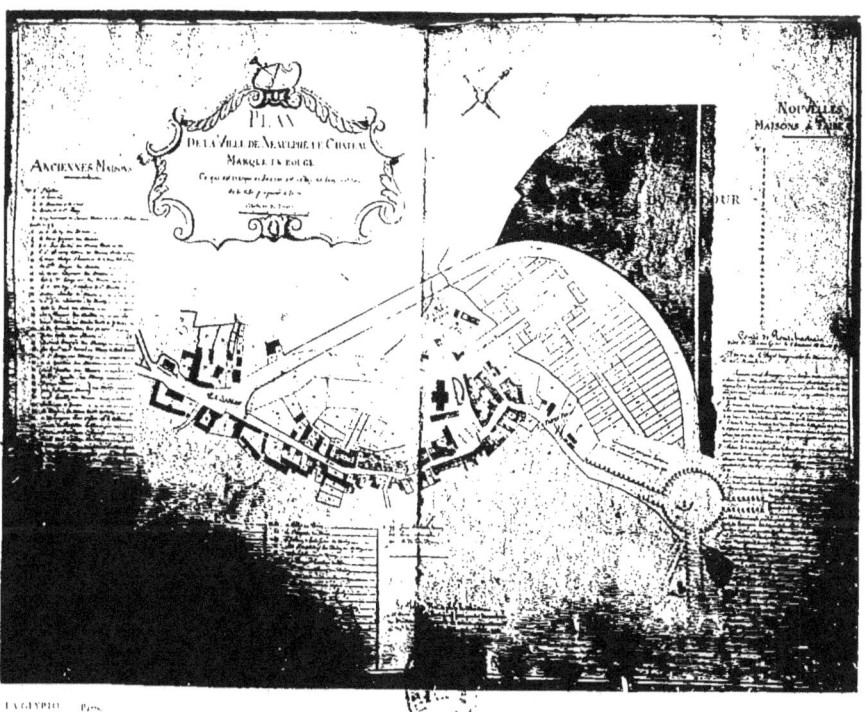

NEAUPHLE-LE-VIEUX. (CHATEAU DE M. PRAMEX)

été incendiée à Paris, en 1871, pendant la Commune, en même temps que son hôtel de la rue de Lille qui les renfermait.

Nous lui avons vu les larmes aux yeux, lorsque déjà octogénaire, il essayait de remettre en ordre les débris échappés à cet horrible désastre.

M. Edouard Gatteaux est décédé à Paris, au mois de janvier 1881, à l'âge de 92 ans.

Ses collections, fort anciennes, figurent dans les galeries du Louvre, avec la mention : Collection Gatteaux, et sa propriété de Neauphle-le-Vieux, appartient aujourd'hui à M. Edouard Brame, ingénieur en chef des Ponts et Chaussées, et à ses enfants, M. Paul Brame et Mme Orville, neveu et petits-neveux de M. Edouard Gatteaux.

M. Brame père a apporté de grands changements dans l'intérieur du château, où l'on retrouve les traces des deux artistes qui l'ont possédé, ainsi que dans le parc qu'il a fait agrandir et dessiner à nouveau.

Il existe encore à Neauphle-le-Vieux, la terre du duc de Mortemart, général de division, pair de France, sous la Restauration et sous le règne de Louis-Philippe, sénateur sous le deuxième empire, ancien ambassadeur en Russie.

Le duc et la duchesse de Mortemart aimaient beaucoup cette résidence, qu'ils habitaient une grande partie de l'année, et qu'ils se plurent à embellir.

Ils furent bien éprouvés dans leurs affections de famille, par deux événements aussi douloureux qu'inattendus.

En 1842, le comte de Mortemart, leur fils, en franchissant la grille du parc, dans une voiture à la Daumont, vit ses chevaux s'emporter sans pouvoir les retenir ; quelle que fût la promptitude des secours, on releva ce jeune homme de vingt ans, tout ensanglanté ; sa mère, prévenue avec ménagements, s'écria : « Vit-il encore ? »

On l'apporta dans ses bras, mais il expira quelques instants après.

La duchesse de Mortemart fit détourner l'entrée de son château, ne voulant plus passer dans cette avenue arrosée du sang de son fils !

Quelques années plus tard, le marquis de Sainte-Aldegonde, l'un des gendres de M. de Mortemart, fut tué accidentellement à la chasse, dans une propriété du Berri que le duc habitait aussi quelques mois, chaque année.

Parvenu à une extrême vieillesse, il est mort à Neauphle-le-Vieux, son séjour de prédilection, et repose, ainsi que la duchesse, dans un caveau de famille placé dans le modeste cimetière de ce village.

Le duc d'Avraincourt, député du Nord, son second gendre, est maintenant propriétaire du château et de ses dépendances.

NOTRE-DAME DE LA ROCHE

Autrefois, *Rosca* ou *Roscia,* cette Abbaye de chanoines réguliers de l'Ordre de Saint-Augustin, fut fondée vers 1190 ou 1196, par Guy de Lévis, Sire de Mirepoix.

Il n'en reste plus que des ruines qui, aujourd'hui, font partie de la commune de Lévis-Saint-Nom, dont elle n'est distante que de 2 kilomètres.

Dans la chapelle, on remarque encore, des dalles tumulaires, des statues et des tombes de la famille de Lévis, de belles stalles du XIIIe siècle, et de magnifiques restes de peintures.

En *may* 1247, nous voyons que les Religieux de la Roche, vendent aux chevaliers du Temple, un arpent de terre à la Brosse, dans la seigneurie de ces derniers.

PLAISIR

Plaisir, en Pincerais, est une commune de 1.250 habitants, du canton de Marly-le-Roi, composée de plusieurs hameaux : les Gâtines, les Petits-Prés, la Chaîne, la Boissière, le Buisson.

Plaisir est à 15 kilomètres de Versailles et à 17 de Marly-le-Roi.

Il se nommait autrefois *Plesit, Plessis, Plezziz, Pleziz,* et en latin *Plesiacum, Plesseium, Plesacum.*

On y voyait une église et un prieuré. Comme le monastère, l'église paraît très ancienne, elle avait saint Pierre comme patron ; elle possédait un revenu de 660 livres et était à la Présentation de l'abbé de Bourgueil.

Un acte du 28 juillet 775, contient un jugement fort curieux rendu à l'occasion de l'église et du monastère, dont les abbayes de Saint-Denis et de Saint-Germain des Prés revendiquaient également la propriété, en produisant l'une et l'autre *un acte en bonne et due forme.*

La contestation fut portée devant Charlemagne lui-même, qui tenait sa cour au Palais de *Duren ; le jugement de Dieu* fut ordonné.

Cette épreuve qui consistait à tenir le plus longtemps

EGLISE DU PLAISIR

possible, les bras étendus en croix, donna gain de cause à l'abbaye de Saint-Denis. (Levrier.)

Quelques parties de l'église paraissent du XIIIe siècle.

Un des recteurs de Saint-Pierre se nommait *Etienne,* dit un ancien diplôme.

Stephanus rector Sancti Petri de Plesiaco.

Parmi les seigneurs de Plaisir, nous citerons :

1156 ou 1157 — *Odon et Ermantrudis,* sa femme.

Les dons de terre située à Pontchartrain, faits par Ermentrude de Plaisir et autres seigneurs à l'abbaye de Verneuil, sont approuvés au commencement du XIIe siècle, par Etienne de Massy, dit *Palmarius.*

1162 — *Pierre,* fils d'Odon.
1162 — *Guillaume.*
1162 — *Renould.*

1206 — *Hugues de Plésio,* fils de Renould, avec le consentement d'*Isabelle* sa femme et de sa fille, fait don d'une terre près Bruère.

Les témoins de cette donation, sont :

Nivard, *presbyter de Nealpha,* Ernuf, *presbyter,* Amaury et Milon de Neauphle, Geoffroy, *vice-comes,* Pierre son frère, Hugues de Aupuntel, Philippe des Bordes, Hugues de Plessiz, Galeran, fils de Guinemer de Beine, Galeran de Cressio.

. 1214 — 1232 — *André et Rémond.*

Octobre 1232 et 1239 — *Réginald,* fils d'André.

Jean de Plessayo, fils d'André, meurt en 1273.

25 Juillet 1273 — *Isabelle de Plessaio,* sœur de Jean.

Geoffroy.
Philippe.
Réginald.

La paroisse de Plaisir fut représentée le 13 octobre 1556, à la réunion pour la rédaction des coutumes du comté de Monfort-l'Amaury, par Marin Buffet, marguillier et proviseur de l'église.

Nous avons dans nos papiers de famille, la quittance suivante :

« Prieuré Royal de Plaisir.

« Année 1789 et précédentes.

« Quittances de censives.

« Je sousigné, chargé du recouvrement des droits seigneuriaux du *Prieuré* Royal de Plaisir, reconnais avoir reçu de la veuve Antoine Pécat, demeurant à Neauphle, la somme de deux sols quatre deniers, pour sept années de censives qu'elle doit au Prieuré, échues au jour de Saint-Remy, mil sept cent quatre vingt neuf, et ce, pour les héritages détaillés in folio 103, du *Cueilloir* du dit Prieuré. »

« Dont quittance, sans préjudice d'autres dûs, droits et actions.

« Fait à Ponchartrain ce 18 décembre mil sept cent quatre vingt dix.

  0 l. 2 s .4 d.   « Charles. »

POISSY

Poissy, en latin *Pinciacum,* petite ville sur la rive gauche de la Seine, dépendait autrefois du diocèse de Chartres, et était chef-lieu de l'archidiaconé du Pincerais.

Paganus Pinciacensis, Pagus Pinciacensi.

Il a été réuni à la couronne en 1204.

Maintenant, Poissy est simple chef-lieu de canton de l'arrondissement de Versailles, avec une population de plus de 6.000 habitants.

L'église Notre-Dame, monument historique, le plus ancien édifice roman, où apparaissent les germes du style gothique, a été fondée au XIIe siècle, par Philippe le Bel.

Le porche en est un magnifique échantillon, datant du XVIe siècle ; il est sous une superbe tour centrale, de même style ; celle de la façade date du XIIe siècle.

A l'intérieur, il y a de beaux chapiteaux ; un autel en bois sculpté ; une merveilleuse boiserie, et un groupe en pierre fort remarquable.

Dans la chapelle des Fonts, on voit encore les débris de la cuve dans laquelle fut baptisé saint Louis.

On remarque aussi de nombreuses pierres tombales.

Poissy possédait une villa dont les rois mérovingiens faisaient quelquefois leur résidence, et d'où plusieurs diplômes furent datés dès le VIIe siècle.

Les habitations des rois fainéants se composaient de bâtiments d'exploitation agricole, construits pour la plupart en bois plus ou moins travaillé.

Le véritable sens du mot *villa* est proprement celui de *ferme,* et il faut entendre par là, les grandes exploitations agricoles que les riches propriétaires romains faisaient cultiver par des colons libres, ou le plus souvent par des esclaves, sous la direction du *villicus* (fermier), ou du *procurator,* l'homme d'affaire, le régisseur. La partie de la *villa* où se trouvaient l'*urbana* ou *prætorium* et le *colombier* était l'habitation exclusivement réservée au propriétaire. Attenant à l'*urbana* venaient ensuite la *rustica* et ses dépendances : dans la *rustica* était le logement du *villicus* ou du *procurator*, les étables, etc. Enfin la *fructuaria* contenait les pressoirs, les celliers, le fruitier, etc.

C'est dans le château de Poissy que naquit saint Louis. Près des ruines de l'ancienne forteresse il y a des grottes curieuses.

Il existe une charte de 1216, datée de cette ville.

D'après les registres de Philippe-Auguste, on voit que Eudes de Unverval, chevalier, était vassal en 1217, de la châtellenie de Poissy, ainsi que plusieurs autres chevaliers de la même famille.

Philippe le Bel, par une charte du mois de juillet 1304, fonda dans cette ville, un magnifique monastère de religieuses, de l'ordre de Saint-Dominique, et le prieuré, qui était à la nomination royale, en mémoire de saint Louis, son grand-père.

Il avait aussi une collégiale et un couvent d'Ursulines.

La communauté de Dominicaines dépendait du prieuré royal; chose curieuse, les religieux et les religieuses faisaient l'office en même temps, et dans la même église, mais avaient deux chœurs séparés et psalmodiaient alternativement.

On conservait au monastère de Poissy, l'agrafe du manteau nuptial de saint Louis ; elle portait la devise que le roi avait fait graver sur une bague entrelacée de lis et de marguerites, sur le chaton de « l'agneau » (l'aneau) l'image du Christ gravée sur un saphir et entourée de ces mots : « *Hors cet anel, ne pourrai trouver amour.* »

De l'ancienne abbaye, il ne reste qu'une partie fortifiée du xive siècle et une longue muraille d'enceinte, flanquée de tours.

Cet ancien couvent est aujourd'hui converti en maison centrale de correction.

Poissy fut pris par les Anglais en 1346 et en 1419, il fut repris par Duguesclin en 1563.

Le maréchal Armand de Gontaut, baron de Biron, qui en 1589, s'était déclaré pour Henri IV, rendit Poissy à la France, en 1590, par sa victoire sur Mayenne.

La ville est traversée par un pont de pierre, datant du moyen âge, mais élargi de nos jours ; on voit encore à cet endroit, beaucoup d'anciens moulins.

Ce pont est resté célèbre, par le *colloque* qui y fut tenu en 1591, entre catholiques et protestants.

Catherine de Médicis et le chancelier de l'Hôpital avaient provoqué cette assemblée, qui s'ouvrit en présence du roi, de la reine-mère, de toute la cour ; on y comptait six cardinaux, trente-six évêques, un grand nombre de docteurs en théologie, représentant l'Eglise catholique.

Les protestants avaient appelé les principaux ministres de la Réforme, Théodore de Bèze, ami de Calvin, et après lui, chef de l'Eglise de Genève, et Pierre Martyr Vermiglio, chef de l'Eglise de Zurich, comme orateurs ; mais la controverse dégénéra en aigreur, et ce *colloque*, dans lequel on devait examiner les dogmes de la Réforme, pour la ramener à l'Eglise primitive, demeura sans succès, et acheva même d'envenimer les haines déjà violentes.

PONTOISE

Pontoise en latin, *Breva Isaræ, Pons Isaræ, Pontisaræ*, au confluent de la Viosne et de l'Oise.

La ville, bâtie en amphithéâtre, sur un sommet calcaire rocailleux, descend jusqu'à la rive droite de l'Oise.

On remarque le pont au milieu de la ville et l'église Saint-Maclou qui date de l'an 600 : elle a été reconstruite au xve siècle.

Ancienne capitale du Vexin Français et patrie de Philippe le Hardi, Pontoise était fortifié, et fut souvent habité par les rois Capétiens.

Louis XI, malade, y fit vœu, après sa guérison, d'entreprendre une croisade.

Les Anglais s'emparèrent de la ville en 1419 et en 1437.

Charles VII la reprit sur Talbot en 1441.

Henri III et Henri IV l'assiégèrent en 1589.

Les Etats-Généraux s'y tinrent en 1561.

Louis XIV s'y réfugia pendant la guerre de la Fronde, en 1652.

Le Parlement de Paris exilé y jugea en 1720 et 1753.

PORT-ROYAL

Port-Royal, *Portus Regalis*, près Chevreuse, célèbre abbaye de femmes, de l'ordre de Citeaux, au diocèse de Paris. On n'en voit plus que les ruines ; Port-Royal, est maintenant de la commune de Magny-les-Hameaux (Seine-et-Oise).

Cette abbaye fut fondée en 1204, de concert avec Eudes de Sully, évêque de Paris, par Mathilde de Garlande, à l'intention du *salut* et du *retour heureux* de son mari, Mathieu Ier de Montmorency-Marly, parti pour la quatrième croisade.

On a voulu donner à ce nom de Port-Royal, un sens illustre, en l'attribuant à Philippe-Auguste, qui égaré dans une chasse, aurait trouvé là, *un port de refuge.*

Quelques-uns même, ont fait à tort, de ce monarque, le fondateur de Port-Royal.

L'abbaye soumise à la règle de Saint-Benoît, passa bientôt sous la juridiction de l'ordre de Citeaux. Elle avait un revenu de 12.000 livres.

De la première abbesse *Bernardine*, nommée *Eremberge,* à la mère *Angélique Arnauld,* l'histoire de Port-Royal ne renferme rien qui mérite d'être signalé, et sa célébrité ne date que du commencement du xviie siècle.

La guerre avec l'Angleterre, puis les guerres de religion y avaient introduit un relâchement auquel on avait apporté de vains remèdes.

La mère Angélique en 1608-1609, réforma son abbaye.

Le local étroit et malsain fit, qu'au commencement de 1626, la communauté composée de quatre-vingts religieuses se transporta à Paris, vers l'extrémité du faubourg Saint-Jacques, à l'endroit où est aujourd'hui, l'hospice de la Maternité.

Port-Royal servit alors de retraite à de pieux et savants solitaires, qui réunirent autour d'eux quelques jeunes gens d'élite.

Jean Duvergier de Hauranne, abbé de Saint-Cyran, qui avait fait sa théologie à Louvain avec Jansénius, et s'était lié d'amitié et de doctrine avec lui, fut, en 1638, enfermé par ordre de Richelieu, à Vincennes, en raison de ses ouvrages dangereux. Il ne recouvra sa liberté, qu'à la mort du ministre ; vers 1640, l'abbé de Saint-Cyran vint s'établir dans l'ancien monastère de Port-Royal qui devint alors *Port-Royal-des-Champs ;* là se retirèrent les *fameux solitaires,* dont les plus connus sont Arnauld d'Andilly et Antoine Arnauld, frères de la mère Angélique Arnauld, Lemaistre de Sacy et Séricourt, ses neveux, Nicolle, Lancelot, Fontaine, Tillemont, etc.

Nourris de littérature et d'ascétisme, ils furent, par leurs ouvrages, et par leur enseignement, les apôtres du Jansénisme.

Ils fondèrent de petites écoles, d'abord à *Port-Royal-des-Champs*, puis, après le retour d'une partie des religieuses, en 1648, soit aux *Granges*, qui devinrent leur séjour, soit au château des *Trous*, près Chevreuse, ou encore au *Chesnay*, à Versailles, soit enfin, dans l'impasse *Saint-Dominique-d'Enfer* à Paris.

En 1656, leur attachement au Jansénisme fit fermer la maison.

Ces écoles durèrent jusque vers 1660, elles furent alors dispersées ainsi que les solitaires.

Elles avaient eu pour principaux maîtres Lancelot, Nicolle, Guyot, etc., et pour élèves les plus célèbres, les Harlay, Jean Racine, etc.

Les Religieuses, de leur côté, se livrèrent à l'éducation des jeunes filles.

Cependant, l'orage grondait autour de Port-Royal, excité surtout par Antoine Arnauld, dont les ouvrages furent condamnés comme renfermant l'hérésie janséniste. Port-Royal se défendit, mais les jeunes pensionnaires furent rendues à leurs familles, et les religieuses remplacées par des religieuses de la Visitation.

Après la paix de l'Eglise, en 1669, les deux monastères de *Paris* et des *Champs,* jusqu'ici, soumis au même gouvernement, furent alors séparés l'un de l'autre, et leurs biens partagés.

Le roi nomma à l'abbaye de Paris, mais les religieuses *des Champs* en regardèrent toujours les abbesses comme *intruses.*

Elles restèrent dans leur obstination, et désobéirent à la bulle donnée par Clément XI en 1705, comme à tous les autres décrets pontificaux.

Fatigué des révoltes dont ce monastère était le centre, Louis XIV en demanda la suppression au Pape. Clément XI accéda à ce vœu en 1708. La bulle fut exécutée l'année suivante, et les religieuses conduites dans différents monastères où elles se soumirent successivement.

Le couvent désert continuait à entretenir l'irritation ; Louis XIV le fit *raser,* en vertu d'un arrêt du Conseil d'Etat, en date du 27 octobre 1709.

Les religieuses de la maison de Paris se montrèrent plus dociles, et la Communauté subsista jusqu'en 1790 ; elle fut alors supprimée avec tous les ordres religieux.

La Convention convertit en prison, Port-Royal de Paris, sous le nom ironique de *Port-Libre.*

Pour donner une idée de la teneur d'un acte au siècle dernier, nous transcrivons, avec l'orthographe du temps, l'acte suivant, dont nous avons l'original entre les mains.

« J'ay soussigné, Noel Mulot, fondé de procuration de Mesdames de l'Abbaye de Port-Royal, reconnais *d'avoir* reçue de Monsieur Prud'homme, demeurant à Neauphle, la somme de soixante et huit livres cinq deniers, pour la ferme qu'il a *acheptée* de Madame Augard, pour huit années qui sont *échue* le vingt six décembre mil sept soixante-et-dix-sept, et pour vingt neuf *année* pour deux *arpent* qu'il *acquis* de Monsieur Neveux des *Ebisois* qui sont *échue* le vingt-six décembre mil sept *sens* soixante et dix-sept.

« Dont quittance faite *amontigny* le dix may, mil sept cent soixante et dix-huit.

« Signé : N. MULOT.

RAMBOUILLET

Neauphle moderne faisant partie de l'arrondissement de Rambouillet, nous dirons quelques mots de cette ville qui renferme bien des souvenirs historiques.

Ramboillitum, Rambollitum, Rambouillitum, Rambulet, Rambuillet en 1412, enfin Rambouillet, situé près de la forêt du même nom, sur un affluent de la Droue, est aujourd'hui une petite ville de 5.000 âmes environ, chef-lieu d'arrondissement de Seine-et-Oise.

L'église est moderne, de style gothique, elle renferme des tableaux anciens.

A l'hôtel de ville, on remarque la salle du Conseil, ornée de deux beaux portraits du comte de Toulouse et du duc de Penthièvre. Le château royal bâti en fer à cheval et en grande partie en briques, est environné de canaux, et flanqué de cinq tours, dans l'une d'elles est mort François Ier.

La seigneurie de Rambouillet appartenait au xive siècle, à la famille *d'Angennes*.

Le 23 février 1526, *Jacques d'Angennes* seigneur de Rambouillet, baron de Maintenon, favori et capitaine des gardes du roi, sous François Ier, Henri II, François II, Charles IX, lieutenant général de leurs armées, gouverneur de Metz, épouse *Isabeau*, fille de Jean Cottreau, trésorier et surintendant des finances de France.

C'est Jacques d'Angennes qui fut chargé en 1561, d'une mission auprès des princes protestants d'Allemagne. Il mourut en 1562.

L'un de ses fils, *Charles d'Angennes, cardinal de Rambouillet*, né en 1530, devint évêque du Mans en 1560. Il assista au Concile de Trente et fut ambassadeur de France, auprès du pape Grégoire XIII. Il laissa des mémoires et mourut en 1587.

Charles d'Angennes marquis de Rambouillet, petit-fils de Jacques d'Angennes, naquit, en 1577, il fut maréchal de camp et ambassadeur au Piémont et en Espagne.

Il épousa en 1600, *Catherine de Vivonne*.

Il fonda la société dite « *Hôtel de Rambouillet* », qui fut comme le vestibule de l'Académie Française, dans la première moitié du XVIIe siècle.

Sa fille fut la célèbre Julie Lucine, duchesse de Montausier, dont la beauté et l'intelligence firent l'ornement de « l'Hôtel de Rambouillet ».

Il mourut en 1652.

Rambouillet, après avoir passé aux maisons de *Sainte-Maure,* de *François de Montausier* et d'*Uzès,* fut acheté en 1711, au garde des sceaux *Fleuriot,* par le comte de *Toulouse, duc de Penthièvre,* et fut créé duché-pairie par Louis XIV, en faveur de ce prince en l'année 1714.

Louis-Jean-Marie de Bourbon, duc de Penthièvre, fils du comte de Toulouse, naquit à Rambouillet, en 1725, il fit ses premières armes avec le duc de Noailles.

Il mourut en 1793.

Louis XVI acquit la seigneurie de Rambouillet, de la maison de Penthièvre.

En 1786, il établit dans le parc, la *ferme modèle* et la *laiterie de la reine ;* bâtit pour Marie-Antoinette, *l'ermitage* et la *chapelle.*

Le parc est immense et clos de murs, les jardins dessinés par Lenôtre sont coupés de superbes pièces d'eau.

Napoléon Ier y fit construire la bergerie pour les mérinos qu'il avait importés d'Espagne.

C'est sous le Ier Empire que Rambouillet commença à prendre de l'extension, car l'empereur voulant en faire une résidence impériale, le créa d'abord chef-lieu d'arrondissement.

Charles X se retira au château de Rambouillet, avec une partie de la garde royale, après les journées de 1830.

Le gouvernement provisoire envoya contre lui, une partie des combattants des barricades de Paris, et le Prince s'éloigna sans faire de résistance.

Napoléon III établit dans la forêt, les grandes chasses impériales.

Aujourd'hui, le *château* n'a guère conservé de sa construction primitive du XIVe siècle, qu'une *grosse tour ronde,* avec *créneaux* et *mâchicoulis.*

Le reste a été remanié et reconstruit depuis le XVIe siècle, et n'a plus de caractère.

Près de Rambouillet, dans l'île des Roches, on voit la Grotte de Rabelais et de magnifiques jardins.

RENNEMOULIN

Rennemolin, Rennemoulin qui a maintenant peu d'importance, a eu des seigneurs, entre autres :
Robert de *Rennemollin* ou de *Resnemollin.*

SAINT-AUBIN

Saint-Aulbin, Saint-Aubin situé sur la Mauldre, est aujourd'hui un hameau faisant partie de la commune de Neauphle-le-Vieux. Il était autrefois paroisse.
L'église n'existe plus.
Au XVIIIe siècle, un seigneur habitait encore le château, aujourd'hui converti en bâtiments de ferme. Le parc, clos de murs, appartenait avec ses dépendances, au *duc de Mortemart,* il est maintenant traversé par le chemin de fer de Paris à Granville.
En 1294, *Jean d'Issy* était seigneur de Saint-Aubin, le *samedy devant la Magdeleine,* il fait avec sa femme constitution de *deux muids de bled* de rente, sur leur manoir et terre du dit Saint-Aubin, en faveur des deux frères Pierre et Jean Goujent, *leur vie durant.*
Le 25 janvier 1299, amortissement par dame *Isabelle de Sainville,* première dame de fief, en partie, des biens donnés par Jean d'Issy, aux hospitaliers de la commanderie de Louviers et Vannion.
Amortissement fait par *Isabelle de Sainville,* fille de Eudes de Montfaucon, des biens venus de la succession de Jean d'Issy.
Commanderie de Louviers et Vannion, mars 1299.
Indemnité et amortissement par le second seigneur féodal des biens donnés aux hospitaliers de Jean d'Issy à Saint-Aubin et aux environs.
Amortissement par le seigneur de Marly, pour Saint-Aubin, comme second seigneur.
Même mois et même année, amortissement de la moitié du fief de Saint-Aubin, par *Mathieu de Marly,* en faveur des frères de l'hôpital, des biens de Jean d'Issy, sis à Saint-Aubin, étant dans son fief.
Amortissement par les seigneurs *Jean de Gragy et Brethavon* sa femme, seigneurs féodaux, en partie, des biens donnés par Jean d'Issy, aux hospitaliers.

Indemnité pour l'acquisition du dit fief, *le samedy après les Brandons* 1299.

Amortissement de la moitié du fief de Saint-Aubin, de Jean d'Issy, par la donation faite aux frères de l'hôpital, par Jean de Gragy 1299.

A la Commanderie de Louviers et de Vannion, le jeudy de la semaine de la Passion 1299.

Lettres pour l'indemnité du don *faict* par Jehan d'Issy, *escuyer,* de ce qu'il avait à Saint-Aulbin, ensemble, de la constitution d'une portion d'Aulnay, près le moulin de Chamar, et de dix-huit deniers de cens, sur deux arpents de terre, devant le dit moulin.

Le jeudy avant *Pâques Fleury* 1299, amortissement par *Henry de Nilleron,* pour les biens acquis de Jehan d'Issy, et vente d'une *aulneys,* près le moulin de Chamart.

Le lundy après Pâques, de la dite année, amortissement par Henry de Nelledan de tout ce que Jean d'Issy tenait à Saint-Aubin, dans son fief, et autres biens acquis par les frères de l'hôpital.

Au mois de septembre 1299. Don fait par *Jehan d'Issy,* de la maison de Saint-Aubin et ses appartenances :

Maison, terres, 150 arpents ; cens, 8 livres ; vignes, 3 arpents ; *boys,* 300 arpents ; *droitures, 2 arpents, Champart, 2 sextiers de bled ;* fiefs, *deux jardins* devant la maison.

Actes du don des *dictes* choses et généralement de tous ses biens, *faict* par Jehan d'Issy, à l'Ordre.

Voir les lettres de donation faites par Jehan d'Issy, aux frères de l'hôpital, le mardi devant la Saint-Rémy 1299, de son manoir de Saint-Aubin et autres héritages.

Aux mois de septembre 1299 et juillet 1300, donation *(vidimus)* Saint-Aubin : « maison, terres, 180 arpents ; cens, 8 livres ; vignes, 3 arpents ; boys, 30 arpents ; droitures 2 arpents ; champart, 2 sextiers de bled ; fiefs, deux jardins devant la maison ».

En novembre 1299, Jean d'Issy donne aux hospitaliers tous les fiefs et arrière-fiefs, avec une rente de 100 *sols,* ou un *muid de bled, de par un particulier.*

1299. Le vendredy après la fête de tous les *Saincts,* par Jean d'Issy, donation de tous ses biens.

En l'année 1300, les hospitaliers rachètent une rente viagère de deux *muids* de froment, sur les biens de feu Jean d'Issy.

En 1300, le vendredy devant les Brandons, transaction et acquisition par les frères de l'hôpital de 2 *muids* de grain que les deux frères Gougent avaient droit de prendre sur les biens de Jean d'Issy.

En l'année 1300, le *vendredy avant les Brandons,* transaction entre les frères Pierre et Jean Gougent et les trésorier et frères de l'hôpital, sur les biens de Jean d'Issy, sur lesquels les dits Gougent avaient une rente de froment, dont ils ont chargé les hospitaliers, moyennant 490 livres.

1300. Transaction par laquelle le Commandeur est fait possesseur de tous les biens et héritages du seigneur Jean d'Issy, à *Saint-Aulbin* et *ailleurs.*

Le *samedy* après la *mi-carême,* nouvelle transaction avec le trésorier de l'hôpital et Guillaume, au sujet de 12 arpents de terre à Saint-Aubin, venant de Jean d'Issy, par laquelle Guillaume Roussel se démet de ses prétentions et cède les dits 12 arpents au trésorier de l'hôpital, pour 220 livres *Parisis.*

Juin 1300. *(Vidimus)* par les gardes des foires de Champagne et de Brie, de l'acte de 1299, par lequel Jean d'Issy donne à l'hôpital de Saint-Jean de Latran, son manoir de Saint-Aubin et ses autres biens.

En 1301, le mercredi avant la Purification, échange avec les religieuses de Git, d'un arpent de terre et bois, près la ferme de Saint-Aubin.

En 1306, *Jean de Havais* et sa femme, *Marie de Saint-Aubin,* donnent aux frères de l'hôpital une maison et jardin sis à Saint-Aubin.

Le 10 juin 1307, ils vendent aux frères de l'hôpital 43 arpents 3/4 de terre sur Saint-Aubin.

Le 13 décembre 1493, *Guillaume de Lailly,* Seigneur de Saint-Aubin, fait hommage au roi, pour une partie du fief des *Essartons.*

Enfin le 2 août 1541, *Richard Audiger,* avocat au Parlement, fait hommage au roi, pour Saint-Aubin, au comté de Montfort.

Messire *Michel Coignet,* chevalier, conseiller du Roy et son *maître d'hostel ordinaire,* seigneur de Saint-Aubin, par son testament du 5 octobre 1651, « a fondé dans l'église de
« Saint-Aubin, une messe à perpétuité, qui doit être dite le
« lendemain de la fête de Saint-Aubin, et a chargé ses héri-
« tiers de quatre livres pour ce sujet, au curé de Saint-Aubin.»

« Messire *Michel-Pierre Passart,* conseiller du Roy, prési-
« dent aux requêtes du Palais du Parlement de Paris, a fondé
« par son testament, une messe tous les jours et à
« perpétuité, à la fin de laquelle, le célébrant doit dire
« un *Libera.* Le curé de Saint-Aubin doit fournir le lumi-
« naire, le pain et le vin et s'il ne peut acquitter tous les jours

« cette messe, il doit *commettre* un Prêtre, et lui donner *15 sols*
« de rétribution.

« Les héritiers de mon dit sieur Passart ont droit, aux ter-
« mes du testament, si le curé acquitte mal cette fondation,
« de la transférer en l'église des Religieux Bénédictins de
« Saint-Germain-des-Prés de Paris, aux mêmes charges.

« La présente fondation est de 300 livres de rente. »

Le 28 août 1693, *Jean Passart*, seigneur de Saint-Aubin, rendait hommage à Charles Leclerc, seigneur du Tremblay, pour le fief du Pontel.

Le 4 février suivant, il était condamné à payer au seigneur de Pontel, pour le fief du Tremblay, 280 livres pour les droits féodaux résultant de l'acquisition de ce fief du Pontel.

« Messire Jean Passart, licencié en théologie, chanoine,
« diacre de l'église de Paris, seigneur de Saint-Aubin, du
« Pontel et *autres lieux*, par son testament *olographe*, dépo-
« sé au greffe du chapitre de Paris, le 10 novembre 1720,
« a légué au curé de Saint-Aubin et à ses successeurs,
« 15 livres de rente rachetable à toujours, de la somme de
« 600 livres, pour être employée en fonds d'héritage, à la
« *bienséance de la cure,* à la charge de célébrer à perpétuité,
« le jour de son décès, arrivé le 10 novembre 1720, un
« service *complet* avec un *Libera* et un *De profundis* et
« *l'oraison.*

« Le curé doit fournir tout ce qui est nécessaire, et annon-
« cer le service au Prône, le dimanche précédent. »

« Mon dit sieur abbé Passart a ordonné, par son testa-
« ment, d'apposer un marbre dans l'église, sur lequel seraient
« inscrites les fondations de messire Michel-Pierre Coignet,
« son *ayeul* maternel, de messire Michel-Pierre Passart, son
« frère, et celle portée par son testament.

« *Requiescant in pace.* »

Cette plaque de marbre a été enlevée de l'église de Saint-Aubin, au moment de sa démolition, et replacée dans l'église de Villiers-Saint-Frédéric.

SAINT-CORENTIN

L'abbaye de Saint-Corentin, *Sanctus Chorentius Abbatia,* monastère de femmes, de l'Ordre de Saint-Benoît, qui avait saint Corentin pour patron.

Autrefois elle était dans la partie septentrionale du diocèse de Chartres.

Elle est maintenant sur le territoire de la commune de Septeuil.

SAINT-CYR L'ECOLE

Saint-Cyr, commune de 3.000 âmes, du canton de Versailles, dont elle est distante de 4 kilomètres seulement.

Les bâtiments de l'Ecole militaire sont d'un style simple et sévère, ils furent construits par Mansart.

Saint-Cyr dépendait autrefois du diocèse de Chartres.

L'église était desservie par les Pères de la Mission ou Lazaristes, institués par saint Vincent de Paul. Elle avait un revenu de 900 livres.

On y voyait aussi une ancienne abbaye de Bénédictines, *Sanctus Ciriacus Abbatia,* qui avait un revenu de dix mille livres.

Au val de Gallie, Louis XIV, à la prière de Mme de Maintenon, peu de temps après son mariage, c'est-à-dire en 1686, fonda la célèbre maison de Saint-Louis, de l'Ordre de Saint-Augustin, pour l'éducation de 250 jeunes filles. Le roi mit à cette maison, la Mense abbatiale de Saint-Denys, c'est-à-dire lui donna le revenu de l'Abbaye. Il la dota de 40.000 écus de rente et voulut qu'elle ne reçût de bienfaits que des rois et des reines de France.

La communauté était de trente-six religieuses de chœur, et de vingt-quatre converses.

La supérieure était nommée par la communauté.

Pour y être admises, les jeunes filles devaient faire preuve d'indigence, et de quatre degrés de noblesse du côté paternel ; avoir 7 ans au moins et 12 ans au plus.

On ne pouvait y rester que jusqu'à l'âge de 20 ans et trois mois, on recevait alors une dot de mille écus. Madame de Maintenon fit les règlements de Saint-Cyr avec Godet et Mgr Desmarets, évêque de Chartres.

Des leçons de religion et de vertu, l'étude de l'histoire ancienne et de l'histoire moderne, la géographie, la musique, le dessin, faisaient la base de l'éducation des *demoiselles de Saint-Cyr*.

Madame de Maintenon surveillait elle-même leurs progrès, et les encourageait par son approbation.

Cet établissement servit de modèle à toutes les maisons conventuelles d'éducation.

A la mort de Louis XIV, Madame de Maintenon se retira à Saint-Cyr ; elle instruisit les novices, partagea les soins pénibles des maîtresses de classe, et donna l'exemple de la vertu, de la patience et de la douceur.

Elle assistait régulièrement aux récréations, et se mêlait à tous les jeux.

Elle vécut ainsi quatre ans, et mourut le 15 avril 1719, à l'âge de 79 ans.

Quelques minutes avant sa mort, le duc de Noailles lui ayant demandé comment elle se trouvait : « Pas trop bien, reprit-elle, adieu mon cher duc, dans quelques heures d'ici, je vais apprendre bien des choses. »

L'église de Saint-Cyr reçut la dépouille de Madame de Maintenon.

On voit encore son tombeau, ainsi que des tableaux d'un certain mérite, dans la chapelle de l'Ecole militaire.

SAINT-GERMAIN DE LA GRANGE

Saint-Germain de la Grange, autrefois Saint-Germain de Morainville, *sanctus Germanus de Morrevilla, sive prope Nealfam*, d'après le Pouillé de 1738, est une très petite commune du canton de Montfort-l'Amaury dont la population est de 140 habitants.

En 1481, *Mathurin de Harville* était seigneur de la Grange du Bois et Saint-Germain de Morainville.

Le 20 juillet 1494, Mathurin de Harville, dans son hommage au roi, comprend un fief qui avait appartenu à Jean La Neuville à Chateron.

La paroisse de Saint-Germain de Moreville fut représentée à la réunion du 13 octobre 1556 pour la rédaction des coutumes de Montfort-l'Amaury, par *Philippe de Harville*, écuyer, gouverneur pour le Roi, du dit bailliage et comté, seigneur de la *Granche du Bois*, Saint-Germain et Morainville.

L'église fut vendue et démolie en 1793. La paroisse supprimée fut réunie à celle de Villiers-Saint-Frédéric, le 23 septembre 1802, par ordonnance de Mgr Louis Charrier de la Roche, premier évêque de Versailles.

Les noms des cinq derniers curés nous sont seuls parvenus.

1680 l'abbé Fouvel.
1704 l'abbé Aubin.
1724 l'abbé Péron.
1736 l'abbé Lemoine.
1762 l'abbé Oursel.

LA CROIX DE SAINT-GERMAIN-DE-LA-GRANGE
EMPLACEMENT DE L'ANCIENNE ÉGLISE

SAINT-GERMAIN-EN-LAYE

Saint-Germain-en-Laye, chef-lieu de canton de l'arrondissement de Versailles, à l'extrémité d'un plateau élevé, qui domine la vallée de la Seine, a aujourd'hui plus de 17.000 habitants.

Son origine est très ancienne ; l'abbaye de Saint-Germain-des-Prés y possédait des terres.

Robert le Pieux (996) y fit bâtir une chapelle, à laquelle s'adjoignit bientôt un monastère.

Quelques maisons se groupèrent autour du cloître, et formèrent d'abord un village, et dans la suite, une ville.

L'ancien château commencé par Louis le Gros, fut pillé et brûlé par les Anglais, mais en 1365, Charles V le fit rebâtir et il servit aux rois de France de lieu de plaisance ; il fut aussi leur refuge, dans les temps de troubles.

François Ier qui aimait ce séjour, fit démolir l'ancien château, et reconstruisit à la place, le château de la Muette, qui est encore debout.

Henri II continua les constructions commencées par Louis le Gros et François Ier.

La duchesse d'Estampes et Diane de Poitiers y furent l'objet de fêtes presque royales.

Le château du *Val,* monument historique, est plus ordinairement connu sous le nom de *Pavillon Henri IV,* parce que c'est l'entrée de l'ancienne chapelle du château, bâti par Henri IV ; il a vu naître Louis XIV et mourir M. Thiers.

En 1661, le roi dégoûté du séjour de Paris, par les souvenirs de la *Fronde,* choisit Saint-Germain pour en faire sa demeure ; il commença des constructions et des embellissements qu'il continua pendant plus de vingt ans, aussi dépensa-t-il des sommes considérables, pour la transformation du château de François Ier ; il fit dessiner le parterre par Lenôtre, en 1671, et construire par Mansard, la terrasse magnifique qui s'étend sur une longueur de 2.800 mètres sur 30 mètres de largeur, d'où l'on découvre un panorama splendide ; elle est décorée de la statue de Vercingétorix.

Mais, bientôt, le roi abandonna Saint-Germain, pour Versailles.

A partir de cette époque, le château servit successivement d'école de cavalerie, de caserne et de pénitencier militaire, jusqu'au moment où Napoléon III résolut de le rendre à sa destination primitive. Il fut l'objet d'importantes réparations, et les constructions disparates de Louis XIV, furent remplacées par des créations nouvelles, conformes au style du château de François Ier.

Fondé en 1867, le musée était destiné à une exposition Gallo-Romaine, mais on y a joint de très intéressantes collections d'objets d'art ou d'industrie, en usage depuis les temps préhistoriques, jusqu'aux Carlovingiens.

L'église actuelle est du xviii° siècle, elle renferme cependant une chaire donnée par Louis XIV. L'intérieur est richement décoré.

On y voit des fresques d'Amaury Duval, et un monument à la mémoire de Jacques II, érigé par la reine Victoria, en souvenir de l'hospitalité qu'il trouva au château de Saint-Germain.

Le portique, soutenu par des colonnes doriques, est de 1825.

La chapelle Saint-Louis, qui date de 1240, est remarquable par ses magnifiques fenêtres carrées et sa superbe rose ; on n'en connaît pas l'architecte.

La forêt, une des plus grandes du département, est aussi des plus belles ; elle a une superficie de 4.400 hectares.

On y remarque la maison des Loges, établie pour l'éducation des filles de Légionnaires.

SAINT-LÉGER EN IVELINE OU YVELINE

Sanctus Leodigarius, commune de 675 âmes, de l'arrondissement et du canton de Rambouillet.

On sait que dès l'origine de la Monarchie mérovingienne, les rois francs, comme chefs de guerriers, reçurent, ou plutôt s'attribuèrent, une large part dans la distribution des propriétés conquises.

Les immenses forêts qui couvraient alors la Gaule, paraissent leur avoir été plus particulièrement dévolues.

C'est ainsi que, dès le principe, ils possédèrent la forêt Yveline, *Silva Alqualina*, qui comprenait à peu près tous les bois situés d'un côté, entre Versailles et Nogent-le-Roi, et de l'autre, entre Houdan et Dourdan.

Avant le mois de septembre 768, le roi Pépin ou ses prédécesseurs, avaient déjà donné de grandes possessions dans la forêt Yveline, aux abbés de Saint-Germain-des-Prés, de Saint-Maur-les-Fossés, de Fleury, de Notre-Dame d'Argenteuil, aux églises Notre-Dame de Chartres, et Saint-Pierre de Poitiers.

Par le même diplôme, Pépin donna à l'abbaye de Saint-

Denis en France, *Sancti Dionysii terra,* une immense étendue dans cette forêt.

Charlemagne, par son diplôme de l'an 774, confirma ces donations.

Les Capétiens continuèrent à faire des dons considérables.

C'est, dit-on, dans cette forêt, l'an 1100, que le roi Carloman reçut la mort d'un sanglier, (ou peut-être d'un de ses gens).

En 1132, Louis le Gros fit une charte datée de Saint-Léger.

Ce fut dans cette même forêt qu'il contracta, en 1132, la maladie dont il mourut en 1137.

Saint-Léger, l'une des cinq grandes châtellenies du comté de Montfort-l'Amaury, fut cédée en 1204, à *Amicie de Beaumont, comtesse de Montfort,* par Philippe-Auguste.

En 1206, suivant Hugues, moine de Fleury, Robert fit construire l'église de Saint-Léger dans la forêt Yveline.

C'est avec la fondation de son église, en 1026, que nous trouvons la première mention du village de Saint Léger, qui dès lors, et peut-être antérieurement, paraît avoir été le chef-lieu du domaine royal de la forêt Yveline.

Il y avait, en effet, un château fort assez considérable, dans l'enceinte duquel était située l'église, et dont les successeurs du roi Robert firent souvent leur résidence.

Il faut distinguer ce château, de la maison que les seigneurs de Montfort tenaient du roi, probablement, à cause de leur charge héréditaire de *Gruyer de l'Yveline.*

Au mois de juin 1210, elle fit don à la maison du Temple, d'un quartier de terre à Saint-Léger, près de Saint-Germain-en-Laye.

SAINT-QUENTIN

D'après le Pouillé de Chartres, de 1738, la chapelle de Saint-Quentin fut réunie à l'Hôtel-Dieu des Bordes, paroisse de Jouars, pour les malades de Trappes.

Saint-Quentin faisait autrefois partie du grand parc de Versailles ; il avait un revenu de 400 livres, et était à la collation et à la présentation de l'évêque du diocèse.

SAINT-REMI-L'HONORÉ

Sanctus Remigius, Saint-Remi, était une ancienne abbaye de femmes, de l'ordre de Saint-Benoist, ayant saint Remi pour patron.

Saint-Remi a eu ses seigneurs autrefois, parmi lesquels nous citerons :

Rogerius de Sancto Remigio.
Acho de Sancto Remigio.

SAULX-MARCHAIS

Sau-Marcheix, aujourd'hui Saulx-Marchais, est une commune de 200 habitants environ, du canton de Montfort-l'Amaury, à peu de distance de Beynes.

Il y a eu *Guillaume* de Sau-Marchais.

SEPTEUIL

Septeuil, commune du canton de Houdan, d'une population de 900 âmes environ, possède un joli château, précédé d'une belle cour d'honneur et flanqué de deux pavillons carrés.

Le parc, a été, dit-on, dessiné par Le Nôtre.

THIVERVAL

En latin : *Tyvarvallis, Tyvervallis, Tivervallis,* Thiverval, appelé autrefois *Tiverval, Therverval,* sur le Rû de Gally, est une commune du canton de Poissy, de l'arrondissement de Versailles, dont la population est de 500 habitants. A 16 kilom. de Poissy et 30 de Versailles.

L'église, sous le vocable de Saint-Martin, est un monument historique du XIIe siècle ; d'une élégante simplicité, elle a un clocher octogonal, sur la croisée claire, ornée d'un panneau très bien sculpté (1119).

En 1206, Simon, châtelain de Neauphle, approuve comme

seigneur féodal, la vente d'une dîme à Thiverval, faite à l'abbaye d'Abbecourt, par Pierre et Hugues de Chateron, chevaliers.

En 1216, *Odon, miles* (chevalier), seigneur de Thiverval, et *Thècle,* sa femme, font un don à l'église de Port-Royal.

D'après les registres de Philippe-Auguste, nous voyons que *Eudes* de Thiverval, chevalier, était en 1217, vassal de la châtellenie de Poissy, ainsi que plusieurs autres chevaliers de cette famille, c'est-à-dire que, revêtu de la cotte d'armes, coiffé du casque, il avait prêté serment, genou en terre et les mains jointes, tenues dans celles de son seigneur, mais qu'il ne comparaissait devant lui que sans ceinture, sans éperons, et la tête nue.

Une enquête faite sous le règne de saint Louis avait établi que la justice de Thiverval appartenait au châtelain de Neauphle, sauf sur la terre du chapitre de Poissy.

Nous voyons, en novembre 1254, paraître le nom de *Gautier* de Thiverval et d'*Isabelle,* sa femme.

La même année, *Jean* de Thiverval, frère de Gautier.

En 1255, *Gellan* et *Marie* sa femme.

En 1271, *Guillaume* et *Eustachia* sa première femme.

Puis, un peu plus tard, Guillaume et *Jeanne* sa seconde femme.

Jacob.

Enfin, le 1er mars 1500, *Bertrand le Picart,* seigneur de Huideville (Wideville), fait hommage au Roi pour Thiverval et un fief à Grignon, relevant de Neauphle.

THOIRY

Thoiry ou *Thoiri,* commune de 500 habitants, du canton de Montfort-l'Amaury, à 11 kilomètres de Rambouillet, et 29 de Versailles, a une correspondance avec le chemin de fer de l'Ouest, à la station de Villiers-Neauphle, distante de 9 kilomètres.

Thoiry est situé sur des collines de 173 mètres d'où descendent, un affluent de la Mauldre et un affluent de la Seine.

Parmi les seigneurs qui ont possédé Thoiry, nous citerons :

Humbert, Humbertus Thoiri.
Etienne, Stephanus.

TRAPPES

Trappes, en latin *Trappæ*, aujourd'hui du canton de Versailles, a eu aussi quelque splendeur autrefois, maintenant complètement effacée ; le nom d'un seul de ses seigneurs nous est parvenu :

Guillaume de Trappes et sa femme *Odeline*.

VERSAILLES

Versailles, en latin moderne *Versaliæ*, est situé sur un plateau isolé, à 139 mètres au-dessus du niveau de la mer.

Jusqu'au VIe siècle, petit hameau appartenant à l'abbaye de Marmoutiers.

La fondation de l'hospice, autrefois léproserie, remonte à 1350.

Le château et le parc ont pour origine, une seigneurie située au village de Versailles, acquise par Martial de Loménil surintendant de Charles IX et de ses finances.

La maison de Gondi l'acheta en 1579.

Sous Louis XIII, Versailles n'était encore qu'un village ignoré, et le roi, passionné chasseur, dut souvent coucher dans un petit moulin à vent, qu'il acheta dans la suite, ainsi que les terres qui l'entouraient.

C'est sur cet emplacement, qu'il se fit construire, en 1627, par Lemercier, un pavillon de chasse en pierres et briques rouges.

En 1632, il acheta la Seigneurie de Jean-François de Gondi.

En 1661, Louis XIV fit augmenter ce pavillon, et peu de temps après, confia à Levau et à Mansard, le soin de construire le château actuel : mais il exigea que le petit château de son père fût conservé ; ce sont les bâtiments qui donnent sur la cour de Marbre.

Plus tard, résolu d'y faire sa résidence habituelle, car c'était son séjour de prédilection, il conçut un grand plan d'ensemble.

Les travaux, commencés par Levau, furent donnés en 1670 à Jules Hardouin Mansard, qui, avec Lebrun, décora l'intérieur du château, la galerie des glaces, fit la colonnade circulaire dans les jardins (cette colonnade en est le plus bel ornement) ; la chapelle fut la dernière œuvre de Mansard. Lenôtre dessina le parc.

La construction du palais et la création des Jardins coûtèrent plus d'un *milliard de livres* du temps.

La ville, alors, fut réellement créée, elle prit un développement considérable, et compta 40.000, puis 100.000 habitants, vers la fin du règne du grand Roi.

A partir de février 1672, Louis XIV passa à Versailles une grande partie de l'année, et depuis 1682, en fit sa résidence habituelle et celle de sa cour.

Il avait entrepris de faire couler les eaux de l'Eure, pour les conduire dans les fastueux jardins de Versailles, dont les cascades devaient « ne se taire ni jour ni nuit ». Aussi, avait-il élevé dans le parc de Maintenon, un gigantesque aqueduc, dont les ruines imposantes excitent encore aujourd'hui la curiosité des touristes.

On devait, par un aqueduc de 4.600 mètres, avec trois rangs d'arcades, au plus profond de la vallée, ce qui aurait donné 72 mètres d'élévation, amener à Versailles les eaux des collines entourant Maintenon, mais, pour accélérer les travaux et diminuer la dépense, l'ingénieur Viviers proposa d'amener, à Versailles, la rivière de Juinne, en la prenant dans la forêt d'Orléans. Les premiers travaux prouvèrent que ce projet ne pouvait se réaliser.

Le premier, et le plus hardi de tous les projets qui furent proposés, fut celui de Paul Riquet, l'illustre auteur du canal du Languedoc.

Il consistait à amener la Loire à la hauteur de Satory.

Au mois de septembre 1674, des nivellements furent ordonnés par Colbert, et exécutés par l'abbé Picart, le plus grand astronome de son temps ; le projet était possible, mais les difficultés et les lenteurs de l'exécution y firent renoncer.

En 1680, Colbert avait chargé Gobert, l'un des intendants des bâtiments du roi, de diriger les eaux de la plaine de *Saclay* sur un point culminant du parc ; Gobert, à l'aide d'aqueducs et de siphons, réunit les eaux, leur fit traverser la vallée de la Bièvre et les amena dans des réservoirs qui portent son nom ; mais ces réservoirs ne purent alimenter que des jets de second ordre.

Colbert ne s'arrêta pas là. Il fit construire par Hennequin Sualem ou Svualm Renkin, charpentier liégeois, la fameuse machine de Marly.

Mais, là encore, ne se bornèrent pas les travaux.

En 1683, Louvois, devenu surintendant des bâtiments, après la mort de Colbert, employa de tous côtés tous les géomètres de l'Académie, à de grands nivellements, pour fournir de l'eau aux jardins du roi et à toute la ville.

En 1684, La Hire nivela la rivière d'Eure et trouva que cette rivière était plus élevée que l'étang de Trappes ou de Saint-Quentin.

Vauban lui fut adjoint ; il proposa, à la manière simple des Romains, de construire un aqueduc, mais ce plan fut encore modifié à cause des dépenses énormes qu'il entraînait.

Cependant, le canal devant avoir une longueur de 110.000 mètres fut accepté ; les travaux commencèrent en 1684, 30.000 hommes y furent employés, dont un tiers, environ, composé de maçons et d'ouvriers ordinaires, les deux autres tiers, de soldats, que Louis XIV avait voulu occuper pendant la paix, pour les tenir en haleine et les préserver des dangers de l'oisiveté. Ces 22.000 soldats furent commandés par le marquis d'Uxelles.

Vauban dirigeait les travaux de maçonnerie ; La Hire, les nivellements et les travaux hydrauliques. Louvois venait deux fois par mois, exercer une haute surveillance ; le roi, lui-même, se rendait souvent à Maintenon.

En moins d'un an, le canal fut établi de Pontgouin à Berchères ; le 25 août 1685, l'Académie s'y transporta, dans la personne de La Hire, Cassini, de Sédileau, pour assister à l'épreuve de l'entrée de l'eau ; l'expérience réussit à *souhait*.

On revint aux plans de Paul Riquet, en faisant prendre à la rivière d'Eure une nouvelle direction, en l'amenant dans l'étang de Trappes ; mais le niveau inférieur des plaines de la Beauce était un obstacle insurmontable.

L'insuffisance des eaux de la Bièvre et de l'étang de Clagny amenées à Versailles, on profita des ressources naturelles que présente la position de la ville, qui, malgré son élévation, est dominée par des collines. Des rigoles amenèrent les eaux de la forêt de Rambouillet par voies souterraines, d'un développement de plus de 50 lieues, et sur une surface de 9 à 10 lieues de long sur 3 à 4 de large. Puis on ferma les gorges étroites par lesquelles s'écoulaient les eaux des plaines de Trappes et des bois d'Arcy, et on forma ainsi les deux étangs dits de Saint-Quentin et de Bois-d'Arcy. Ce fut ce que l'on appela le système des *étangs*, qui élevait à 355 mètres les eaux de la Seine, pour l'alimentation des jardins de Marly.

L'aqueduc, composé de trente-six arches, mesurait 643 mètres de long, sur 23 d'élévation ; trente-six mille ouvriers et six mille chevaux furent employés à la fois à ce travail gigantesque.

On modifia les plans primitifs. Deux épidémies sévirent

sur l'armée employée aux terrassements ; d'abord en 1686, puis en 1688 ; tout fut définitivement interrompu la même année, par la guerre, qui dura dix ans, et à laquelle succéda la guerre de la succession d'Espagne ; l'entreprise fut à jamais abandonnée.

Louis XIV voulait former un canal navigable qui aurait rejoint la Seine à Mantes.

Versailles fut délaissé par la cour pendant les sept ans que dura la minorité de Louis XV, mais redevint résidence royale, sous les deux règnes suivants.

Louis XV s'y fixa, quand il eut atteint sa majorité.

C'est lui qui fit construire la salle d'opéra par Gabriel et de Wailly, en 1760.

Le lycée fut bâti par Marie Leczinska.

Louis XVI voulut reprendre le projet d'amener l'Eure à Versailles, mais il y renonça bientôt.

C'est dans le Palais de Louis XIV, qu'ont été signés le traité de 1685 avec Gênes, celui de 1756 avec l'Autriche, celui de 1783, assurant l'indépendance des Etats-Unis. Les Etats Généraux de 1789 y ouvrirent leurs séances le 5 mai.

Pendant les funestes journées des 5 et 6 octobre 1789, le peuple de Paris contraignit le roi de venir habiter les Tuileries.

La Convention tenta de faire du château, une succursale des Invalides.

La Révolution arrêta brusquement la prospérité de Versailles qui, depuis, a beaucoup perdu en importance. Ses grands hôtels qui ont abrité les seigneurs d'autrefois, ou qui ont été occupés par le gouvernement ou l'administration supérieure de la monarchie, ont changé de destination.

Le Directoire voulut vendre par lots, le parc, ainsi que le château.

Napoléon 1er dépensa sept millions pour le rendre habitable.

La Restauration y fit des réparations importantes.

Louis XVIII éleva l'aile sud de la cour des Ministres.

Louis-Philippe fit du Palais un magnifique musée national, qui contient environ 4.000 tableaux ou morceaux de sculpture.

C'est dans la galerie des *glaces*, au mois de janvier 1871, que Guillaume se fit proclamer empereur d'Allemagne ! !...

Quelques semaines plus tard, les rues spacieuses et tranquilles de Versailles retrouvèrent une animation momentanée lorsque l'Assemblée Nationale décida que le gouvernement et les Chambres siégeraient dans cette ville, tant que la capitale serait aux mains de l'insurrection !

L'hôtel des gardes, la préfecture, la bibliothèque, méritent une mention.

La salle du jeu de Paume est conservée comme souvenir historique.

Versailles est la patrie de Philippe V, Louis XV, Louis XVI, Louis XVIII, Charles X, l'abbé de l'Epée, Hoche, Ducis, Tissot, Houdon, etc.

Versailles moderne, 50.000 habitants, chef-lieu de département, et de trois cantons, est le siège de plusieurs tribunaux et d'un évêché créé par le Concordat, en 1801.

La cathédrale Saint-Louis date du xviie siècle. On y remarque un beau tableau de Jouvenet.

L'église Notre-Dame, aussi du xviie siècle, possède un saint Vincent de Paul de Restout.

Ce diocèse est composé, pour parties, de ceux de Rouen, Chartres, Sens, Beauvais, Evreux, Senlis et Paris.

Le nord a été emprunté à ceux de Rouen et de Beauvais.

Le centre, à celui de Paris, qu'il circonscrit.

Le sud, à celui de Sens et d'Orléans.

L'ouest, à celui d'Évreux et de Chartres, celui-ci était autrefois un des plus grands diocèses de la chrétienté.

L'est, à celui de Meaux.

Du nord au sud, dans sa plus grande longueur, c'est-à-dire, de Berville à Angerville, le diocèse a 100 kilomètres.

De l'ouest à l'est, de Houdan à La Queue, 72 kilomètres.

Il est assis sur six anciens petits pays : le Vexin français, le Beauvoisis, l'Isle-de-France, le Mantois, le Hurepoix, la Brie française et une partie du Gâtinais qui appartient à l'Orléanais.

Il est arrosé par trois rivières navigables : la Seine, la Marne et l'Oise.

Leurs affluents sont : l'Epte, la Vaucouleurs, la Mauldre, la Bièvre, l'Yvette, l'Orge, la Juine, l'Essonne.

Seine-et-Oise tout entier est divisé en deux archidiaconés : Saint-Louis et Notre-Dame.

Six archiprêtrés correspondant à la Préfecture et aux cinq Sous-Préfectures.

Trente-sept doyennés.

Seize cures de première classe.

Quarante-huit de deuxième classe.

Cinq cent vingt succursales.

Six chapelles vicariales.

Deux chapelles communales.

ÉGLISE DE VILLEPREUX

Huit chapelles de secours.

L'évêque de Versailles est le suffragant de l'archevêque de Paris.

Il a le gouvernement de 533.727 âmes.

Les évêques qui se sont succédé dans cette ville sont :
1802 Mgr Charrier de la Roche.
1827 Mgr Borderies.
1833 Mgr Blanquard de Bailleul.
1844 Mgr Gros.
1856 Mgr Mabille.
1877 Mgr Goux.

TRIANON

Au palais de Versailles se rattachent le grand et le petit Trianon.

Trianon autrefois paroisse de bûcherons, appartenait à l'abbaye de Sainte-Geneviève.

Louis XIII l'acheta et y fit bâtir le Trianon de *porcelaine*, décoré de *faïences peintes*, et destiné aux collations de la Cour.

Ce bâtiment, démoli en 1687, fut remplacé par le palais actuel construit sur les plans de Mansard.

Les jardins magnifiques dont il est entouré justifient bien le nom poétique de *Palais de Flore* qui lui avait été donné.

Il est maintenant transformé en musée d'anciens carrosses ayant servi aux grandes cérémonies royales ou impériales.

Le petit Trianon construit en 1766 par Gabriel, et donné par Louis XVI à Marie-Antoinette, qui en fit sa résidence favorite, n'a rien de grandiose.

Hubert-Robert y créa, pour la jeune reine, une campagne de Watteau en *miniature,* avec chaumières, lacs, ruisseaux, moulin, laiterie.

Les jardins sont plantés d'arbres remarquables par leur rareté et leur grosseur.

VILLEPREUX

Villepreux, est une commune du canton de Marly-le-Roy, dont la population est de 650 habitants.

Il se nommait autrefois, *Villaperour, Villapereur, Villaperor, Villaperosa, Villapetrosa* et sous le règne de Charles le Chauve, c'est-à-dire vers le milieu du IXe siècle, dans un acte de cette époque, *Villa-porcorum,* puis *Villa-pyrosa* et *Villa-pirorum.*

La ville de Villepreux était enceinte de murs, on y entrait par quatre portes.

Quant au seigneur du lieu, le premier est un certain *Valeran,* dont le nom se trouve dans un titre de 1108.

Parmi les plus célèbres nous citerons encore :
Clément de Villapetrosa,
Gérard de Villapetrosa,
Guido de Villapetrosa,
Guillaume de Villapetrosa.

Il y avait deux églises : Saint-Germain et Saint-Pierre.

L'autel de Saint-Germain appartenait au Chapitre de Notre-Dame de Paris ; il fut donné en 1284, aux moines de Marmoutiers.

Cette donation devint, sans doute, l'origine du Prieuré, fondé par eux à Villepreux, au titre de Saint-Nicolas. La nomination à la Cure, passa à ces religieux.

Bientôt, il devint l'objet des libéralités des seigneurs de Villepreux, et, en 1169, l'un d'eux confirma au Prieuré, la donation des biens qu'il avait reçus de ses prédécesseurs.

Cette donation, portait entre autres choses, assez curieuses, « *le panage de leurs porcs et la dixme du panage des autres porcs.* »

Ces libéralités furent encore accrues par la suite.

Dès le commencement du XIII° siècle, il existait à Villepreux, une maladrerie ou léproserie dont le cimetière fut bénit en 1203.

En 1698, Villepreux appartenait au *comte de Pontchartrain,* ministre, secrétaire d'Etat, fils du chancelier du même nom.

En 1707, cette terre fut érigée en comté, en faveur de *Francini,* Prévôt Général de l'Ile-de-France.

VILLIERS-LE-MAHIEU

Villiers-le-Mahieu, qu'il ne faut pas confondre avec Villiers-Saint-Frédéric, est une commune de 200 habitants, du canton de Montfort-l'Amaury, qui possède deux anciens châteaux forts restaurés.

Les seigneurs, dont les noms nous sont parvenus, sont :
Amaury de *Villaribus.*
Lesours, seigneur de *Villaribus.*

Les chapelles de Villiers-le-Mahieu Sainte-Marie et Sainte-Berthe étaient à la nomination du seigneur du lieu.

CIMETIÈRE ET ÉGLISE DE CELLIERS SAINT-FRÉDÉRIC

VILLIERS-SAINT-FRÉDÉRIC

Villiers-Saint-Frédéric commune du canton de Montfort-l'Amaury, située à quelques minutes de Neauphle-le-Château, se nommait autrefois : *Vilers*, puis *Villiers-Cul-de-Sacq*, c'était la résidence d'un seigneur.

En 1171 et 1177, nous voyons, en effet, *Théobald, Theobaldus de Vilers*.

« Le 30 novembre 1481, *Guillaume de Rouville*, seigneur « des Moulineaux et de Villiers-Cul-de-Sacq, fait un accord « avec Mathurin de Harville, seigneur de la Grange-du-Bois « et de Saint-Germain de Morainville, sur divers biens à « Chateron. » (Arch. S.-et-O.)

A la réunion du 13 octobre 1556, pour la rédaction des coutumes, messire Claude Philippe, procureur, représentait le seigneur de Villiers-Cul-de-Sacq, *Jean de Rouville*, écuyer. (L'écuyer ne portait que l'écu, l'épée et le chapeau de fer, il ne devait à son suzerain que le service d'un homme.)

Au mois de janvier 1599, *Charles de Menneau*, gentilhomme ordinaire du roi, était seigneur de Villiers. Il fait hommage à Henri IV le 16 août 1605.

En 1611, Charles de Menneau, seigneur de Villiers Vy et Chateron, achète Mareil-le-Guyon à René de Mailly, seigneur de Menneville.

Pomponne de Menneau, son fils, devient seigneur de Villiers en 1627.

(*Guillaume d'Aunèl de Villiers*).

Villiers-Cul-de-Sacq, était encore un hameau dépendant de Neauphle-le-Viel, le 30 juin 1765.

Il fut érigé en paroisse, par la bienveillance de messire Frédéric Phélypeaux, comte de Maurepas, seigneur de Pontchartrain, à la place de la paroisse supprimée de Saint-Aubin.

La chapelle de l'ancien château seigneurial forme le chœur de l'église actuelle.

La nef et le clocher datent de 1780 et 1782. L'église a été bénite le 3 mai 1783 par M. l'abbé Fleury, curé de Jouars, délégué par Mgr de Cubersa, évêque de Chartres.

Depuis l'érection de cette paroisse, voici le nom des curés qui s'y sont succédé :

1783 l'abbé Decourty.
1802 l'abbé Rondeau.
1803 l'abbé Lebrasseur.
1807 l'abbé Brocard.

1820 l'abbé Poulain.
1832 l'abbé Barre.
1843 l'abbé d'Halencourt.
1853 l'abbé Vinot.
1857 l'abbé Bertrand.
1858 l'abbé Hébert.
1870 l'abbé Gau.
1872 l'abbé Ryckmans.
1878 l'abbé Fontaine.
1882 l'abbé Gilles.

WIDEVILLE

Le 1er mars 1500, *Bertrand le Picard*, seigneur de *Huideville*, fait hommage au roi pour Tiverval et un fief à Grignon, relevant de Neauphle.

Le 8 novembre 1752, *Gabriel Jérôme de Bullion*, comte d'Eulmont, était seigneur de *Wideville, Crespières, Montainville* et *autres lieux*, maréchal de camp des armées du roi, son conseiller en tous ses conseils, Prévost de Paris.

Les terres et seigneuries de Wideville et dépendances appartinrent ensuite à la *duchesse de La Vallière* ainsi qu'en font foi, des quittances données par le receveur des droits seigneuriaux, le 15 janvier 1787.

Le château de style Louis XIII, entouré de fossés avec pont-levis, est maintenant la propriété du marquis de Galard.

TABLE DES MATIÈRES

Au Lecteur....	III
Avant-Propos.	VII
Neauphle-le-Château.	1
Historique.	4
Découvertes archéologiques	6
Voies romaines.	7
Premiers habitants de la Gaule.	13
Géographie	15
Une page d'histoire..	18
Grandeur passée.	19
Château de Neauphle.	21
Église.	24
Cure et Prieuré.	25
Cimetières.	25
Chapelle N.-D. de Saint-Maur.	27
Chapelle Sainte-Apolline.	29
Prieuré de Saint-André.	30
Vicariat.	31
Marché.	31
Halle.	35
Seigneurs et vassaux.	36
Chevalerie.	41
Armée.	44
Seigneurs châtelains de Neauphle.	49
Le châtelain de Neauphle homme lige.	60
Enquête sur la valeur des Fiefs	62
Largesses royales.	64
Visites royales.	67
Neauphle passe en d'autres mains.	67
Cession de la châtellenie.	69
Communes.	74
Coutumes.	77
Convocation des Trois-États pour la Rédaction des Coutumes.	78
Démembrement de la châtellenie de Neauphle.	85
Importance de la châtellenie de Neauphle.	95
Magistratures.	99
Bailliages et Sénéchaussées.	102
Gruerie.	104
Notaires.	105
Garde des sceaux.	108
Huissiers.	108

Curés et vicaires	109
Bienfaiteurs de l'église	110
Bourgeoisie	110
Premiers bourgeois de Neauphle	113
Décadence	115
Postes	116
Routes	117
Léproserie	120
Hôtel-Dieu de Neauphle	122
Extension de Neauphle	146
Hameau de la Gouttière	147
Châtron	150
ENVIRONS DE NEAUPHLE	152
Argenteuil	152
Auteuil	153
Basoches	153
Beynes	154
Blaru	156
Bois-d'Arcy	157
Boissy-sans-Avoir	157
Bonnières	159
Cernay-la-Ville	159
Chennevières	161
Chevreuse	161
Clairefontaine	167
Coignières	167
Condé	168
Crespières	168
Cressay	168
Dampierre	169
Davron	170
Dourdan	171
Ecquevilly	171
Elancourt	171
Ergal	173
Etang-la-Ville	173
Feucherolles	174
Fourqueux	174
Galluis-Laqueue	174
Gambais	175
Garancières	175
Grand-Champ	175
Grignon	175
Haute-Bruyère	177
Houdan	177
Ithe	180
Jouars-Pontchartrain	180
Joyenval	194
La Boissière	194
La Chaîne	195
Launay	195

La Ville-Dieu-lez-Maurepas	195
La Villeneuve	199
Le Buisson	199
Le Coudray	200
Le Mesnil-Saint-Denis	200
Le Pontel	200
Les Bordes	201
Les Clayes	201
Les Ebisoires	202
Les Mousseaux	202
Les Petits-Prés	202
Le Tremblay	204
Lévy-Saint-Nom	206
Magny-les-Hameaux	208
Mantes	208
Mareil-le-Guyon	209
Marly-le-Roi	213
Maule	213
Maurepas	215
Méré	221
Meulan	222
Mont-Chauvet	225
Montfort-l'Amaury	227
Montainville	243
Neauphle-le-Vieux	245
Notre-Dame de la Roche	256
Plaisir	256
Poissy	258
Pontoise	260
Port-Royal	260
Rambouillet	263
Rennemoulin	265
Saint-Aubin	265
Saint-Corentin	268
Saint-Cyr-l'Ecole	269
Saint-Germain de la Grange	270
Saint-Germain-en-Laye	271
Saint-Léger-en-Iveline	272
Saint-Quentin	273
Saint-Remi-l'Honoré	274
Saulx-Marchais	274
Septeuil	274
Thiverval	274
Thoiry	275
Trappes	276
Versailles	276
Trianon	281
Villepreux	281
Villiers-le-Mahieu	282
Villiers-Saint-Frédéric	283
Wideville	284

TABLE DES GRAVURES

Vue de Neauphle-le-Château (d'après Chastillon). 1
Plan actuel de la ville de Neauphle. VIII
Neauphle-le-Château. Porte Saint Jean. 4
Butte de Neauphle. Sablon. 18
Neauphle-le-Château. Pilier des anciennes fortifications (Butte du
    Tartre). 20
Emplacement de l'ancien château de Neauphle. 22
Église Saint-Nicolas de Neauphle (1850). 24
Église actuelle de Neauphle-le-Château. 26
Intérieur de l'église de Neauphle. 28
Pierre tombale id.   id. 30
Place et église   id. 32
Église abbatiale des Vaux-de-Cernay. 50
Les Vaux de Cernay (ruines de l'ancienne Abbaye) 52
Abbaye des Vaux de Cernay (détails). 56
Ancienne porte (ruines des Vaux de Cernay). 58
Ruines de Beynes. 80
Vue générale de Neauphle-le-Château (ouest). 116
Tour de Maurepas (côté sud). 118
Religieux du Mont-Carmel. 122
Hôpital de Pontchartrain. — La Chapelle. 126
Vue générale de Neauphle (sud-est) 146
Château des Mesnuls. 152
Église et cimetière de Beynes. 154
Église de Boissy-sans-Avoir. 156
Cernay-la-Ville. — Abbaye des Vaux-de-Cernay (plan). 158
Château de Cernay. 160
Château de Chevreuse. — Croix, près l'église de Jouars. — Bla-
    son de Montfort. 162
Manoir féodal Cressay, la chapelle. 168
Les Vaux de Cernay, porte dans le village. 180
Château de Pontchartrain. 182
Église de Jouars. 186
Place de Pontchartrain. 188
Ruines de la tour de Maurepas. 214
Vue intérieure de la tour de Maurepas. 216
Église et porte (Maurepas). 218
Donjon de Maurepas (coupe). 220
Château des anciens comtes de Montfort. 226
Ruines du château de Beynes. 228

Porte de l'ancien Cloître de Montfort-l'Amaury. — Ancien presbytère de Saint-Germain-de-la-Grange 230
Ancien cloître de Montfort-l'Amaury, aujourd'hui cimetière. — Tour du château de Montfort 232
Cimetière de Montfort 234
Aspect général des ruines et de l'église de Beynes 236
Porte près des tours (Montfort) 238
Ruines des tours (Montfort) 240
Porte de la tour (ancien château de Montfort) 242
Neauphle-le-Vieux. Eglise et château de M. Brame 244
Crypte de l'ancienne abbaye des Bénédictins. — Neauphle-le-Château, ancien plan 254
Eglise de Plaisir 256
La Croix de Saint-Germain-de-la-Grange. — Emplacement de l'ancienne église 270
Église de Villepreux 280
Cimetière et église de Villiers-Saint-Frédéric 282

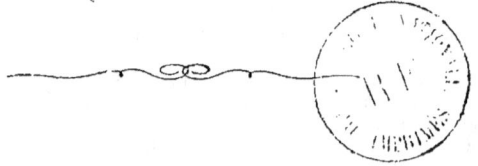

ERRATA

Lire :	Au lieu de :	
Véliocasses	*Véliocanes*	15
Mantes	Nantes	16
Witram	Witranne	18
Irminon	Irminion	18
Boussiau	Rousseau	24
Friperie	Fripererie	25
14 perches 8/100	14 perches 8.100	25
1158-1173 Hugues de Cressi	1158, Hugues de Cressi, 1173	168
Réprimés	Réprimées	231
Huict	Huite	233
Ancien plan de Neauphle-le-Château	Ancien plan de Neauphle-le-Vieux	254

525-02. — Imprimerie des Orphelins-Apprentis d'Auteuil, F. Blétit,
40, rue La Fontaine, Paris.